Homo rudis och världens uppkomst

Till Gunnar Brobergs minne.

Omslagsbild: Orfiskt ägg, också kallat världsägget. Gravyr av James Basire, från Jacob Bryant, *A new system, or, An analysis of ancient mythology*, vol. II, 1774, plansch IV, 242f.

Homo rudis
och världens uppkomst

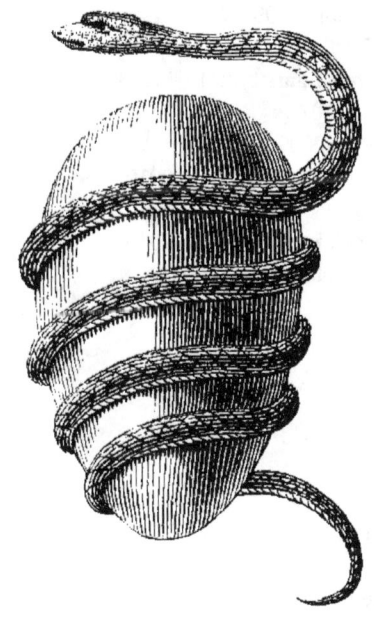

Arkaiska tankemönster i skapelsemyterna

Stefan Stenudd

Stefan Stenudd är författare på svenska och engelska, idéhistoriker, frilansjournalist och instruktör i den japanska kampkonsten aikido, som han utövat i 50 år. Idéhistoriskt skriver han om mytologiernas föreställningsvärldar och hur de tolkas. Han föddes 1954 i Stockholm men bor numera i Malmö. Stefan har sin egen fylliga hemsida: stenudd.se

Facklitteratur:
Archetypes of Mythology. Jungian Theories on Myth and Religion Examined, 2022.
Psychoanalysis of Mythology. Freudian Theories on Myth and Religion Examined, 2022.
Tao te ching. Taoismens källa, 1991, 2012
Fake Lao Tzu Quotes, 2020
Miyamoto Musashi: Fem ringars bok, 1995, 2013
Cosmos of the Ancients, 2007
Life Energy Encyclopedia, 2009
Bong. Tolv år som hemlig krogrecensent, 2010
Tao Quotes, 2013
Aikido. Den fredliga kampkonsten, 1992, 2010
Qi. Öva upp livskraften, 2003
Tarot Unfolded, 2012

Skönlitteratur:
Ever Young, 2017
Sunday Brunch with the World Maker, 2016
Tröst, 1997
Zenit och Nadir, 2004
Tao Erikssons sexliv, 1992
Mord, 1987
Ikaros över Brandbergen, 1987
Den siste (Evigheten väntar), 1982, 2011
Alltings slut, 1980
Om Om, 1979

Homo rudis och världens uppkomst.
Arkaiska tankemönster i skapelsemyterna
© Stefan Stenudd 2023
Arriba förlag, Malmö
ISBN 978-91-7894-032-5 (inbunden upplaga)

Innehåll

Förord 7

Inledning 11
Skapelsemyternas kosmologi 14

Mytologiska perspektiv 19
Enahanda före 1800-talet 21
Religion 45
Myt 63
Magi och rit 80
Antropologi 85
Sociologi 100
Evolution och kognition 112
Religionernas ursprung 123
Sortering av kosmogonier 133
Tolkningarnas tankemönster 138

Tänkandets triangel 141
Triangeln 147
Vision 167

Homo rudis 173
Homo rudis världsbild 182

Skrivna urkunder 205
Enuma elish, Babylonien 207
Chepre, Egypten 216
Rigveda, Indien 226
Tao te ching, Kina 234
Kojiki, Japan 242
Popol vuh, Maya 255
Zarathustra, Avesta 266
Bibeln, Genesis 279
Islam, Koranen 296
Theogonin, Hesiodos 307

Völuspå, Eddan 318
Kalevala, Finland 329
Tabell över de 13 kosmogonierna 340

Skapelsernas mönster 342
    Big bang som myt 358

Slutord 364

Källor 367

Förord

Berg föder sand, föder jord.
Jorden föder träden som föder alla djuren.
Djuren föder människorna.
Människa föder människa och inget mer.[1]

Det är ingen slumpmässig nyck att jag söker mig till skapelsemyterna. Jag har själv i mitt skönlitterära författarskap begått några. Exempelvis den ovanstående från en roman om grottboende stenåldersmänniskor för cirka 40 000 år sedan då den moderna människan, Homo sapiens sapiens ("den förnuftiga förnuftiga människan", högmodigt döpt med denna dubblering), syns ha trängt undan neandertal på den europeiska kontinenten.[2]

Jag minns att romanarbetet inleddes med en särskild fundering: Vad tänkte människan — om sig själv och om sin värld — innan hon fick kunskaper och traditioner, som med ökande mängd alltmer styrde hennes världsbild? Den lilla skapelseberättelsen var alltså ett försök att se med den tidens ögon och tänka med den tidens hjärna.

Vi har en allmän bild av forntidens föreställningsvärld, som gör den till ett gytter av skrock och ritualer, trots att världen då måste ha varit så mycket lättare att överblicka. Borde inte en enkel tillvaro ha lett människor till lika enkla, överskådliga föreställningar om den?

Vår bild av förfädernas tänkande utgår från vår uppfattning om historien som en gradvis klarnande himmel. De levde i mörker, medan vi skådar ljuset. Vi vill inte ens tillerkänna våra fjärran föregångare förmågan till abstrakt tänkande. I min roman, dock, ägnade de sig ständigt åt just det. Vem vet?

Romanskrivandet kan knappast betraktas som en vederhäftig forskningsmetod men är ändå inte helt försumbart. Fantasins konstruktionskraft, även i världar som är oss ytterligt främmande och fördolda, är häpnadsväckande. Fast det är svårt att kartlägga vad som får fantasin att ta sig vissa vägar och formulera vissa lösningar, undrar jag om inte i denna process råder en särskild klokhet.

---

[1] Stefan Stenudd, *Evigheten väntar*, 1982, 5.
[2] John Waechter, *Man before history*, 1976, 65.

Kan de gamla myterna jämställas med skönlitteratur? Förvisso där de blommar ut till storslagna sagor om gudars och hjältars äventyr. I sina kosmologier, dock, är det troligt att forntida människor själva ansåg att de ägnade sig åt analytiskt tänkande — seriösa försök att förklara världen och tillvaron. Ändå har de också i dessa resonemang brukat förnuft och fantasi i en blandning som kommer det skönlitterära författeriet nära.

Det gör att vi på en promenad i deras fotspår kan förvänta oss skön poesi, men knappast hoppas på att utifrån detta material nå fram till säkra slutsatser om något alls. Låt oss ändå, för själva äventyrets skull, bege oss åstad.

Denna text utgår från min C-uppsats i idé- och lärdomshistoria vid Lunds universitet, som jag presenterade 1994.[3] Den var startskottet för mina studier av skapelsemyterna och deras tankemönster. Vid en genomläsning 25 år senare fann jag att den fortfarande står sig, såtillvida att dess svep representerar vad jag alltjämt anser vara primärt i analys av skapelsemyternas kosmologi.

Därför valde jag att ha den gamla texten som utgångspunkt för denna bok. Jag kunde dock inte motstå en omfattande redigering, nödvändig efter alla dessa år, samt diverse tillägg som har gjort texten cirka fyra gånger längre än den där C-uppsatsen.

Tillkomsten såväl som mina fortsatta studier av ämnet har jag de många kloka vännerna på Lunds universitets idé- och lärdomshistoria att tacka för, såväl de engagerade studiekamraterna som den alltid nyfiket skarpsynte Svante Nordin, den mytologiskt bevandrade Sten Högnäs som lämnade oss för tidigt, och i synnerhet Gunnar Broberg som med en ängels tålamod vägledde, kritiserade och framför allt inspirerade mitt arbete.

Gunnar var tämligen nytillträdd professor på institutionen när jag dök upp där 1993 för att återuppta studierna i ämnet, tio år efter ett par terminer på Stockholms universitet. Han var också min handledare när jag två år senare blev doktorand — något som skulle visa sig kräva en stor portion tålamod från hans sida.

Själv var jag rent barnsligt förtjust i den stimulerande miljö han i allra högsta grad var grunden till, så jag kände ingen iver att gå i mål. Dessutom hade jag samtidigt inlett uppdraget som Sydsvenskans krogrecensent, vilket varade i tolv år.

---

[3] Stefan Stenudd, *I begynnelsen något. Tankemönster i kosmologierna*, Lunds universitet 1993.

Under den tiden fick jag ur mig ett antal texter på temat skapelsemyter, av varierande kvalitet och nödtorftigt maskerade till avhandlingsavsnitt. De berikades — för att inte säga räddades — av Gunnars kunniga kommentarer. Det var också mäkta stimulerande att medverka i produktionen av institutionens tidskriftsserie *Ugglan* och monografiserien *Minerva*, båda med honom som redaktör.

Ungefär samtidigt som jag lämnade krogkritiken glesnade min närvaro på universitetet för att helt avstanna. Jag behöll kontakten med Gunnar, sporadiskt, medan jag skrev på lite av varje.

När den här texten förelåg i sin första version hade vi några angenäma sittningar på Lunds stadsbiblioteks café, där jag fick de tips och råd som sydde ihop texten. Han gick vänligt med på att skriva ett förord till boken, vilket var en önskan jag länge närt, men föreslog att jag först skulle lägga fram arbetet som en avhandling.

Jag tänkte att det tåget hade väl gått för länge sedan. Vad skulle jag med en doktorstitel till när jag släpat benen efter mig så pass att jag nått pensionsåldern? Men jag kände mig också skyldig honom det efter alla år han hjälpt mig på vägen. Det gjorde han också med denna process, så gott han kunde som professor emeritus.

Trots temat för min text — och för så mycket annat jag skrivit genom åren — hade jag ingen föraning om att det mytiska närmade sig. Tillvaron är ack så dramaturgiskt komponerad.

Sent i april 2022 kom jag till institutionen för mitt slutseminarium. Jag skickade ett meddelande till Gunnar om att ha anlänt men fick inget svar. Dörren till hans kontorsrum var stängd, vilket bara var fallet när han inte satt där. Inte heller dök han upp i seminariesalen.

När alla tagit plats och seminariet skulle börja fick vi veta att Gunnar under en middag kvällen innan hade satt i halsen och nu låg nedsövd på sjukhuset. Det blev ett dystert seminarium. Några dagar senare kom beskedet att han var avliden.

Ett lika snopet som sorgligt slut på den historien. Mytologierna berättar att bara gudomar kan leva för evigt, så vi människor kan inget annat begära än ett långt och innehållsrikt liv. Det fick Gunnar Broberg, som var bara några månader ifrån att fylla 80 år och hade hunnit betyda så mycket för så många fler än mig under den tiden.

Den tröst som står att finna förklaras av *Tao te ching*, den kinesiska klassikern om vägen och dygden: "Den som dör utan att glömmas får ett långt liv."[4] Jag minns Gunnar med tacksamhet och värme, långt ifrån blott för att den här boken inte hade blivit till utan honom.

---

[4] Ur vers 33. Stefan Stenudd, *Tao te ching. Taoismens källa*, 2012, 43.

Den får klara sig utan hans förord, tyvärr. Å andra sidan känner jag mig inte längre förpliktad att ta den omväg till dess publicering som ett doktorerande skulle kräva. I stället är boken tillägnad Gunnar Brobergs minne. Något annat vore otänkbart, så avgörande som han var för både dess tillkomst och dess innehåll.

Det är jag trygg med, då han vid vårt sista möte avslutade med att säga att jag inte skulle ändra eller lägga till något mer i texten. Jag har för mig att han sa att den duger. Det räcker mer än väl för mig.

Ändra och lägga till i texten kunde jag ändå inte motstå att göra, under den slutgiltiga redigeringen. I den processen hade jag god hjälp av David Dunér, studiekamrat när det begav sig och numera professor på institutionen. Hans perspektiv på ämnena som behandlas i denna text gladde mig med både sin klarhet och sin fantasi.

Malmö i februari 2023
Stefan Stenudd

Inledning

Är mänskligt tänkande bundet till vissa vägar och spår, som det svårligen tar sig ur — oavsett tid, plats eller kunskaper? Finns i vårt tänkande vissa oföränderliga mönster och konstanter, grunder som aldrig förkastas och kanske aldrig ens prövas? Och om det förhåller sig så — har vi någon möjlighet att kartlägga dessa villkor?

Perceptionspsykologin är full av exempel på hur vi ser det vi från början föreställde oss, och hur dessa omedvetna utgångspunkter med genomträngande kraft styr vår varseblivning i stort som i smått. Vi tenderar att skapa föreställningar som stämmer med hur vi uppfattar vår omgivning. Även när vi är säkra på att resonera med ogrumlad logisk skärpa tar våra slutsatser helst sådana banor som överensstämmer med vår uppfattning om verkligheten.

De paradoxala bilder som M. C. Escher och René Magritte skapade spelar på att vårt förnimmande av verkligheten är långt ifrån förutsättningslöst. Redan det faktum att våra ögon egentligen ser världen upp och ner länder till eftertanke. Vi kan inte uppfatta världen omkring oss utan att tolka den. Denna tolkning styr sedan vår uppfattning.

Inte heller i teoretiska processer förmår vi handla annorlunda. Om vi analyserar sådant som är tillgängligt för prövning kan vi förvisso stöta våra teorier mot verkligheten och sålunda revidera och slipa våra slutsatser, men det hindrar inte att vi redan i våra utgångspunkter kan ha begränsat vad vi må upptäcka. Där verkligheten står tvärt emot vår föreställning måste den formligen slå oss i huvudet för att vi ska uppmärksamma detta.

När vi ger oss i kast med sådant vi inte kan vaska fram bevis på, när naturen saknar ett facit vi kan slå i, då är vi hänvisade till vårt eget tänkandes tillkortakommanden. Där borde också detta tänkandes mönster framstå tydligast.

Världens ursprung och eventuella tillblivelseprocess kunde våra förfäder inte utröna. De hade endast det egna förnuftet och den egna fantasin att tillgå. Detta hindrade dem på intet sätt från att sysselsätta sina hjärnor med frågan, och det med besked. De allra flesta kulturer i forna epoker — kanske samtliga — hade teorier om världens fjärran uppkomst och mänsklighetens födelse, trots att de inte haft tillstymmelsen till kunskaperna vi idag äger. De kunde inget annat än gissa utifrån hur de uppfattade sin värld. Så gott dessa teorier har bevarats måste de därför utgöra ett förträffligt gods för att studera det mänskliga tänkandets mönster.

Den kanadensiske författaren Philip Freund konstaterade detsamma 1964 i sin bok *Myths of Creation*, där han diskuterade ett stort antal skapelsemyter just i syfte att belysa det mänskliga tänkandet:

> *If there are fixed modes of thought, which have lasted since the beginning of humankind, an exciting prospect is open to us: we can learn a bit more of how we think, by an analysis of these creation epics, and thus further increase our store of self-knowledge.*[5]

Här kan det vara dags att ge ett exempel på forna resonemang om världens tillblivelse, för att ge en föraning om vad som är att vänta.

Det är dock inte en skapelsemyt i strikt mening, utan en redogörelse för antika tankar i ämnet, skriven av Diodoros från Sicilien, som levde under det första århundradet före vår tideräkning.

I sin omfattande *Bibliotheca historica* beskrev han ingående vad de som menade att världen haft en begynnelse ansåg om hur den hade gått till:

> *When in the beginning, as their account runs, the universe was being formed, both heaven and earth were indistinguishable in appearance, since their elements were intermingled: then, when their bodies separated from one another, the universe took on in all its parts the ordered form in which it is now seen; the air set up a continual motion, and the fiery element in it gathered into the highest regions, since anything of such a nature moves upward by reason of its lightness (and it is for this reason that the sun and the multitude of other stars became involved in the universal whirl); while all that was mud-like and thick and contained an admixture of moisture sank because of its weight into one place; and as this continually turned about upon itself and became compressed, out of the wet it formed the sea, and out of what was firmer, the land, which was like potter's clay and entirely soft.*[6]

---

[5] Philip Freund, *Myths of Creation*, 2003 (första upplagan 1964), 7.

[6] Diodorus Siculus, *Diodorus of Sicily in Twelve Volumes*, vol. 1, övers. C. H. Oldfather, Loeb 279, 1933, 25f.

Han fortsatte med att solens eld torkade landet och värmen på särskilt fuktiga platser ingöt vätan med liv som var embryo till varje form av djurliv, även människorna. Resonemanget är onekligen tänkbart, om än mycket av det förkastas av modern vetenskap. Diodoros förklarade vad som verkade rimligt i hans ögon, fast han ingenting kunde veta om den urtid han beskrev.

Ungefär detsamma kan sägas om de många skapelsemyterna tillkomna för länge sedan, vilkas upphovsmän befann sig i samma situation av att vara helt hänvisade till spekulationer. De gjorde så gott de kunde med det tänkande de var mäktiga — och resultaten var, utifrån förutsättningarna, ofta fascinerande, för att inte säga imponerande.

Skapelsemyternas kosmologi

Vi har tyvärr ringa dokumentation av hur mänskligt tänkande gick till före skriftspråkens introduktion. Även därefter finns så många luckor att vi på flera ställen blott skönjer fragment av skelett av tankar. Med det material som står till buds kan ändå konstateras att så långt tillbaka som historien blottar sig för oss gäller detta: En av de största utmaningarna för människans tänkande är att söka förklara världen hon befinner sig i. Varför ser den ut som den gör, har den alltid funnits och i annat fall varifrån kommer den?

Det är uppenbart att människan, när hon söker svar på sådana frågor, också får något sagt om vad som trollbinder henne mest — sitt eget väsen. Vad är hon, varifrån kommer hon och vart tar hon vägen?

Många av de frågor vi kallar eviga samlar sig, som järnfilspån runt en magnet, till kosmologin — det teoribygge som ska vara en förklaring av världen i sin helhet. Fordom bevarades kosmologiskt stoff i skapelsemyterna, som formulerade svar på ovanstående gäckande frågor. Vill vi lära oss något om villkoren för mänskligt tänkande borde därför de kosmologier som de gamla skapelsemyterna rymmer vara ett givande laboratorium.

Teorier om världens tillblivelse benämns *kosmogonier*,[7] men jag använder mig i det nedanstående ofta även av begreppet kosmologi för att inkludera teorier om världen efter dess tillkomst och för att inte exkludera föreställningar som saknar tydliga idéer om världens initiala tillblivelse. Långt ifrån alla skapelseberättelser beskriver en kronologi ända från ett förstadium då inget av världen ännu fanns.

Faktiskt är det i stället svårt, för att inte säga omöjligt, att finna en skapelseberättelse som startar i ett intet. Där finns något, vad det än må vara, redan i början på historien. Det kan vara till exempel ett hav, en rymd eller ett urtida väsen, vars begynnelse inte är angiven. Därav titeln på den uppsats, *I begynnelsen något*, som låg till grund för denna bok. Hur erbarmligt ödsligt det än må ha varit i begynnelsen var det inte alldeles tomt. Detsamma gäller också vår tids teori om *big bang*. Där var något i begynnelsen som sedan expanderade till vårt universum.

Redan därmed torde en sak kunna sägas om mänskligt tänkande: vi kan inte föreställa oss ett intet.

---

[7] Termen kosmogoni är bildad av grekiskans *kosmos*, världen, och *gonos*, ursprung.

Urval

Ett urval behöver göras, för att försöka renodla experimentet. Alla de kända skapelsemyterna vore en för stor skog att försöka orientera sig igenom.

Eftersträvansvärd är en främre gräns i tiden, för att i möjligaste mån slippa de störningar som träder in när kosmologier möter och tar intryck av varandra. Det går förstås inte helt och hållet att undgå. Vi kan inte med säkerhet säga om någon enda gammal kosmologi att den aldrig mött och påverkats av andra, men chansen ökar om vi förflyttar oss till tider då sådana utbyten borde ha varit sällsynta och omständliga. För olika platser på jorden har detta inneburit högst olika tidpunkter i historien.

Hur gamla de än må vara har jag velat undvika kosmologier som tydligt har sitt ursprung i en enda hjärna, eller ett ringa fåtal, och som dessutom inte allmänt anammats i sitt samhälle. Individer kan tänka lite hur som helst, medan föreställningar som breda folklager anslutit sig till bör visa på allmänmänskliga tankemönster. De antika grekiska filosoferna är därför exkluderade, liksom alla de forna tiders tänkare — om än aldrig så visa — som inte fick sina teorier adopterade av en bredare krets i sin egen era. Många av dem blev i stället avfärdade, rentav fördömda, av sin samtid.

Därmed har urvalet kommit att bestå av sådana kosmologier som sägs vara inrymda i religioner. Huruvida detta är en adekvat klassificering av dem återkommer jag till. Det är inte alldeles säkert att jag sålunda har funnit kosmologier som varit allmängods, föreställningar delade och hyllade av något folkflertal, men det är troligare än annars.

Inte heller har jag försökt göra en fullständig kartläggning av de utvalda kosmologierna — många av dem är alltför omfångsrika för att detta arbete skulle anta rimliga proportioner. Det är inte heller angeläget för mitt syfte. Jag koncentrerar mig på idéerna om själva skapelsen — antingen sådan som den tänkts där den är närvarande, eller vad som finns i dess ställe där den är frånvarande.

Ordet 'skapelse' är i och för sig inte idealt, eftersom det implicerar en gärning av någon eller något, vilket inte måste vara fallet. Ett bättre ord vore exempelvis 'tillblivelse' eller 'uppkomst'. Men då blir texten onödigt snårig. Skapelsemyt och skapelseberättelse är välkända termer, som nu för tiden inte nödvändigtvis förstås som en gudomlig handling, så jag dristar mig till att ändå ta dem i bruk. Det kan också hända att jag använder termen kosmogoni, där det passar.

Jag hade kunnat använda mig enbart av kosmogonier, teorier

om världens ursprung, men då skulle jag ha tvingats sortera bort teorier om ett evigt oföränderligt kosmos, utan att pröva vad en sådan modell kunde lära oss om mänskligt tänkande. Det vore förhastat.

Redan här måste dock erkännas att kosmologier som beskriver en evigt oföränderlig värld helt enkelt inte står att finna i det material jag synat. Religionshistorikern Mircea Eliade slog fast att det i varje religion och mytologi finns en föreställning om hur världen begynt, det vill säga hur den såg ut innan den blev som nu och hur förändringen därefter gick till:

> There is always a central myth which describes the beginnings of the world, that is, what happened before the world became as it is today. Thus, there is always a primordial history and this history has a beginning: a cosmogonic myth proper, or a myth that describes the first, germinal stage of the world.[8]

Notera att det inte måste innebära en beskrivning av världen från dess absoluta begynnelse. Det kan röra sig om en värld med flera av dess grundläggande beståndsdelar närvarande, men något väsentligt tillkommer eller förändras för att världen ska bli vad den är i det nu som anammat kosmologin. I den meningen börjar varje kosmologi med någon form av kosmogoni.

Av två skäl har jag hållit mig till skriftliga urkunder, eller texter som är att jämföra med urkunder. Dels är det nödvändigt att begränsa antalet granskade kosmologier för att inte denna text ska svälla till groteska proportioner, dels får vi då att göra med källor som är jämförelsevis tillförlitliga.

Det är inte min avsikt att här utveckla och pröva en modell för samtliga kosmologier som människor någonsin och någonstans anammat. Jag vill hellre resonera om hur sådana kan analyseras och vad de kan röja om mänskligt tänkande. För det resonemanget behöver exemplen inte bli särdeles talrika.

Däremot är det nödvändigt att komma så nära deras ursprungliga utseende som någonsin möjligt, att granska dem ord för ord och att dessa ord är goda återgivningar av sin källas uttryck. Det kan förstås inte slås fast med absolut säkerhet ens om skrivna urkunder, men det är ett närmast hopplöst företag vad gäller kosmologier som blott är muntligen traderade och först långt efter deras tillkomst fästa på papper av utomstående nedtecknare.

---

[8] Mircea Eliade, *The Quest*, 1969, 75f.

Gemensamma nämnare
Ur detta begränsade material vill jag se om det går att vaska fram gemensamma nämnare, och i så fall vilka dessa må vara och vad de kan säga om tänkandets villkor.

Är kosmologierna förutsägbara, på så vis att de är tydliga följder av deras anhängares livsvillkor och miljö? Finns i summan av kosmologier en struktur, något slags schema, som ingen av kosmologierna avviker ifrån — i alla fall inte utan att det tydligt kan förklaras? Om en sådan samstämmighet råder är det möjligt att skissa på bakomliggande tankemönster.

De gamla skapelsemyterna är ofta strålande skådespel, som sannerligen drar uppmärksamheten till sig och förför både med sina äventyr och sin poesi. Man får hålla hårt i hatten för att inte ryckas med och tappa den analytiska skärpan.

Dessutom är det vanskligt att först ge sig i kast med myterna och därefter söka se mönster och strukturer. De kan lätt bli efterkonstruktioner. Bättre är att stanna en stund till i det primära resonemanget, för att göra en bild av vad som är att förvänta och därmed ha några teorier att pröva myterna mot. En förutsättningslös studie kan säkerligen finna mönster i skapelseberättelserna, precis som det gick att ana bilder i flimret på en tv-ruta som förr kom efter sändningstidens slut. Men utan en tes att pröva dessa mönster mot är det ytterst svårt att avgöra om de är slumpmässiga eller verkliga uttryck för tänkandets lagbundenhet.

Därför tar jag i det följande en säkrare, om än sinkande, omväg. Den börjar med en genomgång av befintliga perspektiv på skapelsemyterna och deras kosmologier, hur de har sorterats och betraktats av bland andra religionshistoriker, antropologer och psykologer. Där ingår en diskussion av de grundläggande begrepp som facklitteraturen har använt sig av med varierande resultat, såsom religion, gudar, tro och myt. Det visar sig, föga överraskande, att våra egna tankemönster skymmer och vilseleder när vi ska beskriva våra förfäders.

Sedan följer en skiss på vilka kosmologiska tankemönster som kan förväntas i skapelsemyterna och hur dessa myter kan skärskådas för att blottlägga sådana mönster. För det syftet har jag skisserat en människa befriad från allt det vetande som gör vår moderna värld till ett gytter och kosmologin till ett uttryck för vetenskaplig landvinning eller kulturell mångfald, snarare än allmänmänskligt tänkande. Jag har valt att kalla denna intellektuellt barskrapade varelse *Homo rudis*, den obildade människan, och försöker utröna vad för kosmologi hon månde teckna.

Först därefter är det dags att ta itu med ett antal exempel på skapelsemyter och deras kosmologi.

Då är det ytterst viktigt att de i förstone får tala för sig själva. De får inte läsas i avsikt att filtrera fram vad de förväntas ha gemensamt. Så långt det är möjligt bör de läsas för vad de själva säger, alltså ungefär hur deras ursprungliga publik torde ha uppfattat dem. Det är förstås ett vanskligt företag, men här kan Homo rudis vara till hjälp. Om varje enskild skapelsemyt betraktas såsom Homo rudis i sin okunnighet skulle se den, då undviks så gott det går förutfattade meningar om den.

Mönster som dessa myter ändå må visa sig dela torde i så fall vara det mänskliga tänkandets.

Mytologiska perspektiv

Kosmologi, läran om världsalltets ordning och lagar, är ren vetenskap såsom begreppet brukas av vår tids astronomer. Ändå får samma term användas även när vi talar om de gamla religionernas världsbilder, eftersom vi inte har rätt att anta annat än att också dessa forna föreställningar, när de tillkom, var uttryck för kosmologiska spekulationer.

Över huvud taget är det vanskligt att använda begreppet religion för det som gångna kulturer utvecklade av samband mellan människor, natur och osynliga krafter. Det må ha varit fråga om tro i stället för vetande, men inte som en bekännelse utan någon eftertanke. Snarare var det gissningar. Våra förfäder observerade den förunderliga värld de levde i och kunde föga mer än gissa hur allt hängde ihop. Med modernt vetenskapligt språk skulle vi kalla det hypoteser.

När forntida människor beskrev sin värld som styrd av gudomar eller magiska urkrafter var det för dem liktydigt med det samband som rådde mellan spjutets genomträngande av villebrådets buk och dess fall till marken, eller mellan parningsakten och den nyfödda. Allt måste vara konsekvenser av en bakomliggande kraft, en vilja — djurisk, mänsklig eller övermänsklig — hur outgrundligt förloppet än kunde vara. Man förstod att något ledde till något annat, fastän det ofta var ett mysterium hur detta gick till.

För forntidsmänniskan var allt av samma dignitet och i grunden lika svårt att med visshet förklara. Om vad som styrde det som skedde i världen kunde man bara gissa, men dessa gissningar formades genom resonemang baserade på observationer av den omgivande verkligheten. De gissningar som verkade stämma bäst med den verklighet man erfor fick fäste och växte till kosmologier, som i sin tur kunde ligga till grund för myter, dyrkan och ritualer. De måste ändå ha utgått från föreställningar som var förnuftiga för sin tid. Annars hade de inte anammats.

Den övervägande andelen av teorier om forna och främmande kulturers mytologier har tenderat att förbigå inslaget av förnuft i dessa, som om både våra fjärran förfäder och sentida folk i samhällen klassificerade som primitiva vore oförmögna att tänka rationellt. Deras världsbilder har förklarats som uttryck för omedvetna behov grundade på känslor snarare än tankar. De var exempel på skrock och därmed irrationella.

Sålunda blev allt som avvek från observatörernas egna föreställningar blott vanföreställningar, vilka togs som belägg för avsaknaden av den intellektuella kapaciteten att tänka rätt. Den följande genomgången av mytologiska teorier innehåller åtskilliga exempel på sådana fördomar, som framfördes ogenerat långt in på 1900-talet.

Även sedan denna syn blev inopportun består en ovilja att se mytologier som uttryck för ett medvetet resonerande. De förklaras i stället som den oavsiktliga konsekvensen av ett eller annat socialt delat behov. Mytologierna fortsätter därför att betraktas som uttryck för något annat än vad de berättar. Dessutom ska i flertalet förklaringsmodeller detta något ha varit okänt i de kulturer där mytologierna hade sin hemvist. De anses inte ha vetat varför de upprätthöll den världsbild som deras myter förmedlade, eller ens vad dessa myter egentligen handlade om.

Denna njugga syn på såväl våra förfäders som naturfolkens intellektuella kapacitet bottnar i att vi genom de senaste århundradenas vetenskapliga framsteg har kunnat konstatera så många fel i deras världsbilder. Men dessa berodde på brister i deras kunskaper, inte i deras förmåga att resonera.

En annan betydande anledning till fördomarna om hur mytologierna kom till är att de betraktas som religion, något baserat på tro i stället för vetande och bekännelse i stället för granskning. Det må i viss mån vara sant för hur mytologierna med tiden kom att bli vördade traditioner och dogmer, men så kan det knappast ha varit när de ursprungligen utformades. Då var de snarare att likna vid hypoteser, som ovan nämnts — dessutom mustiga och spektakulära berättelser till sin publiks förnöjelse.

Det centrala i myterna kan sammanfattas med två ord — spekulation och underhållning. Så var det när de tillkom och så är det alltjämt. Kombinationen har visat sig lika framgångsrik som seglivad.

Enahanda före 1800-talet

Denna boks genomgång av teorier om hur religioner och myter bör förklaras, behandlar så gott som uteslutande de senaste två seklerna. Exempel före 1800-talet är få och kortfattat beskrivna. Det finns flera skäl för detta.

Vad gäller religion dröjde det till 1800-talet innan en jämförande religionsvetenskap utvecklades. Dessförinnan handlade så gott som all europeisk litteratur om den då förhärskande religionen och möjligen dess förhållande till närmast föregående föreställningsvärld. Den grekiska antikens tänkare uttryckte respekt för det egyptiska, romarna inkorporerade grekernas panteon i sin, men det kristnade Europa avfärdade både grekisk och romersk religion som hedniska villfarelser. Detsamma gjorde Sverige med asatron och med samernas föreställningsvärld när man fick kontakt med den.

Det var först på 1800-talet som även utomeuropeiska religioner inkluderades metodiskt i studierna och den jämförande religionsvetenskapen etablerades. Med tiden blev det även möjligt att granska fenomenet religion som sådant — inkluderande den kristna, sedermera försiktigtvis på någorlunda lika villkor.

Under kristendomens många föregående sekler var de lärdas dryftande av religion så gott som uteslutande teologiskt, där man diskuterade hur den egna religionen och dess urkund skulle förstås. Det var i och för sig stundtals inspirerade bryderier och ibland frodiga disputer, men en djupdykning i dem skulle sträcka sig utanför denna boks syften.

Antiken om myterna

Vad gäller myterna är historien något mer komplicerad. De grekiska filosoferna granskade de många mustiga berättelserna om sina gudar såväl kritiskt som ibland direkt fördömande. Myterna om gudarna gjorde dem knappast till föredömen, fast de skulle gälla för att vara upphöjda väsen. De visade prov på varje tänkbar skändlighet och agerade sällan utifrån ädla motiv.

Platon avfärdade de skrönor som diktats av Homeros, Hesiodos och alla andra skalder, framför allt just för skildringarna av gudars skamliga beteende. Sokrates säger i *Staten*: "Dessa skalder ha satt ihop lögnaktiga historier och göra det fortfarande."[9] Aristoteles kon-

---

[9] Platon, "Staten", 377d, *Skrifter i svensk tolkning*, del 3, övers. Claes Lindskog, 1984, 84.

staterade krasst i *Metafysiken* att det inte är värt besväret att seriöst betrakta dem som hittat på kluriga mytologier. Å andra sidan säger han i samma bok att de berättelser som innehåller underbara ting om i synnerhet astronomi och kosmologi får människor att börja filosofera.[10] Han hade också en klar uppfattning om hur mytologi kom till:

> From old — and indeed extremely ancient — times there has been handed down to our later age intimations of a mythical character to the effect that the stars are gods and that the divine embraces the whole of nature. The further details were subsequently added in the manner of myth. Their purpose was the persuasion of the masses and general legislative and political expediency.[11]

Grekiska filosofer och historiker var de första att teoretisera om hur myterna hade växt fram och hur de skulle tolkas. Euhemeros gjorde det mest bestående intrycket med sin teori om att myterna var grundade på verkliga forna händelser och gestalter, om än glorifierade, vilket med tiden ledde till att dessa gestalter så att säga kanoniserades i mytens form. Hans förklaring tog fäste till den grad att den fick namn efter honom: euhemerism.[12]

Plutarchos, verksam under decennierna runt år 100, vände sig bestämt mot detta sätt att tolka mytologin. Han skrädde inte orden om vad han ansåg vara bedrägliga påståenden av Euhemeros:

> ...the deceitful utterances of Euhemerus of Messenê, who of himself drew up copies of an incredible and non-existent mythology, and spread atheism over the whole inhabited earth by obliterating the gods of our belief and converting them all alike into names of generals, admirals, and kings...[13]

Själv ansåg Plutarchos att gudomarna var personifieringar av fenomen i naturen, eller snarare omvänt — naturfenomen var uttryck för gudomar som styrde dem. De var krafterna bakom dessa feno-

---

[10] Aristotle, *Metaphysics*, 1000a, övers. Hugh Lawson-Tancred, 1998, 68f och 9.

[11] Ibid., 1074b, 380.

[12] För en mer omfattande genomgång av de antika grekiska filosofernas syn på mytologi och kosmologi, se Stefan Stenudd, *Cosmos of the Ancients. The Greek Philosophers on Myth and Cosmology*, 2007.

[13] Plutarch, "Isis and Osiris", *Moralia*, vol. V, övers. Frank Cole Babbitt, Loeb 306, London 1936, 57.

men. Han tog exempel från den egyptiska mytologins Isis och Osiris, samt deras kamp mot Set (av Plutarchos kallad Tyfon, den grekiska gudom som flera under antiken identifierade honom med):

> And thus among the Egyptians such men say that Osiris is the Nile consorting with the Earth, which is Isis, and that the sea is Typhon into which the Nile discharges its waters and is lost to view and dissipated, save for that part which the earth takes up and absorbs and thereby becomes fertilized.[14]

Kristenheten om fablerna

För kristna tänkare hade euhemerismen det goda med sig att de antika gudarna detroniserades till vanliga människor, om än storslagna. Därmed gick det an att förtjusas över dessa berättelser utan att detta innebar att man var hädare. I det kristna Europa levde de grekiska och romerska myterna kvar, fast dessa religioner hade avfärdats. Det var — även med euhemerismen som ursäkt — frustrerande för teologerna, som inte höll igen på den beska kritiken av dessa myter, eller *fabler* som de då kallades från latinets *fabula*, för deras omoraliska innehåll och brist på kristna insikter.

Biskopen Eusebios av Cæsarea skrev på det tidiga 300-talet *Præparatio evangelica*, där han bestämt tog avstånd från Plutarchos för att denne med sin teori förvred fablerna till att bli vad han uppfattade som mystiska teologier.[15] Eusebios fortsatte sin kritik med att peka ut flera motsägelser i Plutarchos resonemang, samt den huvudsakliga invändningen att det inte stämde med bibelns förklaringar av naturfenomenen. Därför måste det enligt honom vara felaktigt.

Han invände också, som redan flera av de grekiska filosoferna gjorde, mot de stötande brister de antika gudarna uppvisade:

> We judged that it is an unholy and impious thing to honour with the adorable name of God mortals who have long been lying among the dead, and have not even left a memory of themselves as virtuous men, but have handed down examples of extreme incontinence and wantonness, of cruelty also and insanity, for those who come after them to follow.[16]

---

[14] Ibid., 77-79.

[15] Eusebios av Cæsarea, *Præparatio evangelica*, övers. E. H. Gifford 1903, transkriberad till PDF av Roger Pearse, 2003, bok 3, förordet, 37.

[16] Ibid., bok 2, kapitel IV, 31.

Han var inte nådig mot de grekiska filosoferna heller, eftersom de i sina kosmogonier "made no mention of God at all, but referred the cause of the All solely to irrational impulse and spontaneous motion".[17]

Eusebios hade en egen teori om hur de gamla mytologierna kommit till. Han föreställde sig en forntid då människor levde likt djur, och det var där som den första formen av ateism fick fäste. Men några kunde rent instinktivt förnimma Guds kraft och när de tittade mot himlens många märkliga ljus förklarade de dem som gudar.

Han tänkte sig också en process i vilken remarkabla människor blev upphöjda till gudar, och där kom han mycket nära Euhemeros — utan att nämna honom på något enda ställe i sin skrift:

> But a third and different class cast themselves down upon earth, and seeing those who had been thought to excel their contemporaries in wisdom, or had become masters of the multitude by strength of body and power of government, such as giants or tyrants, or even sorcerers and quacks, who after some falling off from holier ways had devised their evil arts of sorcery, or others who had been the authors of some common benefit to human life, — to these, both while yet living and after death, they gave the title of gods.[18]

Augustinus tillämpade Euhemeros teori och hänvisade till den med namns nämnande i *De civitate Dei contra paganos* från början av 400-talet. Där uttryckte han sig synnerligen smickrande om Euhemeros: "who, writing as a careful researcher, not as a purveyor of legendary chatter, maintained that all those gods were originally men, mere mortals".[19] Augustinus gav också i boken flera exempel på hur människor blev gudar, samt förslag på hur det kunde ha gått till när de fick sina övermänskliga egenskaper. Sålunda förklarade han om Atlas att han hade varit en stor astrolog och det var anledningen till legenden om att han bar upp himlen.

Dock ville Augustinus ge högre tilltro till en annan förklaring: "There is, however, a mountain bearing his name whose height seems a more likely cause of the popular belief that he supports the

---

[17] Ibid., bok 1, kapitel VIII, 11.

[18] Ibid., bok 2, kapitel V, 32.

[19] Augustine, *Concerning the City of God Against the Pagans*, övers. Henry Bettenson, 1984, bok VI kapitel 7, 239.

heavens."[20] Han nämnde inte varför förhållandet ej kunde vara det motsatta — att berget på grund av sin höjd hade fått namn efter Atlas.

Augustinus tog även Seneca till stöd för sitt avfärdande av de forna gudarna, genom att citera den romerske filosofens text om vidskepelse, *De Superstitione*, som har gått förlorad med undantag just för Augustinus många citat ur den. Seneca uttryckte samma förakt för dyrkandet av gudomar som närmast var att likna vid monster:

> They dedicate images representing sacred, immortal, inviolable beings in base, inert matter; they give them the shapes of men, of wild beasts, or of fishes; some make bi-sexual gods, having bodies with incongruous characteristics. And they give the name of divinities to those images, though they would be classed as monsters if they suddenly came to life.[21]

Efter Augustinus dröjde det till 1700-talet innan det intellektuella Europa i någon omfattning tog sig an de utomkristna mytologierna, vilket förklaras av kyrkans starka grepp om lärdomen. Den kristna teologin var så dominerande att antikens myter och främmande kulturers föreställningsvärldar avfärdades och hamnade i skugga. Det var också förenat med stor fara att diskutera sådant som låg utanför den kyrkliga doktrinen, även om det gjordes med väl så kristna intentioner.

Det fick till och med 1200-talets store teolog Thomas av Aquino erfara, när han utifrån sin djupt kristna världsuppfattning försökte förena kristen dogm med Aristoteles filosofi, fast han utan tvekan förkastade sistnämnda där de två var oförenliga. Kyrkan tillät inte minsta svävande på målet eller ens ytterst försiktiga nyanseringar för att passa ihop de två världsbilderna.

Men Thomas diskuterade inte de antika mytologierna, inte ens för att avfärda dem. De var inte längre något hot mot kristenheten. I det omfattade bokverk där han argumenterade för den kristna lärans överlägsenhet gentemot hedendom, *Summa contra gentiles*, var det i stället judendomens och muhammedanismens dogmer han kritiserade. Inte ens dessa två storheter ansåg han det nödvändigt att ägna särskilt många ord. I stället spenderade han de allra flesta sidorna åt att förklara den kristna läran så att förnuftiga människor skulle acceptera den.

---

[20] Ibid., bok XVIII kapitel 8, 769.

[21] Ibid., bok VI kapitel 10, 248.

Det tycks därmed som att han inte fann det angeläget att skydda sin tro mot andras tro, utan mot otro.

Ett liknande förhållningssätt rådde 300 år senare hos Martin Luther. Inte heller han visade något intresse att gå i polemik med forna föreställningsvärldar eller påvisa absurditeter i de antika myterna. I stället ägnade han sig åt att göra bibelns berättelser trovärdiga, exempelvis i sina kommentarer till Genesis.[22] Det var inte andra religioner han förhöll sig till, utan hur den heliga skrift skulle förstås av förnuftet.

Hexaemeron

Genesis hade en särskild attraktionskraft hos teologiska tänkare under den kristna epoken. Kommentarer och spekulationer om hur den bibliska redogörelsen för världens begynnelse skulle bli begriplig och trovärdig ägnades mängder av omfattande texter, inte minst gällande de första sex dagarna av Guds skapelse enligt Genesis 1.

Denna genre av litteratur hade till och med sitt eget namn, *hexaemeron* (sex dagar). Luthers ovannämnda verk hör dit, även till exempel flera texter av Augustinus, samt före honom Basileios av Cæsarea och Ambrosius av Milano, båda på 300-talet. Thomas av Aquino skrev också i ämnet, likaså den något äldre Robert Grosseteste.

Från det sena 1500-talet växte en genre fram där skapelsen skildrades poetiskt, inspirerat av Dracontius som redan på 400-talet hade gjort detta och vars hexaemeron gavs ut i Frankrike år 1560, likaså Pisidas version från 600-talet, utgiven 1584.[23] Den som väckte faiblessen för genren var Guillaume de Salluste Du Bartas med *La Sepmaine, ou Création du monde*, som gavs ut 1578, och snabbt fick en betydande spridning i Europa.

Andra följde i hans spår, däribland den svenske biskopen Haquin Spegel med *Guds werk och hwila*, 1685. Här beskriver han urtillståndet, innan skapelsen begynner:

> Ther war ej Hårt/ ej Blött/ ej Skönt/ ej Stygt at finna/
> Man såg ej Hwjtt/ ej Swart/ thet Långa eller Trinna;
> Ther war ej Warmt/ ej Kalt/ ej Torka eller Wäta/
> Men Alt war intet: Hoo kan thetta Taal utgäta?

---

[22] Martin Luther, *The Creation. A Commentary on the First Five Chapters of the Book of Genesis*, övers. Henry Cole, 1858 (originalet utkom 1544).

[23] Bernt Olsson, *Spegels Guds werk och hwila*, 1963, 41.

> *Förthenskul bör oss högt then Skaparen beprjsa/*
> *Som kunde her uti then stoora Konsten wisa:*
> *Ty när som någor Man een Bygning haar för händer*
> *Tå fiäsar han/ och sig på ymsa Sjdor wender/*
> *Han skaffar Kranen fram/ och Pålar nederstötas*
> *Han köper Teegl och Kalck/ ther måste mykket skötas/*
> *Ther måste Jern och Bly/ Steen/ Trä och sådant wara;*
> *Skal Arbetet gåå foort får han ej Fyrken spara/*
> *Ty elliest hender thet som Lärde Män the schrifwa*
> *"Af thet som intet är kan och alsintet blifwa!"*
> *Men then Allwjse Gud sljkt Omaak ej behöfwer/*
> *Han skapar med it Ord och ingen Stund förtöfwar.*[24]

Spegel och de andra prisade den kristna gudsbilden och höll sig noga till den bibliska beskrivningen av skapelsen i sina diktverk, men det är tänkvärt att de valde poesins form. Vid det sena 1500-talet och därefter var den kristna världsbilden alltmer satt i gungning av naturvetenskapens framväxt. Det blev tilltagande svårt att tro på den bibliska skapelseberättelsen som faktum. Men med poesin blev det hela som en saga, där verklighetens villkor inte måste gälla. Dikterna gjorde myt, eller med den tidens ord *fabel*, av vad som under så många århundraden varit orubbliga sanningar.

Detta var knappast något som poeterna själva skulle våga eller ens vilja medge, men det så att säga låg i tiden. När filosofin begynte överge den bibliska skildringen fick dikten träda in till dess räddning. Sanning ersattes av skönhet.

I denna övergång från kyrklig doktrin till fantastisk fiktion kan Emanuel Swedenborg sägas inta en mellanposition, såtillvida att hans teorier om skapelsen skildrade ett svindlande skådespel och samtidigt hans egen kosmologi, vilken han förvisso ansåg vara sann. I boken *De cultu et amore Dei* från 1745 beskrev han synnerligen målerskt och skönlitterärt hur världen kom till.

I sin avhandling om boken beskriver Inge Jonsson det som "komponerat i scener som ett drama, och det fortskrider som en svit av bilder och stundom nästan balettartade mellanspel."[25] Det börjar med solen som universums medelpunkt. Ur denna himlakropp, vars tillblivelse Swedenborg inte förklarar, föds planeterna:

---

[24] Haquin Spegel, "Guds werk och hwila", *Samlade skrifter av Haquin Spegel*, red. Bernt Olsson & Barbro Nilsson, vol. 1, 1998, 39.

[25] Inge Jonsson, *Swedenborgs skapelsedrama De Cultu et Amore Dei*, Stockholm 1961, 19.

Det var sålunda en tid, som vi knappast kunna kalla tid, då solen hade varit havande och i sitt sköte burit såsom väldiga foster sitt universums kroppar och efter deras födelse utstött dem i rymden.[26]

Fortsättningen på världsskapelsen går i samma ton när planeternas månar, stjärnhimlen och etern blir till, sedan hur jordens "späda och ännu nakna kropp"[27] får sin skorpa, sina växter och djur. Trots solens moderliga roll har den hos Swedenborg maskulinum. En annan underlighet är att han talar om sju planeter:

Sju voro de foster, som frambragts i en och samma födelse, lika många nämligen som de vandrande himlakropparna i världens stora rund.

Men på Swedenborgs tid var de bara sex, inklusive jorden. Uranus upptäcktes först 1781, och han är tydlig i sin text med att han blott menar planeterna — inte månen, en satellit "som en kammartärna" åt jorden. Det kan verka som ett skrivfel, men inte av översättaren, för den latinska originaltexten anger samma antal.[28] Ej heller var det ett skrivfel begånget av Swedenborg, då han även i en tidigare bok, *Principia rerum naturalium* från 1734, indikerade sju planeter, dock i illustrationer, ej i texten.[29] Två senare texter som ymnigt behandlar just planeterna — första delen av *Arcana Cœlestia* från 1749 och *De Telluribus in Mundo Nostro Solari* från 1758 — nämner blott sex planeter inklusive jorden.[30]

Eftersom han gjorde det mycket tydligt i ovannämnda böcker att han betraktade månen som en satellit till jorden, likt andra satelliter runt andra planeter, kan han knappast ha räknat med den när han fick det till sju. Annars är sjutalet sedan årtusenden givet en stor betydelse på grund av att det är sju individuellt rörliga himlakroppar synbara för blotta ögat: solen, månen, Merkurius, Venus, Mars, Jupiter och Saturnus. Det har i hög grad inverkat på vad veckodagar kal-

---

[26] Emanuel Swedenborg, *Om Guds dyrkan och kärleken till Gud*, övers. Ritva Jonsson, 1988 (det latinska originalet utkom 1745), 32.

[27] Ibid., 34.

[28] Swedenborg, *De cultu et amore Dei*, red. Thomas Murray Gorman, 1883, 13.

[29] Swedenborg, *Principia rerum naturalium*, 1734, tabellerna XXV–XXVII, 393–397.

[30] Swedenborg, *Heavenly Arcana*, vol. 1, Boston 1837 (originalet utkom 1749), samt *Concerning the Earths in Our Solar System*, Boston 1828 (originalet utkom 1758).

las på olika europeiska språk. Kan Swedenborg ha hållit fast vid detta tal, medvetet eller omedvetet? Jag har inte lyckats reda ut saken. Som kuriosum kan nämnas att Swedenborg 1710 hade träffat den engelske astronomen John Flamsteed, som redan 1690 hade observerat Uranus men trodde att det var en stjärna. Det är dock föga troligt att Swedenborg hade en avvikande mening om saken.

Av större betydelse än ovannämnda anomali är att Swedenborg i *De cultu et amore Dei* beskriver världsskapelsen utan att ge Gud en roll i den. Allt är naturkrafter som verkar av sin egen nödvändighet — och ändå skildrar han processen närmast antropomorft, i ett drama där aktörerna är himlakroppar med flera mänskliga drag.

Guds frånvaro kan knappast tolkas som att Swedenborg hade en ateistisk världsbild, om än han vid denna tid fortfarande närde en naturvetenskaplig fascination. Boken kom ut just vid den tid då han genomgick sin andliga kris, varefter hans texter impregnerades med ett religiöst perspektiv, om än originellt. Hans omvärld gick snarare den omvända vägen.

Mytologiernas återkomst

Den poetiska behandlingen av biblisk mytologi, i all sin gudfruktiga vördnad, gjorde ändå ett nyfiket närmande till andra mytologier möjlig. Det skulle dröja länge innan jämförelser med kristendomen lät sig göras på annat sätt än att stämpla allt utanför den som hedniskt och falskt, men under 1700-talet växte intresset för vad dessa fabler hade att berätta — oavsett deras förhållande till kristen dogm.

Seklet var rikt på litteratur som utforskade hur mytologi utanför den kristna världen kunde tolkas. Man höll sig till en början till vad som var mest bekant — den grekiska mytologin — men gjorde också små utflykter till utomeuropeiska föreställningsvärldar och fabler.

Under 1700-talets första hälft skrev den franske abboten Antoine Banier flera digra verk om i synnerhet grekisk mytologi och hur den skulle tolkas, där han propagerade för Euhemeros förklaring av fablerna som förvrängningar av historiska händelser och gestalter:

> *The System of those, who reduce Fables to ancient History, though disfigur'd by the Poets, who were the first Historians: a System that appears most relish'd at this day, and which I have been encourag'd to embrace.*[31]

---

[31] Antoine Banier, *The Mythology and Fables of the Ancients, Explain'd from History*, vol. 1, 1739 (anonym övers., originalet *La Mythologie et les fables expliquées par l'histoire*, 1738), 12f.

Förvrängningarna förklarade Banier som ornament tillkomna "either to make them more venerable, because they were a part of Religion, or more surprising, because it is natural for Man to delight in the Marvellous".

I huvudsak skrev Banier om grekisk mytologi men berörde också flyktigt andra traditioner, såsom egyptisk, kaldeisk, kinesisk och indisk, samt amerikanska indianers teogoni. I sistnämnda tyckte han sig se en "Remnant of the Primitive History of the World, of Eve banish'd from the terrestrial Paradise, and of the murder of Abel and Cain".[32] Han var övertygad om att mänskligheten i det fjärran förflutna kände och dyrkade den ende guden, skapare av världen och av den första människan Adam.[33] Han hade också en bestämd uppfattning om hur avgudadyrkan hade begynt:

> *I am persuaded, that Idolatry began by the Worship of the Heavenly Bodies, and especially of the Sun.*[34]

Denna avgudadyrkan flyttade med tiden till naturfenomen för att slutligen landa i dyrkan av människor, som steg till gudars rank.[35]

Tio år efter Baniers bok citerad ovan, år 1748, utkom *Letters Concerning Mythology*, som också utgick från de grekiska myterna men gjorde det utan ett kristet ställningstagande om dem. I stället uttryckte boken ett erkännande av stora insikter hos de antika källorna och den kosmologi de innehöll, utan att hävda att dessa insikter först med den kristna teologin nådde sin fullbordan.

Därmed signalerar boken en brytning med de många århundradena av kristen dogmatik och ett tidigt steg mot en religiöst neutral behandling av mytologi.

Boken, som gavs ut anonymt, består av 19 brev. De åtta första skrevs av en fortfarande idag okänd författare. De följande, samt bearbetning och tillägg av det sjunde och åttonde, skrevs av den klassiskt skolade skotske akademikern Thomas Blackwell. Upphovsmannen angavs kryptiskt i förordet som "the Author of the *Enquiry*

---

[32] Ibid., 140f. Baniers källa var den jesuitiske missionären Joseph-François Lafitau, *Moeurs des Sauvages Amériquains, Comparées aux Moeurs des Premiers Temps*, 1724.

[33] Ibid., 162.

[34] Ibid., 182.

[35] Ibid., 193.

into the Life and Writings of Homer",[36] en omtalad tidigare bok av Blackwell, som dock också den utgavs anonymt.

Det har hävdats att orsaken till anonymiteten var Blackwells beundran för Lord Shaftesbury, som publicerade sig på samma diskreta sätt.[37] Kanske tänkte han också att hans behandling av såväl Homeros som mytologi skulle kunna väcka ont blod i somliga mäktiga kretsar.

I *Letters Concerning Mythology* diskuteras hur den antika mytologin och dess fabler ska förstås och det görs med största respekt för visdomen i deras innehåll och tillgängligheten i deras form:

> *Fable was the first Garb in which Wisdom appeared; and was so far from being peculiar to the Sing-song Tribe, that the Fathers of Science both Civil and Sacred adopted it as the best of Means both to teach and persuade.*[38]

Blackwell ansåg att kärnan i mytologierna var klokheter om världens tillkomst och beskaffenhet, där de förnämsta gudarna var allegoriska representationer av grunderna i världsordningen:

> *Of the twelve great Gods, the greatest, according to the Egyptians, was Pan or the Universe, to whom the highest Honours were paid. Next to him stood Latona or Night: Vulcan was next in Dignity; and then Isis and Osiris, with Orus, or Light, their Son. That is, in western Language, That the Universe, comprehending Nature and all her Powers, lay o'erwhelmed in Darkness, until the igneous vivifying Spirit broke loose, and dispelled the Shade that for eternal Ages had been brooding over it: That then the Sun and the Moon shone forth, Parents of Light, presiding over the Generation of Animals, the Vegetation of Plants, and the Government of the Whole.*[39]

Men det varierade hur människor kunde tillägna sig detta. Fablerna talade på olika sätt till folk, beroende på deras egna förutsättningar:

---

[36] Thomas Blackwell, *Letters Concerning Mythology*, 1748, iv.

[37] Robert Chambers, *A Biographical Dictionary of Eminent Scotsmen*, vol. 1, 1853, 244f.

[38] Blackwell 1748, 283.

[39] Ibid., 174.

> The Gods of the Ancients, you see, appear in a double Light; as the Parts and Powers of Nature to the Philosophers, as real Persons to the Vulgar; the former understood and admired them with a decent Veneration; the latter dreaded and adored them with a blind Devotion.[40]

Blackwell tillade, en smula utmanande: "Has not the same thing happened in modern religious Matters?"

Mytologiernas grundläggande syfte var "the Instruction of Mankind", varför "every real Philosopher is in some respect a Mythologist, a Lover of Fable and Allegory". De första historikerna och filosoferna var "Mythographers or Writers of Fables".[41]

Det var dock inte blott fablerna som förmedlade den åldriga visdomen. Blackwell såg andra komponenter, som de följande århundradenas religionsvetare och antropologer skulle ägna stort intresse:

> Signs and Symbols are sometimes brought in play, and Instruction is conveyed by significant Ceremonies, and even by material Representations.[42]

Hans syn på symbolernas inneboende kraft snuddade vid vad som långt senare skulle bli den jungianska idén om arketyper: "Symbols carry natural Marks that strike a sagacious Mind, and lead it by degrees to their real Meaning."[43] Med tiden, dock, förvreds de antika insikterna från instruktion till underhållning, tills den verkliga meningen i allegorin föll i glömska.[44]

Om än Blackwells bok är befriad ifrån dogmatisk kristen retorik, bekände han sig till en monoteistisk övertygelse som han ansåg att de stora antika tänkarna delade:

> The Doctrine of the Ancients about their Gods, that is, of the Creation, and its constituent Parts, generally leads to the happy Idea of one supreme eternal Being, from whom all Things first sprang, and who first put, and now preserves them in Order.[45]

---

[40] Ibid., 62f.
[41] Ibid., 289, 269 och 292.
[42] Ibid., 70.
[43] Ibid., 204.
[44] Ibid., 178.
[45] Ibid., 330f.

Han slog därefter fast att "Wisdom never yet contrived a World without a GOD, all-mighty, all-bounteous, all-wise at the Center". Denna monoteism stämmer också väl in på islams teologi, som Blackwell tog i försvar. Han menade att fördomar om den religionen i hög grad berodde på en undermålig översättning av Koranen.[46]

Gemensam för alla de ovanstående är betraktelsen av mytologi och dess fabler som något väsensskilt annorlunda än kristen föreställningsvärld, som om denna helt saknade sådana inslag. Antingen förbigicks de många likheterna med tystnad eller fastslogs de kristna motsvarigheterna som sanningen och allt annat som skrock och villfarelser. Termerna mytologi och fabel användes inte alls om kristna fenomen, annat vore i princip hädelse.

Ej heller Blackwell avvek från detta, även om det här och där i hans text går att skymta små antydningar om att han inte vore främmande för att applicera sin syn på mytologi också på kristen dogm. Det var blott den katolska kyrkan han vågade ge en och annan känga för att den vilseledde med reliker och andra spektakel.[47]

Oviljan eller oförmågan att inkludera kristendomen bland mytologierna och dess sägner bland fablerna fortskred genom såväl 1700- som 1800-talet. När religionsvetenskapen växte fram undvek den länge att behandla kristendomen, som i stället teologin hade monopol på.

Attityden var i hög grad densamma även under 1900-talet och förekommer i viss mån fortfarande.

Det nya, som Thomas Blackwell är ett exempel på, var ett intresse för mytologierna inte för att fördöma dem, utan för att förstå dem. Den förändringen smög sig på under 1700-talet, bland annat genom encyklopedierna och upplysningsprinciperna bakom dem. Även om det skulle ta sin tid innebar denna attitydförändring ofrånkomligen att den rådande religionen gradvis förlorade kontrollen över hur andra föreställningsvärldar skildrades — till att de så småningom jämbördigt kunde jämföras med den.

Från fabel till myt
I den kristna kulturkretsen under nästan tvåtusen år har i stället för myt det motsvarande latinska begreppet *fabel* använts, av det enkla skälet att detta var språket som de flesta texterna skrevs på och vars terminologi var mest bekant. Det berodde i sin tur på att den katolska

[46] Ibid., 314f.
[47] Ibid., 63 och 268.

bibeln, *Versio Vulgata*, skrevs på det språket. Översättningar av bibeln till andra språk utgick i hög grad från denna.

Just ordet fabel förekommer i och för sig bara några få gånger i bibeln. I den första versionen av *Vulgata*, sammanställd av Hieronymus år 405, finns ordet på nio ställen i olika böjningar. Ett av dessa ställen är Andra Timotheosbrevet 4:4, där Paulus siar att somliga ska strunta i sanningen för att i stället återvända till fabler. I den grekiska texten är förstås ordet *mythos* (μυθους). För enkelhets skull får detta korta bibelavsnitt visa hur envist ordet fabel har hängt kvar i biblar genom åren.

Den första svenska bibeln, Gustav Vasas från 1541, skrev fabler, vilket även Martin Luther hade gjort i sin bibel från 1534. Ordet behölls i de svenska biblarna fram till och med 1917, men i Bibelkommissionens nyöversättning av Nya Testamentet 1981, likaså i Bibel 2000 som kom ut 1999, heter det: "De slår dövörat till för sanningen och vänder sig till legenderna." Ordvalet används även på andra ställen där tidigare versioner skrev fabler, ett ord som helt saknas i Bibel 2000, vilket också ordet myter gör.

I engelskspråkiga biblar blev det i stället så att fabler ersattes av myter, med få undantag. Men det dröjde. Den äldsta fullständiga bibeln på engelska, *Wycliffe* från 1395, använde ordet fabler och så gjorde även de följande brittiska biblarna fram till och med *King James Version*, vars första version kom 1611. Den har samma ordval även i sina nuvarande versioner, varav den senaste är *The 21st Century KJV* från 1994.

Även de amerikanska biblarna höll sig till fabler. Den första jag har hittat med annat ordval är *An American Translation* från 1931, som varken skriver fabler eller myter, utan "fictions". Näst i tur var *Revised Standard Version*, som i sitt Nya Testamente 1946 gick över från fabler i den föregående versionen från 1901 till myter. *New American Standard Bible* gjorde samma val i sitt Nya Testamente från 1963, sammalunda med *New International Version* 1973.

Men det har inte alltigenom varit en stringent utveckling. Oxford- och Cambridgebaserade *New English Bible* använde i sitt Nya Testamente från 1961 "mythology" men i en senare version av denna bibel, *Revised English Bible* från 1989, hade detta ersatts av "fables". Samma ord står också i den senaste bibelversionen jag tittat på, den amerikanska *Literal Standard Version* från 2020, vilket är förbryllande då den enligt egen utsago ska vara den mest ordagranna översättningen från de ursprungliga källorna.

Ett tydligt mönster är ändå märkbart. Det dröjde till mitten av 1900-talet innan fabler blev myter i bibelversionerna, och när så skedde var det mestadels i hela biblarna, ej blott i Andra Timotheosbrevet 4:4.

Fullt så långsamt gick det inte i facklitteraturen utanför teologin, men det tog sin tid även där. Det visar en vandring genom encyklopedierna. Deras framväxt på 1700-talet sammanföll med en tid i Europa då den kristna världsbilden försiktigtvis kunde nyanseras i litteraturen, om än det fortfarande inte var riskfritt att avvika från vare sig den katolska eller den protestantiska kyrkans dogmer. Redan den encyklopedistiska idén att förmedla all kunskap till allmänheten[48] var betraktad med stor tveksamhet, allra minst, från både den kyrkliga och den världsliga makten.

En tidig encyklopedi med en utformning som vi känner igen i begreppet var Ephraim Chambers *Cyclopædia*, publicerad i två band 1728. Där används termen fabel på många ställen, även som ett eget uppslagsord i vilket det inledningsvis förklaras:

> FABLE, a Tale, or feign'd Narration, design'd either to instruct or divert: Or, Fable, as Mons. de la Motte[49] defines it, is an Instruction disguis'd under the Allegory of an Action.[50]

Det är en definition som tydligt väger över mot de sedelärande berättelser vi känner från exempelvis Aisopos och La Fontaine, men det var inte alltid så: "At first, Fables were only employ'd in speaking of the Divine Nature, as then conceiv'd: Whence, the ancient Theology was all Fable." Termen myt finns ingenstans i verket, däremot flera gånger mytologi, också som eget uppslagsord om än med en text på blott några rader. Begreppet förklaras:

> MYTHOLOGY, the History of the fabulous Gods, and Heroes of Antiquity and the Explanation of their Mysteries, of their Religion, their Fables, and Metamorphoses, & c.[51]

---

[48] Det var en tanke som fick sin repris på det sena 1900-talet, i Internets barndom, med en slogan som upplysningens förgrundsgestalter säkert hade hållit med om – att all information ska vara fritt tillgänglig för alla.

[49] Antoine Houdar de la Motte var en fransk författare som 1719 gav ut *Fables nouvelles*, vilken förutom egna fabler innehåller en dryga 30 sidor lång "Discours sur la Fable".

[50] Ephraim Chambers, *Cyclopædia, or an Universal Dictionary of Arts and Sciences*, vol. 1, 1728, F sida 1.

[51] Ibid., vol. 2, 612.

Chambers *Cyclopædia* inspirerade den historiskt betydande franska *Encyclopédie*, vars första upplaga utgavs 1751–1772 i 17 volymer. Den saknar också helt ordet myt men använder mytologi mer än 200 gånger och uppslagsordet inleds med en kort definition av begreppet som en fablisk historia över antikens gudar, halvgudar och hjältar, såsom dess namn betecknar.[52] Texten fortsätter med att expandera betydelsen till att omfatta allting anknutet till hednisk religion, såsom olika teologiska system och dogmer, ceremonier, prästerskap och så vidare.

Encyklopedin har också uppslagsordet fabel med en betydligt längre text, skriven av samma författare.[53] Den följer abbé Baniers uppdelning i sex kategorier — historiska fabler, filosofiska, allegoriska, moraliska, blandade, samt fabler skapade att förnöja — men fyller på med 13 olika källor eller orsaker bakom fablers tillkomst. Dit hör exempelvis glorifiering av hjältar, poetiska överdrifter, prästerliga påhitt, samt okunnighet om fysiska lagar.

Den omfattande tyska *Grosses vollständiges Universal Lexicon Aller Wissenschafften und Künste* i 68 volymer, utgiven 1731–1754, saknar även den ordet myt men har både fabel och mytologi som uppslagsord, där det förra ges betydligt mer utrymme än det senare.[54]

Den första upplagan av *Encyclopædia Britannica*, som kom ut 1771, saknar termen myt men har flera förekomster av mytologi i olika böjningsformer. Det är också ett eget uppslagsord, med en text på dryga fyra sidor tätskriven text, där begreppet definieras i textens första stycke, med uppenbart inflytande från Chambers:

> *The word mythology is a Greek compound, that signifies a discourse on fables; and comprehends, in a collective sense, all the fabulous and poetic history of pagan antiquity. It follows therefore, that this science teaches the history of the gods, demi gods, and fabulous heroes of antiquity; the theology of the pagans, the principles of their religion, their mysteries, metamorphoses, oracles, & c.*[55]

---

[52] "Histoire fabuleuse des dieux, des demi-dieux, & des héros de l'antiquité, comme son nom même le désigne." Louis de Jaucourt, "Mythologie", *Encyclopédie, ou dictionnaire raisonné des sciences, des arts et des métiers*, vol. 10, 1765, 924.

[53] Louis de Jaucourt, "Fable", ibid., vol. 6, 1756, 342ff.

[54] "Fabel", vol. 9, spalt 4–11, år 1735, samt "Mythologie", vol. 22, spalt 1761–1765, år 1739. *Grosses vollständiges Universal Lexicon Aller Wissenschafften und Künste*.

[55] *Encyclopædia Britannica*, första upplagan, vol. 3, 1771, 355.

Uppslagsordet fabel har en betydligt kortare text, blott 17 rader, vilket förvånar. Det definieras som "a tale, or feigned narration, designed either to instruct or divert, disguised under the allegory of an action, & c."[56]

Vad som sedan beskrivs är snarast fabler i den mening som ges åt Aisopos, också nämnd i texten. Därefter följer ytterligare ett stycke om fabel som "the plot of an epic or dramatic poem", med hänvisning till Aristoteles.

Det dröjde till den åttonde upplagan, publicerad 1853–1860, innan ordet myt plötsligt förekom ett antal gånger i encyklopedin. Det har inget eget uppslagsord och nämns inte heller i den långa texten om mytologi, utan på diverse andra ställen. Det får faktiskt även en definition, i en fotnot till texten om mirakler, men den är ett citat från en bok av David Strauss, som hävdade att detta även gällde Jesus. I citatet beskrivs myter med ett slags omvänd euhemerism — från myt till historia:

> *Myths have been defined as fabulous narratives allegorically describing some physical or moral phenomena, philosophical principles, systems, & c., under the figure of actions performed by certain ideal personages; these allegories having been afterwards, through the mistake of the vulgar, believed as history.*[57]

I nästföljande upplaga, som kom ut bara några decennier senare, nämns myt nästan 400 gånger, lika många som fabel. Termen har dock ännu inget eget uppslagsord, men den används nu rikligt i texten om mytologi. Den tionde upplagan var ett supplement till föregående, men den elfte var ett nytt verk, som gavs ut 1910–1911 och fortfarande har högt anseende.

Ej heller i denna upplaga har myt ett eget uppslagsord, men definitionen av mytologi inleds med att det är vetenskapen som undersöker "myths or legends of cosmogony and of gods and heroes".[58]

I texten för uppslagsordet fabel, där den beskrivs som moralisk berättelse á la Aisopos och La Fontaine, görs en tydlig distinktion mellan fabel och myt:

---

[56] Ibid., vol. 2, 537.

[57] Ibid., åttonde upplagan, vol. 15, 1858, 264.

[58] Ibid., elfte upplagan, vol. 19, 1911, 128.

> *The fable is distinguished from the myth, which grows and is not made, the spontaneous and unconscious product of primitive fancy as it plays round some phenomenon of natural or historical fact.*[59]

Först i fjortonde upplagan, utgiven 1929–1933, sker en radikal förändring i och med att myt blir eget uppslagsord, om än sammanslaget med ritual, vilket hämtas från den skotske orientalisten William Robertson Smith. Nu är det mytologi som får stryka på foten, från att tidigare ha omfattat ett antal sidor har den decimerats till blott två stycken, med samma inledande definition som i elfte upplagan. Båda uppslagsorden får plats på samma sida, där "myth and ritual" har det mesta utrymmet.[60] Även texten om fabel behåller sin definition och är förkortad till en dryg sida.[61]

I den nuvarande webbaserade utgåvan av *Encyclopædia Britannica* har uppslagsordet myt i ensamt majestät svällt ut till att innefatta en mängd perspektiv på den, samt dess förhållande till fabler, sagor, legender, med mera. I dess inledande definition av begreppet märks även hur mytologi, som inte ens längre är ett eget uppslagsord, har degraderats till en underordnad storhet. Rollerna är ombytta:

> *myth, a symbolic narrative, usually of unknown origin and at least partly traditional, that ostensibly relates actual events and that is especially associated with religious belief. It is distinguished from symbolic behaviour (cult, ritual) and symbolic places or objects (temples, icons). Myths are specific accounts of gods or superhuman beings involved in extraordinary events or circumstances in a time that is unspecified but which is understood as existing apart from ordinary human experience. The term* mythology *denotes both the study of myth and the body of myths belonging to a particular religious tradition.*[62]

Uppslagsordet för fabel finns kvar, men texten är inte omfattande och beskriver fabeln i Aisopos mening.

Det första svenska uppslagsverket med inhemskt författade texter var *Svenskt konversationslexikon* i fyra volymer, som gavs ut 1845–1851. Ordet myt (stavat "myth") används flera gånger i olika böjningar — likaså i något mindre omfattning fabel. Men inget av dem

---

[59] Ibid., vol. 10, 1910, 114.

[60] Ibid., fjortonde upplagan, vol. 16, 1932, 55.

[61] Ibid., vol. 9, 20.

[62] "Myth", *britannica.com*, hämtad 9 november 2022.

är uppslagsord, ej heller mytologi, fast det förekommer ofta i texterna.[63]

Det dröjde till det sena 1800-talet innan Sverige fick sitt första gedigna uppslagsverk, *Nordisk Familjebok* i 20 volymer. Här används ordet myt flera gånger, redan i första volymen från 1876. Det är även ett uppslagsord, om än blott med hänvisningen "Se Mytologi", vars text börjar på samma sida.[64] Texten om totalt nio sidor börjar med att definiera mytologi som kunskapen om myter och fortsätter: "Ofta nyttjas dock ordet tillika i mera konkret bemärkelse om myterna sjelfva i deras sammanhang."

Också fabel är ett uppslagsord, dock med en text om endast cirka en halv spalt, som beskriver den sedelärande berättelsen. Den följs av en lika lång text om fabeldiktning, samt ett stycke om fabelepopé, "en fabel, utspunnen till en längre sammanhängande berättelse eller episk dikt".[65]

Den andra upplagan av *Nordisk Familjebok*, den berömda så kallade Ugglan, gavs ut 1903–1926 och omfattar 38 volymer. Här har den enkla hänvisningen från myt till mytologi försvunnit. I gengäld har sistnämnda text svällt till ungefär dubbla omfånget. Också i denna upplaga definieras begreppet som kunskapen om myterna men nu med tillägget: "sammanfattningen af t.ex. en folkstams myter".[66] Uppslagsordet fabel är cirka dubbelt så långt, vilket beror på att det nu innefattar fabeldiktning och fabelepopéer. Innehållet är ungefär detsamma som i första upplagan.

Den andra upplagan av *Svensk Uppslagsbok* kom ut under åren runt 1950 och blev ett verk med en omfattning som bara överträffas av Ugglan. Här är myt ett eget uppslagsord, med en text av en spalts längd, skriven av religionshistorikern Stig Wikander. Myt definieras som:

> *Den konkreta, berättande form, som det religiösa budskapet i stor utsträckning antar i naturfolkens och de forntida kulturfolkens religioner.*[67]

Förhållandena är omkastade, såtillvida att uppslagsordet myto-

---

[63] *Svenskt konversationslexikon*, vol. 1–4, 1845–1851.

[64] *Nordisk Familjebok*, första upplagan, vol. 11, 1887, spalt 637ff.

[65] Ibid., vol. 4, 1881, spalt 922–924.

[66] Ibid., andra upplagan, vol. 9, Stockholm 1913, spalt 146ff.

[67] *Svensk Uppslagsbok*, andra upplagan, vol. 20, 1951, spalt 662.

logi bara är fyra rader, som avslutas med att hänvisa till myt. Även uppslagsordet fabel är knapphändigt, med sex textrader, där det definieras som vanligen liktydigt med djursaga, särskilt om den har allegorisk eller moraliserande karaktär. Även fabeldjur och fabelväsen är uppslagsord, med något längre texter.[68]

Bra Böckers lexikon, som kom ut i fyra upplagor under 1970- till 1990-talet, fick en väldig spridning genom att ingå i förlagets stora bokklubb. Där är myt ett eget uppslagsord med en kort text, förklarande begreppet som "religiös berättelse som till såväl funktion som innehåll skiljer sig från saga och legend". Myten kopplas också till rituella handlingar.[69] Uppslagsordet mytologi är här blott tre rader, som säger att det är "egentligen läran om myter. I en sammansättning som grekisk mytologi betyder ordet gudalära." Texten om fabel är med ringa marginal den längsta och nämner den moraliserande fabeln, men också fabeldjur och fabelmänniskor, såsom cykloperna.[70]

Det senaste svenska uppslagsverket, *Nationalencyklopedin*, kom i sin första upplaga på 20 volymer ut 1989–1996, därefter har verket släppts på CD samt som webbplats på Internet. Sistnämnda är fortfarande i funktion med abonnemang. Där är myt ett eget uppslagsord, som med sin inledande definition återknyter till den i Bra Böckers lexikon: "i religiöst språk en berättelse om ett gudomligt skeende som har en grundläggande betydelse för människans tillvaro och ger mening åt denna". Ingen av litteraturanvisningarna är nyare än 1992, vilket indikerar att texten inte har omarbetats betydande sedan den tryckta upplagan.[71]

Mytologi har en betydligt kortare text, 55 ord mot 406 för myt. Inte heller där är någon litteraturanvisning nyare än 1992. Det finns också en artikel om myttolkningens historia, som omfattar 657 ord. Texten om fabel, på 126 ord, är koncentrerad på djurfabler.[72]

Det är uppenbart så att NE har gett upp inför den exponentiellt växande *Wikipedia*, vars engelskspråkiga version lanserades i januari 2001 och den svenska versionen i maj samma år.

Wikipedias artiklar är förstås i ständig förändring, eftersom alla besökare på webbplatsen kan ändra texterna, varför de alltid är ano-

---

[68] Ibid., vol. 9, 1948, spalt 55f.

[69] *Bra Böckers lexikon*, tredje upplagan, vol. 16, 1987, 252f.

[70] Ibid., vol. 7, 1984, 198f.

[71] "Myt", *ne.se*, hämtad 9 november 2022.

[72] Ibid., "mytologi", "myttolkningens historia" och "fabel".

nyma. Dock brukar de ämnen som inte är kontroversiella ha tillförlitligt och tämligen konstant innehåll, i synnerhet när de baseras på tydligt redovisade källor. Så här ser det ut i skrivande stund (november 2022):

På svenska Wikipedia har myt en egen ganska omfattande artikel, som inleds:

> *Ordet myt har flera olika betydelser, varav den viktigaste är gamla berättelser och teman som nedskrevs först när skrivkonsten blev känd. De tidigaste religionerna är muntliga traditioner som senare skrevs ned och blev början till en eller flera religioner. Enskilda myter från en kultur utgör tillsammans en mytologi.*[73]

Källhänvisningarna i texten är med ett enda undantag från en bok — *Prismas stora bok om mytologi* från 2006, red. Roy Willis. Artikeln om mytologi är betydligt kortare, i huvudsak en lista på länkar till olika kulturers mytologier. Texten om fabel är något längre, men med en enda källa — artikeln om fabel på Nationalencyklopedins webbplats.[74]

Engelskspråkiga Wikipedia är en helt annan sak. Där är artikeln om myt mer omfattande än den svenska, dessutom med 117 källhänvisningar och 39 olika källor. Sistnämndas antal överträffar vida vad jag sett i något uppslagsverk. De sträcker sig från 1913 till 2020. Texten inleds med följande komprimerade definition:

> *Myth is a folklore genre consisting of narratives that play a fundamental role in a society, such as foundational tales or origin myths.*[75]

Därefter följer en närmast ängslig reservation mot begreppet, då det kan såra religiösa som ger sina myter ett högt sanningsvärde:

> *Since "myth" is widely used to imply that a story is not objectively true, the identification of a narrative as a myth can be highly controversial. Many adherents of religions view their own religions' stories as truth and so object to their characterization as myth, the way they see the stories of other religions. As such, some scholars label all reli-*

---

[73] "Myt", svenska *Wikipedia*, sv.wikipedia.org, hämtad 9 november 2022.

[74] Ibid., "mytologi" och "fabel".

[75] "Myth", engelskspråkiga *Wikipedia*, en.wikipedia.org, hämtad 9 november 2022.

gious narratives "myths" for practical reasons, such as to avoid depreciating any one tradition because cultures interpret each other differently relative to one another. Other scholars avoid using the term "myth" altogether and instead utilize different terms like "sacred history", "holy story", or simply "history" to avoid placing pejorative overtones on any sacred narrative.

Mytologi har ingen egen artikel här, utan leder till avsnittet med samma namn i artikeln om myt, som är ytterst kortfattat:

In present use, "mythology" usually refers to the collected myths of a group of people. For example, Greek mythology, Roman mythology, Celtic mythology and Hittite mythology all describe the body of myths retold among those cultures. "Mythology" can also refer to the study of myths and mythologies.

Artikeln avslutas med ett avsnitt om modern mytologi, som berör mytologiskt inflytande över nutida berättande, exempelvis i film.

Artikeln om fabel, med exempel från olika håll i världen och olika tider, tar fasta på fabeln som sedelärande berättelse:

Fable is a literary genre: a succinct fictional story, in prose or verse, that features animals, legendary creatures, plants, inanimate objects, or forces of nature that are anthropomorphized, and that illustrates or leads to a particular moral lesson (a "moral"), which may at the end be added explicitly as a concise maxim or saying.[76]

Färden genom encyklopedierna visar tydligt hur skiftet från termen fabel till myt åtföljs — eller snarare styrs — av ett förändrat intresse för ämnet. Sammalunda med den minskade användningen av begreppet mytologi.

Det är själva berättelserna som sätts i centrum och vad de må ha gemensamt, tvärs över kulturella och religiösa gränser. De ses allt mindre som konsekvenser av någon doktrin eller föreställningsvärld, även om en sådan går att spåra. I stället studeras deras egen struktur och vad de förmedlar.

Det handlar mer om vad berättelserna berättar än varför de berättas. Detta har på inget sätt minskat intresset för dem.

---

[76] Ibid., "Fable".

Bibliska brister

Under de många århundraden då kristen dogm höll europeiskt tänkande i ett järngrepp var det primära att betona andra föreställningsvärldar som falska, i motsats till den kristna läran. Begreppen fabel och mytologi tjänade det syftet genom att uteslutande appliceras på det utomkristna. På så vis var termerna avfärdande. Mytologier var avgudadyrkan och fablerna var skrönor — i motsats till bibelns gud och dess många fantastiska berättelser, som var helig sanning.

Men denna sanning fick med tiden alltfler anomalier, varefter naturvetenskapliga landvinningar utmanade den. Centralt för kristen dogm och biblisk kosmologi var det geocentriska perspektivet. Gud hade skapat världen med jorden i dess mitt, där alla andra himlakroppar ansågs cirkulera runt den — även solen. I och med att astronomin kunde avfärda detta, sprack fundamentet i den kristna religionen. Det tog sin tid och skedde inte utan intensivt motstånd från kristna kyrkor, men det var en kamp de i längden inte kunde vinna. Den celesta mekaniken gick inte att stoppa.

Ett annat forskningsfält som skapade sprickor i den kristna världsbilden var geologin, exempelvis genom att dess upptäckter gjorde den kristna föreställningen om jordens ålder som blott 6000 år alltmer absurd. Tore Frängsmyr beskrev detta och dess konsekvenser:

> Med de geogoniska och geologiska teoribildningarna från 1600-talets mitt och framåt började motsättningarna till naturvetenskapen bli alltmer uppenbara. Om man tidigare velat få naturvetenskapen att stämma med bibeln, försökte man nu få bibeln att stämma med vetenskapen.[77]

Det gällde förstås i minst lika hög grad astronomins inflytande. Den bibliska världsbilden som den formulerats i kristen doktrin förlorade gradvis trovärdighet, varmed den blev allt svårare att hålla i särställning gentemot andra religioners kosmologier. Det omvända resonemanget Frängsmyr nämnde kunde i längden inte rädda situationen. De fortsatta vetenskapliga landvinningarna krävde alltmer krystade förklaringar på hur bibelns version ändå skulle kunna stämma med verkligheten.

Idag återstår egentligen blott två försvar för den bibliska världsbilden. Det ena är en fundamentalistisk envishet om att bibeln stämmer och vetenskapen har allt om bakfoten, det andra ett erkännande

---

[77] Tore Frängsmyr, *Geologi och skapelsetro*, 1969, 95.

av att bibeln måste betraktas och tolkas som andra mytologier. Sistnämnda nödvändiggör en likvärdig syn på alla dessa, inklusive kristendomen. Men det har inte skett lättvindigt och är ännu inte fullbordat. Därtill är kristendomen med sin tvåtusenåriga historia alltför etablerad. Den kräver sin särställning, såväl implicit som explicit.

Denna attityd har förstås mjuknat under de senaste hundra åren, i och med att det världsliga i allt mindre grad styrs av det kyrkliga, men den är inte försvunnen. Det finns fortfarande en obenägenhet att behandla det kristna godset likvärdigt med andra traditioner, även i de vetenskaper som studerar dessa ting. Fabler må ha blivit myter, men det fortsätter att vara märkligt svårt att till myterna räkna bibelns berättelser, i synnerhet de i Nya Testamentet — fast de har mönster och ingredienser som är synnerligen likartade annat mytiskt gods. Och till mytologi är det fortfarande avigt att räkna teologin.

Dessa kvardröjande hämningar står i vägen för en saklig förståelse av den kristna föreställningsvärldens byggstenar och bevarar fördomsfulla perspektiv på det utomkristna. Alltihop är myter och bör studeras som sådana.

Religion

Vår tid plägar kalla somligt för religion och annat icke. Har vi skäl till det? Möjligen som en direkt konsekvens av de undflyende entiteter ämnet innefattar, visar sig religion svår att beskriva. Härledningen är svävande och begreppet religion har inte vunnit någon allmänt accepterad definition. Det framgår tydligt redan vid en titt på uppslagsverkens texter om begreppet.

Nordisk Familjebok förklarade 1915 att ordet religion, latinets *religio*, ansågs av Cicero komma ur *legere* (plocka ihop, samla) och av Lucretius ur *ligare* (binda).[78] I ett tidigt Rom syns begreppet ha varit länkat till det obehag som människor känt inför det obegripliga och okända, därefter till de offer och riter som utövades i avsikt att kontrollera sådana faktorer. Varje form av gudsdyrkan kallades religio.[79] Den kristna kyrkan förklarade sig snart vara den sanna religionen, och under medeltiden användes ordet ännu mer snävt till att blott gälla munkars reglerade tillvaro.

Beträffande sin samtids definition av begreppet ger detta uppslagsverk flera olika auktoriteters förslag, men konstaterar att eftersom inte ens gudstro gäller i samtliga kända religioner tycks den enda gemensamma nämnaren vara åtskillnaden av heligt och profant: "Religiös eller from är den, för hvilken något är heligt." Uppslagsverket antyder ändå att det heliga är kopplat till det gudomliga, på så vis att "helighet är gudomens väsentligaste egenskap".

Författare till den encyklopediska texten var en av de stora svenskarna inom religionshistoria, tillika ärkebiskop, Nathan Söderblom. Bland hans verk finns *Främmande religionsurkunder*, en diger antologi i fyra band som han var redaktör för och som fick stor betydelse i religionsvetenskaperna.

I *Svensk Uppslagsbok* 1952 skriver de båda teologie doktorerna från Lund Anders Nygren och Krister Gierow att ordet religion kommer från latinets *religio*, som här översätts till förpliktelse, och att vidare etymologi möjligen kan ledas till *relegere*, som står för kultisk omsorg och uppmärksamhet, eller *religare*, bundenhet.[80] De två teo-

---

[78] Ringgren anger Lactantius i stället för Lucretius. Helmer Ringgren, *Religionens form och funktion*, 1968, 9.

[79] Nathan Söderblom, "Religion", *Nordisk Familjebok*, vol. 22, 1915, spalt 1323f.

[80] Anders Nygren & Krister Gierow, "Religion", *Svensk Uppslagsbok*, vol. 23, 1952, spalt 1108.

logerna säger vidare att ordet betecknar ett förhållande till högre makt, men till skillnad från exempelvis metafysiken är detta förhållande ett av personlig förbindelse, så att religion "till sin egentliga syftning" är gudsgemenskap.

De förkastar klart polemiskt tankar om att söka hitta gemensamma nämnare för alla religioner, varvid de menar att så lite blir kvar av dem att de knappast längre kan kallas religioner. Dock kan Nygren och Gierow tänka sig att dela upp religioner efter vilket håll en gudsgemenskap får sin prägel ifrån: "teocentriskt (från Gud orienterade) och egocentriskt (från det egna jaget orienterade)."

I *Nationalencyklopedin*, som numera endast publiceras på webben, har religionshistorikern Carl-Martin Edsman skrivit texten om religion. Den är inte daterad, men eftersom Edsman avled 2010, vid nästan hundra års ålder, är det troligt att texten är hämtad från encyklopedins tryckta upplaga från 1990-talet. Här förklaras *religio* som "vördnad för det heliga, gudsdyrkan" och artikeln inleds med att religion är "en kulturyttring som inte låter sig infångas under någon generellt accepterad, heltäckande definition".[81]

Edsmans text gör skillnad på religioner hos folk med "primitivare livsvillkor" och "de s.k. högreligionerna". Bland de förra är det endast ett fåtal som uppvisar en uttalad teologi. Desto mer sägs om den senare kategorin:

> *De s.k. högreligionerna vill ge svar på frågan om livets mening, vad som är gott eller ont, varför människan måste lida och vad som kommer efter döden. Men de är vida mer än livsåskådningar. De räknar alla med en översinnlig verklighet och med utommänskliga gudomliga makter. Dessa träder i förbindelse med människorna i det som med kristet språkbruk kallas gudstjänst, genom sina utkorade redskap eller i särskilda uppenbarelser. Hela tillvaron står för den religiöse under gudomligt skydd. Samtidigt ställer de översinnliga makterna krav på människorna, som har plikter mot både gudar och medmänniskor.*

Det är en hel del. Någon definition på högreligioner ges inte, ej heller listas vilka de är, men texten passar så väl in på kristendomen att den torde utgå därifrån — med undantag för pluralen för det gudomliga. Också vad som kortfattat sägs om religionens myter har en närmast kristen, eller i alla fall en abrahamitisk ton: "Deras språk är

---

[81] Carl-Martin Edsman, "Religion", *Nationalencyklopedin* (ne.se), odaterad, hämtad 20 september 2021.

ofta myten, som i detta sammanhang är liktydig med den yttersta sanningen."

Religionshistorikern Helmer Ringgren, professor i Gamla Testamentets exegetik, gav i sin bok *Religionens form och funktion* från 1968 fyra kriterier för religion:

- ett intellektuellt, som innebär övertygelsen om att en högre makt styr människans öde,
- ett emotionellt, som visar sig i beroende av och förbindelse till denna högre makt,
- ett beteende, såsom i bön och följsamhet med bud,
- ett socialt, såtillvida att en grupp delar samma tankar och beteenden.

Dessa kriterier förklarar han sig ha extraherat ur de amerikanska religionspsykologerna James Bissett Pratts och Paul E. Johnsons teorier.[82]

Ur den amerikanske socialantropologen Melford E. Spiros definition hämtar han dessutom villkoren att religionen går i arv inom en social grupp, samt att växelverkan råder mellan tillmötesgående av en högre makts vilja och dess välvilja mot människor.

I modern tid, skriver Ringgren, har ytterligare en härledning av ordet religion lanserats, enligt vilken stammen i religio skulle vara densamma som i det negerade *neglegere*, att negligera eller försumma. Därmed skulle religio ange motsatsen till att försumma, alltså inte alltför långt från den romerska vaksamheten.[83]

Också religionshistorikern Geo Widengren underströk svårigheten att definiera begreppet religion. Liksom Ringgren hänvisade han till J. B. Pratt och såg i dennes definition "en framkomlig väg":

> Han lägger huvudvikten vid att religionen är en allvarlig, socialt betonad inställning hos individer eller grupper gentemot den makt eller de makter, som de uppfattar som ägande den yttersta kontrollen över deras öde.[84]

Widengren påpekar att denna definition passar särskilt väl in på höggudstron, som han anser vara "den egentliga kärnan i all religion".

---

[82] Ringgren 1968, 11f. Han refererade till J. B. Pratt, *The Religious Consciousness*, 1920, samt förmodligen Paul E. Johnson, *Psychology of Religion*, 1945 och 1959.

[83] Ibid., 10.

[84] Geo Widengren, *Religionens värld*, 3:e uppl., 1971, 8.

En nutida religionshistoriker, Stefan Arvidsson, talar hellre om religiositet än religion, vilket innebär att sakralisera. Han hävdar att detta är ett generellt kulturfenomen: "Det finns inget mänskligt som inte vid ett eller annat tillfälle i historien har uttryckts religiöst eller som har tillskrivits religiös betydelse."[85] För begreppet religion ger han denna definition, som också anknyter till kultur i stället för individ:

> *Religion är en kultur där centrala värderingar och försanthållanden uppfattas som goda och sanna därför att de har ett övernaturligt ursprung.*[86]

Den holländske religionshistorikern Chantepie de la Saussaye skrev 1887 en omfattande genomgång av religionsvetenskapliga teorier, där han föreslog en kortfattad definition på religion som "a belief in superhuman powers combined with their worship".[87] Fast han finurligt undvek att specificera det, syftade han med de övermänskliga krafterna i huvudsak på gudar. Han konstaterade dock att dyrkan av dem ibland kunde göras med stor beräkning:

> *Some savages, for instance, believe indeed in good gods, but worship always the evil gods, because the good ones cannot by their nature do anything but good, and need not therefore be feared.*[88]

Det var ändå inte blott gudar som dyrkades, enligt de la Saussaye. En ursprunglig form var naturdyrkan:

> *The worship of nature, of heaven and earth, of sun, moon, water, and fire, belongs to the most primitive and most general forms of worship.*[89]

Senare i sin bok, där han behandlade religionens fenomenologi, vidgade han sin definition — men nu med avseende på religiösa doktriner:

---

[85] Stefan Arvidsson, *Varför religionsvetenskap?*, 2012, 8.

[86] Ibid., 13.

[87] Chantepie de la Saussaye, *Manual of the Science of Religion*, 1891 (originalet utkom 1887), 71.

[88] Ibid., 73.

[89] Ibid., 102.

> Some doctrine about the soul, some idea of a god, and the thought of
> some continuation of existence occur generally in all religions.[90]

Den internationellt ryktbare religionshistorikern Mircea Eliade lämnade jordelivet med en diger produktion bakom sig, bland annat *History of Religious Ideas* i tre volymer. Han brukar knytas till de jungianska perspektiven inom religionshistorien.

I förordet till såväl ovannämnda verk som *The Quest*, från 1969, anknöt han till religionen som heliggörande av något och menade att förmågan till helighet inte är något som växer fram i historien, utan en egenskap människan besitter. Det är genom helighet som hon förnimmer det verkliga och betydelsefulla i den förvirrande tillvaron. I själva verket uppfattar människan i den mest arkaiska kulturen levandet, att vara människa, som en religiös handling. Därmed, menade Eliade, är det religiöst att vara — eller bli — människa.[91]

Heligheten är ett återkommande tema bland de ovanstående definitionerna av religion. Det var också tema för en vida spridd bok från 1917 av den tyske teologen Rudolf Otto, *Das Heilige*, där han resonerade om detta som en religiös essens. Han skilde på det heliga som ett rationellt moraliskt föredöme och som en irrationell upplevelse av något upphöjt. Sistnämnda valde han att kalla numinös efter latinets *numen*, som egentligen betyder en nick men i meningen den nick med vilken en gudom får sin vilja igenom. Hos Otto är det förnimmelsen av det upphöjda, alltså det gudomliga, som i sitt unikum inte låter sig förklaras utan måste upplevas:

> This mental state is perfectly sui generis and irreducible to any other;
> and therefore, like every absolutely primary and elementary datum,
> while it admits of being discussed, it cannot be strictly defined.[92]

Denna helighet som en upplevelse kan jämföras med extas eller för den delen kanske med *satori* i zen. För Otto krävde den ett religiöst sinnelag och var det centrala i religiositeten.

---

[90] Ibid., 201.

[91] Mircea Eliade, *History of Religious Ideas*, 1979, I xiii, samt *The Quest: History and Meaning in Religion*, 1969, 1f.

[92] Rudolf Otto, *The Idea of the Holy*, övers. John W. Harvey, 1943 (originalet utkom 1917), 7.

Tynande religion

Några gemensamma drag råder i ovanstående definitioner av religion. Det handlar om heliggörande av övernaturliga makter, som antas ligga bakom och styra över de omständigheter vi människor inte kan kontrollera. Därför bör de dyrkas och blidkas. Med andra ord är religion ett förhållande till sådant som vi inte förstår men ändå har önskemål om.

En empirins banerförare kan då beskriva religionens roll i samhället som en process genom tiden, där bit för bit av de fenomen i vår värld som inte haft annan förmodad orsak än gudomligt ingripande så småningom fann sin vetenskapliga förklaring — intill det gudomliga blev förvisat till föga mer än moralens och dödens territorier. Lagbundna naturkrafter gjorde gradvis guden arbetslös.

Detta tog sig tydligt uttryck i upplysningstänkares vurm för *deismen*, idén om en gudom som må ligga bakom världens tillkomst men därefter har isolerat sig från och upphört att spela någon roll i den. Bakom en sådan syn skymtar viljan att med ett slutligt snitt avlägsna det sista spåret av gudom, för att nå en värld av enbart naturkrafter.

Utvecklingen har också tågat åt det hållet. Sekulariseringen har tilltagit närmast logaritmiskt de senaste seklerna, så att religiöst skilts från profant och det senare vunnit tilltagande auktoritet. Helmer Ringgren konstaterade att det finns ett samband mellan ökad vetenskaplig skolning och minskad religiositet — det förra tycks breda ut sig på bekostnad av det senare.[93] Föga överraskande.

I ett sådant perspektiv blir det gudomliga blott den krympande vita fläck på världskartan som ännu återstår att utforska. Vid fortsatta vetenskapliga landvinningar ska sedermera ingen lucka finnas för en gudsbild att fylla i, och då ska såväl gudar som religioner vara döda — åtminstone i alla de bildades sinnen. Oscar Wilde uttryckte det med en paradox:

> Religions die when they are proved to be true.
> Science is the record of dead religions.[94]

Religionen är med ett sådant öga att betrakta som skrock, en föråldrad föreställning i brist på vad vi plägar kalla bättre vetande. Det som blir bevisat kan därmed inte längre betraktas som religion,

---

[93] Ringgren 1968, 147f.

[94] Oscar Wilde, *Complete Works*, 1983, 1205.

liksom det som motsägs av fakta inte längre kan vara sanning.

Det är tydligt att definitionerna av religion har tagit mest intryck av kristendomen, som stämmer betydligt mer överens med dem än många andra så kallade religioner gör. Eftersom denna bok söker efter gemensamma nämnare i många mycket olika traditioner, där så lite som möjligt bör förutsättas om dem, undviker jag i möjligaste mån att använda begreppet religion, för att i stället tala om till exempel föreställningar och världsbilder eller, i anslutning till denna boks tema, om kosmologier och kosmogonier.

Gud

I det ovanstående upprepas ideligen en term, som är om möjligt ännu svårare att definiera än begreppet religion, och det är *gud*. Ordet används lättvindigt även i de mest hängivet strukturerade analyser, utan att förklaras. Egentligen har det blivit sin egen paradox. En väsentlig del av dess definition är att det inte låter sig definieras.

I *Svensk Uppslagsbok* ges tre förklaringar — en filosofisk, en religionsvetenskaplig och en kristet teologisk. I den förstnämnda är gud ett begrepp som söker förklara världen utifrån ett enhetligt, oberoende väsen. Den religionsvetenskapliga definitionen beskriver gud som framsprungen ur människors behov av svar på tillvarons gåtor och skydd mot hotande makter. Den tredje definitionen anknyter till tro och upplevelse.[95]

Var och en av dessa definitioner utgår enbart från människors behov och bruk, likt flera av de ovannämnda beskrivningarna av begreppet religion. Därmed blir de svåra att använda för en bestämning av själva gudsbegreppet. Annorlunda är det med *Nordisk Familjebok*, där den boströmska filosofen Lawrence Heap Åberg kallade gud "det absoluta personliga väsendet". Han förklarade:

> Då det absoluta naturligtvis är grund till allt, är antagandet af Guds tillvaro i själfva verket likbetydande med antagandet, att en absolut personlighet är grunden till allt.[96]

Det förutsätter dock en höggud, för att inte säga en monoteistisk gud. Strängt taget passar Åbergs definition blott den bibliska guden, möjligen också den muslimska. Den ställer sig svår att tillämpa på polyteism.

---

[95] Ragnar Bring et al., "Gud", *Svensk Uppslagsbok*, vol. XII, 1949, spalt 221ff.
[96] Lawrence Heap Åberg, "Gud", *Nordisk Familjebok*, vol. 10, 1909, spalt 527.

Nationalencyklopedins text om begreppet gud har skrivits av teologen Anders Jeffner. Den är odaterad, men med tanke på Jeffners höga ålder (han föddes 1934) och den omständighet att ingen av hans litteraturhänvisningar är nyare än 1987, är texten förmodligen från encyklopedins på 1990-talet tryckta utgåva.

Den inleds med en definition av gud som "något övernaturligt med avgörande inflytande över tillvaron i olika religioner och trosföreställningar" och slår i nästa mening fast: "I alla kända kulturer har människor trott att det finns en Gud eller flera gudar."[97] Det går möjligen att hävda utifrån den vaga beskrivningen "något övernaturligt", även om också det egentligen kräver sin definition. Framför allt uppstår frågan övernaturligt för vem? Dessutom borde 'något' ersättas med 'någon', eftersom begreppet gud definitivt syftar på ett personligt väsen, om än aldrig så undflyende.

Jeffners artikel avslutas med frågeställningen om gud alls låter sig beskrivas:

> *När man kommer in på frågan om Guds egenskaper finns i vitt skilda religiösa traditioner en gemensam erfarenhet av att mänskliga ord inte adekvat kan beskriva Gud.*

Det beror framför allt på vad man menar med gud. De abrahamitiska religionerna kan nog vara ense med Jeffner, men det finns många religiösa traditioner som inte har samma problem — frånsett det enkla faktum att de väsen som vi plägar kalla gudar nästan alltid är otillgängliga för våra fem sinnen. Det är närmast ett cirkelbevis: gudar är väsen som inte låter sig beskrivas, därför kan vi inte beskriva dem. Jeffner säger det igen i styckets sista mening:

> *Vad både filosofer och teologer i olika religiösa traditioner ofta är överens om är att Gud, om han finns, bara bristfälligt och antydningsvis kan omtalas i mänskligt språk.*

Igen, det beror allt på vilket slags gud vi talar om. I otaliga mytologier dräller det av så kallade gudar som beskrivs lika konkret och fullödigt som människor, också vad gäller deras egenskaper och handlande.

Helmer Ringgren och Åke V. Ström definierade inte gudsbegreppet i sig, utan satte det i samband med begreppet gudstro: "tron

---

[97] Anders Jeffner, "Gud", *Nationalencyklopedin* (ne.se), odaterad, hämtad 20 september 2021.

på personligt uppfattade 'översinnliga' väsen, med vilka människan träder i förbindelse".[98] Det är en basal definition, som går att applicera även utanför monoteismen. Dock är det där med mänsklig förbindelse inte alltid sant. Det vore rättare att nöja sig med att människan förhåller sig till dessa väsen.

I svensk etymologi ses ordet gud som germanskt, men med omstritt ursprung. Kanske kan det spåras till en ursprunglig betydelse av ungefär det som inger fruktan, eller kanske med meningen åkallan. Det kan också ha fötts som ett rent trolldomsord ur magisk tradition.[99]

Chantepie de la Saussaye, nämnd ovan, aktade sig för en generell definition av begreppet gud, utan föredrog att behandla detta i varje religion för sig:

> The determining of the various meanings which the idea of a god possesses amongst various nations we shall leave to the later historical descriptions of each religion.[100]

Joseph Campbell, som skrev många böcker om mytologi med ett uttalat jungianskt perspektiv, varnade för användandet av gud som något fastställt begrepp, ett faktum. För honom var gud blott vårt namn på något som symboliserar transcendens och mysterium.[101]

Även om ett stort antal forntida kosmologier innehåller vad vi översätter med gudar, bör detta inte leda till några automatiska slutsatser om en religiös världsuppfattning. Vad en gud är framstår så oklart även inom vårt språks gränser att vi näst intill ingenting kan säga om vad för varelse som åsyftas i andra kulturer.

Bättre vore att döpa dessa väsen efter endast de egenskaper de visar — till exempel skapare, där så är fallet, odödlig, härskare, ödesformare, och så vidare. Bara genom att ange en så kallad guds egenskaper och handlande blir något konkret sagt, som sedan går att hantera i en analys och i en vederhäftig jämförelse mellan kosmologier från skilda kulturer.

Exempelvis är allsmäktighet en egenskap som tillskrivs bibelns och Koranens gud, men långt ifrån alla de väsen i andra traditioner som också kallas gudar. Dessutom kan man undra om allsmäktighet

---

[98] Helmer Ringgren & Åke V. Ström, *Religionerna i historia och nutid*, 1991, 21.

[99] Elof Hellquist, *Svensk etymologisk ordbok*, 1970, I 309.

[100] Saussaye, 123.

[101] Joseph Campbell, *Transformations of Myth through Time*, 1990, 16.

ens är logiskt möjlig. Den så kallade omnipotensparadoxen har diskuterats sedan medeltiden, mest känd med frågan om en allsmäktig gud kan skapa en sten så tung att han inte orkar lyfta den.

En annan egenskap som många så kallade gudar saknar är odödlighet. De föds, vilket gör deras liv ändligt bakåt, och de dör, vilket avbryter deras liv framåt. Exempel på detta finns i flera av skapelsemyterna som behandlas senare.

I den här boken använder jag helst ordet gudom i stället för gud, för att det är ett allmännare begrepp som öppnar för många olika tolkningar. Det ska ses som en parallell till engelskans *god* och *deity*, där det sistnämnda i regel ges en bredare betydelse i facklitteraturen. Begreppet gudom, liksom *deity*, är inte lika hårt förknippat med den kristna traditionens gudsidé.

Tro

Utöver att såväl vår tids främsta naturvetenskapliga forskare som deras rön fortfarande inte helt exkluderar möjligheten av ett gudomligt plan, finns speciellt i kristendomen en omständighet som gör bilden av religion som ett slags skrock missvisande.

Den kristna bekännelsen samlas runt begreppet tro, som alls inte gör anspråk på vetande eller saklighet. *Svensk Uppslagsbok* citerar Kierkegaard: "För tron är beviset en hädelse."[102] Kristna ska bekänna sin tro på mycket som trotsar förnuftet och just den envisa tron är deras välsignelse, det som ska frälsa dem — i döden, det territorium som fortfar att vara otillgängligt för vetenskaplig granskning.

Därmed understryker denna övertygelse att den inte påverkas av vetenskapliga landvinningar, inte har med dem att skaffa. Vare sig man med tro menar tilltro, förtroende eller trofasthet, har förhållandet blivit ett av känslor i stället för förnuft. Den enda formen av tro som saknar religiös betydelse är trovärdighet.

Socialantropologen Edmund Leach gick så långt att han menade att detta är centralt i alla myter:

> *The non-rationality of myth is its very essence, for religion requires a demonstration of faith by the suspension of critical doubt.*[103]

Vi har en tendens att likt Leach betrakta all världens religioner som genomsyrade av samma anda, vilket inte behöver vara fallet.

---

[102] Bring et al., 1949, spalt 225.

[103] Edmund Leach, *Genesis as Myth and Other Essays*, 1969, 7.

Ser vi till forna tiders föreställningar, då går vi med denna attityd riktigt vilse. De ideliga hänvisningar till tro som villkor för frälsning, yttrade av såväl Jesus som hans apostlar i Nya Testamentet, har ingen tydlig motsvarighet i de flesta andra religioner. Blott islam visar en likartad fixering.

När Nya Testamentet beskriver tron som en kraft vilken kan försätta berg, anknyter det snarast till föreställningar om *mana*, en metafysisk kraft som människor kan tillägna sig i olika grad. Denna finns, med många olika namn, i en rad av föreställningsvärldar. På bibelstället i fråga ges dock tron en underordnad roll: "Om jag ... har all tro så att jag kan flytta berg, men saknar kärlek, är jag ingenting." Senare i samma kapitel sägs: "Men nu består tro, hopp och kärlek, dessa tre, och störst av dem är kärleken."[104] Denna prioritering hos urkunden har märkligt nog inte alltid varit dess utövares.

Hos både kristendomen och islam utgör tron på guden och dennes budbärare själva det religiösa fundamentet. Trosbekännelsen är ett uttryck för att denna övertygelse egentligen strider mot förnuftet. Annars vore bekännelsen överflödig. När blind tro hyllas avfärdas vetande.

Ett strålande exempel på denna kärna i budskapet är lärjungen Tomas tvivel på Jesu uppståndelse. Han får sticka fingret i såret på sin mästares kropp, varefter Jesus säger: "Du tror därför att du har sett mig. Saliga de som inte har sett men ändå tror."[105] Vad detta och andra bibelställen antyder är att man ska tro fast man av förnuftsskäl inte borde.

Andra religioner saknar detta inbyggda implicita tvivel. För en rimlig granskning av forna tiders och andra kulturers kosmologier måste därför tron överges som en benämning. Det är inte fruktsamt att se dessa myter som uttryck för en bekännelse i vår kristna traditions mening. Vi bör nöja oss med att se dem som världsbilder, försök till förklaringar av okända storheter och obegripliga fenomen i den omgivning där de tillkom.

Ser vi kosmologierna som förklaringsmodeller blir det föga relevant att tala om dem som religioner, och då spelar det ingen roll om de vimlar av aldrig så många gudomar och andeväsen.

Om dessa förklaringsmodeller tituleras religioner av inget annat skäl än att de med vår tids och kulturs ögon ses som falska världsbilder, då är denna etikett närmast en oförskämd antydan om att folk

---

[104] 1 Kor 13:2 och 13, *Bibel 2000*.

[105] Johannes 20:27-29.

redan på den tiden borde ha vetat bättre. Om de i stället får den benämningen för att de ingår i ett system av riter och tillbedjan, offer eller dyrkan, då måste vi först fråga oss hur vi ser orsakssambandet. Är det riterna som tvingat fram kosmologierna till förklaring av dem, eller är riterna konsekvenser av kosmologierna? I det förstnämnda fallet vore begreppet religion möjligen passande, men i det senare är det synnerligen tveksamt.

Är det trovärdigt att forntidens människor skulle konstruera världsbilder för att motivera sina riter? Vi plägar gärna se det så, eftersom vårt studium kommer från galen tidsände, men det vore trångsynt och ogint att förmoda annat än att forna kosmologier utvecklades ur en nyfikenhet på just vad de beskriver.

Otro

En fråga som dyker upp vid betraktelse av de gamla kosmologierna är i vilken utsträckning forna tiders folk tillmätte sina religiösa föreställningar trovärdighet. Vi plägar ta för givet att våra föregångare var bergfast övertygade om allt de öppet bekände sig till, trots att vi själva sällan visar sådan stringens. Kanske var i själva verket tvivlet lika utbrett och mångfasetterat då som nu.

Religionshistorikern Tor Andræ påpekade att tvivlare även finns i naturfolkens synbart trånga konformitet. I sin bok *Det religiösa anlaget* redogjorde han för både tro och otro i många religiösa traditioner.[106] Han summerade:

> Över huvud är den själsliga hållning, som inte vill tro utan att se, ingalunda en produkt av vår tids kritik och tvivelsjuka. Den förefaller inte vara alldeles okänd i någon tid eller hos något folk.

Andræ såg exempel på otro i varje kulturs tro, hur dominerande den än var. En genomgång av de grekiska filosofernas syn på myterna och gudomarna som deras samtid dyrkade, visar att majoriteten av filosoferna minst sagt tvivlade på, ibland rentav fördömde, så gott som alltihop. Få av dem var vad vi skulle kalla religiösa.[107]

Man må vara frestad att hävda att detta blott gällde filosoferna, som med sin intellektuella höjd var förmögna att se över och förbi samtidens föreställningar, men det faktum att de alls kunde göra

---

[106] Tor Andræ, *Det religiösa anlaget*, 1951, 99f. Boken publicerades ursprungligen på tyska 1932.

[107] Stenudd 2007.

detta visar på möjligheten att redan under antiken avfärda de rådande dogmerna. Därmed är det fullt tänkbart att fler gjorde detsamma, såsom Andræ konstaterade.

Han såg dock dessa avvikare som glesa undantag från regeln, vilket inte är så säkert. Det kan snarare ha varit så att de som vågade yttra sina tvivel var sällsynta, men att samma tvivel gnagde i betydligt fler. I många kulturer har det varit förenat med livsfara att förneka deras trossystem.

Problemet kvarstår på flera håll även idag.

Den brittiska socialantropologen Mary Douglas menade att oförmågan eller oviljan att se tvivlet hos naturfolk har hämmat förståelsen av såväl deras som vårt eget samhälle:

> The idea that primitive man is by nature deeply religious is nonsense. The truth is that all the varieties of scepticism, materialism and spiritual fervour are to be found in the range of tribal societies. They vary as much from one another on these lines as any chosen segments of London life. The illusion that all primitives are pious, credulous and subject to the teaching of priests or magicians has probably done even more to impede our understanding of our own civilization than it has confused the interpretations of archaeologists dealing with the dead past.[108]

Tvivlet ses som en självklar del av det moderna samhällets förhållande till religion, men betraktas som marginellt i andra kulturer, speciellt de förflutna och naturfolkens. Denna grova förenkling gäller fortfarande. När världsreligionernas anhängare räknas i statistiken görs det som om siffrorna angav antal bekännare, fast de i själva verket är beräknade på sådant som nationell religionshemvist, kyrkors medlemstal, och så vidare.

Det är sannerligen inte samma sak som att alla dessa människor är så att säga troende.

Wikipedia har en sida med aktuella siffror, som av de totalt 7,8 miljarder människorna på jorden 2020 anger 1,2 miljarder som sekulära, irreligiösa, agnostiker eller ateister.[109] Det är cirka 15%. Siffran är förmodligen alldeles för låg. En global undersökning av Gallup 2012 rapporterade att endast 59% ansåg sig religiösa, medan 23% var

---

[108] Mary Douglas, *Natural Symbols: Explorations in Cosmology*, 1973 (första upplagan 1970), 36f.

[109] en.wikipedia.org/wiki/List_of_religious_populations

irreligiösa och 13% ateister. De återstående visste inte eller vägrade att svara på frågan.[110]

Wikipediasidan nämnd ovan baserar nationella uppgifter på siffror från Pew Research Center. De anger för Sverige 2,86 miljoner "unaffiliated" år 2020, vilket var 29% av befolkningen.[111] Men att vara ansluten till en kyrka är inte detsamma som att vara troende. Av de 6,21 miljoner svenskar som i samma diagram uppges vara kristna är det säkerligen en stor andel som må vara medlemmar i Svenska kyrkan eller andra kristna samfund, men ändå förhåller sig mer eller mindre tvivlande till doktrinen.

Religion har en social sida, som i många fall nu och historiskt har verkat betvingande, men personlig uppfattning är en helt annan femma. Det glöms tyvärr alltför ofta bort eller behandlas alltför summariskt, när religion och mytologi studeras. Därmed blir bilden så missvisande som Mary Douglas varnade för.

Religionsvetenskap är allvarligt bristfällig och missvisande innan det irreligiösa studeras med samma omsorg som det religiösa.

Religionshistoriens aber

Finns det i begreppet religion något att vinna för en undersökning av mytologiernas tankemönster? Inom religionshistorien tillämpas i och för sig förklaringsmodeller som kan vara till hjälp också vid betraktandet av forna kosmologier — utan att man därmed behöver binda sig till vissa etiketter. Det är också så att de allra flesta kosmologierna samlats och utforskats just inom religionshistorien, om än i konkurrens med antropologin i synnerhet gällande naturfolks världsbilder.

Dock innehåller förstnämnda disciplin många kyrkans och den kristna bekännelsens män, i synnerhet fram till och med 1900-talets första decennier. Till exempel var det den blivande ärkebiskopen Nathan Söderblom som stod bakom 1908 års stora svenska antologi av religionsurkunder från hela världen. Bland dem som var behjälpliga med att samla materialet och tolka det till svenska fanns flera missionärer.

En annan präst som var internationellt bemärkt inom religionshistorien, Wilhelm Schmidt, gick så långt i sina förutfattade meningar att han om forntida människors religioner skrev att de fick dem "som ett arv från sina fäder och förfäder och, i de flesta fall, i

---

[110] *Global Index of Religiosity and Atheism 2012*, WIN-Gallup International.

[111] *Religious Composition by Country*, Pew Research Center.

sista hand från Guds direkta undervisning av de första av honom skapade människorna."[112]

Det är en varningssignal. När dessa världsbilder betraktas i avsikt att få något sagt om mänskligt tänkande kan en religionshistorisk utgångspunkt ge en förvrängd bild. Till exempel vill religionshistorikern gärna knyta ihop ett folks kosmologi och dess riter, sagor, även sedvänjor, med hårt åtdragna band. Vidare tenderar en sådan forskare att särdeles beredvilligt finna övermänskliga makter i folkens föreställningsvärldar, i synnerhet makter av sådan art som skulle kunna kallas gudar.

Iakttagarens fördomsfulla strävan att få sina egna föreställningar bekräftade noterades ironiskt av Nathan Söderblom, som i sitt skrivande inte var främmande för en och annan lustighet. Han skrev, angående Wilhelm Schmidts tendentiösa tolkning av vad en ung inföding i Nya Guinea berättat för honom om en av deras gudomar:

Det är onekligen glädjande, att hvar och en får fatt på sådant, som bekräftar hans teorier.[113]

Överlag är risken stor att vår religion blir en måttstock för kartläggning av andra tiders och folks världsbilder, när vi utgår från kategoriseringar som hör vårt eget kulturarv till.

Ett exempel på detta är hur fjärran kulturers skrivna urkunder översatts genom seklen. När de fått europeisk språkdräkt har de på många punkter blivit ganska europeiska också i sitt innehåll. Det märks hos Erik Folke, missionär i Kina, som i början på 1900-talet gav *Tao te ching* en vacker svensk språkdräkt. Den vise blir hos honom "den helige", anfadern som är kinesisk religions första gudom blir "Herren", där talas till och med om att dö för att finna livet — inalles en tolkning som kryper mycket nära kristna tongångar.[114]

Ännu idag är det svårt att vara förvissad om att vi på våra språk ska finna termer och formuleringar som korrekt återger avlägsna kulturers idéer.

Ett annat exempel är de förklaringar som ges av religionshisto-

---

[112] Wilhelm Schmidt, *Religionen hos urkulturens folk*, övers. Erik Gren, 1936, 71.

[113] Nathan Söderblom, *Gudstrons uppkomst*, Stockholm 1914, 4.

[114] Erik Folke, *Laotse och Tao te ching*, 1927, 25, 26 och 31. Det var också Folkes tolkning av *Tao te ching* som ingick i Främmande religionsurkunder, del 3 vol. 4, 43–76.

riker när de diskuterar vilka behov religionerna uppfyller. De använder då gärna förutsättningar om mänsklig religiositet, om rädsla för döden och det okända, om sökande efter en övernaturlig trygghet, som inte med säkerhet är närvarande och avgörande i varje tid och kultur.

Sålunda förklarade till exempel Johannes Maringer i förordet till sin bok om förhistorisk religion att han ville undvika en för snäv definition av begreppet, och därför hade valt Wilhelm Schmidts: religion som vetskapen om och känslan av beroende gentemot en eller flera övernaturliga krafter.[115] Det är oklart om Maringer delade Schmidts övertygelse om att denna vetskap var resultatet av en existerande guds direkta inflytande.

Snarlikt resonerade religionspsykologen J. B. Pratt, vars definition beskriver den allvarsamma attityd som människor visar "gentemot den makt eller de makter som de anser ha den yttersta kontrollen över deras intressen och öden".[116]

Mircea Eliade erkände vår svårfrånkomliga etnocentrism, när han skrev att det kommer an på framtida generationer av forskare från stamsamhällen i Australien, Afrika och Melanesien, att klandra västerlänningarna för deras okunnighet om de värdeskalor som är inbyggda i dessa kulturer.[117]

Den största betänkligheten med det religionshistoriska perspektivet är ändå de källor som därmed eventuellt kan ha undgått oss. Skulle religionshistorikern känna igen och uppmärksamma en forntida kosmologi om den saknade religiösa kännetecken? Om en kulturs världsbild varken innehöll en skapelse eller någon bakomliggande övernaturlig kraft, skulle den alls uppfattas som en världsbild — eller blev den avförd som att sakna en sådan?

Vi bör akta oss för att undantagslöst eller obetänkt placera kosmologierna i facket religion, vilket kunde förleda oss till slutsatser som har mer med det senare begreppet att skaffa än det förra.

Ett föga användbart begrepp

Egentligen undrar jag om begreppet religion är användbart i något sammanhang alls. Det tycks mest bygga på bestämda och därmed begränsande föreställningar om människans behov, utan att ge särskilt dugliga verktyg för kartläggning eller analys.

---

[115] Johannes Maringer, *The Gods of Prehistoric Man*, 1960, xviii.

[116] Citerad i Ringgren 1968, 11f.

[117] Eliade 1969, 75.

Dessutom är begreppet religion definierat och upprätthållet av en kultursfär som genomsyras av kristendomen. Det har mestadels använts för att med kristendomen som ett slags rättesnöre visa på andra föreställningsvärldars likheter och skillnader gentemot denna norm. Fenomenet kan i sin helhet vara en inbillning tillkommen i den kristna kulturen och i synnerhet dess religionsvetenskap, med ringa eller ingen relevans i andra kulturer.

Den amerikanske religionshistorikern Jonathan Z. Smith konstaterade redan i inledning till sin bok om religionsbegreppet att det är något imaginärt:

> Religion is solely the creation of the scholar's study. It is created for the scholar's analytic purposes by his imaginative acts of comparison and generalization. Religion has no independent existence apart from the academy.[118]

I andra kulturer än de västerländska saknas ofta en term som skulle motsvara vårt begrepp religion. De kan ha ett ord som anger blott den egna religionen, till exempel det arabiska ordet *din*, som brukar översättas med religion. Det fick pluralis först i modern tid, i en turkisk lärobok i religionshistoria, vilket väckte stor uppståndelse.[119]

Försåvitt religion anspelar på föreställningar om övernaturliga krafter kan dessa knappast kallas övernaturliga av dem som omfattar föreställningen. Därmed blir begreppet inget annat än en markering av gränsen för vad vi betraktar som naturligt. Om en religions världsbild visar sig vara alldeles sann på varje punkt — upphör den därmed att vara religion? Vi påminns om Oscar Wildes ord i ärendet.

Eftersom religion enligt varje definition innehåller en eller annan formulering om det övernaturliga som ett av villkoren, baserar sig begreppet på den kristna traditionen av tro som en motpol till vetande — det vill säga nödvändigheten av något utanför naturen. Om gudomar och andliga krafter skulle visa sig vara lika verkliga som naturen, blev de genast en del av den, och religion blev en omöjlighet. Öververklighet blev simpel verklighet.

Blott om vi med säkerhet kan slå fast vad som inte kan finnas, har vi skäl att kalla detta för religion — om någon ändå envisas med att påstå att det finns. Vad är det för begrepp?

---

[118] Jonathan Z. Smith, *Imagining Religion*, 1982, xi.

[119] Ringgren 1968, 10f.

Om inte annat borde resonemang om religion i singularis ersättas av pluralis, så fort det handlar om mer än en föreställningsvärld. Det finns många religioner och de är väldigt olika. Gemensamma nämnare kan inte förutsättas.

Myt

När det gäller de gamla kosmogonierna, brukar de benämnas skapelsemyter. Begreppet myt är intressantare i detta sammanhang än religion och tro, framför allt eftersom det inte implicerar en lika stor mängd egenskaper som inte med säkerhet gäller.

Termen kommer från grekiskans *mythos*, som helt enkelt betyder ord eller berättelse, men därtill har fogats villkoret att en sådan berättelse ska röra vissa övernaturligheter, eller i alla fall en svunnen tid om vilken inget säkert går att säga. *Nordisk Familjebok* från 1913 kräver att myten innehåller gudar eller halvgudomliga heroer, detsamma gör till exempel 1977 års *Illustrerad svensk ordbok*.[120] Även *Nationalencyklopedin* blandar in det gudomliga i sin högtidliga förklaring av myt som "en berättelse om ett gudomligt skeende som har en grundläggande betydelse för människans tillvaro och ger mening åt denna", men påpekar att detta gäller "i religiöst språk".[121]

Sådana krav bör inte från början ställas på kosmologierna. Riktigt lika stränga villkor vill inte sentida forskare ge termen men i försök till precisering kommer ändå sådant in, som inte självklart kan tas för givet.

I religionsvetenskapen krävs av myten att den ska vara trodd, vilket förstås är en vansklig egenskap att försöka bekräfta, i synnerhet vad gäller sedan länge gångna epoker. Ytterligare ett krav är att den ska ingå i något rituellt handlande.

Religionshistorikern Geo Widengren kallade myten för ritens naturliga komplement, det heliga ordet som åtföljer den heliga handlingen och förklarar den. Utan myten är riten blott ett mekaniskt handlande. Därför: "När myten dör, mister också riten sitt liv."[122] Sålunda blir en skapelseberättelse myt om den också ingår i till exempel kultdramatiska fester, som symboliskt genomlever skapelsen med regelbunden intervall. För denna boks läsning av kosmologierna är dock sådan rituell användning ovidkommande.

Inom antropologin råder en jämförbar definition av myten. Den ska röra händelser före eller utanför den påtagliga verkligheten. An-

---

[120] Martin P:son Nilsson, "Mytologi", *Nordisk Familjebok*, vol. 19, 1913, spalt 146f., samt Bertil Molde (red.), *Illustrerad svensk ordbok*, 1977, 999.

[121] Carl-Martin Edsman & Hans-Erik Johannesson, "Myt", *Nationalencyklopedin* (ne.se), odaterad, hämtad 20 september 2021.

[122] Geo Widengren, *Religionens värld*, andra utgåvan, 1953, 132 och 166.

tropologen Roger M. Keesing, som med *Cultural Anthropology* skrev ett väl spritt standardverk i ämnet, betonade ännu mer mytens funktion i ett samhälle, att den är levande och en integrerad del i samhällslivet, så att den är svårförklarad — rentav meningslös — utanför detta sammanhang.[123]

Synen på myten som ingående i ett socialt sammanhang har delats av många antropologer. Bronislaw Malinowski hävdade bestämt att myten inte kan förstås utanför detta sammanhang och fann sina belägg för detta i vad han kallade primitiva kulturer, där han inkluderade samtida naturfolk. Från deras förhållande till sina myter slöt Malinowski sig till myters generella funktion:

> *Myth fulfills in primitive culture an indispensable function: it expresses, enhances, and codifies belief; it safeguards and enforces morality; it vouches for the efficiency of ritual and contains practical rules for the guidance of man. Myth is thus a vital ingredient of human civilization; it is not an idle tale, but a hard-worked active force; it is not an intellectual explanation or an artistic imagery, but a pragmatic charter of primitive faith and moral wisdom.*[124]

Förvisso har myter spelat stor roll i de kulturer där de uppkom, men det måste inte betyda att de allihop hade den omfattande funktion Malinowski anger, än mindre att de skulle ha tillkommit med detta syfte. I synnerhet det sistnämnda är av betydelse. Hur myter må ha använts får inte vara något hinder för att studera deras egen form och eget innehåll. Det rimliga är att börja med vad myterna faktiskt säger, annars kan det knappast vara möjligt att förstå dem eller deras eventuella funktion.

Karl Popper gav myten en vidgad betydelse, snarlik den som numera är vanlig och används i uttryck som 'myten om den lyckliga barndomen' eller 'myten om det svaga könet' — alltså en kollektivt omhuldad men tvivelaktig föreställning. Popper såg myten som en förklaring eller teori upprätthållen utan bevisning, alternativt med bristfällig eller felaktig bevisning.

Det kan verka som en syn på myten som ligger utanför vad denna bok diskuterar, men Popper fann en allmängiltighet applicerbar även på exempelvis skapelsemyter.

---

[123] Roger M. Keesing, *Cultural Anthropology*, 1981, 342f.

[124] Bronislaw Malinowski, *Magic, Science and Religion and Other Essays*, 1954 (första utgåvan av detta textavsnitt 1926), 101.

Han såg myt som ett förstadium till vetenskap, i den meningen att båda formulerar förklaringar men den förra gör det utan att metodiskt pröva dem mot verkligheten eller ens vara öppen för ifrågasättande, något som vetenskapen inte bara medger utan bygger på:

> My thesis is that what we call 'science' is differentiated from the older myths not by being something distinct from a myth, but by being accompanied by a second-order tradition — that of critically discussing the myth. Before, there was only the first-order tradition. A definite story was handed on.[125]

Därmed ansåg han att vetenskap också är ett slags mytmakande: "historically speaking all — or very nearly all — scientific theories originate from myths".[126] Orsaken till att de vetenskapliga myterna skiljer sig så pass mycket åt från andra myter är just att de prövas kritiskt och därmed ändras:

> In other words, under the pressure of criticism the myths are forced to adapt themselves to the task of giving us an adequate and a more detailed picture of the world in which we live.[127]

Med förbehållet att de behöver granskas kritiskt var Poppers uppfattning att varje vetenskapligt framsteg måste börja med en myt. Annars skulle inget finnas att utgå ifrån. Han förklarade med vad som måste vara ett stänk av humor: "If you have nothing to alter and to change, you can never get anywhere."[128]

Han såg detta som den tillförlitliga metoden, i motsats till att börja med observation eller experiment:

> Thus science must begin with myths, and with the criticism of myths; neither with the collection of observations, nor with the invention of experiments, but with the critical discussion of myths, and of magical techniques and practices.[129]

---

[125] Karl Popper, *Conjectures and Refutations. The Growth of Scientific Knowledge*, 1962, 127.

[126] Ibid., 38.

[127] Ibid., 128.

[128] Ibid., 130.

[129] Ibid., 50.

Det ger onekligen myterna en dignitet som få andra tänkare har varit villiga att ge dem. Vad Popper förespråkade var att se myterna som ett utgångsmaterial för vetenskapligt arbete, alltså som ett vetenskapligt material. Genom att betrakta myten med vetenskapliga ögon, hur orimlig den än kan verka i sin originalform, blir det möjligt att vaska fram dess eventuella sanningshalt. För varje sådan revision av myten blir den allt trovärdigare och driver på så vis vetenskapen framåt — även om just Popper förmodligen inte hyste särskilt stort hopp om att det skulle leda till någon slutgiltig, absolut sanning.

Strukturalism

Den franske antropologen Claude Lévi-Strauss ägnade myten stort intresse och en djärv definition, där mytens innehåll och struktur gavs särskild uppmärksamhet. För honom var myten ett tydligt uttryck för det mänskliga tänkandets struktur, eftersom det tänkande som myterna utgjorde var tämligen ostört av ovidkommande faktorer.[130] Därmed hamnade han nära det som denna skrift särskilt grunnar på.

Lévi-Strauss hävdade att myternas funktion är ett ständigt sysslande med de ofrånkomliga motsatserna i människans tillvaro — såsom att höra till såväl natur som kultur, att känna av såväl kropp som själ, att höra till livet men ofrånkomligt nalkas döden. Myterna är enligt honom försök att överbrygga motsatserna och därmed mildra slitningen mellan dem:

> *The purpose of myth is to provide a logical model capable of overcoming a contradiction.*[131]

Han hävdade också att människans intellektuella arbete med att klassificera sin värld — dess växt- och djurrike, och så vidare — inte först och främst är handgripligt nyttobetingat, utan för att skapa en ordning i universum. Detta ordningssinne uttrycker sig såväl i vetenskaplighet som i konstnärliga former.[132] Strävan att klassificera, att ordna, syns vara en konstant.

Sålunda menade Lévi-Strauss att ringa skillnad råder mellan

---

[130] Claude Lévi-Strauss, *Det vilda tänkandet*, övers. Jan Stolpe, 1987 (originalet utkom 1962), VI.

[131] Claude Lévi-Strauss, *Structural Anthropology*, övers. Claire Jacobson & Brook Grundfest Schoepf, 1963 (originalet utkom 1958), 229.

[132] Lévi-Strauss 1987, 21 och 24f.

den forna primitiva människans tänkande, uttryckt i myterna, och vårt: "the difference lies, not in the quality of the intellectual process, but in the nature of the things to which it is applied".[133] Han ger detta ytterligare emfas genom att på samma sida upprepa sin tes med andra ord:

> Man has always been thinking equally well; the improvement lies, not in an alleged progress of man's mind, but in the discovery of new areas to which it may apply its unchanged and unchanging powers.

Det är en inställning till våra förfäders tänkande med både ödmjukhet och trovärdighet. Dock, den huvudsakliga förändringen har snarare varit nya kunskaper erhållna över tid än skiftande intresse. Så långt tillbaka vi kan spåra har mänskligheten grunnat på vad som brukar kallas de eviga frågorna. Det har lett till ökade insikter, om än inte precis i en jämn utvecklingskurva. Exempelvis var det kristnade Europa länge en bromskloss gentemot de grekiska filosofernas prestationer. Ändå förblev frågorna desamma.

Vad gäller denna boks jakt efter tänkandets mönster och konstanter är det ovanstående av stort värde, men i fallet kosmologierna är värdet ändock ringa. Människan må önska klassificera sin tillvaro för att ordna den, men i kosmologin är det intressanta hur denna ordning kommer till stånd, hur världen och dess tillkomst förklaras. Lévi-Strauss tes ger föga mer än att människan gör så och något om varför — den säger inte mycket om hur.

Det hindrar inte att hans analys är långtgående. För samtliga myter, menade han, råder ett näst intill matematiskt samband, som han uttryckte i en formel: $F_x(a) : F_y(b) \cong F_x(b) : F_{a-1}(y)$. Den beskriver jämförbarheten mellan komponenterna i myter, deras villkor och relationer. Han bröt upp myterna i tvådimensionella matriser, ordnade efter temata. Med flera versioner av en och samma myt fick hans matris en tredje dimension, där han menade att mytens funktion renodlas och anpassas med tiden, så att dess struktur ska stå fram allt tydligare.[134]

Problemet med hans modell är att den utpräglat ställer sig inför *fait accompli*, den benar upp resultatet av mänskligt tänkande men uttrycker inget bestämt om själva tillblivelsen. Därmed blir inget säkert sagt om annat än hur vi i vår tid kan sortera andra tiders och

---

[133] Lévi-Strauss 1963, 230.

[134] Ibid., 228f.

folks myter, så att de för oss blir begripliga och någorlunda enhetliga.

Med andra ord gör Lévi-Strauss ungefär detsamma som de många kristna, vilka hävdar att universums imponerande ordning måste vara bevis för en bakomliggande gudomlig avsikt. När Lévi-Strauss ser mönster i myterna, är detta inget bevis för att de tillkommit med vare sig medveten eller undermedveten avsikt. Han begår därmed något som är mera regel än undantag bland människolivets utforskare — en observation som säger mer om observatören än om den observerade, vilket i och för sig må vara ofrånkomligt för var och en.

I hans tal om myternas och tillvarons dualistiska spänningar finns ändå en punkt att uppmärksamma i kosmologierna. Känns hans modell igen i dem? Oavsett om motsatser uppträder av de skäl som Lévi-Strauss anger eller ej, torde de utgöra en ofrånkomlig grund för mänskligt tänkande. Dessutom, försåvitt hans resonemang håller kan vi i kosmologierna vänta oss ett slags överbryggande av motsatserna. De bör på något vis förenas, åtminstone bör spänningen mellan dem få ett utlopp, om vi ska tro Lévi-Strauss.

Vad gäller skapelsemyterna är detta osäkert. Visst innehåller många av dem motsatser, såsom himmel och jord, ljus och mörker — men de finns ofta inte i urtillståndet. De uppstår i skapelseprocessen. Den verkar alltså oftast gå mot ökade i stället för minskade spänningar mellan motsatser.

Edmund Leach

För den engelska socialantropologen Edmund Leach, som behandlade Lévi-Strauss och hans strukturalism utförligt, var de tre universellt viktigaste motsatserna mellan levande och död, man och kvinna, samt tillgänglig eller ej som sexuell partner — det sistnämnda framför allt via regler om incest.[135]

Han ansåg att alla religioner behandlar motsatsparet liv och död. De skänker tröst på så vis att sistnämnda i stället för slutpunkt blir en de dödas värld, där de förblir i evighet:

> Religion seeks to deny the binary link between the two words; it does this by creating the mystical idea of 'another world', a land of the dead where life is perpetual.[136]

---

[135] Edmund Leach, *Genesis as Myth and Other Essays*, 1969, 9f.

[136] Ibid., 10.

Religionens centrala uppgift är att skapa en bro mellan människa och gud, som ofrånkomligen befinner sig i de motsatta världarna livet kontra det eviga livet. Länken mellan dessa ytterligheter är genom en tredje kategori, som Leach kallade abnorm eller anomal. Dit räknade han exempelvis myternas monster, förkroppsligade gudar och jungfrumödrar. Dessa anomalier fick människor att tro på möjligheten att överbrygga polariteten — framför allt i fråga om ett liv efter döden.[137]

Den modell Leach förespråkade är inte svår att applicera på kristendomen, men den är knappast allmängiltig för mytologier. Många av dem målar inte alls upp något trösterikt liv efter döden, snarare tvärtom. Där ett dödsrike föreligger är det ofta dystert, och där de dödas själar hänger kvar på jorden, osynliga mitt ibland oss, skildras de ofta som plågade.

Myten som form

Delvis besläktad med strukturalismen är den syn på myter som den franske filosofen Roland Barthes presenterade, framför allt i sin bok *Mythologies* från 1957. Hans studium gällde i och för sig modern mytbildning, dess mekanismer och syften, men hans resonemang och definitioner kan också appliceras på myter vi har med oss från länge svunna tider.

Barthes menade att formen och inte innehållet avgör vad som är eller inte är myt:

> Myten definieras inte av vad meddelandet innehåller utan av hur det uttrycks: det finns formella gränser för myten men inga substantiella.[138]

Han ansåg att myten som princip förvandlar historia till natur, alltså från resultat av diverse egentligen identifierbara händelser och handlingar till något som hör tillvaron till och därför är ofrånkomligt. Dess semiologiska form förleder till en tro hos mytens publik på sanning, där det egentligen blott handlar om värdeladdade symboler:[139]

> Varje semiologiskt system är ett värdesystem men mytens förbrukare

---

[137] Ibid., 11f.

[138] Roland Barthes, *Mytologier*, övers. Karin Frisendahl et al., 2007 (originalet utkom 1957), 201.

[139] Ibid., 223f.

uppfattar betydelsen som ett system av fakta; myten avläses som ett faktiskt system fast det bara är ett semiologiskt system.

Sådana myter uppstår inte rent slumpmässigt. I synnerhet i vårt moderna samhälle används mytmakandet för att etablera vissa specifika värderingar som evigt och objektivt sanna. Barthes var tydlig med varifrån det kommer: "detta är själva den borgerliga ideologins inställning".[140]

Fenomenet känns förvisso igen där men också i många samhällen såväl hundratals som tusentals år före bourgeoisiens framväxt. Mytologier har alltid förmedlat värderingar, i synnerhet sådana som befrämjar en bestående ordning och hierarki. Vad myterna förmedlar bestäms i hög grad av vilka som förmedlar dem. I synnerhet när myter ingår i så kallade religioner, alltså föreställningsvärldar som tillerkänns en övermänsklig auktoritet, tenderar de att digna av värderingarna anbefallna av de styrande.

Men det finns mer att reflektera över i Barthes tes om myten som en form i stället för ett innehåll. Den har mönster som går igen, ungefär som sagors start med "det var en gång" och slut med "sedan levde de lyckliga i alla år". Förstnämnda uttryck känns igen från översättningar av bröderna Grimms (*es war einmal*) och H. C. Andersens (*det var engang*) sagor, men frasen eller något snarlikt finns på många språk och har använts länge. Engelskans *once upon a time* fick en reviderad version i *Star Wars*-filmerna som inleddes med texten "A long time ago in a galaxy far, far away". En berättelse som börjar med ett sådant uttryck känns omedelbart igen som en saga.

Det är inte lika enkelt med myter. En konsekvens av Barthes resonemang är att en myt som känns igen som en myt därmed förlorar sin förmåga att manipulera människors värderingar. Man vet att den inte är faktum. Barthes pratade i stället om myter som publiken inte känner igen som myter, utan som tidlösa sanningar. Det gäller sällan hela berättelser, snarare symboler i dem som med sin igenkännbarhet kan liknas vid vad C. G. Jung menade med arketyper.

Barthes kommenterade i sin bok flera sådana mytiskt laddade symboler, såsom Greta Garbos gudomligt vackra ansikte och Einsteins fenomenala hjärna. De utgör symboler med långsträckt betydelse, men de är inte nödvändigtvis berättelser. Myter i den mening som behandlas i den här boken, framför allt skapelsemyter, är definitivt berättelser och därför inte precis vad Barthes diskuterade.

Frågan är om en myt känns igen på sin form, oavsett innehåll,

---

[140] Ibid., 236.

när den är en berättelse och inte bara en specifik symbol. För skapelsemyter är det enkelt att hitta minst en sådan detalj. Där sagor börjar med "det var en gång" är skapelsemyternas motsvarighet "i begynnelsen" eller något liknande. Då vet vi genast att vi är i mytens territorium, för ingen av oss var där för att bevittna det. Vad som följer efter det uttrycket måste vara spekulation, och kanske i motsats till Barthes teori kan man förmoda att var och en som hör berättelsen är införstådd med detta. Man kan välja att tro på vad som följer, kanske till och med blint — men det är aldrig helt blint man gör detta val.

Andra myter, såsom de många hjältesagorna, är inte lika tydliga på den punkten. Forna hjältedåd, även de mest storslagna, är ofta på något sätt möjliga, i alla fall inte säkert omöjliga. Eller som Aristoteles krävde för händelser i ett drama: "I diktkonsten är en trolig omöjlighet att föredraga framför en otrolig möjlighet."[141]

För skapelsemyterna gäller något likartat. Händelseförloppet som beskrivs behöver inte vara möjligt, men det behöver vara trovärdigt i sitt eget mytologiska sammanhang. Man kan tänka sig ett övermänskligt väsen som tänder stjärnhimlens alla ljus, men det kan inte ske genom att blott och bart plaska runt i urhavets vatten. Även ett öververkligt skeende måste vara rimligt inom denna öververklighet.

Öververkligheten är inte i sig en nödvändig ingrediens i myterna, inte ens i de som beskriver skapelsen. Det är bara så att i just det fallet råkar den vara ofrånkomlig. Människan kan inte i begynnelsen ha skapat sig själv och resten av världen. Inte heller i en myt är det trovärdigt. Någon annan måste ha gjort det, och det måste ha varit någon med övermänsklig förmåga.

Därför uppträder i skapelsemyter övermänskliga inslag, som tydligt signalerar att nu är det fråga om en myt och inte en saklig historisk redogörelse. Därmed är det ofrånkomligen så — i alla fall när det gäller skapelsemyter — att innehåll och form samverkar. De går inte att behandla var för sig. Innehållet kräver en form för berättelsen, och formen för berättelsen gör berättelsens innehåll acceptabelt. Om dessa två inte samverkade skulle myten upphöra att fungera.

Vad gäller de symboler som må förekomma i dessa myter är tolkningen av deras värde och mening ytterligt beroende av tolkarens bakgrund och perspektiv. Det är inte alldeles säkert att ens så stora och vanligt förekommande symboler som exempelvis havet,

[141] Aristoteles, *Om diktkonsten*, 1461b, övers. Wilhelm Norlind, 1927, 56.

himlen, livet och döden har samma konnotationer och implikationer i varje kultur. Det kan vara så, men det får inte förutsättas.

Form och innehåll har ringa mening var för sig, men de inverkar på varandra. Därmed kan uppmärksamhet på formen ge nycklar till hur innehållet ska förstås, vilket är vettigt att ha i minnet när skapelsemyter ska tolkas.

Djuppsykologi

När det dryftas om myterna anknyts till mänskliga behov som orsak till deras uppkomst och förklaringar av dessa behov tenderar förstås mot psykologin. Både Sigmund Freud och Carl G. Jung har bidragit med minst sagt djärva teorier om såväl myternas innehåll som religionernas tillkomst. I synnerhet Jungs teorier har haft stort inflytande på såväl religionsvetenskaperna som populärkulturen.

Freud såg religionen som född ur forna människors synd och ånger. Han tänkte sig ett urtida fadermord. Den dominerande, överlägsne fadern tillät inte sönerna att lägra kvinnorna, utan drev bort dem från byn då de vuxit sig stora nog att kunna tävla om kvinnornas gunst. När åtrån blev dem övermäktig gaddade de sig samman, slog ihjäl sin far och åt upp honom. I *Totem und Tabu* från 1913, där han först presenterade sin teori, beskrev han händelsen utan omsvep:

> *En dag slöt sig de fördrivna bröderna samman, slog ihjäl och förtärde fadern och gjorde så slut på fadershorden.*[142]

I skuldkänslors vånda över denna handling dyrkade de därefter hans minne i förhärligad form, och detta blev startpunkten för människornas gudstro. Freud konstaterade. "Alla senare religioner framstår som försök att lösa samma problem."[143]

Det är förstås oidipuskomplexet i lätt förklädnad, vilket Freud villigt medgav. Han var fullständigt övertygad om dess avgörande betydelse på både det individuella och sociala planet, snart sagt allt mänskligt, och summerade i ovannämnda bok:

> *Som avslutning på denna ytterligt kortfattade undersökning skulle jag nu vilja hävda att den visar att rötterna till religion, moral, sam-*

---

[142] Sigmund Freud, *Totem och tabu. Några överensstämmelser mellan vildars och neurotikers själsliv*, övers. Eva Backelin, 1995 (originalet utkom 1913), 150.

[143] Ibid., 152f.

hälle och konst möts i oidipuskomplexet, i full överensstämmelse med psykoanalysens rön att detta komplex bildar kärnan i alla neuroser, så vitt vi hittills kunnat förstå dem.[144]

Trots skarp kritik från många håll höll Freud fast vid denna förklaring genom åren, också i Moses och monoteismen, som kom ut 1939, året han avled.

Det är svårt att ta hans teori på allvar. Den tronande fadersgud han beskrev passar bara enstaka religioner i världen, uppenbart mest den abrahamitiske guden som dominerade i Freuds egen kultursfär.

Även frånsett detta är hans teori i allvarligt behov av åtminstone några belägg utöver hans egna spekulationer. Fadermord är inte sällsynta i världshistorien och ändå är monoteism ytterst sällsynt, egentligen med blott tre tydliga exempel — de abrahamitiska, och även med dessa går det monoteistiska att diskutera. Det är rimligare att sluta sig till att söner som i revolt slår ihjäl en förtryckande far har lättare att komma över samvetskvalen än den eventuella straffpåföljden.[145]

Jungs arketyper

Hos Jung fick myterna en vidgad betydelse. I dem kunde han spåra *arketyperna*, grundläggande gestaltningar eller symboler som mänskligheten delar på och omhuldar i såväl myter som drömmar och konstnärliga uttryck.

Han utgick i detta från de "arkaiska lämningar" som Freud ansåg sig ha upptäckt i patienters drömmar och fantasier — spår av föreställningar som inte kunde förklaras med patientens egna erfarenheter, utan tycktes närmast medfödda.

Jung såg en allmänmänsklig tendens att fascineras av vissa grundläggande motiv, en tendens som han ville kalla instinktiv. De symbolbilder som väcks ur denna instinkt kallade han arketyper och förklarade:

> *Det vi i allmänhet kallar instinkter är fysiologiska drifter, förnimbara genom sinnena. Men instinkter yttrar sig också i fantasier och röjer ofta sin närvaro endast genom symboliska bilder. Dessa yttringar är*

---

[144] Ibid., 162.

[145] För en mer omfattande genomgång av freudianska perspektiv på mytologi, se Stefan Stenudd, *Psychoanalysis of Mythology. Freudian Theories on Myth and Religion Examined*, 2022.

vad jag kallar arketyper. De saknar känt ursprung och de upprepar sig när som helst och var som helst över hela världen.[146]

Bland dessa arketypiska mytbildningar fann Jung även kosmogoniskt stoff, som till exempel i en tioårig flickas drömmar, vilka bildade exempel på hans tes. I en dröm såg hon en vattendroppe i mikroskopisk form, som visade sig vara full av trädgrenar. I en annan blev en liten mus genomträngd av maskar, ormar, fiskar och människor. I Jungs ögon skildrade den första drömmen världens uppkomst och den andra människans tillblivelse i fyra stadier.[147] Det är en tolkning som faller sig självklar för få.

Enligt Jung är arketyperna en självständig kraft i människans psyke, som medvetandet saknar kontroll över. Däri jämförde han dem med komplexen. Dock såg han arketyperna som betydligt mer kreativa, på så vis att de skapar såväl myter som hela religioner.[148]

Jung menade att det mänskliga psyket har två skikt som är otillgängliga för medvetandet: "ett personligt omedvetet och ett o- eller överpersonligt omedvetet".[149] Det senare betecknade han som det *kollektiva omedvetna*, eftersom dess innehåll är gemensamt för alla människor. Detta innehåll, av uråldrigt ursprung, är arketyperna, "mänsklighetens äldsta och allmännaste föreställningsformer" och "den fördolda skatt ur vilken mänskligheten städse öst, ur vilken mänskligheten lyfte upp sina gudar och demoner och alla de mäktiga och väldiga idéer, förutan vilka människan upphör att vara människa".[150]

En fråga som inställer sig är hur arketyperna hamnade där, i vårt kollektiva omedvetna. Jung medgav att han ofta fått frågan och gav ett försiktigt formulerat svar:

> Det förefaller mig som om de inte kunde förklaras på något annat sätt än genom antagandet, att de är avlagringar av mänskliga erfarenheter som ständigt upprepas.[151]

---

[146] C.G. Jung, *Människan och hennes symboler*, övers. Karin Stolpe, 1992 (originalet utkom 1964), 69.

[147] Ibid., 70.

[148] Ibid., 78f.

[149] C. G. Jung, *Det omedvetna*, övers. Heidi Parland, 1985 (originalets första upplaga utkom 1917), 81.

[150] Ibid., 82.

[151] Ibid., 85.

Det är lätt att hitta symboler som mer eller mindre känns igen från kultur till kultur, även genom historien. Det sistnämnda är inget mysterium om symbolerna bara varit framstående nog att bli spridda och ihågkomna. Vad gäller deras uppdykande i vitt skilda traditioner måste detta inte tyda på mer än att vi människor har och alltid har haft mycket gemensamt, oavsett om vi haft utbyte med varandra eller ej. Våra livsvillkor, vår anatomi och vårt psyke är bara några exempel. Det skulle förvåna mer om vi inte hittade några beröringspunkter alls mellan folk från andra håll.

Ett annat problem med Jungs arketyper är hans bristande definition av dem. Han nämnde åtskilliga i sina texter, exempelvis skrev han i *Det omedvetna* att han särskilt ville nämna "skuggan, djuret, den gamle vise mannen, Anima, Animus, modern, barnet, samt ett obestämt antal arketyper, som framställer situationer"[152]. I andra texter har han pekat ut arketypen hjälten som central. Men någon komplett lista gav han aldrig ifrån sig. Ej heller ställde han upp tydliga riktlinjer för vilka symboler som är och inte är arketyper, eller vilka kriterier som bestämmer att synbart olika symboler ändå har samma arketypiska betydelse. Vi är i stort sett utelämnade till hans egna påståenden om saken.

Att vi människor omger oss med stora mängder av symboler är uppenbart. Vi tycks i hög grad uppfatta och förhålla oss till vår värld genom symboler. Det behöver inte betyda att dessa allihop har en allmänmänsklig funktion. För Jung handlade det om självförverkligande i en process av integrering mellan det omedvetna och det medvetna, som han benämnde *individuation*.

> *Processens mening och mål är att förverkliga den personlighet som ursprungligen funnits nedlagd som anlag i den embryonala grodden i alla dess aspekter. Målet är att framställa och utveckla den ursprungliga, potentiella helheten.*[153]

Arketyperna var i hans ögon verktyg, för att inte säga kompasser, som visade vägen till vår sanna natur. Vackert så, men hur belägga detta?

När det gäller myterna har många olika teorier strävat att förklara dem som något annat än vad de på ytan förmedlar. Ett slags

---

[152] Ibid., 132f.
[153] Ibid., 133.

inre mening, kodad och fördold antingen medvetet eller omedvetet av våra förfäder. Jung excellerade i detta men var också exceptionellt svag i bevisningen.

Ändå finns det definitivt något att hämta i idén om arketyperna. Den letar sig bakom det synbara för att hitta underliggande mönster i mänskligt tänkande. Det är också en ambition med denna bok. Men Jung hade bråttom att göra metafysik av dessa symboler, vilket hindrade honom från att hitta mer näraliggande förklaringar på dem.

Han har ändå haft stort inflytande över många som forskat i myternas innehåll och funktion. En av de namnkunnigaste var Joseph Campbell, nämnd på andra ställen i denna bok. Också Mircea Eliade räknas dit, fast han själv uttryckte från Jung delvis avvikande meningar. En omtalad nutida jungian är den kanadensiske psykologen Jordan B. Peterson, som har nått en stor publik på YouTube och andra sociala medier.[154]

Dramaturgi

Jungs arketyper påminner om dramaturgins regler, som förutsätter vissa roller i ett drama för att det ska attrahera åskådaren: protagonisten stadd i förvandling, antagonisten som står i dennes väg, hjälten som är föredömet, och så vidare. Om det bara gäller att åstadkomma ett slagkraftigt skådespel behöver dessa figurer ingen utförligare förklaring, men innan en sådan nåtts kan vi inte säga att vi vet något om teaterpublikens behov eller om dramats dynamik.

Sammalunda med Jungs arketyper — de kräver en förklaring, för att modellen med någon säkerhet ska kunna användas i diskussioner om det mänskliga tänkandets natur.

Med tanke på arketypernas särskilda tydlighet i drömmar och konstnärliga uttryck kan dramaturgins modell komma sanningen närmare än Jungs teori gör. Såväl det klassiska dramat som dess moderna motsvarigheter innehåller flera roller som till karaktär och funktion kan kallas arketypiska. Inte så få av dem har sin direkta motsvarighet i Jungs typkatalog, såsom exempelvis hjälten, härskaren, modern, den vise, barnet, och så vidare. Dessa välbekanta typer gör att publiken kvickt känner igen karaktärerna och kommer in i dramats handling. Just detta är syftet med dem. De behöver inte ha någon fördold nyckelfunktion i psykets processer.

Eftersom de gamla kosmologierna oftast dyker upp i myters

---

[154] För en mer omfattande genomgång av jungianska perspektiv på mytologi, se Stefan Stenudd, *Archetypes of Mythology. Jungian Theories on Myth and Religion Examined*, 2022.

form och dessa i sin tur har ett tydligt dramatiskt drag, är det troligt att vi i dessa myter finner dramaturgiska spår, vilka förvisso kan påverka en kosmologis utformning. Den västerländska dramaturgin, som har sina rötter i det grekiska dramat och Aristoteles *Poetik*, ställer upp regler för hur ett skådespel måste vara uppbyggt för att fånga sin publik och så att säga fungera. Reglerna dikterar till exempel att dramats förlopp måste ha följande utseende:

I *anslaget* visas omedelbart typen av skådespel, det får sin stil och sin form. Därefter kommer *presentationen*, där rollerna visas upp och *konflikten* introduceras, för att utvecklas i det moment som kallas *fördjupning*. Denna konflikt är ett till synes olösligt dilemma — ju svårare och allvarligare, desto bättre — som *protagonisten*, också kallad *huvudkaraktären* eller *centralfiguren*, oftast men inte alltid identisk med huvudrollen, ställs inför och börjar brottas med. Den som introducerar, accentuerar och eskalerar konflikten är *antagonisten*, också kallad den *drivande*, som brukar vara dramats skurk.[155] En lösning av konflikten kan inte komma med mindre än att protagonisten på en central punkt ändrar sig — en ändring som från början verkar otänkbar.

Bredvid centralfiguren kan en *skugga*[156] förekomma, någon som brottas med samma problem utan att lyckas och därmed far riktigt illa. Ofta förekommer *hjälparen* eller *hjälten*[157] som det goda föredömet, den som protagonisten beundrar och hoppas ska lösa alltihop. Men det låter sig inte göras, protagonisten måste själv lösa konflikten — därför brukar ofta hjälten dö eller försvinna när *krisen* och *vändpunkten* kommer.

I denna vändpunkt har konflikten nått ett akut stadium, så att en lösning måste komma och protagonisten måste agera. Problemet konfronteras, slutstriden är inne. Här kommer *klimax*, ofta med väldig fart, och sedan *upplösning*. Vid dramats upplösning har protagonisten förändrats i grunden och en stunds lugn inträder, innan ridån faller.[158]

Vad handlingen förmedlar genom konfliktens lösning och protagonistens förändring är ett orsakssamband kallat *premiss*. Något le-

---

[155] Rex Brådhe, *Att arbeta med teater*, 1987, 29ff.

[156] Skuggan är också en av Jungs arketyper, fast då ungefär med betydelsen det mörka, illvilliga inre i en människa. Jung 1992, 118.

[157] Hjälten är central bland Jungs arketyper, som symbol för det fullgångna jagmedvetandet. Jung 1992, 110f.

[158] Bob Foss, *Narrative Technique and Dramaturgy in Film and Television*, 1992, 152ff.

der till något annat, ett tema för hela föreställningen, ett budskap som publiken ska ta till sig.[159] Näraliggande är den *grundmotsättning* som råder genom hela förloppet, och som protagonisten brottas med hotfulla uttryck för.[160]

Händelseförloppet ska helst vara abrupt, överraskande, men ändå begripliga följder av tidigare händelser. Aristoteles menade att händelserna ska väcka fruktan och medlidande, vilket bäst sker genom att de kommer "oförmodat som en följd av varandra".[161] Rollerna i dramat har sin främsta funktion just i att föra handlingen framåt. På denna punkt uttrycker sig Aristoteles ytterst klart och bestämt:

Viktigast är handlingen. I tragedien efterbildas nämligen icke människor, utan handling, liv, lycka eller olycka.
[- - -]
Ett stycke avser således icke att efterbilda karaktärer utan innehåller karaktärer för handlingens skull. Handlingen är målet för varje tragedi. Och målet är det viktigaste av allt.[162]

Tydliga spår av denna dramatiska struktur syns i varje myt. Det gäller även skapelsemyter, eftersom de berättar en historia och innehåller verksamma aktörer. Då är dramaturgiska element ofrånkomliga av det enkla skälet att myter utan någon sådan struktur saknar förmågan att engagera sin publik. De glöms bort. Varje myt, även de om skapelsen, följer exempelvis ofrånkomligen Aristoteles krav på handlingens början, mitten och slut. Det låter som en intetsägande truism, även med hans förklaring, men är ack så viktig i alla berättelser:

Början följer icke nödvändigtvis på något annat, men efter början finns eller uppstår givetvis något annat. Slutet följer uppenbarligen på något annat — antingen av nödvändighet eller i regel. Efter slutet följer intet. Mitten följer själv på något annat och något annat på mitten.[163]

---

[159] Ibid., 138f.
[160] Brådhe 1987, 36.
[161] Aristoteles, *Om diktkonsten*, 1452a, övers. Wilhelm Norlind, 1927, 24f.
[162] Ibid., 1450a, 19.
[163] Ibid., 1450b, 21.

Skapelsemyter har en självklar början i ett urtillstånd, innan någon skapelseakt har begynt, och ett naturligt slut där världen har blivit sådan som den var vid mytens tillkomst. I mitten kan allt möjligt hända och dra ut på tiden, exempelvis gudomars stridigheter och människans mödosamma entré, men en slutpunkt måste komma. Annars hänger hela berättelsen i luften. Vad som må hända efter denna slutpunkt är en helt annan myt, även om den följer direkt på det föregående.

Aristoteles förklarade också varför en berättelse kan vara full av övernaturliga väsen och ofattbara händelser långt utanför någon mänsklig erfarenhet, och ändå fånga sin publik:

> *I diktkonsten är en trolig omöjlighet att föredraga framför en otrolig möjlighet.*[164]

Det innebär att berättelsen kan innehålla omöjligheter, så länge de skildras på ett troligt sätt i berättelsens sammanhang. Gudomar accepteras så länge dessas beteende stämmer med deras karaktärer och de bragder de utför stämmer med deras egenskaper. Det är villkor som varje mytologi är beroende av.

Dramaturgin är så uppenbart närvarande i alla myter att den måste tas i beaktande, förmodligen innan någon annan teori appliceras på dem. De är allihop berättelser, för att inte säga skådespel, varför de i hög grad har tagit form efter de villkor detta ställer på dem. Annars skulle de inte fungera på sin tilltänkta publik. Med andra ord skulle de annars inte bli myter.

Det hindrar inte att även andra modeller för hur myter utformas kan vara ytterst relevanta. De ovanstående teorierna antyder onekligen att vissa mönster för mänskligt tänkande är att vänta. Begreppet myt, i motsats till tidigare behandlade närstående begrepp, leder till en rad användbara teorier och modeller.

[164] Ibid., 1461b, 56.

Magi och rit

Den forskning som ägnar sig åt sådana föreställningar som vi kallar övernaturliga brukar tala om två olika attityder gentemot dessa — den religiösa och den magiska. Det ordnas i en mängdlära där magin ses som en delmängd inom religionens stora fält.

I en sådan uppställning innebär den religiösa attityden en dyrkan, en underdånighet gentemot högre makter, vilka driver sina syften fram utan särskild lyhördhet för människornas önskemål. Den magiska attityden, däremot, är försök till manipulation av dessa makter, för att de ska agera i enlighet med människors intressen.[165]

Ofta blir gränsdragningen mellan de två attityderna svår, på så vis att dyrkan inte sällan kommer ur en önskan att behaga makterna och därmed — om än tämligen passivt — verka för deras välvilja, eller att magiska ritualer får en form som kommer den rena dyrkan mycket nära. Ibland är dock skillnaderna markanta.

Tydligt underdåniga är deterministiska inställningar, som yttrar sig i försäkran om att foga sig efter högre makters vilja och understryker ödets okuvlighet. Denna klara determinism är visserligen svårfunnen, men där den förekommer är den uttryck för vad som kan kallas en rent religiös attityd.

Tyvärr kan inte ens detta slås fast med absolut säkerhet, då det mänskliga sinnet är alltför mångbottnat. Problemet är detsamma som varje barn i kristen uppväxtmiljö snart inser om gott och ont. Att vara god för att sålunda vinna Guds gillande och plats i Himmelen — är det verkligen godhet?

Den som ägnar sig åt aldrig så foglig dyrkan hyser förmodligen en föreställning om att därmed vinna högre makters gillande och därtill fogade privilegier. Även om denna fromma varelse utsattes för Jobs alla prövningar och bestod provet, skulle det mycket väl kunna bottna i denna enkla slutsats: Om världen kan vara så grym vid Guds prövning, hur ohygglig kan den då inte bli vid Guds vrede?

Problemet är detsamma som inom till exempel juridiken och psykologin. Det är nog så lätt att kartlägga människans handlingar men ofta alldeles förgjort att söka fastställa hennes motiv.

Den definition av religion som James G. Frazer formulerade visar tydligt kopplingen mellan dyrkan och önskan:

[165] Widengren 1971, 9.

För min del menar jag med religion ett bevekande (propitiation) eller försonande (conciliation) av makter, som äro högre än människan och som tros styra och behärska naturens gång och människans liv. Definierad på detta sätt består religionen av två element, ett teoretiskt och ett praktiskt, nämligen en tro på makter som äro högre än människan och ett försök att beveka eller behaga dem.[166]

När magiska riter och knep utförs på så sätt att de ämnar bedra eller lirka med högre makter, för att få dem att agera till stöd där de annars vore likgiltiga eller till och med lura dem till att gå sin egen vilja emot — då är religiös dyrkan fjärran. Det förekommer också i många kulturer magiska metoder som fjättrar de högre makterna, som tvingar dem att uppfylla människors önskningar, vad de än kan anse om saken.[167]

På grund av detta uttalade motiv inom magin är en klassificering betydligt enklare och säkrare än vad som gäller för religion. Frågan är ändå om människan alls kan handla utan motiv, må vara att det är splittrat, omedvetet eller förvirrande irrationellt. Vi kan inte svära på att det är utifrån sitt motiv som människan väljer och utformar sina handlingar, men när hon efteråt granskar saken omsorgsfullt är det ytterst sällan hon finner sig stå alldeles utan ett. Det är inte obefogat att varje barn tidigt upptäcker att det alltid går att fråga: Varför?

Om det förhåller sig så att vi har motiv för alla våra handlingar och hängivenheter, då vore det kanske fruktsamt att vända på religionens och magins mängdlära. Magi är inte underordnad religionen. Snarare kan det vara tvärtom. Den renodlat religiösa, dyrkande attityden kan vara en delmängd av magin.

Religiösa föreställningar är att se som försök att snitsla sig fram genom tillvarons mysterier i hopp om att kunna bemästra dem eller i alla fall försäkra sig mot det okändas hot — alltså en form av magi. Stora delar av religionerna framstår onekligen som handledningar i hur man ska klara sig igenom den obegripliga tillvaron, såväl under livet som efter det.

Vad är vunnet med detta omvända perspektiv, som inordnar religion under ett magiskt tänkande? För det här arbetet, om kosmologierna och tänkandets eventuella konstanter, ger det en skärpt upp-

---

[166] James G. Frazer, *Den gyllene grenen*, övers. Ernst Klein, 1992 (första svenska utgåvan 1925, från 1922 års av Frazer förkortade engelska utgåva), 68.

[167] Ringgren 1968, 14.

märksamhet på motiven, som möjligen kan ha sina fingrar med i spelet vid världsbilders och skapelseberättelsers tillkomst.

Rit

Ett magin näraliggande begrepp är riten, som i och för sig leder mer än lovligt bort från kosmologierna men ändå bör ges ett hastigt omnämnande. Ordet kommer från latinets *ritus*, som betyder bruk eller ordning och traditionellt knyts till religiösa ceremonier. Man talar i detta sammanhang också om ritual och kulthandling.

Även om riten inte alltid likt magin utförs i avsikt att åstadkomma det ena eller andra, finns i dess utövande ändå inbyggda syften. Helmer Ringgren beskrev riten så att den blev något av en station mellan begreppen religion och magi — en handling med vilken man indirekt söker uppnå ett syfte genom att ta högre makt till hjälp.[168] På så vis kan riten, likt magin, ses som en form av besvärjelse. De förutbestämda aktiviteter som ingår i riten har i grunden samma syfte och metod som magins trollformler.

Inom antropologin har riten tidigare setts som en metod att befästa gruppens gemenskap, där de specifika inslagen i riten haft näst intill försumbar betydelse. Men därefter har man alltmer uppmärksammat de rituella symbolernas betydelse — såväl för individen som för kollektivet. Personliga och allmänna behov tycks mötas i riten och finna olika betydelser åt samma symboler.[169]

Därmed understryks ännu en gång hur såväl omedvetna som medvetna behov kan ligga bakom utformningen av en kulturs traditioner. Sådant bruk kan förvisso ställa sina krav på myters utformning, därmed även kosmologiers. Det är till exempel fullt tänkbart att en kosmologi, när den införlivats i ett folks traditionella riter, mer och mer anpassats för att smidigare och effektfullare fungera där.

Riten som upphov till myten

Några har gått så långt att de hävdat riterna som källor till myterna. Tanken är inte ny. William Robertson Smith menade att myter kom till för att förklara riter men vägde synnerligen lätt i jämförelse med dem. Riten var det viktiga, som måste uppfyllas till punkt och pricka, medan myten var i det närmaste en dekoration som man kunde förhålla sig fritt till:

[168] Ringgren 1968, 15.

[169] Keesing, 346.

> So far as myths consist of explanations of ritual, their value is altogether secondary, and it may be affirmed with confidence that in almost every case the myth was derived from the ritual, and not the ritual from the myth; for the ritual was fixed and the myth was variable, the ritual was obligatory and faith in the myth was at the discretion of the worshipper.[170]

Smith drog därför slutsatsen att studiet av religion måste börja med ritualerna och inte myterna. Han gick så långt att han exkluderade trosföreställningar i sin definition av forntida religion:

> Religion in primitive times was not a system of belief with practical applications; it was a body of fixed traditional practices, to which every member of society conformed as a matter of course.[171]

Vid samma tid uttryckte den engelska lingvisten Jane Ellen Harrison, framstående forskare i grekisk mytologi, en liknande uppfattning. Anomalier i grekiska myter knöt hon till ceremonier som föregått dem, och slog fast med kursivt eftertryck: "There is no more fertile source of absurd mythology than *ritual misunderstood*."[172]

Hon betonade att myt i ursprunglig grekisk mening syftade på tal, till skillnad från handling, det vill säga riten som myten är kopplad till. Det var för henne särskilt sant i religion: "The primary meaning of myth in religion is just the same as in early literature; it is the spoken correlative of the acted rite, the thing done."[173]

Hon ville dock inte hålla med Robertson Smith om att blott riten var helig. Det gällde även myten: "A pious man would no more tell out his myths than he would dance out his mysteries."[174] Inte heller var hon kategoriskt tydlig med vad som kom först, rit eller myt, även om hon syntes luta åt förstnämnda. Det viktiga för henne var länken, snarare än turordningen.

En som höll minst lika hårt på det rituella ursprunget som Smith var den tyske filologen Walter Burkert, också han inriktad på antik

---

[170] William Robertson Smith, *Lectures on the Religion of the Semites*, 1894 (första upplagan 1889), 18.

[171] Ibid., 20.

[172] Jane Ellen Harrison, *Mythology and Monuments of Ancient Athens*, 1890, xxxiii.

[173] Jane Ellen Harrison, *Themis: A Study of the Social Origins of Greek Religion*, 1912, 328.

[174] Ibid., 329.

grekisk religion. För honom kom riterna tveklöst före myterna, helt enkelt eftersom de var så mycket äldre:

> *Ritual is far older in the history of evolution, since it goes back even to animals, whereas myth only became possible with the advent of speech, a specifically human ability.*[175]

Exempel på djurs rituella beteende hämtade han från Konrad Lorenz *Aggression*.[176] Det kräver en tolkning av ritual som saknar mycket av vad begreppet normalt innefattar. Ett upprepat och liksom koreograferat beteende har i sig inget heligt över sig, inget förhållande till en eller annan principiell överbyggnad. Det kan lika gärna vara fråga om ett inlärt eller instinktivt beteende utan minsta uppfattning om dess betydelse.

Med ritual menar vi ett beteende satt i ett sammanhang som ger det en förhöjd betydelse. Burkert konstaterade detsamma när han slog fast att ett imiterat beteende i sig inte utgör en ritual:

> *This alone, however, cannot preserve the form of ritual, which remains rigid and unchanging over long periods of time. For this, the rite must be established as sacred.*[177]

Eftersom detta inte sker uteslutande individuellt, utan i ett socialt sammanhang, kräver det precis som myten tillgång till ett språk med vilket deltagarna kan bli ense om utformningen och betydelsen. Vad Burkert åsyftade med sin tes om förspråkligt ursprung ovan är möjligen en vana eller ett instinktivt beteende, men inte en ritual. Både myt och ritual förutsätter ett språk.

Det vore långsträckt att hävda den rituella avsikten som framfödare av vare sig myter i allmänhet eller kosmologier. Hur skulle en rit få någon tydlig utformning utan en föreliggande stomme i form av uppfattningar om tillvaron? En interaktion mellan myt och rit är å andra sidan mer än tänkbar, kanske i så fall med dramaturgiska drag, så att myten blir tacksammare att gestalta och riten känns verkningsfullare i sina avsikter.

---

[175] Walter Burkert, *Homo Necans: The Anthropology of Ancient Greek Sacrificial Ritual and Myth*, övers. Peter Bing, 1983 (originalet utkom 1972), 31.

[176] Ibid., 23. Lorenz i sin tur hämtade detta från Julian Huxley.

[177] Ibid., 26.

Antropologi

I den vidgade kartläggningen av såväl myternas som magins och riternas funktion hos olika kulturers föreställningsvärldar är det framför allt antropologin som tjänstgjort. Antropologin, som är ungefär jämngammal med den definierade religionshistorien, har i sitt studium av främmande kulturer, i synnerhet de som brukar kallas naturfolk, funnit ett levande och komplext förhållande mellan människor och deras föreställningar om immateriella makter.

Det är knappast förhastat att peka ut etnologins och antropologins erfarenheter som avgörande i den alltmer vidgade synen på religiösa uppfattningar och riter, som växte fram under 1800- och 1900-talet. Innan dessa forskare kunde presentera utförliga exempel på religiöst liv utanför världsreligionernas tempel och kyrkor rådde en snävt etnocentrisk bild av religiositet, som höll i sig även under de första decennierna på 1900-talet men sedan förlorade mark.

Antropologin slog upp templens portar, så att religionen visade såväl en lekmannasida, i varje individs göranden och låtanden, som en integrering med i det närmaste allt samhällsliv. Från bilden av religion som ett slags oas av andlighet i en annars krasst materiell tillvaro, blev den nu vittförgrenad, ett inslag i varje aspekt av privat och samhälleligt liv.

Antropologer reste runt i världen och dokumenterade främmande kulturers föreställningsvärldar och mytologier, vilka tidigare mestadels endast hade nedtecknats av missionärer med såväl agendor som tolkningar bundna till deras kristna perspektiv. Nu kom en yrkeskår som vinnlade sig om att kartlägga utan att avfärda eller banalisera. De var genuint nyfikna på dessa andra världsbilder och traditioner satta i deras egna sammanhang.

Det bör tilläggas att den fascinationen delade också ett antal av de missionärer som dessförinnan samlat sådant material, men de saknade i hög grad metoder för ett återgivande av detta gods utan att knåda det till att efterlikna grunderna i deras egen religiösa övertygelse. Det var nog så svårt även för antropologerna, men de blev allt bättre på det med tiden.

Den första och största effekten av detta var den snabbt växande kunskapen om andra kulturers seder och myter, som under 1800-talet formligen forsade fram. En fascination för de gamla civilisationernas kultur, såsom Indien och Kina, följdes snart av ett lika brinnande intresse för alla andra främmande kulturer som stod att finna, även naturfolk utan några som helst av den västerländska civilisationens kännetecken. Materialet blev mycket omfattande, vilket snart nog visade sig i litteraturen.

En ymnighet av riter och myter från världens alla hörn sammanställdes i digra bokverk, där de utförligt tolkades för vad de månde säga om människors föreställningsvärldar i allmänhet, vilka mönster som lät sig anas däri och vad de berättade om mänsklighetens natur.

Bland dem som framträdde på 1800-talet kan nämnas Theodor Waitz, som skrev *Die Anthropologie der Naturvölker*, ett verk i fyra volymer publicerat 1859–64, Edward B. Tylor med bl.a. *Primitive Culture* i två volymer från 1871, Andrew Lang med *Myth, Ritual, and Religion* i två volymer från 1887, samt James G. Frazer med *The Golden Bough* i två volymer från 1890, sedermera utökat till tolv volymer utgivna 1906–15.

De som gjorde sig mest bemärkta i denna expanderande vetenskap var inte i första hand de som ute på fältet mödosamt vaskade fram materialet i de enskilda kulturer de utforskade, utan de som sammanställde alla dessa olika källor till digra redogörelser med vilka de drog långtgående slutsatser om hur dessa i sin helhet skulle tolkas, fast de själva ofta inte hade minsta erfarenhet på plats av någon enda av alla dessa kulturer — i alla fall inte de så kallat primitiva, som de ändå hade bestämda uppfattningar om.

Antropologen E. E. Evans-Pritchard var inte nådig i sitt omdöme om dessa. Mycket som skrevs i ämnet var "inadequate, even ludicrous" och "contrary to common sense", fast dessa herrar var "scholars and of great learning and ability".[178] Han såg en förklaring i tankeklimatet vid deras tid, då den antropologiska vetenskapen befann sig i sin barndom, men också och kanske framför allt:

> *It is a remarkable fact that none of the anthropologists whose theories about primitive religion have been most influential had ever been near a primitive people.*[179]

Franz Boas var en aktad pionjär inom amerikans antropologi, som förvisso hade gjort fältstudier bland naturfolk. Redan år 1900, i ett tal till amerikanska folklorister som sedan publicerades i tidskriften *Science*, riktade han varningsord om fördomar gentemot så kallat primitiva folk. Han konstaterade att deras tankeförmåga inte skilde sig från den hos dem som kallades civiliserade. Skillnader i tänkande

---

[178] E. E. Evans-Pritchard, *Theories of Primitive Religion*, 1965, 4f.

[179] Ibid., 6.

berodde på skillnader i traditioner och behov, inte i mental kapacitet.

> *It would seem that, in different races, the organization of the mind is on the whole alike, and that the varieties of mind found in different races do not exceed, perhaps not even reach, the amount of normal individual variation in each race.*[180]

I sitt hävdande av att människans mentala karakteristika är desamma över hela världen stödde han sig på Theodor Waitz, som 1859 i första volymen av *Die Anthropologie der Naturvölker* hade slutit sig till att hela mänskligheten är en och samma art, med samma psykiska förutsättningar. Han beskrev det som människosläktets enhet och tog bland annat stöd i detta konstaterande om alla djurarter:

> *There has, as yet, neither in animals nor in man been found an instance of a combination of specific physical equality, with a specifically different psychical endowment.*[181]

Waitz undersökte såväl fysiska som psykiska aspekter hos en rad olika naturfolk, vilket ledde honom till att "the conditions for mental development are essentially the same in all races".[182] Skillnaderna mellan kulturer förklarade han:

> *The various degrees of culture in various peoples depend in a much greater degree on the mode of life, the historical events, and other elements, than on their original mental endowment.*

Waitz hade i sin tur tagit intryck av James Cowles Prichard, som utifrån ett kristet perspektiv konstaterade att "it pleased the Almighty Creator to make of one blood all the nations of the earth".[183] Som belägg för detta framförde han att folk med andra föreställningsvärldar hade visat sig "capable of receiving and appropriating the blessings of civilisation and Christianity when they were introduced among them".[184] Att de kunde omvändas till kristendomen

---

[180] Franz Boas, "The Mind of Primitive Man", *Science*, vol. XIII No. 321, 1901, 289.

[181] Theodor Waitz, *Anthropology of Primitive Peoples*, vol. 1, övers. J. Frederick Collingwood, 1863 (originalet utkom 1859), 14.

[182] Ibid., 381f.

[183] James Cowles Prichard, *The Natural History of Man*, 1845, 5.

[184] Ibid., 493.

var för Prichard bevis på att de var jämbördiga med civiliserade folk. Detta var under en epok då rasbiologiska tankegångar om rasers olika grad av utveckling hade bred spridning inom antropologin och andra vetenskaper, där naturfolk ständigt beskrevs som primitiva i meningen intellektuellt underlägsna, som om de var undantagna från evolutionen. De kallades ofta i litteraturen vildar i meningen ociviliserade, som om de vore oförmögna ett ordnat samhällsliv.

Mot dessa fördomar protesterade antropologen Paul Radin, elev till Franz Boas, med bestämdhet. Han använde indianerna som exempel:

> *Within one hundred years of the discovery of America it had already become an ineradicably established tradition that all the aborigines encountered by Europeans were simple, untutored savages from whom little more could be expected than from uncontrolled children, individuals who were at all times the slaves of their passions, of which the dominant one was hatred. Much of this tradition, in various forms, disguised and otherwise, has persisted to the present day.*[185]

Franz Boas ansåg att den som studerar antropologi måste frigöra sig från sin egen kulturs perspektiv för att kunna sätta sig in i ett annat folks verklighet:

> *He must adapt his own mind, so far as feasible, to that of the people whom he is studying. The more successful he is in freeing himself from the bias based on the group of ideas that constitute the civilization in which he lives, the more successful he will be in interpreting the beliefs and actions of man.*[186]

De många studierna av naturfolk och andra kulturer utanför den västerländska som genomfördes av antropologer och etnologer visade på en stor variation av religiösa föreställningar, där de allra flesta låg mycket långt från kristendomen. Det var särskilt tydligt när det gällde gudarna.

Även om gudomar förekom, vilka i sin tur kunde beskrivas på betydligt fler vis än bibelns eller till och med hinduismens, var de ingalunda alltid placerade i centrum för naturfolkens föreställningsvärldar. Någon pyramid med Gud Fader i toppen skymtade sällan

---

[185] Paul Radin, *Primitive Man as Philosopher*, 1927, viii.

[186] Boas 1901, 281.

— snarare en djungel av ömsom sakralt och ömsom profant. Naturfolken visade sig sällan göra någon märkbar åtskillnad mellan påtagligt och osynligt, mellan andligt och köttsligt. Varje inslag i vardag som fest hade en rituell eller mytologisk sida. Sålunda visade antropologin till exempel att kwaiofolket på Salomonöarna ordnar även bebyggelsen i sina byar efter föreställningar om heligt och orent.[187] Likaså omges i de flesta kulturer människans livs faser — såsom födelse, könsmognad, parbildning och död — med *passageriter*, där konkreta biologiska händelser får symbolisk, så att säga religiös betydelse. Termen myntades av etnografen Arnold van Gennep med boken *Les rites de passage* från 1909.

Sådana fenomen har förstås inte varit främmande för kristen sed, men genom antropologin har de fått andra perspektiv och kommit att studeras som uttryck för mänskliga behov och grundföreställningar. Kristendomens dop, konfirmation, bröllop och begravning antyder i sin samstämmighet med de flesta samhällens passageriter också en framkomlig väg att utforska det mänskliga tänkandets villkor. Genom antropologins talrika exempel har det blivit möjligt att ordentligt systematisera mänskliga föreställningar och betrakta deras funktioner i privat och kollektivt liv.

Det är också antropologin, mer än någon annan disciplin, som har utmanat och nyanserat omdömen från den teologiskt orienterade religionsvetenskapens företrädare. Det är rimligt att peka ut antropologin som det akademiska ämne, vilket idag formulerar kanon om de mänskliga föreställningsvärldarnas mekanik och innehåll — en kanon i profan anda.

Det är ändå inte endast en process från klarhet till klarhet. Den amerikanske antropologen Clifford Geertz konstaterade på 1970-talet att efter andra världskriget har antropologins arbete med religion inte gjort några "theoretical advances of major importance", utan förlitar sig fortfarande i hög grad på Durkheim, Weber, Freud och Malinowski. Antropologerna är som teologer i att de nöjer sig med att bevisa det otvivelaktiga.[188]

Själv förespråkade Geertz en forskning fokuserad på symbolers betydelse och funktion. Han presenterade i fem punkter en egen definition på vad religion är, som är koncentrerad på detta perspektiv:

(1) a system of symbols which acts to (2) establish powerful, pervasive,

---

[187] Keesing, 339ff.

[188] Clifford Geertz, *The Interpretation of Cultures*, 1973, 87f.

and long-lasting moods and motivations in men by (3) formulating conceptions of a general order of existence and (4) clothing these conceptions with such an aura of factuality that (5) the moods and motivations seem uniquely realistic.[189]

Det är en ambitiös definition, som inte är så långt ifrån vad andra har formulerat, blott med fler ord och en delvis förnyad terminologi. Gentemot innehållet, dock, kan invändningar resas. Det är uppenbart att Geertz, såsom sina föregångare, på förhand har en uppfattning om vad religion är och ger, som inte nödvändigtvis är allmängiltig.

Exempelvis passar den, som andra definitioner framförda av västerländska tänkare, misstänkt bra in på kristendom. Vidare ger den inte mycket utrymme för tvivlare, eller för den delen alla de människor som ägnar sig åt religiös utövning utan att vara särskilt religiösa eller tro sig få något slags andlig utdelning för detta. Det kan både nu och i historien vara rätt många, kanske till och med en majoritet.

Måhända är religiösa seder och ritualer helt enkelt sociala vanor, som man repeterar för att så ska vara. Geertz nämner detta beteende, som han kallar automatiskt eller konventionellt, men inför en besynnerlig reservation: "if it is truly automatic or merely conventional it is not religious".[190] Men det betyder att han underkänner funktioner som inte passar hans definition, fast de onekligen existerar — och förmodligen i hög omfattning.

Kanske vore även Geertz mer betjänt av att helt enkelt ge upp religionen som ett begrepp för framkomlig forskning.

Kvinnorna

Det ovannämnda kwaiofolkets uppdelning i heligt och orent gjordes mellan manligt och kvinnligt. Det heliga var manligt och det orena ("polluted") var kvinnligt, konstaterade Roger M. Keesing, som gjorde omfattande fältstudier ibland dem: "Male and female, sacred and polluted, are vividly defined as symbolic mirror images of one another."

Det känns igen från andra kulturer. Men det finns ett aber med bilden. Keesing var själv man, vilket i ett könsuppdelat samhälle innebär att de perspektiv han såg var i huvudsak männens. Han fick

---

[189] Ibid., 90.

[190] Ibid., 113.

inblick i den del av männens liv där kvinnorna var förbjudna att medverka, men om kvinnorna hade en motsvarande zon där männen var förbjudna — vilket har konstaterats hos andra naturfolk — då är det inte säkert att han ens skulle medvetandegöras om det.

Den övervägande andelen av antropologer har varit män, i synnerhet under 1800- och uppemot halva 1900-talet. I fältstudier kan de mycket väl ha fått sin insyn beskuren på samma sätt. Männen dominerade i än högre utsträckning länge den antropologiska litteraturen, vilket är uppenbart i den ovanstående genomgången av bemärkta texter. De har allihop skrivits av män, dessutom med likartad kulturell och akademisk bakgrund. Det var först när kvinnliga antropologer gjorde egna fältstudier och dokumenterade dem, som den kvinnliga världen öppnades för antropologin.

Margaret Mead

En betydande pionjär var Margaret Mead, elev till ovannämnde Franz Boas. Hennes första fältstudie, från Samoa, publicerades 1928, och beskrev flickors beteenden och ställning i samhället genom puberteten. Hon förklarade sitt urval:

> Because I was a woman and could hope for greater intimacy in working with girls rather than with boys, and because owing to a paucity of women ethnologists our knowledge of primitive girls is far slighter than our knowledge of boys, I chose to concentrate upon the adolescent girl in Samoa.[191]

Mead, som själv var i mitten på 20-åren när hon gjorde dessa fältstudier, fick flickorna att öppna sig även om sin sexualitet, något som förmodligen vore alldeles omöjligt för en manlig antropolog, speciellt som taburegler begränsade manligt och kvinnligt umgänge i dessa samoanska samhällen.

Dock rönte hennes bok i efterhand skarp kritik, framför allt från antropologen Derek Freeman, som i en bok från 1983 menade att Mead missförstått och feltolkat mycket, samt misslette av några flickor hon intervjuade.[192] Han blev i sin tur kritiserad av andra antropologer för brister i sina argument, men redan dessförinnan stämde vissa omständigheter till eftertanke.

---

[191] Margaret Mead, *Coming of Age in Samoa*, 1928, 9.

[192] Derek Freeman, *Margaret Mead and Samoa. The Making and Unmaking of an Anthropological Myth*, 1983.

Freemans första Samoavistelse var redan på 1940-talet, men efterforskningarna för sin bok gjorde han på 1960-talet, alltså cirka 40 år efter Meads studie där. Mycket hinner hända på den tiden, speciellt i en kultur som är i process att integreras med det västerländska och dess kristna värderingar. Dessutom — han var man. Han borde från början ha räknat med att få en annan bild än Mead fick, utan att det måste betyda att hon hade fel.

Mead hade avlidit 1978, några år innan Freemans bok kom ut, så ett svar från henne på kritiken var uteslutet. Debatten uteblev ändå inte. Den gjorde ordentligt väsen om sig under många år och är alltjämt uppmärksammad. Exempelvis behandlas kontroversen överraskande utförligt på Wikipedias sida om Margaret Mead.[193] Flera böcker och artiklar har under dessa decennier publicerats i ämnet. Freeman förnyade sina anklagelser mot Mead i en bok på samma tema 1999.[194]

Ett sentida inslag, och förmodligen den mest gedigna genomgången av hela saken, är *The Trashing of Margaret Mead* av Paul Shankman från 2009, där han konstaterar att Freeman i betydligt högre grad än Mead gjorde sig skyldig till sakliga tillkortakommanden, för att inte säga manipulationer.[195]

Fler tidiga kvinnor
Det ovanstående säger något om både behovet av kvinnliga forskares perspektiv i antropologin och de särskilda svårigheter deras arbete har mött. Margaret Mead var långt ifrån den första kvinnliga antropologen, om än den mest omtalade.

Kvinnor fanns med när antropologin växte fram som vetenskap under 1800-talet, men de fick anstränga sig för att få plats i de manligt dominerade institutionerna.

En av de första i Storbritannien var Anne Walbank Buckland (1832–1899), som intresserade sig särskilt för mytologiska samstämmigheter i vitt skilda kulturer och spekulerade om deras första uppkomst. Sålunda såg hon ormen som en återkommande symbol och

---

[193] (en.wikipedia.org/wiki/Margaret_Mead) hämtad den 19 november 2022.

[194] Derek Freeman, *The Fateful Hoaxing of Margaret Mead. A Historical Analysis of Her Samoan Research*, 1999.

[195] Paul Shankman, "The Trashing of Margaret Mead. How Derek Freeman Fooled Us All on an Alleged Hoax", avsnitt ur boken, *Skeptic Magazine* 2009 (skeptic.com/eskeptic/09-12-16/).

menade att den kopplades till den forntida framväxten av metallurgi:

> *Judging from the numerous legends, from sculptures and other works of art, especially in metal, there seems every reason to suppose that the great serpent myth originated in Asia, and was thence conveyed at a very early date by pre-Aryan metalworkers to Europe, Africa, and by one or more routes to America.*[196]

Idén att betydande inslag i civilisationen skulle ha ett gemensamt ursprung framfördes under 1900-talet av flera och kom att kallas hyperdiffusionism. Den har förkastats av modern antropologi.

Erminnie A. Smith (1836–1886) var en av de tidiga kvinnliga antropologerna i USA. Hon gjorde fältstudier bland irokeserna och publicerade 1883 en samling av deras myter. Hon konstaterade redan då att dessa traditioner höll på att gå förlorade:

> *As these monuments are fast crumbling away, through their contact with European civilization, the ethnologist must hasten his search among them in order to trace the history of their laws of mind and the records of their customs, ideas, laws, and beliefs.*[197]

Alice Cunningham Fletcher (1838–1923) var en annan tidig och mycket inflytelserik amerikansk antropolog, som skrev ett stort antal artiklar och böcker om flera indianska stammar. Hon arbetade också på flera sätt för att förbättra deras villkor. Tillsammans med Francis La Flesche skrev hon *The Omaha Tribe*, utgiven 1911 och fortfarande högt respekterad. La Flesche var själv Omaha.

Mrs. Leslie Milne (1860–1932) var en brittisk antropolog som gjorde fältstudier i Burma, redovisade i hennes bok *Shans at Home* från 1910. E. S. Drower (1879–1972), även hon brittisk, studerade ingående och på plats de gnostiska mandéerna, vilket 1937 resulterade i boken *The Mandaeans of Iraq and Iran*.

Maria A. Czaplicka (1884–1921) kom från Polen till England för att studera antropologi och skrev om siberisk shamanism — den första boken, *Aboriginal Siberia* från 1914, utan att ha besökt Sibirien. Direkt därefter gjorde hon en omfattande resa där.

Elsie Clews Parsons (1875–1941), som forskade på flera indian-

---

[196] Anne Walbank Buckland, *Anthropological Studies*, 1891, 114.

[197] Erminnie A. Smith, *Myths of the Iroquois*, 1983 (första utgåvan 1883), 5.

stammar, var både framstående och kontroversiell. Några år innan hon vände intresset mot antropologi skrev hon *The Family*, som kom ut 1906, där hon uttryckte för tiden synnerligen radikala åsikter om äktenskap, skilsmässa och könsroller.

Hennes digra bokverk *Pueblo Indian Religion* från 1939 är förvisso gediget men har kritiserats för de metoder hon använde vid faktainsamlandet.

Gladys A. Reichard (1893–1955) var både antropolog och lingvist. Liksom Margaret Mead hade hon studerat under Franz Boas. Hon gjorde flera omfattande fältstudier bland navajoindianerna, vilket bland annat resulterade i det omfattande verket Navaho Religion i två volymer.

Ruth Benedict

Ruth Benedict (1887–1948) var en nära kollega till Margaret Mead, ävenledes elev till Franz Boas. Benedicts *Patterns of Culture* från 1934 blev välspridd såväl i USA som flera andra länder. Där argumenterade hon för ett synsätt som beskrev den studerade kulturen utifrån den själv och inte utifrån något slags ramverk med anspråk på att kunna appliceras på alla kulturer.

Hon underströk betydelsen av sedvänja ("custom") i kulturers utformning och de föreställningar som delas av människor i dem:

> The life-history of the individual is first and foremost an accommodation to the patterns and standards traditionally handed down in his community.[198]

Denna syn på den lokala kulturens betydelse för människors beteende återkom i Benedicts studie av den japanska mentaliteten, *The Chrysanthemum and the Sword*, som hon hade genomfört på den amerikanska statens uppdrag 1944. På grund av kriget var hon helt förhindrad att göra studiebesök i Japan, så hon använde sig av skrivna källor och intervjuer med japaner i USA.

Boken populariserade begreppen skam ("shame") och skuld ("guilt") som beskrivning av olika samhällens förhållningssätt till personliga förpliktelser. Förstnämnda innebär att folk oroar sig för vad andra må anse om deras handlande, medan sistnämnda vänder kraven inåt, såsom i samvetskval. Skuld lindras av bekännelse medan effekten är så gott som den motsatta för skam:

---

[198] Ruth Benedict, *Patterns of Culture*, 1971 (första utgåvan 1934), 2.

Where shame is the major sanction, a man does not experience relief when he makes his fault public even to a confessor. So long as his bad behavior does not 'get out into the world' he need not be troubled and confession appears to him merely a way of courting trouble.[199]

Benedict ansåg att det japanska samhället kännetecknades av sådan skamkultur (det japanska begreppet *haji*[200]). Andra har sett detta som en förenkling. Dessutom är det inte säkert att det ena begreppet skulle utesluta det andra, alltså att den som känner skam inte känner skuld och omvänt. Vad Benedict hävdade syns i hög grad vara en tolkningsfråga.

Ett perspektiv på japansk mentalitet som saknas i hennes bok är motsatsparet *uchi* och *soto* (ungefär 'innanför' och 'utanför'), som spelar stor roll i hur japaner förhåller sig till egna grupper och andra. Det har också fördelen av att vara en uppdelning som existerar i den japanska kulturen, i stället för att kräva den vanskliga jämförelsen med helt andra kulturer – en vansklighet som Benedict själv påpekade i ovannämnda *Patterns of Culture*.

När Franz Boas pensionerade sig hade Benedict all anledning att förvänta sig att ta över institutionen på Columbia efter honom, men det var i stället rivalen Ralph Linton som utnämndes.[201] Kvinnors nitlotter inom antropologin var så gott som lag. Ernestine Friedl kunde konstatera att så sent som på 1960-talet "women PhDs from the 14 oldest anthropology departments in the country were almost never appointed to the faculty of those universities".[202] Benedict fick inte sin professorstitel förrän strax före sin död år 1948.

Sentida kvinnor

De ovannämnda är långt ifrån alla kvinnliga antropologer under 1800-talet och det tidiga 1900-talet, blott ett urval bland de mest namnkunniga. Därefter har skaran vidgats betydligt, varmed kvin-

---

[199] Ruth Benedict, *The Chrysanthemum and the Sword*, 1946, 223.

[200] Kanji för *haji* (恥) består av två tecken – öra och hjärta. Hjärtat står i Japan också för sinne och anda. Karlgren (1991, 38) tolkar *haji* som hjärtat i öronen, en symbol för att rodna. Skrivtecknen för begreppet är ursprungligen från Kina.

[201] Ernestine Friedl, "The Life of an Academic: A Personal Record of a Teacher, Administrator, and Anthropologist", *Annual Review of Anthropology*, vol. 24, 1995, 3.

[202] Ibid., 15.

nors föreställningsvärldar och ställning i olika samhällen har blivit belysta.

Inom antropologin etablerades behovet av kvinnoperspektivet på 1970-talet och kom till tydligt uttryck bland annat med boken *Woman, Culture, and Society*, publicerad 1974, där ett antal kvinnliga antropologer både teoretiserade om ämnet och bidrog med exempel från sin forskning i kvinnors roll i olika samhällen. Där sägs i förordet att "women's liberation movement" de senaste åren hade stimulerat intresset för att förstå och analysera kvinnors liv i en disciplin som dittills koncentrerat sig på männen:[203]

> *The anthropological literature tells us relatively little about women, and provides almost no theoretical apparatus for understanding or describing culture from a woman's point of view.*

Bland nutida kvinnliga antropologer kan nämnas Daria Khaltourina, citerad senare i denna text, som bland annat har studerat mytologiska motivs spridning; Rivke Jaffe, som fokuserar på urban antropologi; Gabriella Coleman, särskilt bemärkt för sitt studium av hackergruppen Anonymous ur ett antropologiskt perspektiv där hon ser paralleller till den mytologiska trickster-arketypen;[204] Miriyam Aouragh, som också forskar i sociala medier, speciellt gällande Palestina och politiska skeden i mellanöstern;[205] samt Nathalie Luca, en antropolog och religionssociolog som koncentrerar sig på moderna sekter.[206]

Det är slående i hur hög grad nutida antropologer föredrar att forska i moderna samhällsfenomen, vilket gäller såväl kvinnor som män. Säkert har det att göra med vår integrerade och uppkopplade värld, som fräter på skillnaderna mellan kulturer och gör naturfolk mindre isolerade. Det blir allt svårare att hitta kulturer som är genuina och ännu outforskade, samtidigt som många subkulturer i det moderna samhället pockar på uppmärksamhet.

---

[203] Michelle Zimbalist Rosaldo & Louise Lamphere (red.), *Woman, Culture, and Society*, 1974, vf.

[204] Gabriella Coleman, *Hacker, Hoaxer, Whistleblower, Spy: The Many Faces of Anonymous*, 2014.

[205] Miriyam Aouragh, *Palestine Online: Transnationalism, the Internet and the Construction of Identity*, 2011.

[206] Nathalie Luca & Frédéric Lenoir, *Sectes: Mensonges et idéaux*, 1998.

Antropologins aber

Franz Boas skrev en kort introduktion till Ruth Benedicts *Patterns of Culture* från 1934, nämnd ovan, där han gick hårt åt föregående antropologiska modeller:

> *The old method of constructing a history of human culture based on bits of evidence, torn out of their natural contacts, and collected from all times and all parts of the world, has lost much of its hold. It was followed by a period of painstaking attempts at reconstruction of historical connections based on studies of distribution of special features and supplemented by archaeological evidence. Wider and wider areas were looked upon from this viewpoint. Attempts were made to establish firm connections between various cultural features and these were used to establish wider historical connections. The possibility of independent development of analogous cultural features which is a postulate of a general history of culture has been denied or at least consigned to an inconsequential role.*[207]

Boas konstaterade att "hardly any trait of culture can be understood when taken out of its general setting". Men det är lättare sagt än gjort. Utanför dess egen kultur kan den vara svår att göra begriplig eller ens för antropologen själv att förstå.

När Mervyn Meggitt hade studerat det australiska aboriginfolket Walbiris kosmologi både länge och väl, förklarade den gamle - medlemmen av stammen som var hans lärare att nu gick det inte längre. Meggitt hade nått så djupt in i de kosmiska mysterierna som hans sinne mäktade. Undervisningen upphörde.[208]

Även om folket i fråga är hur villigt som helst att dela med sig av sitt tankegods och lyssnaren är idel öra, uppstår problem. Marcel Griaule fick med de äldstes goda minne och en av dem som ciceron en öppenhjärtig inblick i världsbilden hos det sudanesiska dogonfolket. Bäst som Ogotemmêli, den av de äldste utsedde, förklarade världsordningen mycket detaljerat, slog det Griaule att något inte stämde med modellen som beskrevs. Hur kunde alla djur som skulle befinna sig på en avsats alls få plats där, så liten som den var?

> *"All this had to be said in words," said Ogotemmêli, "but everything on the steps is a symbol, symbolic antelopes, symbolic vultures, sym-*

---

[207] Franz Boas, "Introduction", Benedict 1971 (1934), ix.

[208] Keesing, 333f. Personlig kommunikation med Meggitt.

bolic hyenas." He paused for a moment, and added: "Any number of symbols could find room on a one-cubit step."

For the word 'symbol' he used a composite expression, the literal meaning of which is 'word of this (lower) world'.[209]

Antropologen har i sitt fältarbete ringa möjlighet att förvissa sig om hur autentiskt eller komplett dennes material egentligen beskriver den undersökta kulturens idévärld. Snarare, om vi betänker de många huvudskakningar och skratt som antropologer mötts av vid sina frågor, kan vi förmoda att de fått sig förenklade versioner till dels — ungefär på samma sätt som vi presenterar verkligheten i grova drag för våra barn.

De skrivna urkunderna är svåra nog att ge en relevant språkdräkt i översättning — när källorna är muntliga tilltar svårigheten drastiskt. Antropologerna har konstaterat att redan många kulturers språkbruk gör deras världsbilder ytterst svårtillgängliga, varför mycket måste gå förlorat i förmedling och tolkning.

De närmast oöverstigliga barriärer som redan språken reser mellan olika kulturer betonades av Ludwig Wittgenstein. Termer kan få sin grova översättning, förvisso, men hur förmedla deras fulla, komplexa värde i sitt ursprungsspråks användning — satt i ett specifikt kulturellt och socialt sammanhang? Kanske kan vi aldrig vara säkra på att vi med vår översättning verkligen tolkar ordens värden och nyanser korrekt, eller ens nödtorftigt.[210]

När forskare vänder blicken mot främmande kulturer blir detta fel så att säga dubblerat, eftersom de gör sitt urval utifrån egna föreställningar. Det kan uppstå meningsförskjutningar såväl i deras frågor som i svaren de får.

Hur ska forskaren förutsättningslöst kunna utreda ett främmande folks tänkande, när redan frågorna ofrånkomligt låser sig vid det egna perspektivet? Ingenting belägger att vi människor är förmögna att fullständigt skjuta våra förutfattade meningar åt sidan, eller att vi förmår en inlevelse som lyckas se främlingars perspektiv lika klart som om det vore vårt eget. Och en strikt objektiv analys — om den vore möjlig — skulle i objektets ögon just därmed vara grovt missvisande. Sådant som hör det andliga livet och världsbilden till har ofta inlevelsen och upplevelsen som vitala beståndsdelar.

---

[209] Marcel Griaule, *Conversations with Ogotemmêli*, övers. Ralph Butler, 1965 (originalet utkom 1948), 37.

[210] Georg Henrik von Wright, *Vetenskapen och förnuftet*, 1993, 19f.

Den etablerade antropologiska metoden med *deltagande observation* ämnar just mot inlevelse, genom att forskaren tar plats i samhället och gör allt för att bli som en av dess medlemmar. Det märks tydligt i deras rapporter hur antropologerna därav har knutit starka band till det folk de studerat och ser på dem med en kärlek och lojalitet, som för tankarna till ynglingar i värnplikten.

Å andra sidan, med antropologens försök till inlevelse kommer ett problem som kan beskrivas som en inverterad etnocentrism. Västerlandets forna attityd av kolonialistisk överlägsenhet gentemot främmande kulturer har i vår tid fått sin motsats, där andra kulturer dels skildras som oförenligt annorlunda än vår, och till på köpet liksom naturligare, lyckligare och bättre fungerande — ungefär som tidigare århundradens romantiska idé om den ädle vilden. Det finns en önskan hos antropologin att med sitt studium av främmande kulturer finna läxor åt vår.

Därmed är det svårt att i antropologiska rapporter få veta något om opposition inom ett samhälle, eller ens om dess medlemmars personliga förhållanden till seder och regler. Homogenitet förutsätts, vilket ger en förenklad bild som förstås är samma etnocentrism som alltid. Vi skildrar deras tillvaro som skön och lycklig, varför det blir vår självklara plikt att skydda dem från vår värld — vad de än själva kan anse om saken.

Ett talande exempel på hur kunskap om främmande kulturer brukas hos oss, är det sydamerikanska indianfolket yanomami. De är speciellt utsatta för skövlingen av Amazonas djungler och presenteras i vår värld ungefär som en stackars barnaskara, härjad av en okänslig övermakt. I detta ljus har den omständigheten fördunklats att yanomami är ett av de få jägar- och samlarfolk på jorden som har en utpräglats krigisk, våldsam kultur.[211]

Förvisso var det antropologer som en gång upptäckte denna kärva sida hos yanomami, med stor förståelse och sympati, men idag torde sådana aspekter vara svåra att ventilera.

En annan sida av antropologins perspektiv är dess fäbless för integrerade modeller. För antropologen är ett samhälle en sammangjuten helhet, där varje kulturyttring måste gå att härleda till denna samhälleliga struktur. En kosmologi blir ur denna synvinkel reducerad till sin användbarhet, som om ett genuint grunnande på världens tillblivelse och lagar inte vore möjligt. Myter och föreställningar blir uttryck för behov utanför myterna själva, såsom i Lévi-Strauss modell nämnd ovan.

[211] Napoleon A. Chagnon, *Yanomamö. The Fierce People*, 1977.

Sociologi

Jämförbart med antropologin tenderar sociologin att fokusera på religioners och mytologiers sociala funktion, mer än deras metafysiska implikationer eller dynamik med det personliga psyket. Emile Durkheim, pionjär inom den sociologiska vetenskapen, visade detta redan i sin definition av religion från 1912:

> A religion is a unified system of beliefs and practices relative to sacred things, that is to say, things set apart and forbidden — beliefs and practices which unite into one single moral community called a Church, all those who adhere to them.[212]

Durkheim undvek att yttra sig om eventuell gudomlig överhöghet eller andra övernaturliga väsen. Han påpekade att idén om gudomliga väsen inte alls är närvarande i alla religioner.[213] I stället diskuterade han helighet som ett centralt fenomen. Han följde upp sin definition genom att betona religion som ett kollektivt ting, som inte går att separera från dess kyrka. För honom var religion ett rent socialt fenomen:

> Religion is something eminently social. Religious representations are collective representations which express collective realities.[214]

I denna mening, ansåg han, är varje religion sann eftersom allihop svarar relevant på sociala behov och mänskliga livsvillkor.[215] Dessa föreställningar ingår i vad han kallade det kollektiva medvetandet, ett tänkande som går utanför det individuella och lokala och därför "sees things only in their permanent and essential aspects, which it crystallizes into communicable ideas".[216]

I sin analys av hur gamla och nya så kallade övernaturliga föreställningar har uppkommit och vad de har för funktion utgick han från begreppet religion, vilket har sina brister som hans definition av

---

[212] Emile Durkheim: *The Elementary Forms of the Religious Life*, övers. Joseph Ward Swain, 1915 (originalet utkom 1912), 47.

[213] Ibid., 6f.

[214] Ibid., 10.

[215] Ibid., 3.

[216] Ibid., 444.

det inte löser. Att ersätta gudomlighet, vad det nu kan betyda, med det lika luddiga begreppet helighet skapar lika många frågetecken. Dessutom, är helighet möjlig utan en föreställning om något övermänskligt väsen som stadfäster det?

I den bok som citeras ovan, *Les formes élémentaires de la vie religieuse*, och som är Durkheims centrala verk om religionen som socialt fenomen, använde han sig av de australiska urinvånarnas föreställningar för att han ville utgå från den mest ursprungliga, primitiva formen av religion. Han gav även en tydlig definition av vad han menade med den primitivaste religionen:

> *A religious system may be said to be the most primitive which we can observe when it fulfils the two following conditions: in the first place, when it is found in a society whose organization is surpassed by no others in simplicity; and secondly, when it is possible to explain it without making use of any element borrowed from a previous religion.*[217]

Hans andra argument är lätt att skriva under på och den australiska urbefolkningen är ett passande val, då den så länge levde utan kontakt med andra folk. Det första argumentet, däremot, bygger på den felaktiga premissen att samhällen som i våra ögon verkar primitiva inte skulle ha utvecklats såväl socialt som kulturellt över tiden. De har inte stått stilla, även om de inte uppfann ett skriftspråk, och deras föreställningsvärld kan mycket väl ha gått igenom förändringar lika omfattande som vår.

Till hans försvar ska sägas att han var långt ifrån ensam under sin samtid om att se den australiska urbefolkningen och dess kultur på detta vis. Senare tids forskning har gett en mycket mer nyanserad bild av saken.

Jag har valt att ta till resonemanget om Homo rudis, senare i denna bok, framför allt för att det inte går att hitta en ursprunglig kultur, varken i vad vi kan spåra av mänsklighetens historia eller bland några folk i vår nuvarande värld. Hur den ursprungliga människan tänkte kan inte bli mer än en teoretisk konstruktion.

Detta till trots är Durkheims tillvägagångssätt intressant. Han vill utgå från den mest basala formen av föreställningsvärld för att kunna säga något om hur sådana uppkommer och vad de spelar för roll i våra liv. Där är vi överens.

Å andra sidan koncentrerar han sig på sociala ursprung och kon-

---

[217] Ibid., 1.

sekvenser, varför hans intresse för forna folks kosmogoni är så gott som obefintligt.

Föga överraskande är han mer intresserad av riter och andra sociala uttryck för religiositet (han använder termen kult för dessa) som ett kitt mellan medlemmar i samma grupp, eller med hans ord samma kyrka.

Karl Marx

Det vore föga adekvat att kalla Karl Marx sociolog, men hans syn på religion brukar räknas till denna kategori eftersom han belyste religionens funktion och effekt i samhället. Han var inte nådig i sitt omdöme.

Redan i unga år, när han var 26, formulerade Marx sitt berömda yttrande att religion är folkets opium ("das Opium des Volks").[218] Det välkända citatet förtjänar att sättas i sitt sammanhang, som är en pompöst sträng och ändå empatisk uppgörelse med religionen, i synnerhet utifrån tyska förhållanden vid hans samtid:

> *Religionen är den allmänna teorin för denna värld, dess encyklopediska kompendium, dess logik i populär form, dess spiritualistiska point d'honneur [hederssak], dess entusiasm, dess moraliska sanktion, dess högtidliga komplement, dess allmänna grund för tröst och rättfärdigande.* Den är det mänskliga väsendets fantastiska förverkligande, *eftersom det* mänskliga väsendet *inte äger någon sann verklighet. Kampen mot religionen är alltså omedelbart kampen mot* denna värld, *vars andliga* aroma *den är.*
>
> *Det* religiösa *eländet är* uttrycket *för det verkliga eländet samtidigt som det är* protesten *mot detta verkliga elände. Religionen är de betryckta kreaturens suck, hjärtat hos en hjärtlös värld, anden i andefattigdomens tillstånd. Den är folkets opium.*
>
> *Att upphäva religionen som folkets* illusoriska *lycka är att kräva dess verkliga lycka. Kravet att det skall uppge illusionerna om sitt läge är kravet på att uppge ett tillstånd som behöver illusionerna. Religionskritiken är alltså ett* embryo till kritiken av den jämmerdal *vars gloria religionen är.*[219]

---

[218] Karl Marx, "Zur Kritik der Hegel'schen Rechts-Phisotophie", *Deutsch-Französische Jahrbücher*, 1844, 72.

[219] Karl Marx, *Texter i urval*, 2003, 37. Hämtat från Marx/Engels, *Skrifter i urval. Filosofiska skrifter*, 1977. Översättare av denna text Christina Carlsson Wetterberg och Tommy Nilsson (uppgift inhämtad från Svante Nordin och Christina Carlsson Wetterberg). Marx flitiga användande av kursiver är markerat i citatet.

Opium ska i hans drastiska yttrande förstås som smärtlindring, vilket vid hans tid och långt dessförinnan var vad denna drog huvudsakligen användes för, också inom den medicinska professionen. Marx uttryckte med detta inte så mycket ett fördömande av religionen som av de samhällskrafter som gjorde sådan smärtlindring förståelig, rentav ofrånkomlig. Han konstaterade på följande sida i texten att religionskritiken måste leda till en rättskritik, som i sin tur måste leda till en kritik av politiken.

Marx var inte först att jämföra religion med opium. Exempelvis påpekade Erik Gustaf Geijer detta fem år tidigare. Han anklagade "revolutionärer" för att med detta uttryck håna sedlighet och gudsfruktan, "förliknande sådant vid ett opiat, som ingifves hopen såsom döfningsmedel." Geijer medgav problemet men påpekade också att detta avfärdande kunde ha ett högre pris:

> *Religion och moral, förordnade såsom döfvande medel mot orättvisan, äro verkligen detta opiat, som kan medföra slummer, men också, huru ofta, ett uppvaknande, som utmärkes af hädelsens yrsla! Hvar äro rättvisans, hvar äro billighetens gränser för ett sådant uppvaknande?*
> *— Hvad som borde blifva kärlekens verk, blifver hatets — och berömmer sig deraf!*[220]

Hans formulering om revolutionärerna indikerar att uttrycket om opium cirkulerade i deras kretsar flera år innan Marx skrev det. Marx själv torde ha hämtat det från Bruno Bauer, som skrev om teologins och religionens opiumartade påverkan i texter från 1841 och 1842.[221] Geijers källa måste dock ha varit äldre. Hur som helst, Geijer hade sympati för dess innehåll men också varningsord om dess konsekvenser.

Marx text om religionen är politiskt agitatorisk mer än ett sociologiskt försök till analys av religionens roll i hela sin komplexitet. Han fick förstås mothugg från många håll — med tiden. Ovannämnda text fick minimal spridning när den utkom, men när hans ryktbarhet växte gjorde också kritiken det.

---

[220] Erik Gustaf Geijer, "Fattigvårds-frågan", *Litteratur-bladet*, N:o 11, november 1839, 197f.

[221] David McLellan, *The Young Hegelians and Karl Marx*, 1969, 84.

Max Weber

Från sociologins håll var det framför allt Max Weber som formulerade en alternativ syn på religionen än den Marx förespråkade. Det gjorde han i sin bok om den protestantiska etiken och kapitalismens anda från 1905, om än inte precis i polemik med Marx.

Där Marx såg religionen som ett resultat av samhällsekonomiska mekanismer, menade Weber i stället att i fallet protestantismen var den en förutsättning och bakomliggande orsak till kapitalismens framväxt. Här var, enligt Weber, religionen en orsak i stället för en verkan. Han avslutade sin text med en reservation:

> Det är dock inte min avsikt, naturligtvis, att i stället för en ensidig materialistisk kausal förklaring av kultur och historia sätta en lika ensidig spiritualistisk. Båda förklaringarna är lika möjliga.[222]

I en not till detta slog han ändå fast att hans text "endast tagit upp de relationer, i vilka en påverkan av religiösa idéer på den 'materiella' kulturen verkligen står utom allt tvivel".[223]

Weber mötte i sin tur kritik, fastän det var för sent för Marx att kommentera. Andra marxister såväl som ekonomer och historiker tog till orda emot Webers förklaring. Å andra sidan har han delvis fått bekräftelse i och med den i USA sedan 1950-talet framväxande så kallade framgångsteologin, *prosperity theology*, som predikas inom vissa protestantiska frikyrkor.

En sentida nyansering av Webers teori presenterades 2006 av de ryska forskarna Andrey Korotayev, Artemy Malkov och Daria Khaltourina. De höll med om att protestantismen stimulerade utvecklingen av kapitalism, men inte beroende på dess etik — i stället menade de att dess befrämjande av läskunnigheten var den verkliga motorn. I motsats till katolicismen, där bibeln var på latin och frånhölls allmänheten, insisterade protestantismen på att alla borde läsa och studera bibeln. Därför översattes den och befolkningens alfabetisering stimulerades, vilket i sin tur ledde till ekonomisk tillväxt:

> On the one hand, literate populations have many more opportunities to obtain and utilize the achievements of modernization than illiterate ones. On the other hand, literate people could be characterized by a

---

[222] Max Weber, *Den protestantiska etiken och kapitalismens anda*, övers. Agne Lundquist, 1978 (originalet utkom 1905), 87.

[223] Ibid., 156.

greater innovative-activity level, which provides opportunities for modernization, development, and economic growth.[224]

Dessa resonemang leder dock förbi denna boks tema. Av större intresse är Max Webers syn på religion och mytologi i allmänhet, deras uppkomst och innehåll. I ovannämnda bok diskuterade han varken mytologi eller kosmogoni. Han var synnerligen undflyende när det gällde definitioner, något han deklarerade redan på de första raderna av hans mest omfattande text om religionssociologi publicerad 1922:

> *Det är inte möjligt att i början av en framställning som den följande ge en definition av vad religion "är". Om den överhuvud taget kan ges, kan det ske i slutet. Vår behandling gäller nämligen inte religionens "väsen" utan förutsättningarna och verkningarna av ett bestämt slags socialt handlande.*[225]

Man måste fråga sig: varför använde han sig av ett begrepp han inte kunde definiera? Problemet är att han i sina texter uppenbarligen hade en tydlig och avgränsad uppfattning om vad religion är — och den var lika uppenbart baserad på kristendomen. Det hade han kanske kunnat undgå om han inlett med att resonera om vad han menade med religion — och varför. Då hjälper det inte att hans intresse var socialt handlande, där han dessutom i nästföljande mening slog fast att det endast kan förstås "med utgångspunkt i individens upplevelser, föreställningar och syften".

Om det måste förklaras på individnivå, vad har det då med sociologi att göra? Det kliver in på psykologins område. Detta hindrade honom inte från att dra mängder av slutsatser om socialt beteende omfattat av hela samhällen.

Också när det gäller gudar var Webers uppfattning både otillräcklig och generaliserande utifrån den kristna traditionens perspektiv, vilket blev vilseledande. Han menade att det finns två gudsuppfattningar. Den ena hör hemma hos den "missionerande profetismen" där de fromma känner sig som Guds verktyg och Gud är "en övervärldslig, personlig, förtörnad, förlåtande, älskande, krävande och straffande skapelsens Gud". Den "exemplariska profetismen" har i

---

[224] Andrey Korotayev et al., *Introduction to Social Macrodynamics: Compact Macromodels of the World System Growth*, 2006, 90.

[225] Max Weber, *Ekonomi och samhälle. Förståendesociologins grunder*, del 2, övers. Agne Lundquist, 1985 (originalet utkom 1922), 11.

stället som regel ett högsta väsen som är "opersonligt, eftersom det är tillgängligt endast genom kontemplation, som något statiskt". Till den förstnämnda gudsuppfattningen räknade han zoroastrismen och de abrahamitiska religionerna, till den senare indiska och kinesiska religioner.[226]

Denna uppdelning kan lika gärna beskrivas som den abrahamitiska guden gentemot alla andra, vilket är så otillräckligt att det rimliga borde vara att inte alls göra den. Åtminstone borde Weber ha börjat med en definition av begreppet gud.

Ett likartat problem ligger i att Weber räknade konfucianismen till världsreligionerna, fast han konstaterade:

> *I betydelsen av frånvaron av all metafysik och av alla rester av religiös förankring är konfucianismen rationalistisk till den grad, att den tangerar den yttersta gränsen för vad som överhuvudtaget kan kallas "religiös" etik.*[227]

Weber behandlade både konfucianismen och taoismen i en separat skrift, där särskilt hans tolkning av taoismen är minst sagt tveksam. Han förklarade: "Here we are not concerned with Lao-tzu as a philosopher but with his sociological position and his influence."[228]

Problemet är att om Lao Tzus filosofi ignoreras återstår inte mycket av hans lära eller hans text *Tao te ching*. Dessutom lyckades inte Weber hålla sig till sitt perspektiv. Redan i den följande meningen gjorde han en jämförelse som måste ha baserats på filosofier: "The opposition to Confucianism is evident even in terminology."

Weber betraktade taoismen som en mystisk (vi kanske skulle säga esoterisk) lära där målet var ett slags *unio mystica*. Detta går bara med stor ansträngning att hävda om Lao Tzus jordnära ideal.

Tydligast framgår denna missvisande bild i Webers påståenden om helighet och helgon: "the 'saint' whom Lao-tzu places above the Confucian 'gentleman' ideal".[229] Vad han syftade på är begreppet *shêng jên*, som förekommer över 30 gånger i *Tao te ching*.[230] Det kan

---

[226] Max Weber, *Religionen, rationaliteten och världen*, övers. Agne Lundquist, 1996 (originalet utkom 1920), 45.

[227] Ibid., 56.

[228] Max Weber, *The Religion of China. Confucianism and Taoism*, övers. Hans H. Gerth, 1968 (originalet utkom 1915), 180.

[229] Ibid., 183.

[230] 聖人 (pinyin: *sheng ren*). Stefan Stenudd, *Tao te ching. Taoismens källa*, 2012, 110f.

förvisso översättas som helig person men i Lao Tzus text är det uppenbart att det indikerar en vis och ädel människa — inte vad som menas med ett helgon, alltså ingen religiös implikation. I engelska översättningar av *Tao te ching* använder en stor majoritet uttrycket "the sage".

Det har funnits senare riktningar inom taoismen som stämde bättre in på Webers beskrivning, men de avvek betydligt från de ideal Lao Tzu formulerade. Att Weber gjorde honom till deras banerförare var ett misstag som han kunde ha undgått genom att begrunda filosofen Lao Tzu.

Weber gjorde intressanta och klartänkta beskrivningar av hur olika föreställningsvärldar påverkar samhällen och deras medborgare i olika riktningar, men just hans ovilja att pröva begreppet religion gjorde att hans analyser satt fast i den kristna kulturens perspektiv, även när han betraktade andra föreställningsvärldar. Hans texter om religion belyser därför först och främst detta begrepps snävhet.

Vore texterna inte tillkomna så tidigt som under 1900-talets första decennier skulle det vara svårt att förstå hur han kunde gå i den fällan. Han var i och för sig långt ifrån ensam om det.

En religionsteori

Oviljan att definiera begreppet religion märks också hos senare sociologer som behandlat ämnet. Religionssociologerna Rodney Stark och William Sims Bainbridge skrev tillsammans *A Theory of Religion*, som utkom 1987, där de formulerade en generell religionsteori med vilken de djärvt ansåg sig kunna förklara de sociala mekanismerna i religion, såväl historiskt som för framtiden. Detta gjorde de med en kedja av axiom, kompletterade med definitioner och påståenden ("propositions").

Själva begreppet religion avstod de dock från att fastställa något om:

> The axioms of the theory are not statements about religion. Instead they are rather noncontroversial (and often well-known) statements about the world and about how people behave or interact.[231]

Det är förstås en brist att deras teorikomplex utgick från och använde begreppet religion utan att ge det en definition. Vad menade

---

[231] Rodney Stark & William Sims Bainbridge, *A Theory of Religion*, 1987, 15.

de, exakt, med religion? De måste ju ha haft en uppfattning om saken, eftersom de hävdade exempelvis att "the evidence is clear that humans possessed religion far back in prehistory" och "the fundamental aspects of religion must be very basic human needs and activities".[232]

Deras metod är ändå intressant. Stark och Bainbridge ville, ungefär som Aristoteles plägade resonera, utgå från det mest basala som går att säga i ämnet, för att därifrån förklara även det mest komplexa. Det borde vara en framkomlig väg, om man bara hittar detta basala och utvecklar det med osviklig logik. De jämförde med matematik, även om de blygsamt medgav att de ännu inte nått dithän med sin teori.[233]

De presenterar i tur och ordning sju axiom. Det första är nog så riktigt: "Human perception and action take place through time, from the past into the future." Likaså de två definitionerna att det förflutna består av betingelser som kan vara kända men inte möjliga att påverka, samt att framtidens betingelser kan påverkas men inte vara kända (sistnämnda går att diskutera). Men redan vid det andra axiomet och dess definitioner reser sig invändningar:

A2   Humans seek what they perceive to be rewards and avoid what they perceive to be costs.
Def.3   Rewards are anything humans will incur costs to obtain.
Def.4   Costs are whatever humans attempt to avoid.[234]

Tiden må vara ett fenomen om vilket absoluta lagar kan fastställas, så gott vi lyckas utröna dem. Människan är en helt annan historia. Det är inte mycket mer som kan sägas med bestämdhet om alla i vår art än att vi sedermera dör — och just därom tvistar många så kallade religioner.

Så många ord i det ovanstående, från "seek" till "avoid", kräver eftertanke. Vad som sägs är egentligen att vi söker vad vi vill ha och undviker vad vi inte vill ha, och inte ens det är alltid sant. Det händer att vi inte kan motstå att söka vad vi inte vill ha fast vi vet att vi inte vill ha det, eller undviker vad vi vill ha fast vi vet att vi vill ha det.

Man måste därför ge begreppen väldigt vida ramar för att de ska passa in på allt mänskligt beteende. Det enda som går att säga, med

---

[232] Ibid., 25.
[233] Ibid., 15.
[234] Ibid., 27.

en säkerhet motsvarande den om tiden, är en tautologi: vi söker vad vi söker och undviker vad vi undviker.

Vad Stark och Bainbridge eftersträvade med ordvalen i ovanstående axiom och definitioner låter sig lätt anas. Det om tiden visar på osäkerheten i den okända framtiden och det andra axiomet bereder mark för en teori om religion som ett slags försäkring för att trygga denna framtid. Som Joe Hill sjöng: "You'll get pie in the sky when you die."[235]

Deras sju axiom leder slutligen fram till vad som faktiskt är en definition på religion:

Religion refers to systems of general compensators based on supernatural assumptions.[236]

Kompensatorerna är ersättningar för belöningar, såsom löften om dem i ett hinsides, och det övernaturliga definieras som "forces beyond or outside nature which can suspend, alter, or ignore physical forces". Med andra ord: religion är löften om att ge vad ingen kan få på annat sätt.

Det passar in på framför allt kristendom och islam, men varken där eller i andra föreställningsvärldar kan det beskrivas som hela sanningen. Exempelvis förutsätter det föreställningen om en övermänsklig makt som har total kontroll över framtiden. Så beskrivs den abrahamitiska guden men långt ifrån alla andra gudomar. I många mytologier är de högre makterna i realiteten lika hjälplösa inför ödet som vi människor. Man behöver bara tänka på Eddans Oden, som av völvan fick veta hur han och många andra asar skulle nå sitt slut, men inte kunde göra ett dugg åt det. I åtskilliga traditioner är det dessutom snarare så att människors handlande avgör deras öde, vad än gudomar tycker om saken.

De föreställningsvärldar och mytologier som brukar klassificeras som religioner innehåller så mycket mer än ett belöningssystem för människor oroade av framtiden. De kan vara allting från kosmologiska famntag till rena underhållningen. De låter sig inte adekvat bindas till en enda funktion, som dessutom i detta fall så tydligt utgår från den kristna traditionen.

---

[235] Joe Hill, "The Preacher and the Slave", 1911.
[236] Stark & Bainbridge 1987, 39.

Sociologins aber

Det har sitt självklara berättigande att undersöka vilka sociala konsekvenser religiösa föreställningar har, men det är inte alls lika självklart att dessa sociala funktioner har varit ursprung till de religiösa idéerna. Problemet må vara någorlunda likt det med hönan och ägget. Är det sociala behov som lett till utformningen av religionernas innehåll, eller har religionernas innehåll influerat de sociala uttrycken?

Med tanke på såväl människors som deras samhällens komplexitet är det knappast fråga om antingen eller. Snarare anas ett samspel — inte sällan en kontrovers — mellan religionernas innehåll och deras sociala tillämpning. Någon ordnad och statisk struktur är svår att finna, i alla fall inte en varaktig sådan. Normen är en av motsättningar snarare än av homogen följsamhet.

Antropologin har visat att varje samhällsordning har sina avvikelser, varje moralisk regel möts av många överträdelser, varje dogm har tvivlare och alternativa tolkningar, och så vidare. Såväl individuellt som i grupp är vi människor för krångliga för att någonsin fullständigt konformeras. Kaos fräter på varje ordning, så till den grad att det kan vara svårt vid en noggrannare studie att avgöra vad som är regel och vad som är undantag. Förmodligen är det i grunden bara svåröverskådligheten hos kaos som gör att samhällsmodeller i stället utgår från ordning.

Den mänskliga bångstyrigheten gör varje sociologisk modell begränsat användbar, i synnerhet när den syftar på allmängiltighet — eller när den appliceras på något så dunkelt, för att inte säga absurt, som religion. Ju strängare schemat utformas, desto fler blir anomalierna och paradoxerna.

Om vi likt de flesta sociologiska teorierna ovan utgår från kristendomen, är motsägelserna onekligen många och påträngande. Man byggde en kyrka baserad på Jesus, som visade förståelse för alla utom just prästerna och ideligen vände sig från etablissemanget för att i stället värna om de maktlösa och fattiga. Kyrkan som växte fram gjorde det trots, snarare än utifrån, vad Jesus predikade. Den utvecklingen har uppenbart mer att göra med hur makt fungerar än religionens mekanismer.

Man får därför inte avstå från att noga undersöka en föreställningsvärlds eget innehåll, även om man syftar till att analysera dess sociala utformning. Annars drar man felaktiga slutsatser om de mekanismer som råder.

Durkheim inkluderade kyrkan i sin sociologiska analys av religion, men en framkomligare väg vore att analysera dem var för sig.

För en religions innehåll och betydelse råder helt andra omständigheter än för en kyrka och hur den verkar. Strängt taget är det inte säkert att en kyrka har särskilt mycket med religionen att göra. Dess medel och mål är sällan förenliga med religionens innehåll. Omvänt är en religion sällan beroende av en kyrka för att dess innehåll ska ha mening för såväl individer som hela samhällen. Religion och kyrka är separata fenomen som delar ett visst innehåll, men de har inte nödvändigtvis något avgörande orsakssamband.

För att återgå till Marx tes om religionen som folkets opium är den nödvändiga frågan vad i denna religion som gör den smärtlindrande. Det var vad Stark och Bainbridge teoretiserade om, fastän med en alltför begränsad definition med en övertro på hur lätt människan är att dupera. Så enkelt är det aldrig. Det är inte så att vi duperas, mer än möjligen för en stund, utan vi låter oss duperas. Det gör all skillnad i världen.

En sociologisk applikation baserad på religiöst idéinnehåll genomfördes av Max Weber, när han konstaterade protestantiskt inflytande på kapitalismens framväxt. Det var ett intressant resonemang, om än han inte har stått oemotsagd om det. Weber var väl införstådd med protestantiskt tänkande, men när han vidgade perspektiven till andra föreställningsvärldar gjorde han sig skyldig till förenklade kategoriseringar som ibland blev helt missvisande, fastän han onekligen trängde in i de olika tankesystemen. Hans modell gjorde honom ovillig att se avvikelser, eller för den delen att känna igen etnocentrismen i hans eget perspektiv.

Det ligger kanske i sociologins natur att sträva efter generaliseringar för att kunna beskriva sociala mönster applicerbara på hela samhällen. Säkert leder det till teorier som har goda chanser att lära oss något om den värld vi gemensamt delar, men det kräver ett starkt ifrågasättande av hur allmängiltiga sådana teorier verkligen är.

Antropologin har sedan sin barndom på 1800-talet småningom lärt sig att initialt betrakta varje kultur som unik, för att förstå dess väsen och processer, innan man — möjligen, inte nödvändigtvis — dristar sig till att teoretisera om allmängiltighet. Annars riskerar man att vara förblindad av sina egna konventioner och fördomar.

Den värdefullaste religionssociologin är förmodligen den som i förstone studerar en religion och dess kultur på djupet, innan något sägs om hur den förhåller sig till andra religioner och deras kulturer. Alltså ett samhälle i taget. Samhällen kan vara väldigt olika.

Evolution och kognition

Under 2000-talet har bland många forskare evolutionsläran blivit en utgångspunkt för att förklara religionens uppkomst och väsen, ofta i förening med kognitionspsykologi. Där söks ursprunget till religiositet i människans evolution, som en effekt eller bieffekt av den mänskliga utvecklingen via det naturliga urvalet, samt i hur hennes psyke fungerar kognitivt när religiösa föreställningar får fäste i det.

Att tillämpa evolutionsteorin på religion är ingen nyhet. Det har gjorts på många sätt alltsedan Darwins *On the Origin of Species* publicerade 1859, och tankesättet har tillämpats även dessförinnan — att religion med tiden utvecklas från en primitiv till en avancerad form. Mestadels har därmed förståtts kristendomen som den senare formen och naturfolks föreställningsvärldar som den tidigare.

Den kristna uppfattningen om att alla andra religioner är underlägsna har inte lyckats bevisa sig, vilket inte kan överraska. Även försök att hävda belägg för kristendomens överhöghet i filosofiska, etiska eller kosmologiska ordalag har stött på patrull. Det går inte att objektivt hävda en rangordning mellan religioners innehåll.

Det är också ytterst vanskligt att försöka spåra en utveckling över tid av religion som sådan, eftersom den tagit sig så många uttryck att det, som tidigare nämnt, är svårt att ens sammanföra olika världsåskådningar genom tid och rum under begreppet religion. Det kan bara vara ren spekulation, vilket i och för sig inte måste fördömas men bör göras med uppriktighet om dess spekulativa karaktär och därmed passande ödmjukhet. Så har sannerligen inte alltid varit fallet.

Att anknyta till den darwinistiska principen om evolution har ytterligare brister, framför allt vad gäller tidsperspektivet. Den användbara dokumentation vi har över religion runt om i världen sträcker sig på sin höjd några tusen år tillbaka i tiden, men evolutionen i darwinistisk mening är en långsam process som kräver betydligt längre tid för att ge tydliga effekter. Det är helt enkelt vilseledande att använda evolutionsteori på tveksamt avgränsade kulturella fenomen med kortare förlopp.

Då vore det rimligare att tala om trender och tendenser, förändringar som kommer och går — inte i något ofrånkomligt naturligt urval, utan som konsekvenser av ett föränderligt samhälles ständiga dynamik. Det är inte en marsch från ett lägre tillstånd till ett högre, vilket är blott i betraktarens öga, inte heller nödvändigtvis från en sämre till en bättre funktionalitet.

Det sistnämnda beror på att där Darwins evolution har det absoluta resultatet av ökade utsikter för artens överlevnad, kan varken det eller något annat med motsvarande säkerhet sägas om kulturella förändringar. Just religion har under de årtusenden vi kan betrakta knappast varit en framgångssaga för mänskligheten. I stället har den ofta varit alarmerande kostsam. Detsamma är sant för vår tid. Religion har inte bevisat sig vara befrämjande för artens fortlevnad. Tidvis har den snarare varit det motsatta.

Vad som kunde vara rimligare är en betraktelse av en specifik religion över tid, för att spåra dess utveckling. För det lämpar sig några få religioner, som har en dokumenterad historia över åtminstone några årtusenden. Det är fortfarande en alltför kort tid för att tänka i termer av evolution, men experimentet låter sig ändå göras om det sker med klädsam blygsamhet. Däremot är det så gott som förgjort att tillämpa detta i en jämförelse mellan olika religioner — i synnerhet om man försöker slå fast något om religion som sådan.

Sämst går det när man bland nutida existerande föreställningsvärldar försöker ordna dem i grader av primitivitet, vilket var en populär sysselsättning under 1800-talet och åtminstone första hälften av 1900-talet. Det förutsatte dels att all religion hade en gemensam ursprunglig form och dels att hos exempelvis naturfolk har utvecklingen varit långsammare eller till och med obefintlig.

Båda hypoteserna saknar trovärdiga belägg och det är tveksamt om de på något sätt går att leda i bevis. Däremot är det lätt att se hur de bottnar i etnocentriska fördomar. Geo Widengren berörde detta i sin bok om just evolutionistiska religionsteorier:

> Man kan inte förutsätta att det en gång över hela jorden funnits en gemensam och enhetlig "urkultur". Om enstaka lika eller likartade kulturelement återfinnes i ett antal recenta jägarkulturer, är detta förhållande givetvis inte något bevis för att alla dessa kulturelement samtidigt återfunnits i en "urkultur" och alltså under den historiska utvecklingens gång gått förlorade i sådana nutida jägarkulturer, där de numera saknas.[237]

De forskare som under 2000-talet involverat sig i evolutionsperspektivet på religion gör detta med ett större närmande till darwinistisk teori och utan de tidigare rådande fördomarna om lägre och högre former av religion. De kommer från många discipliner, såsom

---

[237] Geo Widengren, *Religionens ursprung. En kort framställning av de evolutionistiska religionsteorierna och kritiken mot dessa*, 1963 (första utgåvan 1946), 15.

biologi, antropologi, psykologi, sociologi, filosofi och religionsvetenskap, men har ändå stora likheter i hur de definierar religion. Kognitionsforskaren Daniel Dennett skriver:

> Tentatively, I propose to define religions as social systems whose participants avow belief in a supernatural agent or agents whose approval is to be sought.[238]

Kulturantropologen Scott Atran är mångordigare men säger i sak detsamma:

> Roughly, religion is (1) a community's costly and hard-to-fake commitment (2) to a counterfactual and counterintuitive world of supernatural agents (3) who master people's existential anxieties, such as death and deception.[239]

Däremot finns det ingen konsensus om hur religionens uppkomst och fortsatta existens kan förklaras med dessa verktyg. Teorierna är många, från stram darwinistisk biologi till ren psykologi, med flera blandformer däremellan. Biologen Jeffrey Schloss skriver:

> At this point, theory choice is happily under-determined by data. There is lots of room for exploring which scientific account is, or which combinations are, most promising.[240]

Forskningsfältet är kontroversiellt, framför allt genom att det provocerar — och provoceras av — kreationister och andra religiösa fundamentalister, vilka under de senaste årtiondena har blivit mer högljutt intoleranta mot vetenskapliga rön som inte stämmer med deras övertygelse. Också det är ett fenomen som dessa forskare diskuterar. Det kan även ha spelat roll i forskningsgrenens framväxt. Jeffrey Schloss och Michael J. Murray skriver i sitt förord: "After more than a century of debate over religious understandings of evolution, the tables have turned, and we are posed with evolutionary understandings of religion."[241]

---

[238] Daniel C. Dennett, *Breaking the Spell: Religion as a Natural Phenomenon*, 2006, 27.

[239] Scott Atran, *In Gods We Trust: The Evolutionary Landscape of Religion*, 2004, 4.

[240] Jeffrey Schloss & Michael J. Murray (red.), *The Believing Primate*, 2009, 25.

[241] Ibid., vi.

Flera framstående naturvetenskapliga forskare har de senaste decennierna avfärdat religion kategoriskt till förmån för en vetenskaplig världsbild. Mest namnkunnig av dem är biologen Richard Dawkins, vars bok *The God Delusion* från 2006 blev en internationell bestseller, men redan 1986 skrev han *The Blind Watchmaker. Why the Evidence of Evolution Reveals a Universe without Design*. Också den titeln förklarar innehållet. Dawkins är flitig debattör av ämnet i media.

Det är även neuroforskaren Sam Harris, vars första bok i ämnet, *The End of Faith*, kom ut 2004, samt kognitionsforskaren Daniel Dennett, vars bok *Breaking the Spell. Religion as a Natural Phenomenon* från 2006 ingår i ovannämnda evolutionära syn på religionens uppkomst.

Dessa debattörer, likväl som kreationisters agitation, har stimulerat en intensiv ateistisk diskussion och debatt på Internet, som fått en bred och engagerad publik. Även om den evolutionära religionsforskningen vanligtvis inte förhåller sig helt avvisande till frågan om en guds existens, uppfattas kontentan av dess arbete ändå som ett stöd för ateister och ett slag mot religiösa.

Om man vetenskapligt kan förklara hur religion och gudstro har uppkommit förlorar denna tro fullständigt trovärdighet. Det är att likna vid hur Darwins teori om det naturliga urvalet gjorde gud överflödig för framväxten av allt liv på jorden. Om även gudars uppkomst i våra sinnen finner sin naturvetenskapliga förklaring kan deras existens avfärdas. Därmed skulle vetenskapen, som på många sätt genom historien bekämpats av religionen, slå tillbaka genom att använda sitt eget vapen mot den.

De religiösa har ingen anledning till omedelbar oro. Evolution och kognition har inte lett till något definitivt klargörande om hur gudsbilden kom till, och även om så skulle ske är forskarna själva medvetna om att det inte vore något bevis för att gud inte finns. Det är svårt att bevisa att något inte existerar, i synnerhet något så undflyende som en gudom. Dessutom, att bevisa hur gudsbilden uppkom hos människan betyder inte att gud inte finns. Det ena utesluter inte det andra. Detta betonar även Daniel Dennett:

> Notice that it could be true that God exists, that God is indeed the intelligent, conscious, loving creator of us all, and yet still religion itself, as a complex set of phenomena, is a perfectly natural phenomenon.[242]

Det må vara sant i teorin, men i praktiken skulle en gudsföre-

[242] Dennett 2006, 25.

ställning som fick sin naturvetenskapliga förklaring kvickt tappa de flesta av sina tillbedjare.

Meme

Tillämpningen av evolutionsläran på förekomsten av religion syns ha startats av ovannämnde Richard Dawkins, kanske oavsiktligt, med hans bok *The Selfish Gene* från 1976, som förklarar den darwinistiska evolutionen utifrån genernas framträdande roll i den. Det sista kapitlet, "Memes, the new replicators", jämför geners förmedling av kroppsliga anlag med hur kulturellt innehåll förmedlas mellan människor. Idéer och föreställningar kan ses som ett slags gener, där somliga sprids och förökar sig mellan människor, medan andra inte slår an och därför snart glöms bort.

Jag har själv sedan länge roat mig med att jämföra idéer med virus, när det gäller deras spridning i samhället och inflytande på kulturen. Somliga idéer smittar likt farsoter, andra tar sig bara med svårighet från en värdkropp till en annan och tynar bort rätt kvickt.

Dawkins talar i stället om *meme*, ett begrepp han kom fram till sålunda:

> *We need a name for the new replicator, a noun that conveys the idea of a unit of cultural transmission, or a unit of imitation. 'Mimeme'[243] comes from a suitable Greek root, but I want a monosyllable that sounds a bit like 'gene'. I hope my classicist friends will forgive me if I abbreviate mimeme to meme. If it is any consolation, it could alternatively be thought of as being related to 'memory', or to the French word même. It should be pronounced to rhyme with 'cream'.*[244]

En sådan meme, som Dawkins nämner, är idén om gud. Han menar att denna meme har överlevt och spritts på grund av dess psykologiska attraktionskraft:

> *It provides a superficially plausible answer to deep and troubling questions about existence. It suggests that injustices in this world may be rectified in the next.*[245]

---

[243] Från grekiskans *mímēma*, något imiterat, i sin tur från *mimos*, imitatör eller skådespelare.

[244] Richard Dawkins, *The Selfish Gene*, 1978 (första upplagan 1976), 206.

[245] Ibid., 207.

I och för sig är denna bild av gud relevant för blott ett fåtal av alla de gudar som står att finna i världens alla mytologier — strängt taget blott i kristendomen och islam. Å andra sidan kan man inte säga annat än att dessa två gudsidéer har spritts särdeles väl. Olika meme kan samverka till varandras förtjänst. Dawkins blottar åter sin begränsade erfarenhet av religion utanför hans egen kulturbakgrund med två exempel: helvetet och tron. Gudsidén upprätthålls genom det skrämmande hotet om helvetet, och den skyddas mot granskning genom att blind tro hyllas. Ett tredje exempel är celibatet, en idé som gynnar även andra religiösa meme helt enkelt genom att ge mer tid för dem och mindre distraktioner.[246]

Dessa tre idéer existerar förvisso även i vissa andra religioner, men sällan allihop på samma sätt och lika uttalat som i framför allt kristendomen.

Det försvagar onekligen Dawkins tes och det förbryllar att hans syn är så etnocentrisk. Men Dawkins teori kräver inte att varje meme ska vara applicerbar på alla platser och i alla kulturer. Snarare understryker han att variationen och föränderligheten är grundläggande kännetecken. Det handlar mer om hur idéer och föreställningar sprids än vilket innehåll de måste ha.

Vad som enligt Dawkins avgör spridningen av en meme är precis som för en gen dess livslängd, dess fruktsamhet och dess kopierbarhet. Med livslängden syftar Dawkins på den enskilda förmedlaren, men det kunde också gälla det koncept som en meme bär. Vissa idéer går ur tiden, exempelvis moden som raskt byts mot nya. Han nämner den aspekten men placerar den under fruktsamhet.[247]

Han gör också ett existentiellt konstaterande, som är aningen förvånande att komma från honom, därmed också imponerande. Det handlar om odödlighet, av alla ting.

Förvisso är vi framför allt programmerade att sprida våra gener, men för varje generation halveras en människas genetiska arv. Efter blott några få generationer är så gott som inget kvar. Dawkins konstaterar: "We should not seek immortality in reproduction."

Däremot är det så ställt med meme att somliga av dem kan överleva sina upphovsmän i århundraden: "The meme-complexes of Socrates, Leonardo, Copernicus, and Marconi are still going strong." Det är en föredömlig erkännsamhet från en genetiker, om än måhända i hopp om att de meme han själv har producerat i framtiden skulle

[246] Ibid., 212ff.
[247] Ibid., 208f.

kunna räknas dit.[248] Bäst chans har han kanske med just sin teori om meme. Det konstaterar Pascal Boyer, en framstående förespråkare av detta synsätt:

> The idea of "meme" itself is an example of a meme that replicated rather well. A few years after Dawkins had introduced the notion, virtually everybody in the social sciences and in evolutionary biology or psychology knew about it and for the most part had an essentially correct notion of the original meaning.[249]

Man måste kalla Dawkins syn på religionen etnocentrisk. Han synar och dömer den så gott som uteslutande efter dess kristna form, och inte ens med förståelse för kristendomens många variationer. Men med sin idé om meme har han ändå ett konkret verktyg han använder med föredömlig klarhet.

Det är onekligen användbart i analys av såväl tankemönster som religioner. Problemet är att det är föga falsifierbart. Dessa meme har en så vag definition att det är svårt att säga vad som är en meme och vad som inte är det. Han besvarar inte heller den självklara frågan om det finns andra sorters tänkande, rentav andra idéer, som följer andra lagar. Om han menar att allt tänkande är meme blir teorin därigenom värdelös.

I dessa brister, bland annat, påminner hans teori om Jungs arketyper. De är också koncept som förmedlas mellan människor i något slags omedveten process, så att säga av konceptens egen kraft. Fast likheterna är slående verkar de ha gått Dawkins förbi. Han är förmodligen inte benägen att omfamna den andligt utsvävande Jung. I Dawkins bok nämns varken arketyper eller Jung någon enda gång.

Hos övriga förespråkare för de evolutionära och kognitiva perspektiven på religion finns ytterligare likheter med Jungs teorier. Det framgår tydligt hos Pascal Boyer. Han förespråkar idén om meme i samma mening som Dawkins använder. Inte heller han nämner Jung i sin bok, och avfärdar arketyper jämte några andra begrepp bryskt: "Many people in the past tried to describe 'themes' or 'ideas' or 'archetypes' that would be common to all religion. On the whole, this exercise did not prove terribly successful."[250]

---

[248] Ibid., 214.

[249] Pascal Boyer, Religion Explained: The evolutionary origins of religious thought, 2001, 38.

[250] Ibid., 56f.

Detta till trots är hans beskrivning och tillämpning av meme så snubblande nära Jungs arketyper, inte minst vad gäller anspråket på allmängiltighet, att det vore förvånande om de inte utgick från samstämmiga observationer av kulturella tankegods. Boyer säger också, liksom Dawkins, att denna mentala process sker otillgängligt för medvetandet:

> This process goes on, completely unnoticed, in parts of our mind that conscious introspection will not reach. This cannot be observed or explained without the experimental resources of cognitive science.[251]

Jung sa detsamma om arketyperna, att de opererar otillgängligt för oss i vårt omedvetna. Enligt honom är analytisk psykologi det enda sättet att komma åt dessa tankeprocesser. Vidare är Jungs idé om det kollektiva omedvetna speglad av vad Boyer, hänvisande till evolutionsbiologer, kallar *social intelligence* eller *social mind*. Han hävdar att den mänskliga hjärnan är utformad så att den inkluderar denna funktion:

> The study of the social mind can show us why people have particular expectations about social life and morality and how these expectations are connected to their supernatural concepts. [252]

Kontentan blir, som hos Jung, att religiösa och många andra föreställningar formas dolt för medvetandets insyn, att människan saknar medveten kontroll över sina föreställningar. Därmed skulle kontemplation och förnuftsmässig bearbetning vara betydelselöst för deras framväxt, som om vi vore föga mer än programmerade maskiner.

Evolutionära aber

De evolutionära teorierna om religionens uppkomst har samma grundläggande svaghet som de allra flesta — för att inte säga alla — religionsteorier: de strävar efter en generalisering, att passa in alla religioner i en modell. Därmed letar man likheter och skyr skillnader mellan dem. En sådan betraktelse kan inte undgå fördomar.

Det är särskilt märkligt här, eftersom evolutionsförklaringen utgår från individen och inte kollektivet. Var och en är en bärare av sitt

---

[251] Ibid., 33.
[252] Ibid., 27.

eget mentala gytter som bildar ett slags världsbild, och det är först när man interagerar med andra som monster framstår. Det perspektivet borde därmed utgå från de individuella särdragen, inte de kollektiva mönstren, som bara indirekt återverkar på individernas världsuppfattning.

En annan svaghet bland förespråkarna av detta evolutionsperspektiv på religion är bristen på gedigen religionshistorisk kunskap. De verkar anse att det inte behövs, för de visar inga särskilda försök att fördjupa sina insikter om de många exempel de använder sig av, som om ämnet inte förtjänade den noggrannheten. Det gäller även den religionskultur de flesta av dem är uppvuxna med, den kristna, där de uppenbarligen inte är bekanta med hur dess lära har diskuterats och nyanserats genom kyrkohistorien — också flera av de beståndsdelar i kristendomen som de använder i sina resonemang.

Tillspetsat uttryckt tror de sig förstå religion och dess utövning utan att ha gjort sig besväret att lära känna den. De generaliserar om religioner, i huvudsak utifrån kristendomen, vilket leder till definitioner som ofta inte alls stämmer överens med flera av dem, ibland inte ens med kristendomen. Allra mest är denna kunskapsbrist synlig när exemplen hämtas utanför den kristna sfären.

Scott Atran har flera exempel på vad han vill visa upp som absurda orimligheter i religiös tro. Ett av dem gäller Lao Tzu, taoismens grundare:

> *Lao-Tse either emerges with his white beard from the left side of his mother, who bore him for eighty years, or is born immaculately of a shooting star.*[253]

Det absurda här är bilden Atran ger av taoismen. Han anger ingen källa till påståendet. Visst florerar diverse senare tillkomna myter såsom dessa om Lao Tzu, men de är inte på något sätt inkorporerade i taoismen. Det är inget man måste tro på för att kalla sig taoist. Faktum är att det är mycket svårt att kategorisera taoismen som en religion, fast det ofta görs i religionslitteraturen. Den är snarare att betrakta som en livsfilosofi och ett slags kosmologi, där varken gudar eller tro har någon plats.

Den passar alltså inte alls in i den definition på religion som Atran själv gör och som citeras i början på detta kapitel. Det framgår tydligt om man bara läser litegrann ur Lao Tzus egen text *Tao te ching*.

Den evolutionistiska modellen förlorar trovärdighet av sådana

[253] Atran 2004, 4.

svagheter, och de är många. Hur kan man hoppas komma fram till något fundamentalt om religion när man bara har ytlig kunskap och flera missförstånd om materialet man studerar?

Ytterligare en betänklighet är att det evolutionistiska perspektivet presenterar religiositet som ett fallerande uttryck för hur hjärnan fungerar. Den må ha haft evolutionistiska förtjänster en gång men var egentligen redan i sin tillkomst en bristfällig lösning, om man kan säga så. Detta säger mer om nutida attityder till religion. Även om vi nu har sakliga skäl att förkasta religiösa föreställningar betyder det inte att de bevisar brister i hur vår hjärna fungerar.

Det evolutionistiska perspektivet underskattar att vår kultur förändras och därmed funktionaliteten i gamla föreställningar, men vår inställning till de gamla föreställningarna förändras också. Den anpassar sig. Vi är inte religiösa på samma sätt som vi var fordom, innan vår värld hade kartlagts till den grad som nu. För att uttrycka det enkelt — vi tror inte på religionen på samma sätt som man trodde förr.

Det gäller även fundamentalister. Deras rabiata position är inte belägg för benhård tro, utan för att de kämpar med att försöka bevara denna tro. Det var inte nödvändigt när den religiösa världsbilden fortfarande var trovärdig.

Deras kamp för att bevara religionen intakt, till och med regressivt, har sina förklaringar i det mänskliga psyket — men dessa är annorlunda än vad som förklarar hur religiösa föreställningar uppkom för länge sedan. Nu handlar det framför allt om rädslan för förändring och tryggheten i en gammal ordning, samt inte så lite en svårighet att förstå denna nya, ytterst komplicerade värld.

Vidare är det förstås så att religiositeten har minskat tydligt i takt med vetenskapens landvinningar, likaså att de flesta kyrkors makt över sina medlemmar har försvagats av samhällets demokratisering. Därför är det ingen överraskning att religionen har starkare grepp om samhällen där medborgarnas utbildning är begränsad och censurerad, samt där deras personliga frihet är snäv — två faktorer som dessutom brukar hänga ihop.

Det går inte att basera en teori om mänskligt tänkande på blott en del av mänskligheten, när andra delar av den tänker annorlunda.

Ändå är evolutionen ett nödvändigt perspektiv att väga in för att förstå människans tänkande och tankemönster, även i fråga om vår världsbild och de föreställningar som kallas religiösa. Exempelvis är det tankeväckande att två helt olika infallsvinklar — den jungianska och evolutionsteori — leder till de likartade koncepten arketyper och meme. Modellerna delar också vissa brister. Detta indikerar att vårt tänkande omfattar mer än förnuftets raka resonerande, kanske framför allt vad gäller vilka slutsatser vi tenderar att favorisera.

Men förnuftet kan inte räknas bort. Det kan styra vårt tänkande och gör så i hög grad. Detta understryker även Richard Dawkins, som särskilt betonar människans unika förmåga till medvetet förutseende ("conscious foresight") och altruism, som inger honom hopp om vår framtid:

> We have the power to defy the selfish genes of our birth and, if necessary, the selfish memes of our indoctrination. We can even discuss ways of deliberately cultivating and nurturing pure, disinterested altruism — something that has no place in nature, something that has never existed before in the whole history of the world. We are built as gene machines and cultured as meme machines, but we have the power to turn against our creators. We, alone on earth, can rebel against the tyranny of the selfish replicators.[254]

Evolutionen har säkert mycket att säga om vårt tänkande och hur vi uppfattar världen, men det kräver att vi vidgar perspektivet från blott religionen — även när vi resonerar om just den.

---

[254] Dawkins 1978, 215.

Religionernas ursprung

I det ovanstående har jag hävdat att det inte är särskilt fruktbart att betrakta kosmologierna som moment i religioner, varför det borde vara ovidkommande vilka teorier som finns om religionernas uppkomst. Av två skäl kan detta ändå inte avfärdas så enkelt. För det första räknas de kosmologier jag valt att studera till religionerna av de allra flesta discipliner och forskare, för det andra är teorier om uppkomst belysande för en analys av just begynnelseföreställningar.

Teorier om religionernas ursprung kan vara klargörande för hur människor har kommit fram till sina kosmologiska föreställningar. Dessutom ges information om de former av tänkande som samlat och analyserat kosmologierna. Vi kan ana i vad för ljus forskningen inom fältet bedrivits.

Säkra fakta om religionernas uppkomst står tyvärr inte att finna. Arkeologiska fynd är varken omfattande eller entydiga. Tryggast av källor om mänskligt tänkande är förstås skrifterna, vilka inte för oss längre tillbaka än till cirka 3200 år före Kristus, när skrivkonsten sägs ha dykt upp för första gången. Möjligen antyder fynd ytterligare tvåtusen års historia för skriftspråket, men det räcker inte heller till.[255] Hur vi än definierar religion måste dess perspektiv ha funnits i människors tankar redan långt före det skrivna ordet.

En rimligare födelse att utgå ifrån är ordets — det mänskliga språket och därmed förmågan att utbyta tankar med varandra. Det finns ännu ingen etablerad teori om när människan utvecklade ett talspråk men det är få som hävdar att det skedde senare än med Homo sapiens uppdykande, låt oss säga för cirka 100 000 år sedan. Det kan förstås ha skett betydligt tidigare i vår historia.

En annan måttstock, som är lättare att tidsbestämma, är lämningar som implicerar religiösa seder. Där står arkeologin till tjänst med verktyg för imponerande trovärdig tidsbestämning. Problemet är i stället vilka lämningar som ska ses som belägg för religiositet.

De äldsta fynden som kan komma i fråga är gravplatser, där rekordet hittills är Qafzeh, en grotta i Israel med gravar som är cirka 92 000 år gamla.[256] Att människor begravde sina döda anses belägga någon form av religiositet, vilket är möjligt, till och med troligt, men

---

[255] Campbell 1990, 53.

[256] Bernard Vandermeersch, "The excavation of Qafzeh", *Bulletin du Centre de recherche français à Jérusalem*, 10/2002, 68.

inte alldeles säkert. Det kan i stället ha varit ett uttryck för sorg. Att sörja sina döda och vårda såväl deras minne som deras kroppar är inget unikt för människor med en gudstro eller en föreställning om ett liv efter detta.

En annan sorts fynd möjliga att datera trots ansenlig ålder är konstföremål. De knyts ofta till religiositet. Det äldsta exemplet är Lejonmänniskan från Hohlenstein-Stadel, en skulptur av mammutelfenben som är cirka 35 000–40 000 år gammal.[257] Den föreställer en människa med ett lejonhuvud. Senare hittades en liknande figur av mindre format i Hohle Fels, inte så långt därifrån.

Att man hittat två sådana lejonfigurer, i stället för blott en, leder ofrånkomligen till spekulationer om rituell betydelse, kanske även mytologisk. Det skulle kunna vara uttryck för shamanism eller något slags totemism. Men — och det är viktigt att minnas — det kan också vara rent artistiska uttryck. Konsthistorien är full av dylika fantasiskapelser, fabeldjur som är kombinationer av två verkliga djur eller för den delen människa och djur. De måste inte ha tillkommit i något religiöst sammanhang.

Samma kan sägas om den berömda skulpturen Venus från Willendorf, den synnerligen kurviga kvinnofiguren som är ungefär 25 000 år gammal. Liknande skulpturer har hittats på andra håll. Det skulle kunna vara en gudinna, i så fall förmodligen länkad till fruktsamhet, men det kunde lika gärna vara fråga om en konstnärlig idealisering av kvinnan, utan några som helst religiösa perspektiv. Det kan till och med vara exempel på paleolitisk pornografi.

Också de många grottmålningar som har hittats runtom i världen med stiliserade djur och människor, ofta i jaktscener, har beskrivits som rituellt motiverade — för att bringa jaktlycka och så vidare. Det är möjligt, men den enklaste förklaringen är ändå att man målade det man kände till från sin egen tillvaro. Vad annars? Det huvudsakliga syftet med alla dessa gamla skulpturer och målningar kan mycket väl ha varit dekorativt.

Först vid neolitisk tid, cirka 10000–6500 f.Kr., när såväl jordbruk som boskapsskötsel utvecklades, kom byggnadsverk som är lättare att knyta till någon form av religiositet, eller åtminstone ett andligt eller metafysiskt perspektiv. Men inte heller det är alltid självklart.

Megaliter, varav det bara i Europa finns runt 35 000, hade många olika syften, somliga uppenbart profana, andra med stor sannolikhet rituella eller exempelvis astronomiska. Ofta markerar de gravplatser. De äldsta megaliterna har hittats bland ruinerna i turkiska Göbekli

---

[257] Museum Ulm (loewenmensch.de/figur_3.html), *Der Löwenmensch. Die Figur.*

Tepe, som började konstrueras omkring 9000 f.Kr. Delar av bebyggelsen tycks utgöra ett slags tempel, men det är inte fastställt. Någon form av ritualer eller festligheter torde dock ha hållits där.[258] Strängt taget finns inga helt säkra belägg på religiositet förrän skriftliga källor påvisar detta. Allt annat är mer eller mindre spekulation, som varierar i trovärdighet och innehåller de förutfattade meningar som vår egen eras erfarenhet av religioner och religiositet givit oss. Det betyder inte att sådana spekulationer måste vara felaktiga, men det uppmanar till försiktighet i tolkningarna av arkeologiska fynd.

Äldst bland skriftspråken är sumerernas kilskrift, som tog sin början ungefär 3200 f.Kr. och sedan spreds till angränsande kulturer. Exempelvis var den babyloniska skapelseberättelsen *Enuma elish*, som presenteras senare i denna bok, skriven med kilskrift. Från och med 2300-talet f.Kr. finns pyramidtexterna, inristade på väggar och sarkofager i egyptiska pyramider. Där nämns gudomar och föreställningen att åtminstone farao har ett liv efter detta. Äldst är texterna i farao Unas pyramid, som bland annat kallar honom till uppståndelse:

> Ho, Unis! You have not gone away dead: you have gone away alive.
> Sit on Osiris's chair, with your baton in your arm, and govern the living; with your lotus scepter in your arm, and govern those of the remote places.[259]

Ovannämnda skriftliga källor visar oomtvistligt på inslag som kan beskrivas som religiösa, likaså en utvecklad teologi. Den omfattande strukturen med gudomar och deras roller redan i dessa tidiga skrivna källor visar att idéerna knappast var nya då. De måste ha växt fram under lång tid, men hur lång är betydligt svårare att slå fast. Något går ändå att ana om dessa föreställningars tillkomst.

Begravningar av de döda är inget bevis för tron på ett liv efter detta, men vad som till en början var blott ett respektfullt och empatiskt sätt att hantera de döda kan med tiden ha utvecklats till tankar om att de tog vägen någon annanstans när deras kroppar multnade. Såväl pyramidtexterna som eposet om Gilgamesh och många andra texter av hög ålder vittnar om människors bävan inför döden. De

---

[258] Klaus Schmidt, "Göbekli Tepe – the Stone Age Sanctuaries", *Documenta Praehistorica*, XXXVII 2010, 239ff.

[259] James P. Allen, *The Ancient Egyptian Pyramid Texts*, 2015, 34.

ville gärna föreställa sig att det fanns någon räddning bortom den.

Det var också en fråga om tröst. Bortgången av nära och kära var lättare att bära om man tänkte sig att de fortlevde på något sätt. Man ville tro det, i synnerhet under den första svåra sorgetiden. Samma behov blottas även i vår sekulariserade tid, där en minskande men fortfarande överväldigande andel begravningar ännu är kyrkliga.

Dock beskriver många mytologier, speciellt bland de äldsta kända, dödsriket som en hemsk plats och tillvaron där som ett lidande. Det gäller i allra högsta grad nyss nämnda *Gilgamesh*. Idén om ett helvete är betydligt vanligare än ett paradis. Detta är märkligt om religion och mytologi ska ha funktionen att vara till tröst. Så enkelt är det uppenbarligen inte.

Förmodligen ska forna människors förhållande till döden ses som en kombination av rädsla för detta okända och en trånad efter att få klarhet. Det är en kombination som lätt uttrycker sig i ångest och mardrömmar. I så fall var det snarast till skydd mot dessa plågor som ljuva efterlivsföreställningar sedermera utvecklades.

Uråldriga konstverk är inget bevis för annat än den mänskliga konstnärlighetens långa historia. Motiven låter sig inte lätt fastställas som uttryck för någon kult, vare sig de var hämtade ur konstnärernas verklighet eller besynnerliga kombinationer av bekanta varelser och ting. En människa med lejonhuvud är inte nödvändigtvis en gudom — men kunde med tiden leda till föreställningar om en sådan. Gamla mytologier har många exempel på gudomar som ges djurisk gestalt, antingen naturtroget eller med bisarra inslag.

En viktig aspekt är tidens inflytande. Även om Lejonmänniskan en gång skulpterades blott som en fantasifigur kan det med generationernas gång ha blivit så att figurens ursprung glömdes och ersattes med tanken att den avbildade en övermänsklig varelse. Med andra ord — våra förfäder kan ha resonerat om vad deras föregångare producerade på ungefär samma sätt som vi plägar se det. Lejonmänniskan blev då med tiden betraktad som en anfädernas gudom. På samma sätt kunde fantasifulla sagor berättade för nöjes skull efter några generationer ha upphöjts till sanning.

Kanske låter sig religionernas uppkomst lättast förklaras som uråldriga sagor och fantasier, vilka långt senare blivit en så djupt förankrad del av människors kulturarv att de blev föremål för dyrkan. Det fantastiska blev en fantastisk verklighet.

Nå, det är en av många möjliga förklaringar till religiösa föreställningars uppkomst. Det finns förstås flera — i synnerhet sedan 1800-talet, när en profan och saklig syn på religiösa frågor behandlades mer tillåtande än under kristenhetens strängare sekler dessförinnan. Öppningen möjliggjordes av att perspektivet vidgades från den egna religionen till den mängd föreställningsvärldar som kartlades i världens alla hörn. När de jämfördes gjorde likheter och skillnader det möjligt att teoretisera om religionen som sådan.

Teorier om religionens uppkomst

Antropologen E. E. Evans-Pritchard var inte nådig mot försök till förklaringar av religionens ursprung. För honom var det en meningslös sysselsättning, eftersom inget gick att bevisa. Ändå, beklagade han sig, var det få som avhöll sig från sådana teorier:

> To my mind, it is extraordinary that anyone could have thought it worth while to speculate about what might have been the origin of some custom or belief, when there is absolutely no means of discovering, in the absence of historical evidence, what was its origin. And yet this is what almost all our authors explicitly or implicitly did, whether their theses were psychological or sociological; even those most hostile to what they dubbed pseudo-history were not immune from putting forward similar explanations themselves.[260]

Hans dom är mer än lovligt sträng. Det finns ingen anledning att fördöma spekulationer om uppkomst och ursprung, snarare vore det en skriande brist att utelämna detta i en genomlysning. Självklart grunnar vi på frågan om hur exempelvis religiösa föreställningar uppstod. Vad som kan begäras, dock, är en blygsamhet inför det faktum Evans-Pritchard påpekar — att det är teorier som svårligen låter sig bevisas. På sin höjd kan somliga av dem vara rimligare än andra.

Men själva spekulationen har ett värde i sig. Den kan dessutom leda till upptäckter av andra slag än just frågan om uppkomst. Bland annat har den mångåriga diskussionen om vilka religiösa föreställningar som har föregått andra bidragit till en mångfasetterad syn på vad religion är och vilka komponenter den är sammansatt av. Framför allt har spekulationerna bidragit till en förståelse av hur olika religioner kan vara, så pass olika att det samlande begreppet för dem bör ifrågasättas.

Den moderna jämförande religionshistorien (*comparative religion*) kan sägas vara född 1856 med Max Müllers bok *Comparative Mythology: An Essay*. Han menade att religionerna fötts ur en "språkets sjukdom", där mytologiska gestalter fått sina namn när människor tytt de ord som ursprungligen varit metaforiskt brukade appel-

---

[260] Evans-Pritchard 1965, 101f.

lativ (artnamn).²⁶¹ I grunden för den religiösa upplevelsen, menade han, låg människans spontana förundran, fasa och förtjusning inför naturfenomenen.²⁶²

Müller inledde sin text med ett citat ur Platons *Faidros*, där Sokrates uttrycker tvivel om myterna, och konstaterade därefter något som förtjänar att påminnas om:

> There were at Athens then, as there have been at all times and in all countries, men who had no sense for the miraculous and supernatural, and who, without having the moral courage to deny altogether what they could not bring themselves to believe, endeavoured to find some plausible explanation by which the sacred legends which tradition had handed down to them, and which had been hallowed by religious observances, and sanctioned by the authority of the law, might be brought into harmony with the dictates of reason and the laws of nature.²⁶³

Edward B. Tylor, som 1871 publicerade *Primitive Culture*, ansåg animismen som det första stadiet av religion — tron på en levande, besjälad natur. Redan 1700-talstänkaren Giambattista Vico anspelade på något liknande, när han förklarade åskan som människans första upplevelse av en gudomlig röst, en övermänsklig makt.²⁶⁴

Från idén om den besjälade naturen, menade Tylor, kom polyteismen, som i sin tur födde monoteismen.²⁶⁵ Han beskrev alltså, vilket inte var unikt för varken hans tid eller flera följande decennier, religionen som en utveckling mot monoteismen, det vill säga mot den form av religion och gudsbild som bibelns beskriver. Denna process såg han som en evolution och liknade den vid den biologiska evolutionslära som Darwin lanserat 1859 med *On the Origin of Species*:

> The general study of the ethnography of religion, through all its immensity of range, seems to countenance the theory of evolution in its highest and widest sense.²⁶⁶

---

²⁶¹ *Nordisk Familjebok*, vol. 19, 1913, spalt 23f.

²⁶² Edward Norbeck, *Religion in Primitive Society*, 1961, 19.

²⁶³ Max Müller, *Comparative Mythology. An Essay*, 1909 (första utgåvan 1856), 3.

²⁶⁴ Campbell 1990, 4.

²⁶⁵ Eliade 1969, 41.

²⁶⁶ Edward B. Tylor, *Primitive Culture*, vol. 2, 1871, 408.

Han tänkte sig att det var den förhistoriska människans undran över till exempel sömn och drömmar, även döden, som väckte föreställningen om en själslig existens utanför kroppen — likaså hos djur, växter och andra föremål, som ju också kunde figurera i drömmar. Det var en hierarkisk struktur bland dessa andliga väsen som sedermera ledde fram till monoteismen, vad religionsvetare brukar kalla en höggud.[267]

Tylor fann dock en komplikation i det faktum att flera "lower tribes of mankind" kom mycket nära monoteism om man med den enbart menade "the Supreme Deity being held as creator of the universe and chief of the spiritual hierarchy". Det ville Tylor undvika:[268]

> *To mark off the doctrines of the lower races, closer definition is required, assigning the distinctive attributes of deity to none save the Almighty Creator.*

Som så många före och efter honom syftade Tylor till att bevisa kristendomen som den förnämsta formen av religion, dess mest utvecklade evolutionära stadium.

Innan seklet tagit slut hade Andrew Lang skrivit en skarp kritik mot Tylors teori om animismen som religionens ursprung, framför allt genom påpekandet att vissa ytterst primitiva kulturer ändå har en höggud i sin föreställningsvärld.[269] Lang hade tidigare riktat kritik även mot Max Müllers förklaringar och då utgått från Tylor.[270]

Den som i allra högsta grad hävdade höggguden som en första religiös form — en *urmonoteism* — var den katolske prästen och etnologen Wilhelm Schmidt, nämnd tidigare. Han ansåg att förhistoriens människor nått denna syn genom rent kausalitetstänkande via egen "forskning", alltså tillämpande en förmåga till logiskt tänkande.[271] Dessutom menade han att de hade hjälp av själva urkällan:

> *Skaparen själv levde bland dem på jorden och i förtroligt umgänge undervisade dem om alla dessa ting.*[272]

---

[267] Norbeck, 17.

[268] Tylor 1871, vol. 2, 301f.

[269] Andrew Lang, *The Making of Religion*, 1898, 175f.

[270] Andrew Lang, *Modern Mythology*, 1897, 5f.

[271] Schmidt 1936, 75.

[272] Ibid., 83. Se även 71.

Schmidt skrev under hela den senare delen av sitt liv på *Ursprung der Gottesidee*, som publicerades i tolv volymer mellan 1912 och 1955.

Närmare Tylors animism låg den engelske antropologen Robert R. Marett, som betraktade den övernaturliga kraften *mana* som religionernas verkliga ursprung. Mana är den melanesiska term för ett slags magisk kraft, som blivit vedertagen för liknande föreställningar i många kulturer. Marett var medveten om att det melanesiska konceptet är mångsidigt, medan han själv gav det en generell mening:

> No doubt, the actual mana of the Melanesians will on analysis be found to yield a very mixed and self-contradictory set of meanings, and to stand for any kind of power that rests in whatever way upon the divine. I suppose it, however, to have the central and nuclear sense of magical power.[273]

I samma modell borde även James George Frazer, författare till *The Golden Bough*, placeras. Han hävdade att religionen vuxit fram ur magin, definierad som ett slags pseudovetenskap med avsikt att kontrollera människans värld.[274] När magin inte gav de önskvärda resultaten fick våra förfäder böja sig för ödets övermakt, och bön ersatte trollkonsterna.

Vad gäller själva uppkomsten av det religiösa perspektivet slog Frazer bestämt fast att den framför allt berodde på fruktan för döda människor.[275] Han ägnade en hel bok åt ämnet, *The Fear of the Dead in Primitive Religion* från 1933, där han redan i förordet slog fast att "there can be little doubt that the fear of the dead has been a prime source of primitive religion".[276]

Samma uppfattning uttryckte Herbert Spencer på 1800-talet. Religionernas yttersta ursprung var respekt och rädsla: respekt för de äldre när de var i livet, och rädsla för deras andar därefter. Rädslan för de bortgångnas andar ledde till förfädersdyrkan och var därmed ursprung till samtliga religioner:

---

[273] Robert R. Marett, *The Threshold of Religion*, 1909, 67.

[274] Frazer 1992 (1922), 73f.

[275] Ibid., 10.

[276] James G. Frazer, *The Fear of the Dead in Primitive Religion*, 1933, v.

> Using the phrase ancestor-worship in its broadest sense as comprehending all worship of the dead, be they of the same blood or not, we conclude that ancestor-worship is the root of every religion.[277]

Djuppsykologiska teorier om religionens uppkomst och orsaker, såsom hos Freud och Jung, har berörts tidigare. Den franske sociologen Emile Durkheim lämnade det individuella perspektivet och menade att det var samhället som födde religionerna. Han avfärdade psykologiska förklaringsmodeller, eftersom religion såväl till användning som ursprung är länkad till det sociala. Bara ett samhälle, inte individer, kan upphöja något till heligt, menade Durkheim, som just i heliggörandet såg distinktionen mellan religiöst och irreligiöst. Grupprituraler, speciellt knutna till totemism — så att en stam kände sig särskilt knuten till något djur eller någon växt — var i hans ögon de allra äldsta religiösa sederna. Han pekade särskilt ut aboriginerna i Australien som utövare av de tidigaste formerna av religion.

Durkheim uttryckte dock en tydlig reservation mot idén att hitta uppkomsten av religion som sådan:

> There was no given moment when religion began to exist, and there is consequently no need of finding a means of transporting ourselves thither in thought. Like every human institution, religion did not commence anywhere.[278]

De sociologiska perspektiven har utvecklats och blivit fler efter Durkheim, om än inte alltid med sikte på att våga förklara religionernas uppkomst. Överlag syns forskningen idag hysa ringa hopp om att kunna slå fast hur religionerna uppstod — åtminstone med någon historisk metod.

Religionshistorikern Mircea Eliade jämförde forskarnas trägna *quest* efter religionernas födelse med flera andra vetenskapers besatthet av ursprung — såsom biologi, geologi och astronomi. Han menade att vetenskapliga kartläggningar visat hur svårt det är att extrahera religionen ur övrigt samhällsliv, hur tid och plats och sammanhang syns göra det mesta alltför relativt för några entydiga slutsatser.

---

[277] Herbert Spencer, *The Principles of Sociology*, vol. 1, 1877, 440.

[278] Emile Durkheim: *The Elementary Forms of the Religious Life*, övers. Joseph Ward Swain, 1915 (originalet utkom 1912), 8.

Ändå ville han inte avfärda frågeställningarna, som i sig vitaminiserade forskningen.[279]

Som så ofta med begreppet religion ligger problemet i skillnaden mellan substantivet i bestämd form singularis och i obestämd form pluralis. Jag har ännu inte stött på en definition av 'religionen' som är en framkomlig väg för att säga något allmängiltigt grundläggande om 'religioner'. De är så ohjälpligt olika, vid närmare påseende, att de helt enkelt inte låter sig inordnas meningsfullt under ett sådant begrepp.

Var för sig kan så kallade religioner förvisso spåras, om inte tillbaka till sin initiala uppkomst så i alla fall till bakomliggande inflytanden. Sålunda är exempelvis kristendomen kommen ur judaismen, som i sin tur hämtat betydande inslag från bland annat zoroastrismen och babyloniska föreställningar. Och islam har en tydlig koppling till ovannämnda kedja. Att hitta en första form för dessa begreppsvärldar är ändå svårt. Någon exakt genealogi är inte att hoppas på. Regeln fräts snart sönder av ideliga undantag.

Att försöka hitta ett urtillstånd som alla religioner har gemensamt är ett hopplöst företag. Ej heller den förklaringsmodell med Homo rudis som följer senare i denna bok duger till att slå fast ett ursprung till alla former av religiöst tänkande. Det hindrar inte små försök här och där i den riktningen också i denna bok, om inte annat så för att det må berika perspektiven.

Fullt möjligt, däremot, är att spåra enskilda föreställningar tillbaka till hur de må ha uppkommit, såsom idén om övermänskliga väsen, om ett liv efter detta, om osynliga krafter bakom vardagliga och extraordinära händelser, och så vidare. Var för sig kan sådana uppfattningar få sina trovärdiga förklaringar. Detta har också gjorts otaliga gånger inom samtliga vetenskaper som studerar aspekter på religionerna. Vi får kanske nöja oss med det.

[279] Eliade 1969, 44 och 52f.

Sortering av kosmogonier

Mircea Eliade hävdade att den rent kosmogoniska myten, om världens skapelse, inte står att finna i varje kultur. Till exempel saknas den i stora delar av Australien. Däremot finns på dessa som alla andra håll myter om hur världen förr var, som om den nödvändigtvis tidigare måste ha varit annorlunda. Sålunda tycks varje kultur tänka sig en förhistoria, som i sin tur har en begynnelse.[280]

Annars har många av de kända skapelsemyterna många likheter, varför de brukar sorteras i olika grupper. Eliade såg fyra grupper: skapelse ur intet (*creatio ex nihilo*), jordadykarmotivet, uppdelning av en ursprunglig helhet (vari han fann tre varianter: himlens skiljande från jorden, ordning av kaos,[281] samt delning av ett världsägg), och slutligen styckandet av en urtidsvarelse.[282]

Ungefär samma indelning gjorde Charles H. Long, en framstående elev till honom, i *Encyclopedia of Religion*, men han fick sex kategorier:[283]

- *Skapelse ur intet*, som enligt Long oftast hör till monoteismen, men också förekommer i till exempel egyptiska och polynesiska myter. En sådan skapargudom knyts ofta till himlen.
- *Skapelse ur kaos*, varmed Long inte nödvändigtvis menade något mer kaotiskt än exempelvis ett mörkt urhav, ett monster, eller andra dystra, kalla, liksom fjättrade tillstånd. Han definierade kaos snarast som ett tillbakahållande av skapelsens ordning och krafter.
- *Skapelse ur ett kosmiskt ägg*, som med sina många exempel återfinns över hela världen. Ägget, eller det äggformade ursprunget, såg Long som en fruktbarhetssymbol, och världens tillblivelse genom detta ger en tydlig kronologisk ordning.
- *Skapelse genom världsföräldrar*, brukar ofta skildras utan såväl deras affekt som intention, vare sig i parningsakten eller fö-

---

[280] Eliade 1969, 75f.

[281] Den antika grekiska termen kaos, χάος, betyder rymd, gap eller avgrund, men antogs i kristen tid betyda oordning, vilket i gängse användning fortfarande är fallet.

[282] Alexander Eliot (red.), *Myternas värld*, 1980, 19.

[283] Charles H. Long, "Cosmogony", *The Encyclopedia of Religion*, vol. 4, 1987, 94ff.

delsen. Sällan är världsföräldrarna de allra första existenserna i en kosmogoni, och lika sällan får de någon varm relation till sin avkomma.
- *Skapelse genom framträngande ("emergence")*, såsom genom en jordemoder. Jorden skildras som innehållande allt i sitt sköte, där varje skapelse mognar innan den föds fram, likt ett embryos utveckling. I dessa myter ges sällan någon märkbar roll åt en fader.
- *Skapelse genom jordadykare*, där vattnet är ett urtillstånd ur vilket jorden hämtas upp. Dykaren är ofta ett djur, till exempel den sorts ambivalenta hjältefigur som kallas *trickster*, som mycket väl kan befinna sig i en skarp intressekonflikt med den gudom som gör skapelsen möjlig.

Kosmogonier som renodlat och uteslutande håller sig till någon av de ovannämnda kategorierna är sällsynta. I regel blandas de, så att olika inslag ombesörjer olika delar av skapelsen.

En intressant lucka råder mellan de ovanstående kategoriseringarna. Eliades sista typ, den styckade urtidsvarelsen, har ingen självklar plats i Longs system. Om en sådan figur är hotfull och motvillig, vilket inte kan räknas denne till last, närmar vi oss kaosmodellen. Om det finns en maka eller make går det att tala om världsföräldrar. Om en sådan varelse bildar materia för hela världen är det inte helt fel att tala om ett slags jordemoder.

Likaså är det svårt att omedelbart se var Longs skapelse genom framträngande och genom världsföräldrar finner sina platser i Eliades system. Definitionerna är inte sådana att de med matematisk självklarhet kan appliceras på varandra.

Måhända är det möjligt att bland världens skapelsemyter se likheter och besläktade teman, men däremot oriktigt att ställa upp en handfull kategorier i tron att varje kosmogoni ska finna sin plats bland dem. Då försummar vi deras egenart och tänjer dem mer än lovligt för att få dem att passa.

Helmer Ringgren var försiktigare i sin genomgång av varianter på skapelseberättelser. Han påpekade att det finns en del ofta återkommande beståndsdelar, såsom skapelse ur något urämne (ofta vatten) eller en urvarelse, en utveckling från kaos till ordning, ägget, jordadykaren eller skapelse genom ordet.[284] Där var han ense med de ovanstående modellerna. Dock aktade han sig för att kategorisera. I stället underströk han skapelseberättelsernas funktion, utöver det

[284] Ringgren 1968, 68ff.

rent intellektuella behovet att förklara världens tillblivelse. Kosmogonierna spelas upp i ett slags läkedomsriter, som ett sätt att återge världen dess ordning och förstärka den. Han berörde också skilda gudsuppfattningars betydelse i detta sammanhang.

Joseph Campbell skisserade en annorlunda angreppsvinkel när han beskrev kosmogonierna utifrån de miljöer där de hör hemma.[285] Med detta vann han en länk mellan ett folks erfarenhetsvärld och dess myter, vilket skulle kunna säga en del om hur det tänkande har gått till som lett fram till dem.

Han började med att göra den viktiga skillnaden mellan skrivna och oskrivna myter. För den senare gruppen gjorde han sedan ytterligare en uppdelning mellan sådana som bevarats tämligen isolerade från omvärlden och sådana som tagit intryck av andra kulturers traditioner. Dessa distinktioner är förstås i praktiken vanskliga att göra på något tillförlitligt vis, men att uppmärksamma graden av självständighet i en kulturs myter är angeläget.

Därefter konstaterade Campbell de märkbara skillnaderna mellan myter och riter hos två kultursfärer: slättlandets jägarfolk, såsom på stenålderns europeiska, sibiriska och nordamerikanska kontinenter, och de som bodde i det tropiska ekvatorialbältets djungler. För de förra var jakten, där männen dominerade, den huvudsakliga försörjningen, och för de senare betydde växtriket mer och kvinnorna spelade en större roll för provianteringen.

På slättlandet fanns en tydlig horisont, en fri himmel med antingen strålande sol eller tindrande stjärnor. Jakten på vidderna var utmanande och krävande. Här utvecklades ritualer för att befrämja jakten, för att komma till fred med villebrådet och se mer liv födas på slätten.

I djungeln syntes ingen horisont och blott en skärv av himlen. De dunkla markerna fylldes av djur, somliga giftiga, och deras läten. Ur fallna träds mull växte nya plantor och nytt liv. Där tycktes döden vara en förutsättning för livet — så en ökning av det förra borde öka även det senare. Sålunda fanns i dessa regioner en väldig vurm för offer — av djur, växter och människor.

Schemat är finurligt konstruerat och innehåller viktiga perspektiv för att förstå myterna, om än det har sina brister framför allt när det gäller bevisning. Campbell, som tog stora intryck av Carl G. Jung, resonerade i det ovanstående i så allmänna drag att modellen inte får starkare förankring i verkligheten än andra tänkbara modeller på samma tema. Till exempel är det märkligt att han ansåg samlande

[285] Joseph Campbell, *Historical Atlas of World Mythology*, 1984, 9f.

djungelfolk vara mer benägna till dödskult än jägarna på slättlandet. Enkel deduktion borde ju leda till raka motsatsen.

Då vore det rimligare att resonera ungefär som Sigmund Freud plägade göra med människors drömmar: vad som saknas i vakentillstånd får ökat utrymme i drömmen — en teori som i och för sig inte har bekräftats av psykologisk forskning. De som inte ägnar sig mycket åt jakt bevarar dödandets rutin i sina ritualer, såsom barn i lek sysselsätter sig med sådant de kan komma att behöva vara vana vid i vuxen ålder, eller som rovdjur i fångenskap övar sina muskler.

Det vanskliga i Campbells resonemang är att han utförde det i galen ände. Han såg fenomenen i olika kulturers myter och ville därifrån förklara deras tillkomst, utan att pröva vart en marsch från motsatt håll leder. Människors komplexa värld gör många olika efterkonstruktioner möjliga. En mer sparsmakad prövning kan göras i den andra riktningen: att först spekulera i vad för världsbilder folk som levde under olika villkor kunde göra sig, och därefter se på deras myter hur en sådan modell utfaller.

Det finns goda skäl att vara misstänksam mot varje försök att klassificera skapelsemyter. Sådant kan inte vara annat än efterkonstruktioner som skymmer snarare än klargör varje kosmogonis särart. Inte heller tillför de ovannämnda kategorierna något särskilt meningsfullt eller fördjupar förståelsen av skapelsemyterna. Ägg eller styckad urvarelse, och så vidare, är detaljer ryckta ur sitt sammanhang, närmast gimmicks, som ges överdriven betydelse utan att belysa ett orsakssammanhang. Det leder blott till förenklade generaliseringar.

Ett exempel på detta är kategorin skapelse ur kaos, där man brukar räkna in kosmogonier som börjar med ett urhav, vilket är vanligt förekommande. Men detta hav kännetecknas knappast av vad vi vanligen menar med kaos. Det kan snarare beskrivas som en yttersta ordning i sin konformitet. Den ursprungliga grekiska betydelsen av kaos som ett gap passar något bättre i meningen havet som ett ogenomträngligt djup ur vilket världen stiger. Det krockar dock med kategorin jordadykare, där världen hämtas ur havet.

En annan anomali är skapelsen ur intet, som jag ännu inte har hittat ett renodlat exempel på. Genesis 1 brukar räknas dit, men där talas i själva verket inledningsvis om ett hav som Guds ande svävar över. Det är inget intet. Därmed borde den skapelsemyten i stället räknas till kategorin skapelse ur kaos — om än även den kategorin har sina brister, som ovan angivet.

Den enda framkomliga vägen är att förutsättningslöst studera varje skapelsemyt för sig, innan man vågar sig på att se bekanta mönster i dem. Intrycket är då att likartade mönster må finnas, men de är av helt annan art än ovannämnda kategoriseringar.

Framför allt står sådana mönster att finna i inslag i skapelsemyterna, inte i deras helhet. Det är ofta svårt att placera en hel skapelsemyt i en eller annan av ovanstående kategorier. Myterna är oftast betydligt mer komplicerade och varierade än så. Men enskilda detaljer i vissa myter kan jämföras med andras liknande detaljer och kanske leda till slutsatser om gemensamma regler för skapelsemyternas utformning. I stället för att sortera myterna i olika grupper och betrakta dessa grupper som åtskilda, blir mer sagt om mänskligt tänkande genom att jämföra enskilda lösningar i myterna och se om de trots olikheter må vara konsekvenser av samma logik, samma sätt att resonera.

Det kan beskrivas som att fokusera på verb i stället för substantiv. Att det finns skapelsemyter som innehåller ett ägg har mindre att säga om dem än vad som ledde till ägget och vad detta sedan ledde till. Då kan mönster som är generella för skapelsemyter möjligen uppenbara sig, i stället för blott tvivelaktiga kategorier av dem. Men all jämförelse mellan dem är vansklig och till tveksam nytta innan de har studerats och förklarats i sin egenart, varje skapelsemyt för sig.

Tolkningarnas tankemönster

Syftet med denna bok är att spåra tankemönster i skapelsemyterna, men ovanstående genomgång av hur forskare från olika discipliner har betraktat mytologier indikerar tankemönster även hos dem. Fast de må ha landat i vitt skilda förklaringsmodeller är det mycket i deras utgångspunkter och perspektiv som de har gemensamt.

Mest iögonenfallande är hur distanserat de har sett på människorna som mytologierna hört hemma hos. De beskrevs som genuint annorlunda än forskarna själva, nästan som om de tillhörde en annan art. Deras mytologier har avhandlats i en anda av att något sådant hade forskarna aldrig själva kunnat få för sig.

Det är ett markerat förhållande av vi och de, där forskarnas rön presenteras implicit eller explicit som applicerbara enbart på dessa andra, inte på dem själva.

Det är lätt att se varför. Studierna och teoribildningarna har under de gångna århundradena utförts av en synnerligen homogen grupp av mänskligheten — hemhörig i den västerländska befolkningen och det kristna kulturarvet. Utgångspunkten i deras forskning var att förstå fenomen i andra kulturer, alltså skillnader mot den egna. Dessa skillnader betonades, medan eventuella likheter förbigicks för att de inte förväntades.

Dessutom belastades deras analyser av den envisa synen på sin kultur som den förnämsta och därmed alla andra som på ett eller annat sätt underlägsna.

När det var som värst handlade forskningen om hur primitiva och förvirrade andras föreställningsvärldar var, men även i synen på kulturer som rönte större respekt fanns distansen. Man undersökte hur det låg till hos de andra, vilket förutsattes vara något helt annat än hos oss.

Inget medvetet

Exempel på hur denna syn påverkade resonemangen är alla förklaringsmodeller som utgick ifrån att mytologierna inte fick sin utformning genom medvetet styrda processer. Det gäller så gott som samtliga teorier presenterade ovan. Där beskrivs diverse psykiska eller sociala mekanismer som drivande, och ringa plats ges för medvetna spekulationer, konklusioner och val.

Mytologiernas tillkomst och utformning var inget som människorna själva styrde över. Det ansågs de inte ens kapabla till. En sådan inställning är förstås betydligt lättare att ha om andra än om oss själva. Det gick an i mytologin men inte i teologin. Men fel var det, hur som helst.

Självklart impregneras allt i alla kulturer av det mänskliga medvetandets ständiga processande. Det är inte utestängt från något som sinnena registrerar och än mindre från fenomen som har en teoretisk karaktär.

Dit hör förvisso mytologierna och de världsbilder de förespråkade. Redan vid deras tillkomst var medvetandet i allra högsta grad involverat och fortsatte oavbrutet att vara det. Medvetandet reflekterar och gör sina val. Det tänker. En förklaringsmodell som inte inkluderar detta är bristfällig.

Främmande men bekanta

Tolkningarnas distansering till materialet innehöll en paradox. De var märkligt bundna till den egna synen på religion, gudar, öververklighet och så vidare, i sina beskrivningar av främmande mytologier. Fast det var främmande världsbilder hos annorlunda folk som studerades, gjordes detta med en mall som utgick från den egna kulturens konventioner, som om dessa vore allmängiltiga.

Det är markant i hur allt skulle passas in i begreppet religion, som i sin tur definierades utifrån kristen dogm med underkastelse, dyrkan, helighet, synd, samt straff eller belöning i det hinsides. Forskarna förutsatte att religion i den meningen borde finnas i alla kulturer och letade efter exempel på detta.

De kunde bli rätt krystade. Där de ändå inte stod att finna förklarades det som att de saknades, att det var luckor i sådana föreställningsvärldar och att de berodde på primitivitet eller vilsenhet. Begreppet religion medgav inte att kulturer kunde ha en helt annan inställning till och form för dylika ting.

Detsamma gällde för begreppet gudar. Man visste sedan antiken att de kunde vara flera men medgav inte att de kunde saknas. Dessutom hade man en bestämd bild av hur de var beskaffade och vilka funktioner de hade, vad de styrde över. De skulle vara antropomorfa men osynliga, mäktiga och odödliga, styrande över såväl människorna som hela världen. Och de behövde blidkas genom att dyrkas.

De väsen som förekom i andra kulturer kunde avvika betydligt från den kristna gudsföreställningen, men den fortsatte att vara normen och begreppet gud användes på dem oavsett avvikelserna. I stället för att skillnaderna synades blev blott likheterna belysta, även när de endast var skenbara.

Främmande mytologier förklarades som just främmande, ändå förutsattes de ha strukturer och innehåll som gick att jämföra med den kristna formen. En sådan jämförelse gjordes inte, i alla fall inte särskilt genomfört, men den fanns implicit i vad forskningen letade efter och tyckte sig finna.

Mytologierna tolkades och behandlades som teologi, om än inte uttalat.

Där skulle vara gudar, dyrkade och fruktade, som aktivt styrde över människorna och deras öden. Livet skulle vara en förberedelse för döden, som var porten till ett annat liv, och förberedelsen bestod i att efterleva gudarnas bud till punkt och pricka. Människan skulle vara helt i händerna på högre makter och hennes livsuppgift var att uppfylla sina plikter gentemot dessa. Det var långt ifrån alltid som de undersökta mytologierna stämde med dessa förväntningar, vilket inte hindrade att de ändå beskrevs så.

När det kom till de främmande kulturernas myter, alltså själva berättelserna, var förhållandet i hög grad det motsatta. De förväntades vara distinkt annorlunda till sin uppbyggnad och sitt innehåll, trots att där fanns stora likheter med motsvarande gods i västerländsk tradition.

Dessa likheter var framför allt dramaturgiska. Som berättelser följde de samma lagar, vad de än berättade om. Handlingens generella förlopp och karaktärernas funktioner var desamma. Med blott diverse namnbyten och scenförändringar kunde de utspela sig var och när som helst, utan att alienera publiken.

Det är en ytterst intressant omständighet som absolut bör beaktas i studiet av skapelsemyter, eftersom dessa också är utformade som berättelser med en handling avgränsad av en början och ett slut, driven av interagerande karaktärer så storslagna som man någonsin kan föreställa sig.

Därför bör de först och främst betraktas i det ljuset. Dramaturgin kan tjäna till mall för att upptäcka signifikanta likheter och skillnader mellan skapelsemyterna, där framför allt eventuella avvikelser från det dramaturgiska mönstret tarvar sina förklaringar och förmodligen i sig är nycklar till dessa.

Tänkandets triangel

För att via kosmologier syna det mänskliga tänkandets mönster måste det klargöras vad för slags tänkande de utgör. Fritt fabulerande, empiriskt ordnade kartläggningar, eller etiska resonemang i jakt efter uppbyggelsematerial till själars fromma? Kanske blandningar av dessa och andra perspektiv? Det är nödvändigt att försöka slå fast vilken karaktär materialet har.

Den franske filosofiprofessorn Pascal Nouvel ser i mänskligt tänkande om världens och vårt ursprung fyra olika kategorier, som han ordnar kronologiskt. Det äldsta tänkandet var mytiskt och formulerades med fantasi i skapelseberättelserna. Därefter kom det rationella tänkandet med antikens filosofer, som resonerade sig fram till sina teorier. Det vetenskapliga tänkandet undersökte verkligheten och drog därigenom sina slutsatser. Slutligen kom det fenomenologiska tänkandet, som vände betraktelsen mot betraktaren och begrundade frågorna i stället för blott svaren.[286]

Det är en intressant modell över tänkandets faser men den har två aber. Den förutsätter att mänskligt tänkande sker på ett av de fyra angivna visen, fast det i varje hjärna i realiteten är en blandning av dem och diverse andra vis. Dessutom förutsätter modellen att det finns en tidsaxel för hur tänkandet har utvecklats genom de fyra faserna, medan historien lär oss att våra fjärran förfäder likt oss förmådde tänka på alla dessa sätt. Det tog sig bara olika uttryck beroende på de kunskaper och perspektiv de besatt.

Skapelsemyterna ger uttryck för såväl rationellt tänkande som empiriskt och introspektivt, vilket framgår tydligt av de myter som undersöks i det följande. Människor har aldrig tänkt på bara ett sätt. Det är inte fråga om antingen eller, utan om både ock.

Våra hjärnor och deras förmåga har inte ändrats på den i sammanhanget korta tid som gått sedan myterna formulerades. Varje teori som hävdar att våra förfäder inte kunde tänka som vi leder blott till en oförmåga, rentav ovilja, att förstå hur de kom fram till sina världsbilder.

Än mer alarmerande blir sådana fördomar när de appliceras på vår tids naturfolk, som långt in på förra århundradet i facklitteratu-

---

[286] Pascal Nouvel, *The Four Ways to Construct Narratives on Origins*, 2021.

ren kallades primitiva. Att applicera något slags evolutionsteori på det mänskliga tänkande vi ser spår av i historien eller i främmande kulturer är en återvändsgränd.

Religiöst eller vetenskapligt tänkande

Vi har historiskt sett att göra med två grupper av kosmologier, men det går att diskutera hur gränsdragning mellan dem är möjlig. Dessa två är dels samtliga de kosmologier som räknas in i religionerna, och dels de som räknas till vetenskap — vare sig de betraktas som vilsna och föråldrade eller ej.

Bibelns skapelseberättelser i Genesis, det fornnordiska Völuspå och samtliga kosmologiska myter från såväl befintliga som urtida jägar- och samlarsamhällen räknas alltid till den första gruppen, medan man med samma automatik brukar placera historiens alla filosofers och tänkares egna slutsatser om världsalltet i den senare gruppen.

Där tonvikten i en världsordning ligger på vad vi kallar gudomar och övernaturliga krafter talas om religion, medan de system som koncentrerar sig på naturens krafter och samband benämns vetenskaper. Stor roll spelar också om en kosmologis ursprung är spårbart till en identifierbar persons hjärna. Eftersom de så kallat religiösa kosmologierna oftast har anonyma (eller rent legendariska) källor, anses de falla utanför vad vi klassificerar som vetenskap.

Uppdelningen i religion respektive vetenskap kan vara rimlig för att skapa reda bland världsbilder, men i denna bok letas tankemönster — då är modellen otillräcklig. Kan man förutsätta att religioners och vetenskapers kosmologier växt fram ur olika sorters tänkande? Annars har uppdelningen ingen mening i detta sammanhang.

Det vetenskapliga tänkandet går förvisso att göra sig en rimlig bild av — att via logiska nödvändigheter kartlägga världen som den visar sig, pröva hur dess olika manifestationer kan knytas ihop och vad som eventuellt kan ligga bakom dem.

En vetenskaplighet måste inte vara empirisk i den mening att allt som sägs är prövat med substantiella experiment, men den måste vara logisk i sina slutsatser, det vill säga att den visar rimlighet och saknar självmotsägelser. Den måste också utgå från vad som är känt om världen, och inte på någon punkt förbryta sig mot detta. Ett vetenskapligt tänkande kan sägas vara ett kompromisslöst sökande efter fakta — även om vi sällan i historien funnit en sådan renlärighet.

Å andra sidan var det strikt sakliga tänkandet möjligt redan för våra fjärran förfäder, i synnerhet när det gällde vardagsnära ting.

Man förmådde lära sig av sina erfarenheter och därmed förfina sina metoder. Bronislaw Malinowski betonade detta när han gjorde skillnad mellan magi och religion å ena sidan och vetenskap å den andra:

> No art or craft however primitive could have been invented or maintained, no organized form of hunting, fishing, tilling, or search for food could be carried out without the careful observation of natural process and a firm belief in its regularity, without the power of reasoning and without confidence in the power of reason; that is, without the rudiments of science.[287]

Men vad kan då religiöst tänkande vara? Är inte det ett logiskt arbete utifrån kända delar av verkligheten, ett försök att kartlägga världens beståndsdelar och en eventuell bakomliggande ordning? Emile Durkheim beskrev religion som det första vetenskapliga tänkandet:

> There is no religion that is not a cosmology at the same time that it is a speculation upon divine things. If philosophy and the sciences were born of religion, it is because religion began by taking the place of the sciences and philosophy.[288]

Den engelske socialantropologen Robin Horton utgick från sin omfattande kunskap om traditionellt afrikanskt tänkande när han med bestämdhet hävdade att det finns en "deep-seated similarity between much of the world's religious thought, past and present, and the theoretical thought of the modern sciences". Han kallade detta sin "Similarity Thesis" och formulerade i tre punkter denna överensstämmelse mellan religiöst och vetenskapligt tänkande:[289]

> (1) Both types of thought enter into human social life to make up for the explanatory, predictive and practical deficiencies of everyday, common-sense reasoning. (2) Both perform this function by portraying the phenomena of the everyday world as manifestations of a hidden, underlying reality. (3) Both build up their schemas of this hidden

---

[287] Bronislaw Malinowski, *Magic, Science and Religion and Other Essays*, 1954 (första utgåvan av detta textavsnitt 1925), 17f.

[288] Durkheim 1915, 9.

[289] Robin Horton, *Patterns of Thought in Africa and the West: Essays on Magic, Religion and Science*, 1993, 347f.

reality by drawing analogies with various aspects of everyday experience.

Det är finurligt formulerat. När han valde att beskriva det som en dold, underliggande verklighet måste han ha avsett att — inte så lite provokativt — framställa båda tankesätten som närmast mystiska. I motsats till så många av sina föregångare inom antropologin vägrade han därmed uttryckligen att sätta det ena tänkandet över det andra.

Jag säger inte emot honom. När fordom gudomar fick träda in som yttersta orsaker och initiatorer, när övernaturliga krafter sades agera både genom naturliga processer och där inga sådan syntes till, då måste dessa förklaringsmodeller ha varit väl så seriösa försök att förstå och pussla ihop, som någonsin en modern astrofysikers matematiska beräkningar. Om inte deras modeller gick att foga till vad som var känt om världen, hur skulle de kunna få några bekännare? Även en religiös modell måste äga rim och reson — åtminstone vid sin tillkomst.

Om en världsbild fylld av gudomar kräver oändliga omsorger om dessa, med böner, offer och ståtliga tempel, är dessa försiktighetsåtgärder i grunden inte urskiljbara från de strikt vetenskapliga mått och steg som en gång i tiden behandlade allsköns krämpor med åderlåtning eller som idag förskriver penicillin och vaccin. Det handlar i samtliga fall om förnuftsmässiga förhållanden till världen som man uppfattar den.

Vad gäller religioners föreställningar om en övergripande plan eller ordning, finns hos vetenskapen en tydlig motsvarighet i naturlagarna. Skillnaden är att naturlagarna saknar medvetenhet och mål. De har en verkan men ingen avsikt. En gudomlig överhöghet, dock, tenderar att impregnera sin värld med krav och ambitioner.

Ont och gott och skönt

Ett tydligt exempel är bibliskt och zoroastriskt tal om ont och gott. En sådan moralisk aspekt har ingen plats i den vetenskapliga världsbilden. Även om forskare ofta tillåtit sig att dra moraliska konsekvenser av sina resultat har de inte kunnat säga att naturlagarna anbefaller det.

Då blir en etisk dimension, moralens färgning och diktamen, en beståndsdel som skiljer religiös och vetenskaplig världsbild åt. Man kan förvisso moralisera över varje världsbild, men när man säger att sådana moraliska element tillhör världens beståndsdelar eller till och med varit aktiva i deras tillkomst, då har man lämnat det vetenskapliga tänkandet. Kosmologier som inrymmer ett sådant perspektiv kan därmed klassificeras som moraliska konstruktioner.

Ytterligare en egenskap som saknas i vetenskapligt tänkande står att finna i religionernas kosmologier. När vi väljer ordet skapelseberättelse antyder vi att det fria fabulerandet kliver in, fantasin tar sig en tur och vinner kanske sina anhängare mest genom dess sköna konstruktion och inte alls i första hand en logisk oantastlighet.

Likheterna i form mellan religionsurkunderna och den skönlitterära lyriken är många och slående, i synnerhet som en lång rad religiösa texter är skrivna på vers. Även de urkunder som skrivits i prosa ligger skönlitteraturen mycket nära i stil och berättarteknik. Säkert är detta en framstående anledning till att de fortfar att locka sina läsare, även bland grupper som definitivt inte tilltror texterna någon särskild sanningshalt.

Det vore förhastat att ta för givet att forna folk eller nutida jägar- och samlarsamhällen alltid varit övertygade om sina världsbilders sanning. Själva har vi förvisso odlat tvivlet i åtskilliga århundraden, utan att för den skull kasta bort våra myter. Fast ytterst få tror på tomten, eller för den delen på den där andra gubben med långt vitt skägg, överger vi inte sägnerna om dem. De har ett värde som underhållning eller förgyllning, som tröst eller inspiration eller ren förnöjelse.

Även den rena leken har en stor betydelse i såväl myt som rit, för att inte säga i alla sociala aktiviteter. Det framfördes av den holländske kulturhistorikern Johan Huizinga, som lanserade begreppet *Homo ludens*, den lekande människan. Han menade att ett betydande inslag i mytologierna och deras tillkomst är lekfullt, såsom underhållning: "A half-joking element verging on make-believe is inseparable from true myth."[290] Dit räknade han att kosmogoniska moment och naturkrafter personifierades, såsom i poetiska allegorier, och att detta i hög grad förstods av publiken vid dessa myters tillkomst och användning:

> It is impossible, in my view, to make any sharp distinction between poetic personification in allegory and the conception of celestial — or infernal — beings in theology.[291]

---

[290] Johan Huizinga, *Homo Ludens: A Study of the Play-Element in Culture*, 1955 (det holländska originalet utgavs 1938), 143.

[291] Ibid., 140.

Om en myt förlorar den tilltro som ingår i begreppets gängse definition, eller kanske inte helt hade denna tilltro ens från början, kan den ändå hänga kvar av skäl som kan kallas dekorativa. Det är självklart att samma skäl kan ha varit verksamma vid dess tillkomst.

Alltså finner vi hos kosmologierna möjligheten av ett konstnärligt moment. Det går att betrakta dem som konstverk, utan ambitioner av saklighet eller moraliskt klargörande.

Därmed finns tre möjliga klassificeringar av kosmologier: vetenskap, morallära eller konst. Man kan räkna med blandtillstånd och svårigheter att avgöra hemhörigheten hos de enskilda fallen, men här är ändå tre möjliga dimensioner i deras uppbyggnad.

Triangeln

Det är inte bara så att vi med det ovan sagda skönjer tre olika discipliner att sortera in kosmologierna under. De motsvarar tre olika former av tänkande som vart och ett leder fram till sina slutsatser, dessutom ofta på helt egna vägar. Ändå kan de tre samverka — inte bara i kosmologierna, även om det är på dem denna bok är koncentrerad.

Enklast åskådliggörs det med en geometrisk figur: triangeln. På vardera sida råder sålunda vetenskap, moral och konst, vilka står i samma tydliga förbindelse till varandra som sidorna på triangeln visar. Deras rena tillstånd är svårfunna, men det är möjligt att i en tankekonstruktion extrahera vad som härrör ur respektive sida.

Vetenskap

Låt oss se på vetenskapens ståtliga gärning. Tveklöst bekänner sig forskarna till opartiskhet i sina resonemang, och en logik som inget annat förutsätter än vad naturen kan bevisa. Ändå smyger sig moralen in.

Det sker till exempel i våra dagars ekologiska ståndpunkter: naturens balans sägs vara närmast helig och brott mot den ska straffa sig. Det blir en smula märkligt när man hävdar rovdjurens dråp av sina byten som noblare och mer berättigade än människans slakt av sina, eller naturens gifter och sjukdomar som mindre förkastliga än de som kommer av mänsklig utveckling och industri. Som om mänskligheten inte tillhörde naturen. Berättigat eller ej — här har onekligen vetenskapen glidit över till moralens sida.

Inte heller religionshistorisk forskning har gått fri från moralisering, exempelvis i form av politisk polemik. I Anna Törngrens *Opium för folket: Till kritiken av religionshistorien* från 1969 finns på ett försättsblad uppmaningen "Proletärer i alla länder, förena er!" och förordet inleds: "Är religion ett opium för folket? Ja, utan tvivel."[292] Fast det föregås av det kända citatet från Marx,[293] där det uttryckligen står "folkets opium", förvanskade Törngren citatet såväl i bokens titel som i sin text. Nå, sådana var tongångarna inom det akademiska i slutet på 1960-talet. Andra tider har haft andra tendenser, minst lika iögonenfallande i eftervärldens ögon.

Vidare har det alltid genom historien varit en åder av veten-

---

[292] Anna Törngren, *Opium för folket: Till kritiken av religionshistorien*, 1969, 5 och 7.

[293] Det diskuteras i denna boks kapitel om sociologi.

skapen som bultat för det rent estetiska. Matematiker plägar värdera formler efter deras skönhet, astronomer gör detsamma med sina modeller av himlakroppars rörelse — inte bara pythagoréerna i talet om sfärernas harmoni eller Kepler med sina lagar, utan också modern vetenskap i till exempel teorin om *big bang*, som slagit an i breda lager — kanske även bland forskare — åtminstone delvis för sitt namns tjusningskraft.

Ironiskt nog uppfanns detta slagkraftiga namn av en motståndare till teorin, den engelske astrofysikern Fred Hoyle, i ett radioprogram 1949.[294] Själv trodde han på ett oföränderligt universum och valde termen big bang i förringande syfte. Han gjorde sitt ärende en otjänst.

Kanske ska dagens astronomer göra samma tabbe när de numera önskar avskaffa termen, eftersom den i strikt astronomisk mening inte är korrekt: en smäll kan det inte vara fråga om, enär det först med universums expansion fanns något medium att smälla i. År 1993 utlystes i tidskriften *Sky & Telescope Magazine* en tävling om ett nytt namn, som fick över 13 000 bidrag men ingen vinnare. Begreppet big bang ansågs oöverträffat, trots sina sakliga tillkortakommanden.[295]

Också i de på slutet av förra seklet så populära fraktalerna finns inte blott en framkomlig matematisk väg att beskriva naturen, utan samtidigt en skön sådan. Fraktalerna visas upp både som fragment av kosmisk ordning och som konstverk. Vetenskapen vurmar för den konstnärliga touchen på sina skapelser.

Moral

Om vi betraktar moralläran, är det inget revolutionerande med påståendet att den gärna använder vetenskaplighet för att motivera sig, liksom konstnärlighet för att vinna förförisk kraft. Precis som naturvetare gärna visar på moraliska slutsatser av sin världsbild, kommer moralister med exempel ur naturen för att stryka under nödvändigheten av vissa moralregler. Det som överensstämmer med moralen i fråga påstås vara naturligt, medan annat beskrivs som onaturligt.

Det vetenskapliga i detta kan ofta ifrågasättas. Exempelvis har argument om de två biologiska könen och fortplantningens mekanismer använts för att ta avstånd från samkönade äktenskap. Biologin

[294] Fred Hoyle, *Världsalltets byggnad,* övers. Conrad Lönnqvist, 1951, 102. Den svenska översättningen lyder "den stora skrällen".

[295] Kathy Sawyer, "'Big bang' remains that as astronomers' renaming contest implodes", *The Washington Post,* 14 januari 1994.

har också åberopats när blott heterosexualitet ansågs naturlig och påstods vara det enda som förekom bland andra djur än människan — vilket har visat sig djupt felaktigt. Homosexuellt beteende bland djur konstaterades redan under antiken, om än sällan. I modern tid gjordes den första sammanställningen över detta år 1900 av zoologen Ferdinand Karsch. Vid seklets slut hade man funnit homosexuellt beteende hos mer än 450 djurarter över hela världen.[296]

Med konsten umgås moralens väktare betydligt mer reserverat, men till det moraliska brukar också fogas ganska stränga estetiska ideal.

När den antikommersiella socialismen hade sin zenit på tidigt 1970-tal ansågs det från början misstänkt — och oskönt — med konst som tydligt framhävde artistisk skicklighet. Då rådde enkel plakatkonst, helst i träsnitt eller målad med få färger, ett stramt litterärt rapportspråk utan girlander och musik byggd enbart på treklanger och fyrtakt. En folklig konst utan nödvändigheten av en särskilt skolad och tränad konstnärskår var idealet. Underligt nog hindrade det inte alls att en tydlig yrkeskår formades även runt dessa uttryck.

Det moraliska perspektivet har också genom tiderna formulerat bestämda uppfattningar om vilka delar av människokroppen som får avbildas utan klädesplagg, hur sagan bör sluta för snälla gossar och stygga, och så vidare. Etiken har ofta tagit form av estetik, så att det omoraliska just därmed ansetts oskönt.

Bara ordet *renhet* och dess applikation på konst visar denna koppling. Det återfinns i många sammanhang, exempelvis i H. C. Andersens rader om Jenny Lind när han gjorde ett besök på Operan i Stockholm:

> *Här har hon fattig och sorgsen, då rösten öfvergaf henne, fällt tårar och uppsändt fromma böner till sin Gud; härifrån flög Nordens Näktergal ut öfver länderna och förkunnade konstens renhet och helighet.*"[297]

Han var inte ensam om att länka konstnärlig renhet till fromhet och helighet, som om andra sinnesstämningar skulle smutsa konsten.

---

[296] Bruce Bagemihl, *Biological Exuberance: Animal Homosexuality and Natural Diversity*, 1999, 84 och 12.

[297] H. C. Andersen, *I Sverige*, övers. Wilhelm Bäckman, 1851, 61.

Konst

Utifrån konstens sida av triangeln, slutligen, görs förvisso också avstickare längs figurens sidor. Helst sker sådana resor i riktning mot det vetenskapliga. Leonardo da Vinci efterlämnade anteckningar där han obehindrat blandade estetiska perspektiv med strikt naturvetenskapliga, så till den grad att han inte syntes göra någon skillnad mellan dem.[298]

Han var inte ensam om att betrakta konst som en vetenskap. Skönheten var för honom och andra en forskningsresa på jakt efter universella sanningar. När Dostojevskij pekas ut som världens kanske främste författare bottnar detta i respekt för hans insiktsfulla människokunskap, en psykologi som trängde djupare och såg mer än många moderna experter i ämnet.

Ett stort antal av litteraturhistoriens största klassiker kan skäligen anses som idéskrifter, vilka ventilerar filosofiska, samhälleliga eller psykologiska problem med metoder som ofta snuddar vid de vetenskapliga. Slående exempel på detta är samhällskritiken i Voltaires *Candide*, den psykologiska studien i Dostojevskijs *Brott och straff*, eller varningarna inför skrämmande framtidsutsikter i Kurt Vonneguts *Sirenerna på Titan*, Aldous Huxleys *Du sköna nya värld* och Karin Boyes *Kallocain*.

Inom musiken märks att den begåvning som de senaste seklens kompositörer visat upp ligger mycket nära den matematiska. Relationen mellan matematik och musik är minst lika intim som den mellan skönlitteratur och psykologi. På samma sätt är det med bildkonsten och geometrin — såsom i perspektivläran eller kompositionens geometriska figurer, likaså i det gyllene snittet som har tillämpats flitigt även inom arkitekturen.

Gentemot moralen tenderar konsten att hysa ungefär samma aversioner som den därifrån ofta möts med. Ändå är det långt ifrån sällsynt att konstnärlig metod behandlar moraliska spörsmål. Själva titeln på Carl Jonas Love Almqvists uppstudsiga roman *Det går an* visar på ett sådant ämnesval, och nog finns liknande moralisk upproriskhet i det spefulla leende fullt av antydningar, som mången konstnär givit åt ängeln i motivet Maria bebådelse.

Det har nog oftast varit så att konsten dristat sig till att utmana gängse moralbegrepp, vilket förvisso också är ett moraliskt värv, varför spänningarna mellan de två sidorna på triangeln är begripliga. Ibland har de ändå begått allianser i fullt samförstånd, såsom i Paul

---

[298] Leonardo da Vinci, *Notebooks*, övers. Jean Paul Richter, 2008 (första utgåvan 1952).

Bourgets roman *Lärjungen*, från det sena 1800-talets Frankrike, där positivismen blir bannad för att den kan leda till förfall av moraliska värden — alltså i vår triangel ett exempel på hur två slår den tredje.[299] George Orwells *1984* pekar på ungefär detsamma, med ett totalt reglerat och kontrollerat samhälle som därmed förlorat det mänskliga. Inom science-fiction är det praktiskt taget legio att ett tekniskt avancerat samhälle skildras som omänskligt och djupt omoraliskt.

Även om de vänslas med varandra är de tre formerna av tänkande klart urskiljbara, och det bör vara möjligt att separera dem där det behövs. Tänkandets triangel kan liknas vid de tre färgerna i RGB som på bildskärmar tillsammans målar en komplett bild av verkligheten, men genom att ändra på färgbalansen kan man se vad som är rött, grönt eller blått. Måhända går motsvarande reglage att hitta för studiet av kosmologierna.

I de följande betraktelserna av skapelsemyter står det vetenskapliga perspektivet i centrum, i hopp om att detta ska göra eventuella tankemönster såväl tydligast som mest hanterbara. Det är dessutom den aspekt av våra förfäders tänkande som har negligerats mest i forskningen om religion och mytologi.

Därmed är det de andra två sidornas inflytande som behöver extraheras, så att det strikt faktasökande tankearbetet bakom kosmologierna ska framträda.

Snarlika trianglar

William Robertson Smith hade den bestämda uppfattningen att myterna uppkommit som förklaringar och komplement till redan existerande riter, men han medgav ändå existensen av en sekundär typ av myter med andra ursprung. Han såg tre sorter, som sammanfaller så gott som exakt med triangeln presenterad ovan:

> *They are either products of early philosophy, reflecting on the nature of the universe; or they are political in scope, being designed to supply a thread of union between the various worships of groups, originally distinct, which have been united into one social or political organism; or, finally, they are due to the free play of epic imagination.*[300]

---

[299] Paul Bourget, *Lärjungen*, övers. Arvid Wachtmeister, 1925.

[300] William Robertson Smith, *Lectures on the Religion of the Semites*, 1894 (första upplagan 1889), 18f.

Han beskrev dessa tre som filosofi, politik och poesi, där filosofi kan jämställas med vetenskap, politik med moral och poesi med konst, i synnerhet som han ovan definierade dem.

När det gäller politiken har den så gott som alltid uttryckts moraliserande. Makthavares påbud tar stöd i etiken och hävdar sin rätt via vad de beskriver som högre ideal. Moralen är den politiska metoden framför andra, till den grad att politiska teser vore omöjliga om de inte förankrades däri. Dock finns det i myterna även moraliska perspektiv som inte är politiskt motiverade, varför begreppet moral är att föredra för denna sida av triangeln.

I övrigt är Smith och jag rörande överens. Därmed delar vi också den syn på teologin som den romerske författaren Marcus Terentius Varro uttryckte. Han såg tre former för den: mytisk, fysisk och civil, som han enligt Augustinus förklarade:

> *The name "mythical" applies to the theology used chiefly by the poets, "physical" to that of the philosophers, "civil" to that of the general public.*[301]

Med civil, alltså gällande medborgarna, torde Varro ha syftat på vad vi kallar politisk, vilket ger samma tredelning som hos Smith och med samma moraliska indikation. Varro menade att civil teologi hämtar sitt stoff från övriga två, och tillade: "But we ought to cultivate the society of the philosophers more than that of the poets."[302]

Den skotske 1700-talsakademikern Thomas Blackwell, presenterad tidigare, hade en modell som landar i samma tretal, när han beskrev hur mytologi fick sin form och sedan gradvis förändrades från antik visdom till vad som mer och mer blev ren underhållning:

> *Poetry, Philosophy and Legislation, originally conjoined in one and the same Person, came in a few Generations to be separated into three different Characters. The Philosopher and Legislator stuck long together, and were never throughly disjoined; but Poetry which at first had been only a Servant to the other two, came quickly to forget her Station; to set up for herself, and take loose Flights, which shocked the Philosopher's Reason and the Lawgiver's Morality.*[303]

---

[301] Augustine, *City of God*, övers. Henry Bettenson, 1984 (första upplagan 1972), 234.

[302] Ibid., 238.

[303] Thomas Blackwell, *Letters Concerning Mythology*, 1748, 294.

Notera att han angav moral som lagstiftarens signum. Därmed beskrev han en triangel i all väsentlighet identisk med de ovanstående. Han menade också att av de tre var det poeten, "the Bard", vars version kom att dominera — i strategiskt samspel med teologin:

> He spoke to the Passions, and touch'd the weak Sides of Mankind, and could not fail to become popular. The Priests quickly saw it, struck wisely in, joined Interests with the Poet, grafted their Rites upon his Verse, and secured his Reputation with their own Establishment. He celebrated their Temples; they recommended his Tales.[304]

En antropologisk triangel

Antropologen Roger M. Keesing gav i sin förklaring av religionernas funktioner en modell som är mycket nära tänkandets triangel, och därför kan vara belysande här. Han menade att religionens uppgifter är tre:[305]

- att förklara människans grundläggande frågor,
- att stadfästa normer och moral för det sociala livet,
- att stärka människans förmåga att stå ut med tillvarons kärva villkor.

Till det sista fogade han också religionen som ett sätt att höja intensiteten i delade upplevelser.

Visserligen beskriver Keesings modell inte tänkandet som sådant, utan religionens betydelse för människor och därmed dess dragningskraft. Ändå är samstämmigheten med tänkandets triangel uppenbar.

Den lilla nyansskillnaden mellan Keesings och denna skrifts modell är signifikativ för tänkandets problematik — såväl vad gäller att kartlägga andras tänkande som att hålla rätt på sitt eget. Enligt Keesings definition är det känslomässiga behov, omedvetna eller medvetna, som styr religioners framväxt och form. Skulle det däremot vara en tresidighet i själva tankebygget vore mönstret ofrånkomligt — varthän känslorna än drog.

En god prövning av Keesings modell vore ett studium av hur pass religionerna egentligen tillfredsställer de angivna behoven. Om de visar sig lyckas dåligt med den saken torde motsvarande brister råda i hans modell.

---

[304] Ibid., 295.
[305] Keesing, 330f.

Olyckligtvis finns hos antropologer tendenser till en ovilja att uppmärksamma sådana brister i samtliga samhällsordningar utom den moderna västerländska. Det finns en fattigdom på redogörelser för såväl oppositionella underströmmar som personliga anpassningsproblem bland de undersökta kulturernas folk.

Att dylika sociala och psykologiska anomalier skulle vara lika sällsynta som antropologernas uppmärksammande av dem kan vi inte omedelbart ta för troligt. Exempelvis har tvivlare förekommit också bland naturfolk. Det icke försumbara inslaget av tvivel i varje kulturs förhållande till sin religion och sina myter har diskuterats ovan i kapitlet om tro.

Ett slags triangel

En annorlunda triangel, eller i alla fall en trio, framfördes av den franske religionshistorikern Georges Dumézil. Han utgick från Eddans mytologi och såg där en basal trio av gudar — Oden, Tor och Frej — som representerade tre grundläggande funktioner: suveränitet, kraft och fruktsamhet.[306] Han ansåg att detta mönster stod att finna i många mytologier med indoeuropeiska rötter, exempelvis med de romerska gudomarna Jupiter, Mars och Quirinus.[307]

Det är svårt att förstå poängen med Dumézils teori. Det går att hitta alla möjliga tretal i mytologierna, likaså fyrtal och i än högre grad par. De får allt motiveras omsorgsfullt för att bilda grund för en långsträckt tes om urtida mönster.

Om det essentiella är de tre ovannämnda funktionerna som ett slags treenighet för centrala gudomliga egenskaper, då väcks bland annat frågan hur två av dem, suveränitet och kraft, skiljer sig åt. De är ju båda uttryck för makt, något som dessutom kännetecknar alla gudomar i olika grad, även de som står för fruktsamhet. Kanske går det att ana något som liknar det amerikanska rättsväsendets uppdelning i lagstiftande, dömande och straffande institutioner — här med Oden som lagstiftare och domare i en gestalt, medan Tor bestraffar och Frej belönar. Då har vi åtminstone en begriplig helhet, om än det fortfarande går att ifrågasätta hur modellen låter sig appliceras på Eddan eller andra mytologier.

Den mest uttalade och bekanta mytologiska trion torde vara kristendomens treenighet av fadern, sonen och den heliga anden.

---

[306] Georges Dumézil, *Gods of the Ancient Northmen*, övers. Einar Haugen, 1973 (originalet utkom 1959), xlv.

[307] Ibid., 17.

Det är tänkbart att den har influerat Dumézils spekulationer. Fadern är definitivt såväl lagstiftare som domare, sonen lika tydligt välgöraren som belönar, men den heliga andens roll är svårare att kategorisera. Den är snarast att se som ett verktyg, ett medel.

Dumézil, som koncentrerade sig på det indoeuropeiska, diskuterade inte denna treenighet. Ändå är det fullt möjligt att jämföra den med hans trio, utan att behöva tänja alltför mycket på begreppen. Då är suveränen lika med fadern, kraften den heliga anden, och fruktsamheten sonen. Nå, man kunde i och för sig kalla den heliga anden för fruktsamhet, eftersom den är ett slags livskraft, och sonen för kraften eftersom det är genom honom kristna når himlen.

Hur som helst är det lätt att hitta invändningar mot Dumézils teori men svårare att hitta solida bekräftelser på den. Det är inte ens skönjbart vad för förståelse av mytologier den skulle kunna leda till, annat än ett släktskap med det indoeuropeiska arvet.

Själv ansåg han att detta avspeglade en gammal indoeuropeisk samhällsform, som exempelvis i det klassiska Indien "gave rise to the rigid social classification of the *varna*, namely *brahmana* or priests, *ksatriya* or warriors, and *vaisya* or breeder-farmer".[308] Det må ha varit sant för Indien men inte lika självklart för de germanska och nordiska kulturer som gav upphov till Eddans mytologi, eller för den delen det romerska samhället.

Syfte

Oavsett hur människor nöjde sig med sina kosmologiska förklaringar och i vilken grad de trodde på dem, bör de ha tänkt så gott de någonsin kunnat när de nådde fram till dem. Bara i ett fall kan vi förutsätta annat än att människor utformade sina kosmologier efter allra bästa förmåga — och det är om de hade andra syften med dem än att förklara världens tillkomst och lagar.

Det är långt ifrån otänkbart. Bland urkunderna finns många exempel på vad som verkar vara syften av annan art än den saklighet vi idag tillerkänner våra vetenskaper. När Gamla Testamentets gud överräckte sina tio bud till Moses kunde profana önskemål anas bakom flera av dem. Sammalunda när det var tuggor på frukten från trädet som gav kunskap om gott och ont, som förvisade Adam och Eva från Edens lustgård.

Politiska syften skymtar också i *Tao te ching*, när den kinesiska klassikern säger:

[308] Ibid., 16.

*I världen finns fyra väldiga krafter
och konungen är en av dem*[309]

En tydlig parallell finns i det gamla begreppet konung av Guds nåde, alltså att kungens auktoritet hade stöd hela vägen upp till himlen.

Den grekiske filosofen och statsmannen Kritias, som också omnämns hos Platon, förmodas ha skrivit nedanstående rader i skådespelet *Sisyphos*, där han avfärdar gudarna som en ren uppfinning för att hålla folket i bävande lydnad:

There was a time when the life of men was unordered, bestial and the slave of force, when there was no reward for the virtuous and no punishment for the wicked. Then, I think, men devised retributory laws, in order that Justice might be dictator and have arrogance as its slave, and if anyone sinned, he was punished. Then, when the laws forbade them to commit open crimes of violence, and they began to do them in secret, a wise and clever man invented fear (of the gods) for mortals, that there might be some means of frightening the wicked, even if they do anything or say or think it in secret. Hence he introduced the Divine (religion), saying that there is a God flourishing with immortal life, hearing and seeing with his mind, and thinking of everything and caring about these things, and having divine nature, who will hear everything said among mortals, and will be able to see all that is done.[310]

Antropologer talar om detta fenomen som celestialisering, ett begrepp som Karl Marx presenterade i *Kapitalet*. En samhällsordning blir helig och därför hart när omöjlig att revoltera emot. Detta behöver inte vara en medveten åtgärd hos överhet och prästerskap. I månget samhälle är det snarast fråga om ett självbedrägeri, i vilket samtliga invånare deltar. Marxister talar också om mystifikation, när krassa politiska och ekonomiska villkor förflyttas till gudars och andeväsens nivå.[311]

Såväl inom religionspsykologi som antropologi studeras detta, ibland beskrivet som en socialisationsprocess. Samvetet blir ett slags betingning, möjligen uppkommet ur barnets vilja att vara föräld-

---

[309] Stenudd 2012, 35.

[310] Kathleen Freeman, *Ancilla to The Pre-Socratic Philosophers*, 1948, 157f.

[311] Keesing, 296ff.

rarna till lags, och människor lär sig att spela socialt accepterade roller så väl att de upphör att se dem som roller.[312]

Det är förvisso så att religionsurkunderna — som är ofrånkomliga källor till flera av de forna kosmologierna — genomsyras av fostrande påbud, vilka ges gudomlig auktoritet. Troligtvis har dessa syften också mer eller mindre färgat av sig på skapelseberättelserna. Sådana syften kan mycket väl ha lett till resonemang och förklaringar som inte vore de mest tänkbara, de mest trovärdiga, ens i den tid de uppkom.

Ändå ska här knappast behöva brottas med sådana störningar i lika hög grad som om exempelvis gudomlig vilja eller förklaringar på människornas dödlighet utreddes. I tankar om själva skapelseögonblicket har förhoppningsvis inte snöd mänsklig tuktan hunnit ta över. Dock kan det inte på förhand uteslutas.

Den amerikanske religionshistorikern Bruce Lincoln karakteriserar myterna som "ideology in narrative form"[313] och menar med detta att de är tillkomna och använda av en överhet i syfte att tygla folket. Hans syn på myter framgår tydligt av de frågor han ställer om dem:

> I wish to address three simple, but fundamental questions: What have these myths to say about the nature of society? Who propagated such myths? Who benefited from their propagation? These are questions that ought be asked with reference to any myth.[314]

En viktig invändning måste resas mot Lincolns karakterisering av myterna och frågorna han ställer — det är knappast hela sanningen om dem.

Politiska avsikter har lämnat tydliga spår i många myter. Det gäller även en inte så ringa andel av skapelsemyterna, åtminstone implicit. Redan där är det ofta någon eller några som skapar och styr, medan såväl djur som människor mäktar föga mot denna överhet. Det antyder en hierarkisk ordning redan i tillblivelsen, som om världen inte vore möjlig utan den.

Detta bör räknas till moralens sida av tänkandets triangel. Politik, eller med Lincolns ordval ideologi, formuleras och motiveras alltid moraliskt. Dessa doktriner uttrycker vad som borde vara, det

---

[312] Ringgren 1968, 98ff, bygger på Sven Wermlund, *Samvetets uppkomst*, 1949.

[313] Bruce Lincoln, *Theorizing Myth*, 1999, 207.

[314] Bruce Lincoln, *Myth, Cosmos, and Society*, 1986, 141.

rätta och riktiga, som om varje annan ordning vore förkastlig i meningen omoralisk.

Att jag inte kallar denna sida av triangeln ideologi beror på att moral inte måste vara ideologisk i den politiska mening som är Lincolns. En ideologi finns blott i ett socialt sammanhang, medan moral kan vara personlig och dessutom helt sakna idéer om vilken samhällsordning som är föredömlig. Visst kan en moral vara diktamen från en överhet och formulerad som en ideologi, vilket nog så ofta är fallet, men den kan också bestå av individuell övertygelse och skilja från människa till människa, från sammanhang till sammanhang.

Det finns också en tidsaspekt som skiljer ideologi från moral. Den förra innebär en strävan mot ett fullbordat tillstånd, ett ideal där allt har blivit som det borde vara, medan moral inte implicerar något slut. Det är en fortgående process, ett slags prövning som görs av varje handling, oavsett person och samhällsform. Att ett ideal uppnåtts betyder inte att moralen kan ta en evig semester. Även om idealet som uppnåtts är att alla har samma moral fortsätter den att verka.

Nå, det närmar sig hårklyverier. Värre är att Lincolns modell ignorerar de två återstående sidorna på triangeln — den vetenskapliga och den konstnärliga. Dessa kan förvisso underordnas en ideologi i ett hårt styrt samhälle, men de är inte i sig underordnade. Vetenskapliga perspektiv är inte blott ideologiskt dikterade. Konst är till och med ofta rebellisk gentemot ideologi och annars ofta likgiltig till den.

När vi pratar tänkande är det ännu tydligare: vetenskapligt och konstnärligt tänkande är inte bundna till moraliskt eller ideologiskt tänkande. De är olika sätt att tänka, olika perspektiv på tillvaron. Samtliga tre perspektiv är närvarande i myterna, på olika sätt och i olika grad. Det gäller också syftena bakom dem.

Syftets triangel

Ett syfte behöver inte blott härröra från det som kallas celestialisering, även om det ligger mycket nära till hands. I en mental process torde oftast, för att inte säga alltid, något slags syfte kunna spåras.

Det är inte säkert att ett sådant syfte varit allenarådande i tillkomsten av en världsbild, men det kan ha utövat ett menligt inflytande på den tankeprocess som ska granskas här. Skadan är inte irreparabel, ty också syften går att klassificera med tänkandets triangel och yttrar sig tämligen tydligt även i en världsbild.

Överhetens kontrollerande ambition får av nödvändighet en moralisk ton. Kungens makt heliggörs, ordning och lydnad påbjuds, tabun får form, och så vidare. Sådana syften kan beskrivas som *förmanande*, och kan förstås också anammas av undersåtarna så att de själva ålägger sig dem. När det går till överdrift, vilket alltför ofta händer, kan syftet beskrivas som att tygla eller rentav fjättra.

Exemplen är otaliga genom hela historien på att vi människor behöver ett rättesnöre att hålla oss till, för att inte förfalla till barbari. Som det gamla mottot säger: land ska med lag byggas. Men när ett folk fogar sig tenderar överheten att strama åt tyglarna alltmer, förbi det rimligas gräns, och resultatet blir att förmaningarna övergår i förtryck.

Det raka syfte som innebär den intellektuella processen att klargöra och förstå, och som denna text är mest nyfiken på, hör förstås hemma på den vetenskapliga sidan och kan med ett ord kallas *förklarande*. Ett sådant syfte är inte alls i vägen för spårandet av tankemönster, men det kan lätt övergå i den mindre uppriktiga ambitionen att övertyga.

Resonemang om att så är det får då snabbt tillägget att så måste det vara. Det är inte ovanligt, varken nu eller förr. Otaliga teser försvaras med att de stämmer med fakta, som om de vore oomtvistliga och som om en ändring av rådande omständigheter vore antingen omöjlig eller en förfalskning, rentav ett fördärv. En vetenskaplighet med dunkla bakomliggande motiv blir snabbt doktrinär.

Den konstnärliga ambitionen får heta *förhärligande*. Här är ambitionen att av tillvaron och dess obegripligheter måla en imponerande värld, skildra något som antingen är storslaget eller delikat, ljuvligt eller gastkramande, orubbligt eller omvälvande, eller allt på en gång. När detta syfte härjar fritt är det riktigare att tala om förförisk.

Vad som i förstone är till för allmän förnöjelse kan glida över i en metod för att dupera, för att dölja bakomliggande ambitioner. Det romerska uttrycket "bröd och skådespel",[315] myntat av Juvenalis, pekar på just detta. Juvenalis beklagade att romarna vid hans tid, runt år 100 e. Kr., blivit så bortskämda att de var helt nöjda bara de var mätta och underhållna:

> Now that no one buys our votes, the public has long since cast off its cares; the people that once bestowed commands, consulships, legions and all else, now meddles no more and longs eagerly for just two things — Bread and Games![316]

---

[315] Det latinska uttrycket, *panem et circenses*, betyder egentligen bröd och cirkusar.

[316] Juvenal, "Satire X: The Vanity of Human Wishes", *Juvenal and Persius*, övers. G. G. Ramsay, 1918, 199.

Allra minst sedan dess har de styrande förstått att använda allehanda spektakel för att hålla undersåtarna i schack.

Därmed har vi i syftenas triangel en allitteration: de kan vara förmanande, förklarande eller förhärligande. När de går överstyr, vilket mycket väl kan vara mer lag än undantag, blir de förtryckande, doktrinära och duperande.

Känslor

Det ovanstående beskriver några av tankens vägar och irrvägar. Men människan är inte det rationella väsen som hon föredrar att beskriva sig själv — åtminstone i lärda kretsar. Snarare är det sällan förnuftet som råder i livets stora skeden och mest avgörande handlingar. Känslorna tar över.

Att känslorna är direkt länkade till de upplevelser som vi kallar religiösa är uppenbart. När gudar dyrkas mer eller mindre extatiskt, när ritualer utförs antingen i stora folkliga spektakel eller i stilla bön på kammaren, är det människors känslor som först och främst frotteras. Däremot, då det gäller kosmologiernas utformning, har känslorna inte en lika given huvudroll. De kan ändå inverka på kosmologiernas tankekonstruktioner, om än aldrig så indirekt och diskret.

När Joseph Campbell storslaget beskriver mytologins huvudsakliga funktion som att komma i harmoni och samklang med universum och förbli däri, tecknar han utpräglat emotionella bevekelsegrunder också för skapelsemyterna:

> When one can feel oneself in relation to the universe in the same complete and natural way as that of the child with the mother, one is in complete harmony and tune with the universe. Getting into harmony and tune with the universe and staying there is the principal function of mythology.[317]

Människans känsloliv är en ogenomtränglig djungel, där det mesta ligger i skugga och en hel del i fullständigt mörker. Lika lite som någon av de därför avsedda vetenskaperna lyckats med det, kan vi hoppas på något klart schema över känslorna och deras verkningar. De är till sin natur svårantastliga för förnuftet, eftersom de utgör en från detta avskild apparat. Vi har alla många gånger erfarit att det närmast syns vara en hobby för våra känslor att just förbryta sig mot förnuftet.

[317] Campbell 1990, 1f.

Det framgår tydligt i Edgar Allan Poes författarskap, vars människosyn skulle kunna sammanfattas till den lika enkla som frustrerande tesen att människan inte kan låta bli att göra just det som hon minst av allt vill. Sålunda, i novellen "Det förrädiska hjärtat", sitter mördaren på sin kammare inför den intet ont anande polisen och kämpar mot sin tunga som vill slunga ur sig en bekännelse. Han förlorar kampen.[318]

Känslornas överlägsna drivkraft och deras trots mot förnuftets värderingar visar också den sköne poeten T'ao Yüan-Ming, författare till diktcykeln *Om att dricka vin*, i den korta texten "Hemkomsten", från år 405. Han övergav efter blott 81 dagar den lukrativa förläning kejsaren givit honom, för att återvända till sin lilla by och ägna resten av sitt liv endast åt vin, poesi och odling av krysantemum:

> *Vad skulle jag väl söka om jag än en gång spände för min vagn? Jag finner glädje i vänliga samtal med mina närmaste och finner tröst i min luta och mina böcker.*[319]

Med lutan var det så att han befriat den från strängar, för att inget förnimbart ljud skulle störa musiken. Vi förstår honom så väl, fast inte med förnuftets röst.

Det finns vägar för mänskligt sinne som trotsar logiken. Sådana kryptiska bevekelsegrunder kan mycket väl ha infiltrerat våra kosmologier och de har kraften att fullständigt kuva dem.

Känslorna klär sig i många namn — tröst, glädje, rädsla, sorg, vemod, längtan... Bara att räkna dem blir en överväldigande uppgift. Någorlunda går de ändå att sortera. De har generellt två riktningar — positivt eller negativt, behag eller obehag.

Visst njuter pojkar i de flesta åldrar av skräckfilmer och berg- och dalbanor, men detta blott på villkor att förnuftet intalat dem att ingen verklig fara föreligger. Känslan väcks ändå, men med rimlig omfattning. Annars förstår vi alla att försöka undgå sådant som väcker skräck, avsky, hat, avund, ilska eller sorg. Vi vill i stället gärna ständigt känna glädje, kärlek, trygghet, stolthet, lycka.

I sin tolkning av mesopotamisk religion såg Thorkild Jacobsen vägar till bot från tre sorters fruktan — svält, krig och skuld, som stegvis under några årtusenden påverkade religionens utformning,

---

[318] Edgar Allan Poe, *Den gyllene skalbaggen*, övers. Nils Holmberg, 1954, 226ff.

[319] T'ao Yüan-Ming, "Hemkomsten", övers. Gunnar Malmqvist, ur *Litteraturens klassiker* 16, samlade av Stig Wikander, 1970.

även från det kollektiva till det personliga.[320] Den gemensamma nämnaren i denna trio är religionen som en väg till känslan av trygghet.

Känslor tycks antingen vara attraherande eller repellerande, aldrig annat — dock ibland en bisarr mixtur av båda, fast då brukar experterna tala om perverterade, abnorma tillstånd, precis som när en känsla byter sida i denna polaritet.

Kärlek kan skrämma, skräck kan förtjusa, och så vidare. Men ingen känsla är ingetdera. Sinnestillståndet liknöjdhet, som varken attraherar eller repellerar, är knappast en känsla, utan just en brist på känslor.

Känslorna driver människan att uppsöka den ena sorten och undfly den andra. Detta uttrycker sig i avsikter, som kan medverka i utformningen av kosmologier. En världsbild skulle då formuleras så att den skänkte tröst och trygghet, medan den undvek sådant som kunde väcka rädsla, osäkerhet eller förtvivlan.

Känslornas triangel

Hur komplext och svårutrett människans känsloliv än må vara, tar det sig i kosmologierna uttryck genom tankar och förstör därför inte tillämpligheten av tänkandets triangel. Bakom dessa världsbilders ord måste tankar finnas, och troligen bakom dem ett gytter av känslor.

Vad känslorna ålagt kosmologierna är med största säkerhet att attrahera — vare sig detta främst sker på den moraliska, vetenskapliga eller konstnärliga sidan. Annars är det svårt att föreställa sig att sådana tankebyggen skulle vinna någon framgång i folks sinnen.

Vi kan därför pröva detta med attraktion och repulsion på tänkandets triangel.

Om känslorna finge råda skulle den moraliska sidan utformas så att den befrämjade ordning, säkerhet och en möjlighet för var och en att känna sig värdefull. Den vetenskapliga sidan fick då stimulera nyfikenheten, som syns vara en av människans främsta drivkrafter, samt ge förklaringar på naturens mysterier, förgänglighetens mekanismer och dödens ogenomträngliga gräns. Den konstnärliga sidan skulle roa, engagera och skänka tröst, som den kinesiske poeten hävdade.

Det kan verka som att den konstnärliga dimensionen står käns-

---

[320] Thorkild Jacobsen, "Ancient Mesopotamian Religion: The Central Concerns", *Proceedings of the American Philosophical Society*, vol. 107 no. 6, 1963, 474ff.

lorna så nära att de två skulle kunna vara en och densamma. Vad är egentligen konst, annat än ett spel på känslor? Nej, konsten smeker också framgångsrikt förnuftet — med tonföljders harmoni, med skrönors tankekorn och lyrikens eleganta versmått, med bildkonstens intrikata förvrängning av det synliga. Dessutom förmår inte bara konsten, utan även moralen och vetenskapen såväl attrahera som repellera.

Vi kan göra oss en bild av hur tänkandets triangel bäst kunde vinna attraktion, vad som skulle optimera varje sidas genomslagskraft om det kom till uttryck i en kosmologi.

Den moraliska dimensionen skulle skapa ordning och trygghet — men knappast för att dessa två tillstånd i sig är attraktiva, snarare för att deras motsatser repellerar. Såväl oordning som otrygghet ger oro. Var finns då ett begrepp som inte har sin främsta styrka som negation?

Det som får människan att foga sig efter även den striktaste morals strama tyglar är inte hot om straff, utan löfte om belöning. Den som dygdigt ålägger sig allt man borde kan med detta känna en uppgift som ger livet mening. För känslan av mening är vi beredda till kusliga offer. Andra känslor skuffas bekymmerslöst åt sidan, även om de protesterar gallskrikande.

Så beskrev till exempel Martin Persson Nilsson religionen — som människans protest mot tillvarons meningslöshet.[321]

Vetenskapens främsta uppgift, om den ska locka och tillfredsställa oss, beskrivs tydligt med dödens exempel. Vi vet att den ska komma och kan omöjligt förlika oss med detta, framför allt för att vi inget vet om dess natur.

Hur mycket lättare vore det inte att förlika sig med döden om vi fått en glimt av vad som väntar på andra sidan.

Det är inte bara i zen som upplysning (*satori*), ögonblicket av klarhet när allt tycks begripligt, är ett högt hägrande mål. Vetenskapen är kanske inget annat än vår dröm om visshet — att verkligen veta, bortom varje tvivel och undran. Det skulle, känner vi oss övertygade om, äntligen stilla grubbleriernas ständiga klåda.

För konsten faller det sig lätt att bestämma en rad uppdrag, som alla tycks lika angelägna. Till exempel glädje, om den kunde bli varaktig utan att därmed förlora sin charm. Kanske skulle vi välja ordet lycka, men är inte det något som väcks av goda värv från vilken sida av triangeln som helst?

[321] Martin Persson Nilsson, *Religion as man's protest against the meaninglessness of events*, 1954.

Konstens specifika uppgift måste vara en som inte löses på annat håll.

Möjligen är nyckeln skönhet, fast vi får oändligt svårt att närmare belysa detta. En konst som förmår skapa skönhet överträffar varje annat uttryck, om inte omedelbart så i längden. Ett crescendo kan förvisso dra uppmärksamheten till sig, men inte om det fortgår minut efter minut.

Blott skönheten är tidlös i sin attraktion, och kanske den enda egenskapen hos konst som inte verkar genom negation. Den har sin egen kraft.

Ett vida cirkulerat citat från Fjodor Dostojevskij är att skönheten ska frälsa världen. Men som så ofta med honom är det mer komplicerat i hans text.

Citatet kommer från *Idioten*, där Ippolit frågar romanens centralfigur, furst Mysjkin:

> *Var det sant, furste, det, som ni nyss sade, att "skönheten" frälsar världen? Mina herrar, ropade han högt och vände sig till alla, fursten påstår, att skönheten frälsar världen. Men jag påstår, att hans lekfulla tankar kommer sig av att han är förälskad.*[322]

Ippolit har en fråga till: "Vilken skönhet är det, som räddar världen?" Men fursten svarar inte på någon av frågorna. Tidigare i romanen menar han i stället att "Skönheten är en gåta."[323]

Dostojevskij själv verkar ha varit mindre osäker. I en av sina anteckningsböcker till denna roman skrev han att skönheten ska frälsa världen — två sorters skönhet. Han gav dock ingen ytterligare förklaring.[324]

Liknande tankar om skönhetens avgörande betydelse hyste Friedrich Schiller.[325] Framför allt hade han invändningar mot Immanuel Kants uppfattning (och David Humes dessförinnan) att skönhet är en subjektiv upplevelse, i betraktarens öga enbart.

För Schiller fanns en objektiv skönhet, som reste sig över individuella skillnader.

Redan Augustinus frågade om saker är vackra för att de inger

---

[322] Fjodor Dostojevskij, *Idioten*, övers. Michail Handamirov, band 2, 1969, 271.

[323] Ibid., band 1, 127.

[324] Robert Louis Jackson, *Dostoevsky's Quest for Form: A Study of His Philosophy of Art*, 1966, 40.

[325] G. Ruben G:son Berg, "Schiller", *Nordisk Familjebok*, vol. 24, 1916, spalt 1038.

njutning eller om de inger njutning för att de är vackra.[326] Han fortsatte med att argumentera för det sistnämnda, alltså en objektiv skönhet.

Friedrich Schelling å sin sida ansåg att konstnärlig skönhet, som för honom var en perfekt förening av moralisk godhet och sinnlig grace, griper oss med kraften hos ett mirakel eftersom det visar på naturens och själens ursprungliga band.[327] Därmed antydde han skönheten som en nyckel till den gudomliga skapelsen, som han såg den.

Fler tänkare har sett skönheten som ett bevis för Guds existens. Ovannämnde Augustinus pekade på allt vackert i naturen och frågade vem som skapat dessa vackra föränderliga ting, om inte en som är vacker och oföränderlig?[328]

En sentida försvarare av skönheten som ett gudsbevis är den engelske filosofen Richard Swinburne, som skriver:

> God has reason to make a basically beautiful world, although also reason to leave some of the beauty or ugliness of the world within the power of creatures to determine; but he would seem to have overriding reason not to make a basically ugly world beyond the powers of creatures to improve.
> [---]
> In consequence, if the world is beautiful, that fact would be evidence for God's existence.[329]

Han fortsätter med att insistera på världens skönhet, via otaliga poeters och konstnärers vittnesmål, och slår fast: "Who in his senses would deny that here is beauty in abundance?"

Det må vara si och så med bevisets hållbarhet, men visst har konsten en förmåga att skänka människosinnet njutning — kanske framför allt med sin skönhet.

Alltså bör vi av kosmologierna förvänta oss ambitionen att åstadkomma följande känslomässiga poänger:

---

[326] Augustine, *Earlier Writings*, övers. J.H. Burleigh, 1953, 255.

[327] Jennifer Dobe, "Beauty reconsidered: freedom and virtue in Schelling's aesthetics", *Interpreting Schelling: Critical Essays*, red. Lara Ostaric, 2014, 172.

[328] Augustine, *The Works of Saint Augustine: A Translation for the 21st Century*, vol. 7, övers. Edmund Hill, 1993, 71.

[329] Richard Swinburne, *The Existence of God*, 1979, 150.

- genom sitt moraliska innehåll *mening*,
- genom sitt vetenskapliga innehåll *visshet*,
- genom sitt konstnärliga innehåll *skönhet*.

Vision

Ett pikant problem återstår i analysen av tänkandets olika dimensioner. Hittills har förutsatts att inget annat föreligger än det vi redan känner till och kan bena upp rationellt. Men hur vet vi vad som inte kan finnas? Det är dags att vördsamt citera Shakespeare, som trots seklers avstånd alldeles korrekt också för oss påpekar genom Hamlet: "There are more things in heaven and earth, Horatio, than are dreamt of in your philosophy."[330]

Om många religiösa myter och urkunder hävdas att de har källor som står över det mänskliga tänkandet. Antingen har gudomar förmedlat dem eller har de mirakulöst bevarats sedan urminnes tid. Detta går igen med ännu större tydlighet i moderna religiösa samfunds och nyandliga rörelsers källor. De sägs hämtade ur övermänskliga förråd.

När forskare ska beskriva tillkomsten av sina landvinningar talar de ofta om ingivelse, om idéer ur ett inre som de trots sin profession anser sig oförmögna att förklara. Moralister hänvisar till samvetets röst, vad det nu må vara, och konstnärer pekar på inspiration. Dessa källor är ytterst vaga, men anses ändå spela betydelsefulla roller i tänkandets insatser, särskilt i de förnämsta prestationerna.

Här finns ett grundläggande mysterium, som vi måhända väljer att avfärda som nonsens — och då är frågan om vi verkligen har belägg för detta. Skulle denna outredda sida av mänsklig förnimmelse kunna spela en roll i tillkomsten av kosmologierna?

Säg den framstående forskare som anser sig ha verkat helt utan den plötsliga ingivelsens hjälp, den moralist som inte känner av något samvete eller den konstnär som arbetat utan inspiration. Kanske finns en dimension, ett osynligt hörn som gör tänkandets triangel till en tetraeder, och därmed influerar tankeprocesserna på ett sätt som inte är tillgängligt med ovanstående tredelning. Låt oss kalla det för *vision* — utan några anspråk på att därmed kunna förklara eller stadfästa det.

Gör visionen någon skillnad? Förvisso. Där kan finnas ett hopp från observation till slutsats, som ter sig slumpartat. Där kan fakta stämma fast de vid tankens tänkande var otillgängliga. Ännu mer väsentligt är att där kan gömma sig de mest okuvliga mönster och konstanter, som betvingar mänskligt tänkande.

---

[330] William Shakespeare, *Complete Works*, 1973, 854.

Drömmar

Flera forskare har rapporterat att de fått förlösande ingivelser i drömmar, som varit avgörande steg i deras forskning. Ett exempel på detta, som kommenterades av både Carl G. Jung och Erich Fromm,[331] är upptäckten av bensenmolekylens ringform som gjordes av 1800-talsekemisten August Kekulé efter att han drömt om en orm som bet sig själv i svansen. Ormen som sålunda bildar en cirkel är en antik symbol, benämnd *ouroboros*. Så här måleriskt beskrev Kekulé själv upplevelsen:

> *I was sitting, writing at my text-book; but the work did not progress; my thoughts were elsewhere. I turned my chair to the fire and dozed. Again the atoms were gamboling before my eyes. This time the smaller groups kept modestly in the background. My mental eye, rendered more acute by repeated visions of the kind, could now distinguish larger structures of manifold conformation: long rows, sometimes more closely fitted together; all twining and twisting in snake-like motion. But look! What was that? One of the snakes had seized hold of its own tail, and the form whirled mockingly before my eyes. As if by a flash of lightning I awoke; and this time also I spent the rest of the night in working out the consequences of the hypothesis.*[332]

Strängt taget ska väl detta beskrivas som en dagdröm, om det nu gör någon skillnad. Kekulé var en flitig drömmare. Flera år tidigare hade han också via en dröm gjort en annan kemisk upptäckt. Han brukade säga till sina elever att vi måste lära oss att drömma och därmed kanske lära oss sanningen. Men han hade det vetenskapliga sinnelaget att lägga till: "Let us beware of publishing our dreams before they have been put to the proof by the waking understanding."[333]

Vårt drömmande är en helt annan form av tänkande än det vi tillämpar i vaket tillstånd. Ändå har det ibland inflytande över hur vi resonerar och vad vi kommer fram till. Drömmar kan mycket väl ha legat till grund för många föreställningar i mytologi och religion,

---

[331] Carl G. Jung, *Die Psychologie der Übertraugung*, 1946, 4, samt Erich Fromm, *The Forgotten Language: An Introduction to the Understanding of Dreams, Fairy Tales and Myths*, 1951, 45.

[332] John Read, *From Alchemy to Chemistry*, New York 1995 (första upplagan 1957), 179f.

[333] Ibid., 174 och 180.

förmodligen redan i den omständighet att mänskligheten så ofta föreställt sig en värld utanför den i vaket tillstånd förnimbara. Det kan gott beskrivas som en form av vision — också när vi får glimtar i våra dagdrömmar. Drömmandets förbryllande realitet måste ha inverkat djupt på tillkomsten av idéer om sådant vi kallar öververklighet.

Sigmund Freud såg drömmarna som uttryck för våra ouppfyllda behov, i synnerhet de sexuella. Hans bok i ämnet gjorde stort intryck, framför allt utanför de medicinska leden.[334] Senare drömforskning har inte hittat några belägg för Freuds teorier. Det råder inom denna forskning ännu inte konsensus gällande drömmars innehåll och funktion.

För resonemangen i denna bok, om tänkandet vid tillkomsten av skapelsemyter och andra kosmologiska föreställningar, är det väsentliga hur drömmar må påverka det vakna tänkandet — oavsett hur de uppkommer och vad deras nattliga funktion må vara.

En intressant aspekt är att drömmar syns vara uppbyggda likt berättelser, alltså en kedja av händelser i riktning mot något slags upplösning. Redan där finns ett släktskap med myterna, för den delen även med drama och romankonst. I dröm som i vakenhet tenderar vi att tänka händelseförlopp snarare än statiska tillstånd.

Det omedvetna

Inom psykologin talas om det undermedvetna eller omedvetna, som sägs ha starkt inflytande på såväl tankar som känslor. Likt drömmarna lyder det under helt andra lagar än det medvetna tänkandet.

Begreppen medvetenhet och omedvetenhet nämndes först flyktigt 1776 av den tyske filosofen Ernst Platner, som menade det vakna och det sovande tänkandet,[335] medan *det omedvetna* myntades av Friedrich Schelling i boken *System des transcendentalen Idealismus* från 1800. Begreppet *det undermedvetna* myntades av den franske psykologen Pierre Janet år 1889.

Sigmund Freud använde tidigt sistnämnda term men tog avstånd från den vid slutet av 1890-talet, för att i stället använda begreppet *det omedvetna*. Detsamma gjorde Carl G. Jung. Båda ansåg att det omedvetna är otillgängligt för medvetandet men ändå kan påverka det, samt att det framför allt kommer till uttryck i drömmar.

För Freud bestod det omedvetna av tankar som det medvetna

---

[334] Sigmund Freud, *Drömtydning*. Originalet utgavs 1899.

[335] Ernst Platner, *Philosophische Aphorismen nebst einigen Anleitungen zur philosophischen Geschichte*, vol. 1, 1793 (första utgåvan 1776), aforism 140, 86.

undertryckte beroende på att de var oacceptabla, pinsamma eller plågsamma. Han ansåg att det mesta där handlade om det sexuella, på ett eller annat sätt. Jung byggde hela sin analytiska psykologi på att det omedvetna och dess symboler är en för medvetandet dold värld, som ändå utövar ett stort inflytande på vad vi tänker och känner. Han ansåg också att dess komponenter är synnerligen framträdande i just drömmarna. I så fall kanske de är uttryck för samma tänkande som här i brist på bättre ord kallas visionärt.

Även om Freud och Jung är de mest bekanta teoretikerna om det omedvetna var de varken först eller sist. Redan 1869 kom Eduard von Hartmanns *Philosophie des Unbewussten*, ett gediget verk som gjorde stort intryck vid sin tid. Som titeln säger var Hartmanns perspektiv på det omedvetna mer filosofiskt än psykologiskt, men hans text gjorde begreppet känt långt innan Freud och Jung började använda det. Bokverket gavs även ut på svenska.[336]

Efter Freud och Jung kom inom psykologin behaviorismen, som var likgiltig för idéer om det omedvetna, men i och med framväxten av kognitionspsykologi har begreppet fått något av en renässans.

Teorierna om ett omedvetet som är otillgängligt för medvetandet har även ifrågasatts. Det är förstås i och med sin definition svårt att belägga. Hur ska vi kunna studera något som är dolt för vårt medvetna tänkande? Ändå går det att konstatera att en hel del av vårt tänkande sker så att säga omedvetet, på så vis att vi inte alltid är medvetna om varje steg i det — speciellt inte när det gäller hur idéer uppstår och vad som initialt ger våra tankar en viss riktning eller preferens. Tänkandet kan ofta vara spontant och ta vägar som vi själva inte vet hur vi valde.

Denna dimridå torde ha inverkat på hur människor fordom kom att utforma sina myter och kosmologiska föreställningar.

Intuition

Förmågan att komma till slutsatser utan att medvetet ha processat sig dit brukar kallas *intuition* efter latinets *intueri*, att betrakta. Fenomenet har diskuterats allra minst sedan Platon, som menade att den själsliga förmågan att förstå allt är medfödd, och därför evig. Man behöver bara påminnas för att komma åt all kunskap man besitter.

I dialogen *Menon* ledde han detta i bevis genom att Sokrates med ett antal frågor fick en obildad slav att komma på att diagonalen på en kvadrat är sidan på en kvadrat med exakt dubbla arean. Sokrates

[336] Eduard von Hartmann, *Verldsprocessens väsen eller Det omedvetnas filosofi*, övers. Anton Stuxberg, band 1 och 2, 1877–78.

konstaterade därmed att slavens kunskap var hämtad ur hans inre, alltså en erinran (*anamnesis*). Alltså måste den alltid ha funnits i hans själ, även före födelsen, varmed han ansåg det bevisat att själen är odödlig.[337] Intressant är också att Sokrates anknöt slavens mentala process till drömmande: "Och nu ha dessa föreställningar just vaknat till liv hos honom, alldeles som i drömmen."

Som bevis för erinran skulle dock den berömda dialogen med slaven ha svårt att göra sig gällande i en domstol. Sokrates frågor var synnerligen ledande. Man kan lika gärna säga att slaven inte gjorde annat än att hålla med om varje steg i Sokrates resonemang. Slaven drog inga genuint egna slutsatser, utom några felaktiga på vägen. Hans insikt var begränsad till att förstå att Sokrates hade rätt, vilket i och för sig inte var fy skam. För Platon var denna insikt i sig belägg för erinrad kunskap — hur skulle man annars kunna skilja sant från falskt?

Andra filosofer har diskuterat intuitionen, däribland Descartes och Kant, samt den svenske filosofen Hans Larsson. Hans första bok, från 1892, tillägnades ämnet redan i titeln: *Intuition. Några ord om diktning och vetenskap*. Där ställde han det intuitiva tänkandet mot det diskursiva och var mycket tydlig med vilket han satte högst:

> *Den mening, denna skrift vill understödja, är den: att vår teoretiska verksamhet i sin högsta form är af intuitiv art, och att det endast är skenbart som vetandet vid öfvergången till detta sitt högsta stadium synes förlora sitt logiska sammanhang.*[338]

Hjärnan förmår komma till slutsatser och många av dessa sker utan att vi själva är medvetna om varje steg i resonemangen, eller ens om att vi alls har resonerat oss fram till dem. Vi har alla upplevt hur vi plötsligt kommit på saker eller räknat ut saker, som en ingivelse, och har ingen aning om hur detta gick till. Det är inget mysterium, utan en följd av tidigare förvärvad kunskap. Intuitionen verkar inte ur ett intet.

Det är nog också så att den intuitivt framkomna lösningen inte är garanterat korrekt innan vi med förnuftet ändå granskar den. Det intuitiva svaret kan vara både rätt och fel, såsom hos Menons slav. Men intuitionen som princip indikerar att den oftast leder rätt, vilket möjligen kan stämma. Hur som helst har vi en tendens att lita på vår

---

[337] Platon, "Menon", *Skrifter i svensk tolkning*, övers. Claes Lindskog, vol. 2, 220f.

[338] Hans Larsson, *Intuition. Några ord om diktning och vetenskap*, 1892, 8.

intuition — kanske till och med mer än på vårt mödosamma rationella tänkande.

Intuitionen arbetar på ett annat sätt än det medvetna resonemanget. Man kunde likna det vid de bildgåtor som går ut på att man i ett gytter ska hitta en siffra, ett ord eller en symbol av något slag. Det tar tid att göra om man närgånget går igenom varje del av bilden för sig, men om man så att säga lutar sig tillbaka och tar in helheten kan det ofta leda till att man kvickt hittar det sökta. Även i ett kaotiskt gytter förmår vår hjärna hitta mönster — inbillade såväl som sanna.

Det är inte en rationell process, utan en mental kapacitet att se strukturer i kaos, ungefär som när man finner sin väg genom snårskog. Denna förmåga delar förmodligen djuren med oss, om än inte när det gäller abstraktioner. Forskare som trängt djupt in i ett ämne står inför en komplexitet som snart blir oöverskådlig för det medvetna tänkandet, men inte för det intuitiva sökandet efter mönster, eller för den delen avvikelser i ett befintligt mönster.

Självklart har intuitionen, sådan den nu är, varit delaktig i att utforma en uppfattning om samband och ordning i den stora och obegripliga värld som var våra förfäders. Detsamma torde gälla drömmar och vad vi kallar det omedvetna.

Men hur kartlägga sådant?

De visionära bidragen till skapelsemyters och kosmologiers utformning kan möjligen låta sig anas via sådant som inkonsekvenser, ologiska samband, överraskande hopp i beskrivna förlopp, och dylikt. Det är tveksamt om de låter sig mer än anas, så spårandet av dem kräver nog ingivelser av samma slags tänkande.

Homo rudis

I de allra flesta fall av våra klassiska religiösa och kosmologiska föreställningar kan vi bara gissa om deras ursprung. Dessa gissningar nödgas bli ganska långtgående, och det är inte otillbörligt. Mycket går att anta med viss trovärdighet.

Den religionshistoriska forskningen plägar gripa och följa trådar mellan religionerna, bakåt genom tiden, för att utröna var en föreställning först uppträdde och hur den sedan spred sig därifrån. Så finner man till exempel legenden om den stora floden, en översvämning som dränkte den mänskliga civilisationen, på så skilda håll som Främre orienten, Rom, Mellan- och Sydamerika, Australien, Filippinerna, Indien, Sydostasien och Västafrika.[339]

Det ställer sig svårt att övertygande länka alla dessa flodmyter till en och samma bildliga och bokstavliga källa, men i några fall är länken tydlig. Sumerernas myt om gudomen Enki som tröttnar på människornas väsnande och dränker allt liv utom Atrahasis familj och djur, som blivit varnade och klarat sig på en båt, bär uppenbara likheter med bibelns syndaflod och Noak.[340] Är det en och samma flod — verklig eller imaginär — som likt dess eget vatten fått sådan spridning? Det anses troligt. Samtidigt är det därmed lätt att tänka sig att floden i fråga har verklighetsbakgrund, om än inte lika storslagen som legenden sedan kom att måla upp den.

Lika slående är inte likheten med den zoroastriska flod av smält metall, som ska rena världen på de yttersta dagarna, eller den kinesiska åskgudomens stormflod, som det unga paret Nuwa och Fuxi räddar sig igenom på en farkost formad av en tand från samme gudom.[341]

Det är en förhastad slutsats att vid varje likhet mellan uråldriga urkunder förmoda en enda källa, ett ursprung som med tiden spritt sig och fått fäste än här, än där. Vi måste också pröva möjligheten att människor skilda åt av såväl tid som rum faktiskt kan få samma idé. Det är ingenting hos idéer och infall som utesluter från varandra obe-

---

[339] Robert Segal, "The Flood Myth", *History of Religions*, vol. 32, nr 1, 1992, 88.

[340] Arthur Cotterell, *Illustrated Encyclopedia of Myth & Legend*, 1992, 87.

[341] Ibid., 156 och 139f.

roende upprepningar, i synnerhet som människan genom årtusendena visat sig vara en riktigt fyndig varelse.

Det händer att floder svämmar över, likaså är på många håll skillnaden mellan ebb och flod betydande, varför idéer om en världsomfattande översvämning kan ha uppstått i flera huvuden oberoende av varandra.

Redan en enkel betraktelse leder till att somliga återkommande inslag i myter och föreställningar är att vänta, och andra inte. Förvisso skiljer sig medlemmar av vår art åt, såväl från tid till annan som i olika hörn av världen, men det är också en hel del vi har gemensamt. I den mån människans väsen och världen som omger henne spelar roll för vilka myter hon odlar — och nog måste dessa förutsättningar anses vara alldeles avgörande — borde det gå att resonera sig fram till vad för världsbild hon i en given miljö helst formar.

Sålunda, före en fördjupning i åldriga skapelsemyter, vore det önskvärt att först försöka utröna vilka föreställningar om världens tillblivelse som det finns skäl att vänta — om några. Vad för ingredienser är troliga och hur stämmer de kända kosmologierna med dem?

Detta nödvändiggör att det mänskliga sinnet betraktas som begränsat till vad det faktiskt kan observera. Det är inte någon särskilt snäv begränsning, men den exkluderar sådant som gudomliga viskningar i människors öron och andra ingivelser från utomstående källor, vilkas existens inte kan slås fast. Vi måste se människan och hennes hjärna som strängt fysiska ting, låsta till den fysiska världens villkor — så gott vi förstår dem. Det går att likna vid vad John Wilkins menade med naturlig religion:

> I call that Natural Religion, which men might know, and should be obliged unto, by the mere principles of Reason, improved by Consideration and Experience, without the help of Revelation.[342]

För Wilkins, en kyrkans man på 1600-talet, ledde det med självklarhet till en tro på Gud, samt "Suitable Affections and Demeanour towards him". Det ska vi inte utgå ifrån här.

Den obildade människan
Detta experiment kräver en färd till fjärran forntid, före alla de kunskaper och erfarenheter som den civiliserade människan fylls och omges av, bort från det vi tycker oss veta om såväl tillvaron som våra

---

[342] John Wilkins, *Of the Principles and Duties of Natural Religion*, 1675, 39.

förfäders begreppsvärld. Vi behöver skissera en människa som saknar allt vetande. Låt oss kalla henne Homo rudis, den obildade människan.

Vad vi ändå ger henne är vår förmåga till tänkande. Det är inte särskilt djärvt, eftersom människan mycket länge har varit utrustad med en hjärna av våra dimensioner. Neandertal, som dog ut för ungefär 40 000 år sedan, kunde till och med ha en något större hjärnvolym än vår.[343]

Vi kan förstås inte slå fast särskilt mycket om hur dessa tidiga hjärnor användes, men nog vore det märkligt om de enbart vilade i en väntans dvala. Om människor i neandertals dagar hade ett språk som dög att dryfta sina tankar med är troligt men inte oomtvistligt. Vi nödgas hur som helst ge vår Homo rudis talets förmåga, så att hon kan förmedla sin världsbild till sin avkomma och därmed bevara den för framtiden.

Mycket mer får hon inte. Homo rudis vet ingenting om atomer eller celest mekanik, om cellernas delning eller arternas uppkomst. Vad kan denna arma krake föreställa sig om världen?

Hon ser livets kretslopp från födelse till död, och kedjan av liv som löper från generation till generation. Hane förenar sig med hona och ett nytt liv blir följden. Barnet sväller i kvinnans sköte och tränger ut ur det, för att sedan växa, åldras, dö och vittra bort. Förgänglighet, förvisso, men också denna fantastiska följd av människor. Det är en hel del som Homo rudis kan bli varse och begrunda, även sådant hon inte förstår — men hon kan spekulera om allt det underliga som omger henne. Mycket märkligare vore om hon inte alls gjorde det.

Andra Homo

Det är inte särskilt revolutionerande att tänka sig en Homo rudis för att granska en aspekt av människan. Sedan Linné myntade *Homo sapiens*, den förnuftiga människan, för vår art har många varianter på ett passande epitet för oss lanserats. Johan Huizingas begrepp *Homo ludens*, den lekande människan, har nämnts tidigare i denna text.

Den franske filosofen Henri Bergson argumenterade för att ersätta Homo sapiens med *Homo faber*, den skapande människan, syftande på vår förmåga att uppfinna verktyg, som han ansåg vara mer signifikativt för vår art än förnuftet:

---

[343] John Waechter, *Man before history*, 1976, 65.

In short, intelligence, considered in what seems to be its original feature, is the faculty of manufacturing artificial objects, especially tools to make tools, and of indefinitely varying the manufacture.[344]

Förvisso har våra redskap varit tilltagande oumbärliga varefter de uppfanns, men det kunde knappast ha gjorts utan förnuftet. Bergsons alternativ kan sägas vara att våra händer i stället för vår hjärna har haft den största betydelsen. Men det vinnande receptet är kombinationen av dem.

Den tyske mytologen Walter Burkert, inspirerad av Konrad Lorenz bok *Aggression* från 1963, använde *Homo necans*, den dödande människan, och menade att när män blev jägare utvecklade de offerriter för att vänja sig vid dödandet och komma till freds med det. Han såg det som en metod att dämpa "the shock caused by the sight of flowing blood".[345]

Det är långt ifrån säkert att våra avlägsna förfäder skulle vara så känsliga, speciellt i en värld där människor i minst lika hög grad var villebråd. Och när det gäller själva offerriterna finns en mer näraliggande förklaring på i alla fall deras uppkomst — festmåltiden. Burkert beskrev själv hur det offrade djuret åts i en gemensam måltid.[346] Det är betydligt lättare att föreställa sig hur fällandet av ett stort djur ledde till en glad måltid för alla inblandade, än att det skulle ha uppstått som en ritual i våndan över blodspillan. För detta talar också den omständigheten, också nämnd av Burkert, att det endast var djurets oätliga ben som exklusivt tillägnades gudarna.[347]

Visst kan det vara så att dessa måltider med tiden utvecklades till riter av religiös eller så att säga psykoterapeutisk karaktär, men det var knappast så de började. Dessutom var det ett uteslutande manligt perspektiv Burkerts teori omfamnade. Blott männen var jägare och därför de enda som plågades av blodflödet.[348] Det borde rimligen innebära att endast männen deltog i offerriten och den efterföljande måltiden, vilket näppeligen var genomgående sedan dessa rituals uppkomst.

---

[344] Henri Bergson, *Creative Evolution*, övers. Arthur Mitchell, 1911 (originalet utkom 1907), 146.

[345] Walter Burkert, *Homo Necans: The Anthropology of Ancient Greek Sacrificial Ritual and Myth*, övers. Peter Bing, 1983 (originalet utkom 1972), 21.

[346] Ibid., 6.

[347] Ibid., 13.

[348] Ibid., 17f.

En rimligare förklaring är att ritualerna utvecklades ur måltider, som med tiden fick fler inslag och alltmer djupgående förklaringar. Festen föregår ritualen och hungern föregår heliggörandet av den. Mircea Eliade och andra använde begreppet *Homo religiosus*, den religiösa människan. För Eliade betydde det att människan till sin ursprungliga, primitiva natur var en religiös varelse, som såg världen som en gudomlig skapelse och därför helig:

> What we find as soon as we place ourselves in the perspective of religious man of the archaic societies is that the world exists because it was created by the gods, and that the existence of the world itself "means" something, "wants to say" something, that the world is neither mute nor opaque, that it is not an inert thing without purpose or significance. For religious man, the cosmos "lives" and "speaks." The mere life of the cosmos is proof of its sanctity, since the cosmos was created by the gods and the gods show themselves to men through cosmic life.[349]

Så gott som inget av det Eliade förutsatte om sin Homo religiosus vill jag medge för Homo rudis. Sådana dimmiga begrepp som religiös, gudar och heligt är till ringa hjälp för vår förståelse av våra förfäders tänkande, vilket har diskuterats tidigare i denna bok.

Ett par decennier före Eliades bok beskrev den holländske religionshistorikern Gerardus van der Leeuw Homo religiosus som antitesen till *Homo negligens*,[350] ett uttryck som *Svensk-Latinsk Ordbok* använder för ordet slusk, men här menas nog snarare den likgiltiga människan, som inte engageras i den religiösa upplevelsen.

Förvisso ser vi prov på båda typerna, men framför allt en mångfald av mellanliggande attityder, som dessutom varierar från fenomen till fenomen. Varje människa kan vara i någon mening religiös och i någon mening likgiltig, dessutom olika grader av tvivlande. Det finns inte bara två sorter av oss.

Den tyske religionsfilosofen Wilhelm Dupré använde tre begrepp — *Homo existens*, *Homo symbolicus* och *Homo religiosus* — vilka han såg som steg i sökandet efter mening, såväl hos den enskilde som hos mänskligheten som art. Det första begreppet, Homo existens, syftar på människan med blott basal kunskap och erfarenhet,

---

[349] Mircea Eliade, *The Sacred and the Profane. The Nature of Religion*, 1959, 165.

[350] Gerardus van der Leeuw, *Religion in Essence & Manifestation*, övers. J. E. Turner, 1938 (originalet utgavs 1933), 50.

föga mer än att hon lever och att detta började med födelsen och slutar med döden.[351] Det kommer nära Homo rudis. För mitt syfte är det dock inte relevant att följa Dupré i spåren när det gäller de följande två stegen, alldeles frånsett mina dubier om dem.

Homo mensura

Ytterligare ett homobegrepp är relevant för denna text — Homo mensura, vilket betyder människan som mått. Det har, som så mycket annat tänkande, sitt ursprung i Platon. Han tillskriver filosofen Protagoras följande yttrande: "Människan är alltings mått: måttet för det varande, att det är, och för det icke varande, att det icke är."[352]

Platon låter sedan Sokrates ovanligt ödmjukt och kanske överflödigt förklara Protagoras sentens: "Han menar väl antagligen så, att varje sak för mig är sådan, som den synes vara för mig, och för dig sådan som den synes vara för dig." Sedan ägnar Platon ett stort antal sidor åt att låta Sokrates avfärda Protagoras påstående, dock med stora sprickor i sitt resonemang.

Men det angelägna för denna bok är att Homo rudis i sitt tänkande måste utgå från sig själv och sina erfarenheter. Något annat kan hon inte. Därmed är det ofrånkomligt att hennes världsbild har en betydande mängd antropomorfa inslag. Hon behöver beskriva världen så att den verkar hänga ihop i hennes ögon, stämma överens med hennes perspektiv. Då måste hon så att säga förmänskliga den. Det betyder också att hon tenderar att fylla sin värld med varelser och väsen som beter sig ungefär som hon, och lyder under samma villkor som hon känner sig bunden till.

En modern variant på Homo mensura-principen, som förklaring på såväl religion som en lång rad mänskliga beteenden, har framförts av den amerikanske antropologen Stewart E. Guthrie. Han använder begreppet antropomorfism, som han menar är upphovet till religion och många andra föreställningar, och ser det som ett slags strategi för överlevnad: [353]

> I claim we anthropomorphize because guessing that the world is humanlike is a good bet. It is a bet because the world is uncertain, am-

---

[351] Wilhelm Dupré, *Religion in Primitive Cultures: A Study in Ethnophilosophy*, 1975, 119ff.

[352] "Teaitetos", *Platon. Skrifter i svensk tolkning*, övers. Claes Lindskog, vol. IV, 1985, 135.

[353] Stewart E. Guthrie, *Faces in the Clouds: A New Theory of Religion*, 1993, 3f.

biguous, and in need of interpretation. It is a good bet because the most valuable interpretations usually are those that disclose the presence of whatever is most important to us. That usually is other humans.

Han jämför det med Pascals trossats — att tro på Gud är tryggare än att inte göra det, för då kan man komma till himlen i stället för helvetet om man hade rätt, men inget händer om man hade fel.

Det har varit känt allra minst sedan de gamla grekerna att vi ser antropomorft på vår värld och sannerligen än mer så när det gäller våra gudomar. Däremot är det långt ifrån säkert att skälet för detta är den närmast evolutionsbiologiska process Guthrie beskriver. Att människan utgår från sig själv i uppfattningen av sin omvärld måste inte bero på överlevnadsinstinkt. Det kan vara fråga om att uppfatta och beskriva vår värld i former som är mest bekanta för oss.

När det gäller religionerna är Guthries antropomorfa modell ingen förklaring på varför och hur föreställningar om människolika väsen skulle göras till dyrkade och fruktade gudomar. Det borde snarare leda till en syn på alla väsen som likvärdiga. Betydligt troligare är den ofta formulerade teorin om att högre makter — såväl naturliga som inbillade — fick mänsklig gestalt för att bli mer begripliga. Med andra ord: människan har inte försökt behärska världen genom att göra den mänsklig, utan försökt förstå den genom att jämföra med sig själv.

Individuellt och socialt

Jag använder genomgående singularis i spekulationerna om Homo rudis, vilket är det bruklig när sådana begrepp används. Med Homo sapiens, Homo religiosus och så vidare menas alla människor som räknas in i kategorin, inte en specifik individ. Sammalunda med Homo rudis. Vidare använder jag femininum för henne, i linje med att människan också är en hon. Ändå är förstås inte bara kvinnor inkluderade i dessa begrepp.

En frågeställning väcks av detta — står Homo rudis för det individuella eller sociala perspektivet? Syftar begreppet på vad som rör sig i en enskild Homo rudis huvud eller på vad de alla har gemensamt, vilka föreställningar de delar med varandra?

Jag skulle säga både och, men det tarvar sin förklaring. I den ovanstående genomgången av teorier om människors föreställningsvärldar och hur de uppkommit, kan skönjas en skiljelinje mellan det individuella och det sociala perspektivet. Enkelt uttryckt, ska förklaringar sökas i psykologin eller sociologin? Under 1800-talet dominerades forskning i religion och mytologi av teorier som sökte mekanismerna i hur det enskilda mänskliga psyket fungerar, men därefter har modeller som utgår från sociala mekanismer vuxit i antal och betydelse.

Vi är sociala varelser och det är lätt att konstatera mängder av exempel på hur detta påverkar vårt tänkande. Redan språket i sig är ett socialt fenomen, som får sin utformning i det sociala sammanhanget och därmed i högsta grad inverkar på hur vi formulerar våra tankar, säkert också vad vi tänker på. Därmed är det ofrånkomligt att även våra föreställningar utformas under inflytande av det samhälle vi befinner oss i.

Detta är alldeles självklart när det gäller föreställningar som delas i en kultur. De utvecklas i samspel mellan medlemmarna av kulturen. Vad individerna må ha för alternativa föreställningar kan vi inte veta något om innan de delar dem med sin omgivning, och de är svåra att spåra om de inte får spridning. Alla föreställningar som vi känner till och kan studera har etablerats socialt och utformats därefter — kanske ofta även uppstått så.

Den franske antropologen och filosofen Lucien Lévy-Bruhl, själv ivrig förespråkare av det sociala perspektivet, citerade Auguste Comte: "Humanity is not to be defined through man, but on the contrary, man through humanity."[354] Lévy-Bruhl vände sig emot antropologers försök att spåra föreställningars ursprung till psyket hos en tänkt urtida primitiv människa, separerad från ett socialt sammanhang, helt enkelt för att en sådan inte går att finna:

> We might just as well hope to make scientific use of the idea of a human individual mind imagined to be devoid of all experience whatever. Would it be worth while to try and reconstruct the method in which such a mind would represent the natural phenomena which occurred within and around him? As a matter of fact, we have no means of knowing what such a mind would be like. As far back as we can go, however primitive the races we may study, we shall never find any minds which are not socialized, if we may put it thus, not already concerned with an infinite number of collective representations which have been transmitted by tradition, the origin of which is lost in obscurity.[355]

---

[354] Lucien Lévy-Bruhl, *How Natives Think*, övers. Lilian A. Clare, 1985 (originalet utkom 1910), 15. Han anger som källa *Cours de philosophie positive*, ett omfattande verk i sex volymer publicerade 1830–1842.

[355] Ibid., 23f.

Fast det kan verka som att Lévy-Bruhl avfärdade just experimentet med Homo rudis, håller jag med honom. Det är med gott samvete, eftersom min Homo rudis inte är fullt så rudis. Jag tänker mig henne i ett socialt sammanhang, dessutom med ett språk för att formulera och dela sina tankar. Något annat vore sannerligen meningslöst, eftersom vi har varit sociala varelser så långt tillbaka vi kan spåra vår art.

Det fanns inget stadium där människan levde ensam, och inget går att säga om vad människor föreställde sig innan de hade ett språk att uttrycka det med.

Det är inte ett problem. Huruvida Homo rudis har nått sina föreställningar via egna kontemplationer eller i samförstånd med sin omgivning är inte den relevanta frågan. Hon har ett inre och ett yttre, hon bär sitt samhälle med sig och interagerar med andra medlemmar av det. Det är sådan hon är — en kombination av privat och socialt tänkande. Annars vore hon inte mänsklig.

Man kan möjligen slå fast detta: de föreställningar som omhuldas av den kultur Homo rudis tillhör måste vara begripliga för henne. I annat fall skulle de inte få fäste.

Det måste råda en betydande grad av samstämmighet mellan individens och samhällets föreställningar för att de ska upprätthållas. Det betyder inte att de måste omhuldas av varje individ. Kanske är det rättare beskrivet som att föreställningarna måste vara tänkbara för så gott som samtliga. Tänkbara, men inte nödvändigtvis trovärdiga.

Det omvända är inte lika självklart sant: en individs privata föreställningar måste inte helt och hållet sammanfalla med samhällets. Den diskrepansen är vad som gör förändring möjlig.

Världsbilden som ett samhälle hyser skulle evigt bestå om inte individer vore förmögna att komma till andra, egna slutsatser. Ett paradigm bryts sönder när anomalierna hopar sig. Förstnämnda är kollektivt upprätthållet, sistnämnda individuellt påtalade. Så sker paradigmskiften, vilket Thomas Kuhn beskrev i *De vetenskapliga revolutionernas struktur* från 1962, om än han behandlade naturvetenskaperna.

Det finns en dynamik mellan det individuella och det sociala. Utan den skulle varje samhälle fastna i ett ständigt status quo. Ingen kultur kan förstås utan att både det individuella och sociala perspektivet inkluderas.

Homo rudis världsbild

Låt oss spekulera i vad Homo rudis, den okunniga människan i fjärran forntid, må tänka om världen och dess eventuella uppkomst. Hon tänker Homo *mensura* — utgår från sig själv och sin art, vad de erfar av världen och hur de lever sina liv. För det första, tänker Homo rudis att allt detta någonstans måste ha tagit sin början?

När det gäller människan själv är frågan om det fanns en första man och kvinna, urföräldrar till alla som därefter kom. I synnerhet om Homo rudis lever i en tid när de som föds är fler än de som dör kan hon knappast undgå att skåda bakåt i tiden och tycka sig se hur släktträdets förgreningar blir allt färre, för att vid någon tidpunkt nå till själva stammen — urföräldrarna. Om få blir fler, genom sin fortplantning, måste de förr ha varit färre och innan dess ännu färre. Någonstans har detta börjat.

Även om en befolkningsökning inte är tydlig måste Homo rudis spekulera om de första människorna. Vi föds och dör i en lång kedja. Det väcker tanken om den första länken i denna kedja. Eftersom varje individ har en begränsad livslängd torde det även gälla för hela släktet.

I Homo rudis ögon är det inte bara människorna som med sin förgänglighet och sin fortplantning låter ana en begynnelse. Detsamma måste gälla alla djur, förmodligen också växterna eftersom de spirar och med tiden skrumpnar.

Fler ting i Homo rudis värld antyder förgänglighet, om än av annan ordning. Månen gör sina varv, såväl över himlavalvet som över sina egna faser. Visst är dess bana över himlen stadig, och berörs varken av väder eller vind, men dess föränderlighet och rörlighet antyder ändå att den har en historia, att den är fånge i tiden. Solens bana är än stabilare, men inte mer än att detta väldiga ljus begravs under horisonten en stor del av dygnet. Fanns det en första gång som solen gick upp?

Likaså måste Homo rudis, om hon lever på något avstånd från ekvatorn, konstatera att solen vintertid inte orkar så högt upp på himlen och inte håller sig där så länge som på sommaren. Alltså är solen också en föränderlig storhet.

Vad gäller stjärnorna blir måhända Homo rudis en smula mindre bestämd. De rör sig visserligen över himlen, som sol och måne, men gemensamt i en beständig konfiguration — med några märkliga undantag, vilka rör sig så sakteliga i alldeles egna banor och med synnerligen varierande hastighet.

Avvikelserna hos de sistnämnda, planeterna, kräver dock observation över tid, något som inte självklart ska förväntas av Homo rudis. Med tiden måste hon ändå ha noterat detta, så påträngande som stjärnhimlen var om nätterna innan civilisationen uppfunnit egna ljus som tävlade med den.

De planeter som kan iakttas med blotta ögat — Merkurius, Venus, Mars, Jupiter och Saturnus — har förvisso spelat sin betydelsefulla roll i såväl kosmologi som mytologi sedan urminnes tid, så det är rimligt att räkna med att Homo rudis har förmåga att skilja planeterna från stjärnorna.

Hon sluter sig förmodligen till att såväl stjärnorna som planeterna bör ha bildats vid ungefär samma tid som sol och måne, eftersom de alla befinner sig högt ovan jordelivet. Alla dessa ljus måste en gång ha tänts.

Berget är förvisso stadigt där det sträcker sig mot skyn, men vid närmare bekantskap visar det sig vittra till sten, till grus och sand. Mullen ligger tung och kall på marken, men löses upp av regnet och sköljs bort av vågor vid stranden. De är inte beständiga. Vad är det, om något, som består?

Urtillstånd

Homo rudis ser efterhand blott en påtaglig storhet som tycks opåverkad av tidens tand. Det är havet, som kan resa sig i vrede när det stormar, dra sig tillbaka en smula vid ebb och återvända storslaget vid flod, men det är kvar — gränslöst, ofördärvat. Havet måste vara tidlöst, precis som det tycks ändlöst.

Det finns två omedelbara sätt för Homo rudis att uppleva havet — att stiga ner i det och att stiga upp ur det. I förstnämnda fall känns det till en början som att land är havets bädd, men efter ytterligare steg ut från land försvinner bottnen ner i djupet. Havets väldighet tar över, som om det inte vilar på land utan dränker det. Då vänder Homo rudis och erfar för varje steg landet resa sig ur havet, såsom hon själv gör på vägen upp. Hon konstaterar: land föds ur havet.

Det är i och för sig sant att den människa som inte sett havet, blott sjöar och vattendrag som ej är större än att blicken når från ena stranden till den andra, inte känner till ens denna storhet. För henne måste allt vara förgängligt, utom möjligen luften, den osynliga eter vars närvaro är så ofrånkomligt självklar att den kanske inte ens väcker tankar. Luften må göra sig påmind när den sätter fart, men eftersom den varken har någon påtaglig substans eller annan skönjbar gräns än nedåt, kommer nog Homo rudis att ta den för given, eller betrakta den som en beståndsdel i själva rummet.

Luften är ett fascinerande mysterium för Homo rudis. Hon andas den och kan känna dess vind när hon andas ut på sin handflata. Hon känner också luften om hon fläktar med handen. Något är där, om än osynligt, och det är överallt där inget annat är. Marken stoppar luften, liksom handen flyttar på den, men när marken ger vika eller Homo rudis gräver ett hål i den är luften genast där. Luften är oändligt följsam men omsluter allt. Det kan Homo rudis känna med sin hand.

Handen känner något liknande när den doppas i vattnet. Det omsluter handen med perfekt passform, hur den än rör sig. Det är trögare än luften, men fungerar på samma sätt. Men vatten tränger undan luft, så av de två måste vattnet vara överlägset luftrummet.

En ytterligare pusselbit är regnet. Vatten finns inte bara i hav, sjö och floder. Det faller från skyn. Homo rudis måste undra — sträcker sig havet på något sätt ända dit? När himlen täcks av mörka moln och regn faller från dem, är det havet som väller in över himlen? I så fall är luften inte ens oinskränkt härskare där.

Det är ändå sant att Homo rudis, om tanken faller henne in, måste betrakta även luften som evig, med till synes evig utsträckning ovan havet.

Homo rudis gör skillnad på detta luftrum och himlen. Himlens färg är i Homo rudis ögon belägg för att den skiljer sig i substans från den osynliga luften. Detta, och ögats intryck av ett himlavalv som fäste för stjärnorna, tolkar Homo rudis som ett solitt skikt högt uppe i luftrummet.

Tanken att himlavalvet fanns i urtillståndet är inte omöjlig för Homo rudis, ej heller att detta skulle kunna ha en skapande kraft. Men dess skiften från natt till dag visar att det inte kan ha ingått i det statiska urtillståndet. Därtill är himlen alldeles för föränderlig på så många sätt.

Eftersom varken solen, månen eller stjärnhimlen är oföränderliga tänker förmodligen Homo rudis att de en gång tillkom och dessförinnan rådde mörker. På natten är havet svart som olja och natt torde i Homo rudis huvud ha varit det rådande tillståndet före världens födelse. Natt och kyla. En död plats, som det måste ha varit innan livet väcktes. Mörkret föregår ljuset, döden föregår livet. Kall, som natten är i jämförelse med dagen och de döda är jämfört med de levande.

Urtillståndet måste vara stilla, eftersom i Homo rudis ögon bara vilja skapar rörelse, och vilja kräver liv. Därför kunde urtillståndet vara evigt, utan att det betydde något — före rörelse och händelser har tid ingen mening. Urtillståndet var ett dödens rike. Världen blev till genom att den fick liv. Därmed är urtillståndet det som återstår när man tar bort allt som förändras, alltså även cykliska förlopp. Kvar i världen är det evigt oföränderliga, som därför måste vara tillståndet före skapelsen.

Sålunda kan följande sägas om Homo rudis världsbild: hav och luft har alltid funnits, dock ej himlakroppar, land, växter, djur och människor.

Urväsen

Det måste ha funnits någon i detta urtillstånd, annars skulle inte världen kunna uppstå. För Homo rudis är en händelse omöjlig utan någon som åstadkommer den. Så också med skapelsen av världen. Den kunde inte uppstå utan att någon fanns som fick det att ske, vare sig detta var med eller utan vilje.

I ett urtillstånd som var evigt utan förändring kunde inget hända. Där behövde finnas någon med förmågan att agera. Detta urväsen måste ha funnits i evighet, precis som urtillståndet. Om det hade fötts krävde det att någon föregångare skapade det, och då vore föregångaren det egentliga urväsendet. Om det uppstod i urtillståndet utan någon skapare var det ändå närvarande där som potential. Det avgörande är att urväsendet fanns innan världen började förändras från sitt urtillstånd.

Det var inte nödvändigtvis så att detta urväsen skapade hela världen men det måste ha initierat världens tillblivelse, antingen genom att börja värvet på något sätt eller genom att skapa den eller de som sedan skapade världen. Urväsendet måste ha gjort något. Annars skulle urtillståndet aldrig ta slut. Men den enklast lösningen för Homo rudis vore att se urväsendet som världsskaparen — om inte skapare av allt i den, så åtminstone allt det viktigaste. Nästan allt.

En fråga som Homo rudis torde brottas med är hur urväsendet i det händelselösa urtillståndet kom sig för att agera och sätta igång världsskapelsen, i stället för att fortsätta i all evighet med att göra ingenting.

En nära till hands liggande lösning vore att urväsendet vaknade ur en sömn. Det blev medvetet om det mörka och kalla urtillståndet och skred till verket för att blåsa liv i detta. Sömnens passivitet är välkänd för Homo rudis, likaså den radikala skillnaden i uppvaknandet, som för människorna genast leder till handling. Sammalunda med djuren.

Om urväsendet i stället varit vaket hela tiden kunde förändringen komma när urväsendet helt enkelt tröttnade på stillheten och mörkret, och önskade något annat. Det måste hur som helst ha varit något inom urväsendet självt som förändrades, för att den eviga stillheten skulle kunna avbrytas — ingenting utanför urväsendet kunde åstadkomma detta.

Strängt taget började det med att urväsendet ville något. Därmed var världens tillblivelse igång, även om det inte var vad urväsendet ville.

Alternativet en oföränderlig värld

I viss mån är varje kosmologi baserad på en evig värld, i den mening att den inte har uppstått ur ett intet. I begynnelsen fanns alltid något, vilket har diskuterats ovan. Dock är det ändå stor skillnad mellan en kosmologi som stipulerar att världen alltid har varit ungefär densamma, och kosmogonier som skildrar en startpunkt för den värld vi känner och dessförinnan något väsensskilt, om än inte tomt.

Vad för omständigheter skulle ha lett till föreställningen om en värld som evigt varit i allt väsentligt densamma?

För att Homo rudis ska anamma den idén krävs inte bara att jord, himmel och hav syns eviga, utan också alla växt- och djurarter. Även människan själv. Om de skulle tänkas ha en begynnelse vore det svårt att komma ifrån att detta också måste gälla hela världen.

Ett kretslopp är dock fullt tänkbart i en evig värld — från en generation till nästa, från natt till dag, från årstid till årstid, och så vidare. Det är inte alls orimligt för Homo rudis att tänka sig en värld där allting går i repris, oändligen.

En evighet innefattar förstås både forntid och framtid, så det är lättast att föreställa sig om inget av vikt förändras genom människors liv. I vår tid vore det så gott som omöjligt att tänka sig, eftersom vi i vår historia, till och med under våra enskilda livstider, sett tillvaron förändras så mycket. Men jägar- och samlarfolk, som var de enda människorna på jorden ända fram till för ungefär 12 000 år sedan, torde ha sett världen som sig lik genom generationerna.

Det cykliska var uppenbart, om än inte oföränderligt. Människornas föräldrar var inte desamma som deras barn, årstiderna återkom men var långt ifrån identiska, dagarnas väder och nätternas stjärnhimmel varierade också. Där fanns upprepning men också förändringar. Helheten må ha varit cyklisk, men inte detaljerna.

Dock, ju mindre betydande detaljerna är, desto mer måste Homo rudis övertygas om en evig, cyklisk värld. Alltså: ju mindre förändringar Homo rudis ser under sin livstid och mellan generationerna, desto troligare är en övertygelse om en i grunden oföränderlig värld.

Det ger en antydan om att tron på en oföränderlig värld, om än cyklisk, torde ha varit den första föreställningen mänskligheten närde. Då var allt så gott som detsamma från generation till generation och det fanns inte någon metod med vilken man kunde bevara och förmedla erfarenheterna från avlägsna förfäder, som må ha levat under markant andra omständigheter eller på en helt annan plats.

Ett första villkor för människorna att bli varse mer än deras egen livstid är språket. Det behövs någon form av språk för att uttrycka sina erfarenheter så att följande generationer kan bevara dem och jämföra med sina egna. Innan detta blev möjligt kunde knappast Homo rudis tro annat än att världen var evigt oföränderlig. Å andra sidan är det föga sannolikt att hon utan ett språk alls kunde formulera en kosmologi, och omöjligt för henne att dela en sådan med andra.

Att föreställningen om en evigt oföränderlig värld är så svårfunnen, såväl i textkällor som i muntliga traderingar, kan mycket väl bero just på att när människorna fick språket fick de också med tiden ett längre perspektiv på tillvaron, där föränderligheten framträdde och kunde förmedlas. Språket gjorde via muntlig tradering för varje generation historien allt längre och därmed medvetenheten om att livsvillkoren inte var statiska.

Först med språkets uppkomst kan Homo rudis ha formulerat tron på en evig värld. Dessförinnan torde människorna ha tagit detta för givet, utan att begrunda saken eller kunna förmedla den. Bland lingvister spekuleras om att språket kom till senast för cirka 100 000 år sedan, eller så långt tillbaka som runt två miljoner år. Dessförinnan vore en gemensam kosmologi omöjlig.

Tron på en evig värld kan ha varat fram tills de med språket förmedlade erfarenheterna spänt över tillräckligt många generationer för att tillvarons föränderlighet skulle bli tydlig. Detta tidsspann kunde förstås variera betydligt mellan folkgrupper, beroende på hur pass de blev varse stora och betydande förändringar i sin livssituation. Det vore förstås möjligt för en folkgrupp som aldrig utsatts för drastiska förändringar att vidmakthålla tron på en evig värld, i synnerhet om de förblivit i samma geografiska område och försörjt sig på samma sätt.

Hur som helst, eftersom språket redan med snåla uppskattningar varit med oss så länge kan det knappast hjälpa till med att fastställa en allmängiltig tid för när tron på en oföränderlig värld byttes mot en kosmogoni. Även med ett fungerande språk under utveckling, torde det ha dröjt mycket länge att nå fram till en kosmologi över huvud taget, och än längre för föreställningen om en värld som haft en begynnelse.

Det är en dramatisk skillnad i tempus som krävs mellan det

eviga och det föränderliga — från ett ständigt presens till både imperfekt och futurum. Människan måste i uråldrig tid ha levat i ett ständigt nu, för att sedan gradvis ha förnummit ett förflutet och anat en framtid, förstnämnda förmodligen långt före sistnämnda. Tidsuppfattningen och dess utveckling torde vara en nyckel till forntida kosmologisk föreställning. En kosmogoni är bara tänkbar för dem som har en långsträckt uppfattning om det förflutna.

Men också denna förmåga är med all trovärdighet så pass gammal hos människan att den inte räcker för att fastställa en tidpunkt för introduktionen av kosmogonier. Vad som ändå kan sägas är att människor som hade föga behov av en tideräkning längre än från dag till dag knappast gjorde förmågan att se ett längre tidsperspektiv till grund för sin kosmologi.

Det är alltså svårt att konstatera mer än att föreställningen om en evigt oföränderlig värld blott hade fäste hos människor som levde en till synes oföränderlig tillvaro, med försumbara förändringar mellan generationerna. Så betraktas, förmodligen i en grov förenkling, naturfolkens liv ännu idag. Ändå är det även bland dem svårt att hitta denna föreställning, vilket indikerar att också de har upplevt och registrerat betydande förändringar över tid.

Skapare

Människor måste vara två för att föröka sig, sammalunda med djuren. De är sin avkommas skapare, såsom deras egna föräldrar är deras skapare, sammalunda bakåt till de allra första. Men dessa första måste ha föregåtts av någon eller något annat, som skapade dem.

Homo rudis tänker sig denna första skapare som något slags väsen, inte bara ett ting, eftersom en handling måste föregås av en vilja till den. Det behöver inte vara en särdeles omfattande avsikt bakom, men utan ett initiativ av något slag sker ingenting. Detta gäller ju även människors fortplantning. Bara det som är rörligt kan skapa rörelse, och bara levande väsen kan skapa levande väsen.

Eftersom djur och växter har levnadslopp som liknar människans och utgör såväl hennes omgivning som försörjning, tänker Homo rudis att de bör ha skapats ungefär samtidigt med henne och på ungefär samma sätt. Enklast och troligast är då att de skapats av samma väsen som alstrade människan.

Men måste Homo rudis tänka sig en skapare? Kanske ser hon hellre begynnelsen på släktena som ett närmast slumpmässigt startskott, utan någon bakomliggande intention. Också i en sådan betraktelse måste hon ändå referera till vad som omger henne.

Varken människa eller djur uppkommer så att säga utan förspel.

Hane och hona trånar efter varandra, förenas och förökar sig omständligt. Utan älskog inget barn. Här tycks stränga villkor råda. Därför tänker sig Homo rudis att också de första människorna och djuren är tillkomna som ett resultat av någons handling.

Med växterna kan det däremot vara svårare för henne att säga något bestämt, innan hon genom att börja odla dem får andra perspektiv. Med dem kan det alltså vara hugget som stucket, till en början. Det är inte lätt att se hur de fortplantar sig. Å andra sidan har Homo rudis observerat att växter, precis som djur, är små i början för att med tiden bli stora, precis som människor och djur. De både växer och förökar sig, men sistnämnda utan synbart eget handlande.

Växandet är i sig en tankeväckande omständighet för Homo rudis. Det syns gälla såväl människor som djur och växter, så något har de alla gemensamt. De går från späd barndom till fullvuxen storlek — och allihop verkar ha en förutbestämd höjd som de inte överskrider — för att sedan liksom skrumpna och slutligen vittra bort. Tiden det tar dem varierar förvisso, men inte förloppet.

Detta är i sig ett mönster som Homo rudis måste uppfatta som en allmängiltig livsbetingelse. Vad det kan bero på, dock, är ett mysterium om vilket hon bara kan fantisera.

Handling måste föregå uppkomsten av människorna och djuren, förmodligen också växterna, men inte nödvändigtvis någon medveten plan. En skapare skulle mycket väl kunna råka åstadkomma det, ungefär som man och kvinna kommer samman utan att just fortplantning var vad som förestod dem.

Måste denna skaparhandling utföras av ett högre väsen, och inte låt oss säga av blott lufts och vattens möte? Men i så fall uppstår andra underligheter. Om människan kom till i mötet mellan elementen, då bör också djuren ha gjort det — och varför är de då olika? Mångfalden kräver sin förklaring. Vidare skulle de två elementen fortsätta att spotta ur sig levande varelser, och angenämare former av fortplantning bleve överflödiga.

Bättre då att tänka sig en skapare, möjligen själv uppkommen ur naturens grundelement, och sedan låta denna varelse ombesörja allt som därefter följer.

Lika enkelt är det inte med världen i övrigt. Havet och luften är eviga och saknar därmed skapare. Land må ha rests ur havet och berg rests ur land, men de är så annorlunda mot levande varelser att det förmodligen skedde på annat sätt och därför kanske av en annan kraft. Sammalunda med sol, måne och stjärnor.

Havet rör sig ständigt, men förblir detsamma. Även himlen, själva luftrummet, består fast så mycket händer där. Himlen rämnar inte, luften försvinner inte hur det än blåser. Dessa rörelser i havet och på himlen måste åstadkommas av något eller någon, likaså vinden som ömsom viner och mojnar, molnen som kommer och går i föränderliga skepnader, regnet som faller för att uppslukas av jorden.

Om alla dessa rörelser vore konstanta skulle Homo rudis inte reflektera över vad för vilja som låg bakom — men de varierar, somliga mer eller mindre cykliskt men aldrig helt utan variation. Andra rörelser är fullständigt oförutsägbara. Därför måste ett initiativ ligga bakom dem. En någon, inte bara ett något.

Och det måste ha en begynnelse. Innan dess var havet stilla och luften orörlig. Inga vågor, ingen vind. Kanske vinden satte havet i vågor, men någon måste ha väckt vinden. Någon införde rörelse i den eviga stillheten. Om det skedde av sig självt skulle även rörelse vara evig, och då skulle inget nytt kunna ske i den. Resten av världen skulle inte kunna komma till.

Denna någon skulle i och för sig kunna vara några, men inte ingen. Någon eller några satte luft i rörelse, en vind som satte vågor i rörelse på havet, och dessa vågor föste upp land ur havet, där vinden drev upp berg ur landet. Så kan Homo rudis föreställa sig skapelsens inledning.

Då fanns en värld, men den var mörk och livlös. Näst på tur blev att tända himlens alla ljus att lysa upp världen. Ordningen kunde inte vara den omvända, eftersom himlens ljus behövde en himmel att ta plats i.

Men därmed var inte nog. Vad vore vunnet med en öde värld? Först med växtlighet, djur och människor blev den komplett. Innan dess var den blott en scen utan skådespelare.

Homo rudis söker förklaringen på den värld som omger henne, med alla dess ingredienser. Växter, djur och människor skapades när det fanns en värld att placera dem i. Med det var världsskapelsen fullbordad.

Skapelsen är en berättelse som slutar när allt som finns i Homo rudis egen värld har kommit till. Och det har kommit till genom någons eller någras gärning.

Monoteism eller polyteism

År 1757 slog David Hume i sin text om religionens naturhistoria med övertygelse fast:

> Om vi betänker det mänskliga samhällets utveckling från sin primitiva början till ett tillstånd av större fullkomlighet, tycks det mig att

polyteism och avgudadyrkan var, och med nödvändighet måste ha varit, mänsklighetens första och äldsta religion.[356]

Han slöt sig till detta genom att konstatera att "hela mänskligheten var polyteistisk för 1700 år sedan", alltså före kristendomens framväxt, och han såg det som otänkbart att mänskligheten dessförinnan skulle ha bekänt sig till vad han menade vara en högre form av religion — monoteism (han skrev "teism") — för att sedan överge den:

> *Det skulle innebära att de upptäckte sanningen medan de var okunniga och barbariska, och hemföll åt villfarelse så snart de uppnådde bildning och belevenhet.*

Polyteismens uppkomst förklarade han med att den uppstod ur ett intresse för människornas egna livsvillkor, inte ur "begrundan av naturens mekanismer". Det sistnämnda, ansåg han, skulle obönhörligen ha lett till teistiska insikter.[357]

Det går att resa flera invändningar mot hans resonemang, framför allt vad gäller hans syn på monoteismens överlägsenhet. Det går även att ifrågasätta om monoteism alls har existerat, vare sig förr eller nu, i den rena form som Hume syftar på. Men ekot av hans resonemang går att förnimma i efterföljande teorier.

Religionshistoriker har länge dryftat huruvida monoteism eller polyteism var den äldsta formen av gudsdyrkan. Så innebär till exempel E. B. Tylors teorier om animismen hos forntidsmänniskorna av nödvändighet en mångfald gudomliga väsen. Sammalunda med Herbert Spencers och James G. Frazers teorier om att människors rädsla för bortgångnas andar ledde till förfädersdyrkan.

En inledande monoteism, däremot, blir konsekvensen av bland andra Sigmund Freuds resonemang om oidipuskomplexet som upphov, samt prästen Wilhelm Schmidt, som hävdade en urmonoteism, med annorlunda men ungefär lika besynnerliga argument.

Dessa resonemang gäller i och för sig gudomar som sådana, oavsett deras roller i skapelsen. Det är aningen bakvänt. För Homo rudis är antalet gudomar inte det primära, utan hur många det må ha krävts för att världen skulle bli till.

---

[356] David Hume, "Religionens naturhistoria", *Om religion*, övers. Joachim Retzlaff, 1992 (originalet utkom 1757), 30.

[357] Ibid., 34.

Begreppen gud och gudom är efterkonstruktioner tillkomna i jämförande religionsvetenskap. När Homo rudis snickrar på en världsskapelse handlar det om vilket eller vilka slags väsen som måste ha varit närvarande och verkat för att världen skulle uppstå. Att kalla dem gudar eller gudomar är att förutsätta egenskaper hos dem som inte nödvändigtvis gäller. För Homo rudis är det viktiga inte vad de är, utan vad de gör. Frågan är alltså vad för slags väsen, om några, Homo rudis antar att själva tillkomsten av världen har krävt.

I det initiala skedet kräver skapelsen blott en, som sätter igång den. Vad denna skapare, eller världsstartare, är för slags väsen har Homo rudis förstås svårt att beskriva, men något kan sägas om de egenskaper världsstartaren måste ha för att uträtta sitt värv. Exempelvis förutsätter det självklart att detta väsen fanns innan världen gjorde det, alltså i urtillståndet, och att väsendet hade förmågan att förverkliga sitt initiativ. Det är en hel del, redan där.

För en människa vore det omöjligt att genomföra något sådant storverk, så världsstartaren måste i den meningen vara övermänsklig. Inget hindrar att Homo rudis föreställer sig hur många övermänskliga skapare som helst med tiden, men det förefaller ofrånkomligt att hon med dessa väsen tänker sig en som var först och sedan gav upphov till de andra. Annars vore deras genealogi outredd. Åtminstone vill hon betrakta ett väsen som ursprunglig världsstartare, den som så att säga tog det första spadtaget.

I och för sig, om vår Homo rudis vurmar för att också övermänskliga väsen måste föröka sig genom avel, då bör det ha varit två även om detta första spadtag. Dock, om de förökar sig som folk gör mest, uppstår frågan hur detta första par kom till. De måste i så fall i sin tur ha en skapare, och så var vi tillbaka där vi började. Homo rudis vill åtminstone inte i förstone göra det så komplicerat för sig.

En annan avigsida med tanken på ett övermänskligt par som föräldrar till de första människorna är att om två sådana väsen parar sig, hur skulle deras barn kunna bli något annat än övermänskliga väsen? Då behövs andra förklaringar för övriga delar av skapelsen.

En ensam skapare kringgår också den svåra frågan med könsbestämning. Den ursprungliga skaparen är i någon mening hermafroditisk, eftersom en regelrätt make eller maka inte behövs. Kanske skulle det ändå leda till en gestalt med en smula manliga drag, mest för att det kvinnliga könets apparatur och betydelse i den tvåkönade fortplantningen är så mycket mer uppenbara och påträngande. Mannen är närmare det könlösa, vad han än själv anser om det. Å andra sidan kunde vi lika gärna antaga en kvinnlig gestalt, eftersom denna kommer framfödandet, den konkreta skapelsen, betydligt närmare — ur henne tränger det nya livet fram.

Dock — en varelse som är alldeles ensam som källa till hela skapelseakten, det är svårt för Homo rudis att tro på. Kanske skaparen ensam kan lyfta land ur havet och täcka det med grönska, men när det kommer till att föda människorna behöver skaparen något mer. Alldeles ur intet går det ej, om mänskligheten därefter ska tåga på för egen maskin och vara tydligt åtskild från sin skapare. Här behövs ett material att börja värvet med, att forma och på något sätt ge liv.

Därmed återkommer frågan om könsbestämning av skaparen, på så vis att könens polaritet borde råda även mellan skapare och material. Försåvitt skaparen har övervägande manliga drag, torde dennes material vara så att säga kvinnligt i meningen mottagare av livets essens, och skapelsen äga rum utanför skaparens kropp. Om däremot skaparen har mer kvinnliga särdrag, bör hon ta till sig materialet och sedan framföda skapelsen ur sin kropp.

Fullt hermafroditisk blir då blott den skapare som befruktar sig själv, eller ur egna kroppsdelar formar världen.

Livgivare

Det är ofrånkomligt att vår Homo rudis uppfattar livgivandet som själva nyckeln. En mänsklig gestalt kan knådas av lera, men något helt annat krävs för att denna figur ska gå omkring och göra väsen av sig. Det som ger skaparen rätten till titeln är just förmågan att ge liv — form och substans är av ringare betydelse.

Liv är inte bara för Homo rudis den största gåtan. Vad kan det vara? Det är oomtvistligt i sin närvaro och lika uppenbart frånvarande när det lämnat någon. Ändå syns det inte, visar varken färg eller form eller tyngd. Ingen kan peka på vad det är som liket har förlorat och som gjort det till ett lik.

Forskare som letar i människans forntid pekar på dödens stora, hotfulla mystik och hur den måste ha skärrat och förbryllat människorna. Med så avlägsna föregångare som neandertal och cromagnon är det framför allt deras gravar som bevarats så pass att de låtit sig studeras. Neandertal har lämnat många gravar efter sig, ibland med platta stenar över likens huvuden och stenredskap lagda vid dem. Också i cromagnongravar lades stenredskap, samt vad som anses vara smycken av snäckskal. I gravar från senare perioders förhistoriska människor hittas även mat och kläder.[358]

[358] Norbeck, 26 ff.

Gravarna brukar ses som belägg för religiositet, men var det inte i förstone undringar om livet som väckte dessa seder? Om vår Homo rudis betraktar å ena sidan det gastande nyfödda barnet, och å den andra sin nyss avlidna förälder — måste hon inte då konstatera att barnet äger något som den gamla förlorat? Döden är alltså avsaknaden av detta obegripligt märkliga, som levande människor fylls utav. Det måste vara livet som fängslar Homo rudis mest, inte dess frånvaro.

Också om hon omständligt begraver sina döda och lägger deras verktyg bredvid dem, förhåller hon sig mer till livet än till döden. Hon undrar om denna död är evig eller blott en ofantligt utsträckt sömn, hon frågar sig om det liv som flytt ur kroppen fortfar att kämpa ungefär som människor gör genom varje levnadsdag, fast någon annanstans. Kanske anser hon endast att när en människas kropp är förverkad, är också hennes redskap och smycken det. Hur som helst är det livet som står i centrum för hennes tanke och handling — inte döden.

Teorierna om neandertals gravar är också föremål för kritik. Fynden kan mycket väl ha andra förklaringar än rituella begravningar.[359] I kapitlet om religionernas ursprung nämns några andra tänkbara skäl till att människor begravde sina döda redan för mycket länge sedan.

Nå, hur ska Homo rudis förklara detta liv? I ärlighetens namn — om inte vi, med all vår kunskap och alla våra sinnrika apparater lyckats peka ut och isolera livets essens, annat än som ett ytterst noggrant kartläggande av alla dess kroppsliga uttryck, hur ska Homo rudis kunna nå längre? Hon står inför en olöslig gåta, som hon bara kan ge ett svävande försök till svar. Hon måste gissa och förstår att det bara är en gissning. Vad för världsbild hon än skisserar, förblir detta en svag punkt i den, nödtorftigt maskerad bakom kryptiska symboler eller begrepp som hon inte själv helt och fullt förmår definiera.

Livet gör sin entré och sin sorti, i båda fallen ofta till synes nyckfullt. Ibland är det förvisso lätt att se varför, som när bytet slutar sprattla under kniven eller den nedslagna fienden tystnar och ger upp andan.[360] Men lika ofta syns människor dö helt utan anledning. Somliga har blivit gamla, vad det nu kan spela för roll. Återigen

[359] Peter Rowley-Conwy, "Fanns det en neanderthalreligion?", *Bra Böckers encyklopedi om människans historia*, vol. 1, 1993, 70.

[360] Ge upp andan är ett uttryck som sannerligen förtjänar kontemplation, såväl vad gäller begreppet anda som idén att ge upp den.

andra — och det är för vår stackars Homo rudis plågsamt många — dör innan de ens nått könsmognad, eller till och med redan då de lämnar moderlivet.

Nog måste en högre makt ha sitt finger med i detta? Någon som är precis lika osynlig som livet självt tycks styra över det, som den behagar. Vad är rimligare än att just denna makt en gång inympat livet i mänskligheten? Och om denna makt förmår styra över själva livet, inte skulle den någonsin själv ge det ifrån sig. Nej, en sådan makt måste ha evigt liv.

Detta leder Homo rudis till denna tanke: Även hos levande varelser på jorden finns något som borde vara beständigt — just det som inympats i dem av gudomarna för att de skulle komma till liv. Bara gudomarna kan ta ifrån dem detta. Kroppar kan förgås, men inte detta beständiga frö från gudomarna som då lever vidare någon annanstans, på något annat sätt.

När kroppen dör återstår blott detta gudamaterial, som därför närmar sig gudomarnas värld och blir del i den. De döda kan möta gudomarna och språka med dem, men inte längre med de levande.

Denna livets essens, given av gudomarna, beskrivs i många traditioner som ande eller anda, en livsenergi som har många namn men också många likheter i olika kulturer: grekiskans *pneuma*, latinets *spiritus*, det hebreiska *ruach*, kinesiskans *qi*, och så vidare. Likheten med luften, eller snarare syret i luften, är ofta slående.[361] Även Homo rudis bör ana att luften eller något i den är livsavgörande, eftersom de som dör slutar andas och andningen är vad människan klarar sig kortast tid utan.

För evigt liv uppstår en paradox, som bland andra Hjalmar Söderberg begrundat: evigt liv kan lika lite ha någon startpunkt som en slutpunkt. Söderberg lät sin romanfigur Martin Birck redan som 15-åring se detta som ett enkelt sätt att avfärda tankar på det hinsides. Evigt liv måste betyda en existens också före jordelivet, om vilken vi inget minns. Därför bör vi räkna med att vid övergången till ett nästa liv inget minnas om det här, och vad spelar det då för roll?[362]

Har vi någon respekt för den tankeförmåga som Homo rudis behöver tillerkännas måste vi räkna med att hon drar slutsatsen att en verklig herre över livet, en som inte någonsin dör, har heller aldrig fötts. Det måste finnas någon som alltid har funnits, och denna någon styr över livet.

---

[361] Stefan Stenudd, *Life Energy Encyclopedia*, 2008, 13.

[362] Hjalmar Söderberg, *Martin Bircks ungdom*, 1967 (första utgåvan 1901), 79.

Det vore i och för sig tänkbart för Homo rudis att en första livgivare själv uppstod i begynnelsen, men i så fall på ett helt annat sätt än någon form av födelse. Det måste ha skett utan att detta väsen fick sig liv tilldelat, för annars måste någon eller något ha gett det liv och vore i så fall den ursprungliga livgivaren. För Homo rudis är den närmast liggande lösningen att livgivaren är evig.

Evigt mot intet

I det föregående resonemanget finns inte mycket som skulle leda till föreställningen om ett intet före tillkomsten av världen, vad religionsvetare kallar *creatio ex nihilo*, skapelse ur intet. Ett sådant intet måste ha varit lika svårt för våra föregångare som för oss själva att åskådliggöra. Det är lättare, åtminstone som en tankekonstruktion, att skissera det eviga.

Även om vårt moderna synsätt talar vardagligt om en begynnelse och utveckling för hela kosmos, borde vi inte utan skäl förutsätta ett sådant tänkande hos våra avlägsna förfäder. Det är rimligare att de såg sina omgivande fenomen som eviga, så länge inget talade för motsatsen.

Somligt hade de skäl att se som förgängligt — sig själva och djuren, kanske även jord, sol, måne och stjärnor — medan de såg annat som evigt, till exempel havet och luften. Också den sorts gudom som en skapare utgör vore enklare att föreställa sig som evig.

Ja, det vore ofantligt mycket lättare att föreställa sig ändliga inslag i en oändlig värld, även om det oändliga är en ringa del, än en värld som uppstått ur intet. Bara under speciella betingelser torde Homo rudis söka andra förklaringar.

Alltså har vi ett evigt skaparväsen, existerande någonstans mellan det eviga luftrummet och det eviga havet, som vid en viss tidpunkt tar itu med sitt skaparvärv.

När ska då detta ske? Var i evigheten inträder det ögonblick då skapelseakten tar sin början? Så mycket lär inte hända i denna torftiga evighet av stilla hav, luft och mörker, som plötsligt skulle sätta fart på skaparen.

Begynnelsens problem

Tidigare nämndes möjligheten av en oavsiktlig skapelseakt, men en sådan är svår att motivera i den händelselösa evigheten. Om det skedde utan någons initiativ borde det ha skett från början och någon sådan finns inte i evigheten. Om däremot skaparen själv vill skrida till verket, då är evigheten föga mer för ett sådant väsen än en konstpaus före det första steget.

Försåvitt skaparen alltid haft intentionen att skapa blir det lättare att förstå hur ett startögonblick kan uppträda i evigheten. Det är i och för sig lika möjligt att skaparen helt enkelt ledsnar på evigheten och vill bryta denna monotoni. Vem skulle inte vilja det? Ett ensamt väsen som existerar i urtillståndet kommer förr eller senare, med eller utan en plan, att avbryta oföränderligheten genom att införa förändring. Det vore i längden omöjligt att låta bli.

Vidare, eftersom skapelsen har en startpunkt i denna evighet, borde den också få en slutpunkt. Det glider visserligen utanför denna skrifts ämne, men är en följd av ovan angivna villkor. En slutpunkt är så gott som ofrånkomlig i varje kosmologi som beskriver föränderlighet. Då inträder nya problem: skulle skaparens avsikt bara vara en enda stunds förlustelse och sedan evinnerlig händelselöshet? Nej, antingen innebär slutet en början på något annat, eller går alltihop om från början igen — kanske med några modifikationer, revisioner, som när nya bilmodeller ersätter gamla. Kanske inte.

Begynnelsens problem är lika centralt som livets mysterium. Homo rudis kan lösa det på annat sätt än det ovannämnda. Antag att evigheten är ett stort, händelselöst mörker, till exempel ett stilla urhav, där plötsligt skaparen uppstår — utan minsta självförskyllan. Det blir då denna skapares omedelbara längtan att blåsa liv i stillheten och tända ljus i mörkret. Skaparen är själv blott en skärv i evigheten och behöver sällskap, som då bör bli likasinnat.

I detta fall är skillnaden ringa mellan skapare och skapade, vare sig dessa är gudomar eller människor. Allihop är dödliga, allihop i grunden hjälplösa mot det eviga mörkret som lurar i bakgrunden. Ur det fick de sin begynnelse och tillbaka i det kan de en gång ryckas in.

I en sådan kosmologi är det evigheten och inte skapelsen, som på sätt och vis har huvudrollen. Den är inte den trösterikaste av modeller. Otänkbar är den ändå inte, i synnerhet hos ett samhälle som känner sig mäkta föga mot naturen och dess krafter — och det var alla samhällen vid Homo rudis tid.

Viljans makt

Något behöver sägas om *viljan* i Homo rudis kosmologi. Väldigt mycket händer i hennes värld som hon inte ser orsaken till — men det betyder inte att hon sluter sig till att orsak saknas. Hon behöver bara gå till sig själv. Hon tar inte ett enda steg utan att först vilja det och ge det en riktning.

Hon kan också observera hur rovdjur angriper sina byten för att äta dem, och för den delen hur bytesdjur flyr för att inte bli ätna.

Därför är det nära till hands att föreställa sig alla förlopp i naturen som uttryck för en eller annan form av vilja. För att något ska kunna ske måste någon eller något vilja det. I Homo rudis ögon skulle annars allt förbli i oföränderlig oändlighet.

Det innebär inte att Homo rudis kommer till samma uttalade insikt som Aristoteles om den ofrånkomliga ordningen orsak och verkan, ända tillbaka till vad han kallade den första röraren, första orsaken. Med rörare menade han någon som skapade förändring, satte saker i rörelse, vilket vore lätt att fatta även för Homo rudis. Vem rör den som rör, och därmed: vems rörelse är källa till, och opåverkad av, all annan rörelse? Homo rudis är inte oförmögen att ställa sig samma fråga.

Nyckeln är vilja. Liksom Aristoteles kan Homo rudis knappast föreställa sig en naturlig automatik. Det måste finnas en intention bakom. En vilja. I Europas tankevärld dröjde det till Isaac Newtons celesta mekanik innan det blev uppenbart med ett universum som skötte sig självt, utan en styrande viljekraft som oavbrutet kontrollerade allt.

För Homo rudis är det så att världen styrs av viljor, inte att den sköter sig själv. Varför annars skulle dagars och nätters längd variera, liksom väder och vind? Nyckfulla viljor måste ligga bakom dessa ting. Sammalunda med människors öden, i allt det som står utanför deras egen kontroll. Andra viljor råder över människorna, vad de än själva vill. Dessa övermänskliga viljor är nödvändiga att förstå om de någonsin ska kunna blidkas.

Homo rudis är förstås inte förmögen att göra sannolikhetskalkyler. Den matematiken utvecklades inte till något tillförlitligt förrän under de senaste århundradena. Inte heller slumpen som sådan är begriplig för Homo rudis, eftersom den skulle tarva en betydligt mer avancerad förklaring än viljan gör. Egentligen är det först med kvantfysiken som slumpen har givits en distinkt plats i naturvetenskapen.

Homo rudis anar en vilja och avsikt bakom allt som händer. I några fall är viljan hennes egen, men aldrig i det stora hela perspektivet. Så hon måste fråga sig — vilken vilja är det då? Och vad månde dess syfte vara? Själv agerar alltid Homo rudis med vilja att åstadkomma något, så hon kan inte se annat än att det måste gälla varje vilja.

Homo rudis kosmogoni

När det gäller den kosmogoni som i enlighet med det ovanstående skulle anammas av Homo rudis finns det flera vägar att gå, särskilt om man beaktar vilken miljö som Homo rudis lever i — vid havets rand eller djupt inne i skogen, i en någorlunda välmående flock som glatt förökar sig eller i ojämn kamp mot strängare livsvillkor, och så vidare.

Då de ovanstående resonemangen ska sammanföras är det nödvändigt att begränsa dessa möjligheter, vilket må vara hänt så länge vi är medvetna om dem. Till exempel tänker vi oss den framgångsrikt förökande människan, för att hennes världsbild har bäst chans att spridas och bevaras. Vidare säger vi att hon har sett havet, eftersom med tiden ett ansenligt antal människor bör ha stött på det — men något bör ändå sägas om dem som saknar den erfarenheten.

Här följer ett antal troliga inslag i Homo rudis syn på sin världs begynnelse, uppdelat på några elementära komponenter.

Skapelse
För Homo rudis kunde världsskapelsen inte ha begynt utan att ett urväsen initierade den, vid ett uppvaknande eller av leda. Annars hade världen för evigt blivit kvar i sitt oföränderliga urtillstånd. Urväsendet måste ha varit den ursprungliga skaparen, utan vilken världen inte kunde ha blivit till.

Helst tänker sig nog Homo rudis att urväsendet sedan genomförde hela skapelsen, eller i alla fall det mesta av den — men andra lösningar vore också tänkbara. Urväsendet kunde ha inlett det hela med att på något sätt framföda en världsskapare. I så fall skulle därefter urväsendet förmodligen sjunka tillbaka in i urtillståndets mörker, såsom genom att somna om. Annars vore snart rivaliteten mellan de två snabbt ödesdiger och hela skapelsen kunde göras om intet.

Ändock vore för Homo rudis det enklaste och trovärdigaste händelseförloppet att urväsendet skapade hela världen. Vad det därefter må ha gjort är en annan historia.

Skaparmetod
Urväsendet hade blott dessa beståndsdelar att utgå ifrån vid den initiala skapelsen: sig självt och urtillståndets element, som var urhavet och luftrummet ovanför havsytan. Skaparmetoden kunde därmed vara det ena eller andra materialet, samt en blandning av dem. Vad som användes bestämde vad som därav kunde skapas.

Om urväsendet enbart använde sig självt kunde blott likartade väsen skapas. Använder vi begreppet gudomar vore det alltså bara möjligt för denna urgudom att ur sig själv framföda andra gudomar, inga andra varelser.

Om blott urtillståndet användes, exempelvis genom att hav och luft blandades eller transformerades till andra material, kunde det i och för sig ge uppkomst till andra gudomar, men de vore då oändligt underordnade urväsendet. För Homo rudis vore det dock fullt tänkbart att jorden och dess natur bildades så, kanske även sol, måne och stjärnor.

Att också djur och människor kunde ha tillkommit på detta sätt vore inte lika trovärdigt, ty något måste skilja dem betydligt från världen de lever i. Då vore det mer lockande med tanken att åtminstone människorna skapades i en blandning av urtillståndets element och något från urväsendet, såsom en kroppsvätska eller ett andetag — för att blåsa liv i dessa varelser.

Det kunde också bli en mer komplicerad skaparprocess efterhand, där material som framställts ur urtillståndet kombinerades på olika sätt för att åstadkomma nya skapelser. Det skulle förklara naturens mångfald.

Eftersom Homo rudis inte kan föreställa sig evolutionen måste de första exemplaren av alla växter och djur ha skapats en gång och var därefter som arter oföränderliga. Även människan.

Det vore svårt för Homo rudis att föreställa sig en skapelse utan ett material, att urväsendet bara önskade eller befallde fram sina skapelser ur intet. Så går det aldrig till i den värld Homo rudis är bekant med. Allting uppstår ur något, kan hon se även om hon inte förstår hur.

Första skapelsen
Ett urväsen som vaknat ur en sömn skulle förmodligen först vilja lysa upp det mörka urtillståndet, såsom vi alla önskar ljus när vi slår upp ögonen. Därför torde skapelsen börja med solen, månen och stjärnhimmel, inte nödvändigtvis i den ordningen.

Om andra gudomar tillkom skedde det förmodligen i samband med att himlens ljus tändes — strax före eller efter, men definitivt innan jorden och dess invånare uppstod. Sedan vore turen kommen till att skapa jorden och efterhand all dess natur. Sist människan och med hennes tillkomst vore skapelsen avslutad.

Om urväsendet däremot agerade beroende på leda vore nog den första åtgärden att ordna sällskap — alltså andra gudomar, möjligen allra först en maka eller make att fortplanta sig med. Annan avkomma från dem än gudomar vore inte möjlig.

I och med att andra gudomar fötts i detta scenario brådskade det inte med skapelsen av världens alla beståndsdelar. Världen och allt i den blev snarare ett slags förlustelse för gudomarna, eller experimentverkstad om man så vill. Det kunde dröja länge innan människor skapades och det var inte alls säkert att gudomarna såg detta som något slags mål. Snarare kan de ha ångrat sig och övervägt att göra denna skapelse om intet.

Förvisso skulle även ett urväsen som vaknat ur sömnen kunna skapa andra gudomar — i så fall också som en första aktivitet. Men de skulle inte ha samma starka ställning som i den värld skapad för att få ett slut på ledan i urtillståndet, och urväsendet skulle vilja skynda med att skapa återstoden av världen — såsom den människa som vaknar är ivrig att ersätta den nattliga ron med en hel värld i dagsljus, full av liv och rörelse.

För båda alternativen gällde ändå att skapelsen slutar med människans tillkomst — av det enkla skälet att därefter tappar människorna intresset för historien.

Det betyder inte nödvändigtvis att skaparen och eventuella andra gudomar såg människan som skapelsens krona. Homo rudis har svårt att tänka sig en sådan särställning, då den värld som omger henne inte visar belägg för det. Innan civilisationen hade hunnit bli märkvärdig nog att ge människorna näst intill hybris torde knappast deras kosmogonier ha gett dem en plats upphöjd över andra djurs, än mindre vara favoriserade i själva gudomarnas ögon.

Att såväl växter som djur och människor måste ha skapats efter världens tillkomst var nödvändigt för att de behövde någonstans att leva. Det fanns dock inget hinder för att djur och människor skapades så gott som samtidigt, så länge det först fanns en värld som kunde rymma och göda dem. Ändå vore det underligt om inte Homo rudis i sin kosmogoni ger sig själv en bemärkt plats. Eftersom hon inte kan ha varit först att komma till får det bli sist.

Med människans uppdykande anser nog Homo rudis skapelseberättelsen vara avslutad. Andra berättelser kan ta vid men för själva kosmogonin hade satts punkt.

Gudomar
Vad vi kallar gudomar kan Homo rudis föreställa sig såväl en ensam sådan som ett gytter av dem, men i urtillståndet kan det bara ha funnits ett urväsen. Annars vore det inte ett urtillstånd. Rymde det två eller fler gudomar skulle där vara fullt av aktivitet. Det vore inte troligt att allihop sov, ej heller att de skulle känna sig uttråkade nog att förändra allt så radikalt — de hade ju varandras sällskap.

Andra gudomar än urväsendet kunde blott bildas ur detta urväsen självt, dess kroppsvätskor eller kroppsdelar. Det vore därmed inte nödvändigt med en maka eller make, men så fort en sådan fanns bör övriga gudomar ha tillkommit genom makarnas fortplantning, ungefär som med människor. Sedan kunde dessa gudabarn i sin tur föröka sig och bli ett stort antal.

Om däremot urväsendet bara skapade gudomar ur sig självt torde dessa ha blivit få — och tydligt underordnade urväsendet. Ju fler som tillkom på detta sätt, desto mindre dignitet hade de. Urväsendet behöll sin överhöghet.

Tillkom i stället gudomar genom fortplantning mellan gudomar blev hierarkin mellan dem mindre uttalad. De var så att säga av samma art som till och med själva urväsendet. Därmed skulle det kunna gå så långt att de revolterade mot urväsendet och besegrade det. Frågan är dock om Homo rudis hade funnit den utvecklingen rimlig. Det vore ju att slå mot sin egen tillblivelse, ett mäktigt företag för både gudomar och människor, med risk att bli förödande för alla inblandade.

Hur som helst behöver begreppet gudomar diskuteras. Urväsendet är den nödvändiga initiatorn av världsskapelsen, vilket inte måste betyda en evig närvaro och roll därefter. Det kan exempelvis ha strukit med i skapelseprocessen, i synnerhet om den genomfördes huvudsakligen utifrån det självt, eller återvände det till sin sömn efter sitt värv. Att klassificera urväsendet som en gudom tillför inget som med nödvändighet måste ha varit där.

Det gäller även eventuella andra så kallade gudomar. Barn av urväsendet kunde bli likartade varelser, eller helt enkelt stjärnor på himlen, eller sätta jordelivet i rörelse som naturkrafter. Deras förmåga och funktion utgjorde deras väsen. De kunde försvinna lika fort som de uppstod och kanske inte ens lämna några spår efter sig. De kunde också växa till att överträffa sin skapare. Vad de hade gemensamt var egentligen blott att de var väsensskilda från djuren och människorna, mer länkade till urväsendet än till den skapade världen. En särskild art som inte lydde under jordelivets lagar.

Homo rudis uppfattar många besynnerliga makter i tillvaron, som är drivande i naturens många skiften och skeden, men det betyder inte att dessa kan jämföras med urväsendet och dess eventuella ättlingar. Strängt taget borde Homo rudis ursprungligen ha tänkt sig så få väsen av vad vi kallar gudomligt slag som möjligt för att få ihop världens tillblivelse och fortsatta förlopp. Om en räckte vore det att föredra, för enkelhets skull.

De kunde ändå bli väldigt många med tiden, eftersom Homo rudis kräver en verkande kraft, bakom varje händelse. För de många förlopp i världen där den verkande kraften var osynlig blev gudomar ett slags förklaring. Osynliga väsen låg bakom osynliga drivkrafter.

Precis som gudomar rimligen borde ha uppstått en i taget över tid, är det troligast att Homo rudis i förstone håller tillgodo med en gudomlig överhöghet. Eventuella ytterligare gudomar kommer senare, när mytologin börjar blomma — och kanske helt enkelt för att gudsföreställningar från olika kulturer möts och behöver jämkas ihop.

Människan

I en strikt monoteism har människan den självklara huvudrollen och gudomen har inte mycket annat att ombesörja än hennes väl och ve. I polyteismen får däremot människan svårt att hävda sig bredvid gudomarnas strålande skara, och förflyttas därför till periferin. Den ensamma gudomen har en plan, medan en gudaskara är nyckfull och har sinsemellan alla möjliga hyss för sig. Människan är därför antingen central eller ytterst perifer, beroende på antalet gudomar.

Homo rudis ser det dock annorlunda. Oavsett om hon tror på en eller flera gudomar kan hon inte föreställa sig att människan skulle kunna ha en huvudroll i deras ögon. Inget i hennes tillvaro antyder en så framskjuten plats i världen. Hon kan själv uppfatta sig som unik bland djuren, men det är i hennes egna ögon. Varken djuren omkring henne eller ännu mindre gudomar ovanför henne torde dela den synen. För Homo rudis är människorna en djurart bland alla de andra, kämpande som de för att överleva.

Det innebär inte att Homo rudis måste föreställa sig en gudaskara i stället för en ensam gudom, men det sker lättare än i en världsbild som ger henne huvudrollen. Andra övermänskliga makter kan uppstå för att förklara det ena och det andra i tillvaron. Det är troligt. Ändå uppfattar hon att världsskaparen har en särställning som ingen av de andra ens är i närheten av.

Homo rudis ser sig omgiven av många obegripliga makter, som kan komma att beskrivas som ett slags gudomar, alltså antropomorfa men ändå övermänskliga. Dock, om de inte har deltagit i skapelsen av världen kan de inte mäta sig med urväsendet.

Idén om en gudom som tar som sin huvuduppgift att lotsa mänskligheten framåt kan inte komma förrän mycket senare, när den mänskliga civilisationen börjar få verklig förmåga att tygla naturen och dominera över den, såsom med jordbruket.

I Homo rudis blygsamma perspektiv skapades de första människorna av något som inte kan ha varit bara från skaparens egen kropp, annars blev de dennes likar. I stället måste skaparen ha använt annat tillgängligt material, vilket inte kunde vara blott det som fanns i urtillståndet — återigen för att människorna inte skulle bli skaparens likar. De är bundna till jorden och kunde därför inte uppstå innan den fanns.

Homo rudis vill ändå ge människan en särskild plats och anser därför att denna skapelse kom sist. Det särskiljer människan från de andra djuren. Samtidigt gör det henne underställd gudomen eller gudomarna, hennes ursprungliga föregångare. Människan kunde inte vara först, så om hon inte heller var sist blir hennes ställning alltför marginaliserad. Vilken annan skapelse, förutom gudomarna, skulle förtjäna en mer upphöjd plats än människan — när det är hon som skriver historien?

Skrivna urkunder

De allra flesta skapelsemyterna har inte sitt ursprung i skrifter, utan i muntlig tradering genom många generationer. Detta är sant även för många av de myter som vi känner via åldriga skriftliga källor. De hade en historia dessförinnan, då de blott förmedlades muntligt.

Ändå är det följande urvalet av kosmologiska traditioner enbart sådana som nedtecknats i skrift — antingen så tidigt att deras författare är höljda i forntida dunkel, eller i några fall där de förhoppningsvis har dokumenterats trovärdigt innan de kan antas ha förvanskats av tidens tand och omfattande inflytande från andra föreställningsvärldar.

Dessa andra föreställningsvärldar är i huvudsak en — kristendomen. Dess missionärer reste land och rike runt för att konvertera andra kulturers folk och det var även de, jämte antropologer och etnologer från samma kristna kulturkrets, som samlade och tolkade det mytologiska material vi fortfarande i hög grad är beroende av för vår förståelse av många kulturers kosmogonier.

Det är förstås si och så med hur säkert andra kulturers inflytande och förvanskning kan undvikas, i synnerhet när nedtecknandet inte har gjorts av dem för vilka dessa traditioner ännu var levande. Man får helt enkelt hålla tillgodo med vad som står att finna, och i stället beväpna sig med vaksamhet gentemot etnocentrisk färgning av materialet.

Det är gott om den varan.

De valda källorna är sådana där extrahering av framför allt den kristna kulturens inflytande i någon mån låter sig göras. Det utesluter tyvärr så gott som alla kosmogonier utan egna skriftliga källor och som därför har nått oss enbart genom andra- eller tredjehandstolkningar. När ändå sådana inflytanden inte kan uteslutas förs det på tal och materialet benas upp så gott det går.

Ett tydligt exempel på framför allt kristet inflytande är att så gott som samtliga återgivningar av andra kulturers mytologier kallar världsskapare och andra övermänskliga väsen gudar. Det gäller även de texter som har använts i det följande. Termens relevans går sannerligen att diskutera men är i denna mängd svår att exkludera. Jag har valt att i mina kommentarer växla mellan gudar och gudomar, beroende på sammanhanget, för att ändå påminna om att alla dessa väsen inte kan likställas med vad som i kristen tradition menas med ordet gud.

Urvalet är baserat på syftet med denna bok — att spåra så pass okomprometterade tankemönster i tillblivelsen av dessa kosmogonier att de säger något om det mänskliga tänkandet. Det är i dessa skapelseberättelser sällan lika ograverat av kunskaper som hos Homo rudis, men i alla fall ringa tuktat av vetenskapliga lärdomar om hur det egentligen förhöll sig med människans och hela världens tillblivelse. Man kunde bara gissa och fantisera.

För att pröva resonemangen om Homo rudis och tänkandets triangel torde dessa exempel trots alla aber vara användbara. Det kräver dock en noga och detaljerad betraktelse av texterna, vilket är anledningen till de många fotnoterna och resonerande kommentarerna.

Syftet är inte att knåda dessa myter tills de passar in i ovannämnda modeller. Ett sådant försök till standardisering är precis vad som bör undvikas. Anomalier är att förvänta och det är en del av poängen. Kan betraktandet av avvikelser från det förväntade röja något mer om myten än vad den i förstone syntes utgöra? Med andra ord, är modellen användbar både på vad som stämmer med den och vad som inte gör det?

Låt oss se.

Enuma elish, Babylonien

Ur Enuma elish[363]

Då ovan himlarna (ännu) icke nämnts,
medan jorden icke nämnts med namn
(och) Apsu, den förste, deras avlare,[364]
Mummu[365] *(och) Tiamat*[366], *hon som skulle föda dem alla,*
blandade sina vatten med varandra,
under det att kultgemaken (ännu) ej sammanfogats,
sävhyddorna ej skådats;
då gudarna (ännu) ej lyst fram, ingen av dem,
(och) de ej nämnts med namn och ödena ej bestämts,
då föddes gudar i deras[367] *sköte:*

---

[363] Alfred Haldar, *Det babyloniska skapelseeposet*, 1952, 39. En senare svensk översättning är Ola Wikander, *Enuma elish. Det babyloniska skapelseeposet*, 2005, men den avviker marginellt från Haldars och där så sker signifikant påpekas det i fotnoter.

[364] Apsu, den underjordiska sötvattenoceanens gud. Mircea Eliade, *Essential Sacred Writings*, 1992, 108.

[365] Mummu, som möjligen betyder "skepnad", är Apsus tjänare (Cotterell 1992, 223). D. D. Luckenbill, "The Ashur version of the Seven Tablets of Creation", *American Journal of Semitic Language and Literature*, vol. 38, no. 1, 1921, 15, kallar Apsu, Mummu och Tiamat de tre elementen av kaos. Alexander Heidel, *The Babylonian Genesis: The Story of Creation*, 1963 (första upplagan 1942), 3, kallar Mummu deras son, bestående av ånga från de båda vattnen. Betydelsen på detta ställe är dock omtvistad. Eliade (1992, 108) menar att Mummu här är ett epitet till Tiamat, kanske med betydelsen "moder". Stephanie Dalley, *Myths from Mesopotamia: Creation, the Flood, Gilgamesh, and Others*, 2000, 233, översätter här till "maker". W. G. Lambert, *Babylonian Creation Myths*, Winona Lake 2013, 51, skriver "demiurge". Wikander (2005, 77) menar att det betecknar en "skapande kraft" men också är en ordlek med namnet på Apsus tjänare. Haldar (1952, 22) anser att det är genom Mummu som Apsu och Tiamat förenas.

[366] Tiamat, saltvattenoceanens gudom (Eliade 1992, 108).

[367] Apsus och Tiamats (Haldar 1952, 74. Även Eliade 1992, 108). Wikander (2005, 35) skriver "då skapades gudarna i deras inre".

Lahmu och Lahamu[368] *glänste fram*[369], *de nämndes med namn.*
Tidsåldrarna blevo stora och växte.[370]
Anshar och Kishar föddes, väldigare än de förra.[371]
De gjorde dagarna långa, fogade år därtill.

Enuma elish betyder helt enkelt "Då ovan", det vill säga de två första orden i texten. Detta namn gav babylonierna sin skapelseberättelse, som finns på sju lertavlor med sammanlagt 994 textrader.[372] Ingen av de bevarade tavlorna har tillkommit senare än cirka år 1000 före Kristus, men berättelsen räknas som betydligt äldre än så — kanske så mycket som ytterligare tusen år.[373]

Stora delar av innehållet har sumeriskt ursprung, vilket framför allt visar sig i gudanamnen, som ofta är mycket lika eller identiska med sumeriska motsvarigheter.[374] I samtliga översättningar jag sett kallas de gudar, inte gudomar, även i sentida versioner. Nedan växlas mellan de båda begreppen, beroende på sammanhanget.

Alfred Haldar beskriver nämnandet som synonymt med att skapa, varvid följer att det babyloniska urtillståndet saknar såväl

---

[368] Inget mer än namnen är känt om dessa gudar, kanske anknyter *lah* till ljus (Haldar 1952, 22f), kanske betyder namnen istället slam (Cotterell 1992, 168). Enligt Wikander (2005, 78) betyder Lahmu "den hårige". W. G. Lambert, "Mesopotamian Creation Stories", *Imagining Creation*, Markham J. Geller och Mineke Schipper (red.), 2008, 19, säger att inget är säkert om de två gudarna, men att det fanns en hårig Lahmu i sumerisk-babylonisk mytologi, som dock inte hade någon kvinnlig partner. Eliade (1992, 108) säger blott att de är den första generationen gudar.

[369] I stället för "glänste fram" skriver Wikander "blev till". Dalley skriver "emerged" och Lambert (2013, 51) "were formed", men William Muss-Arnolt, "The Babylonian Account of Creation", *The Biblical World*, vol. 3 nr. 1, 1894, 19, skriver "shone forth" och E. A. Wallis Budge, *The Babylonian Legends of the Creation and the Fight between Bel and the Dragon*, British Museum 1921, 32, "were made to shine".

[370] Wikander skriver "När de vuxit upp och blivit stora".

[371] Anshar, det övre universum [*an*=himmel, *shar*=universum], Kishar, det nedre universum [*ki*=jord] (Haldar 1952, 74). Shar betyder också horisont (Wikander 2005, 79).

[372] L. W. King, *Enuma elish: The Seven Tablets of Creation*, 1976 (faksimil från 1902 års utgåva), vol. 1, XXIII.

[373] Haldar (1952, 13), samt Eliade (1992, 98).

[374] King 1976, vol. 1, LXXIX.

himmel som jord.[375] Sålunda finns i begynnelsen endast två hav — sötvattnets, som är Apsu, och saltvattnets, Tiamat — samt Mummu, som tycks föra dem samman. Det märkliga är, eftersom varken jord eller himmel ännu bildats, hur haven innan dess hållits isär. Svårigheten blir förstås störst för Apsu, vars sötvatten ska vara underjordiskt.

Nämnandet som en skapelseakt får inte tas för bokstavligt, trots att det stämmer så behändigt med "varde" i bibelns Genesis. Detta åskådliggörs även några rader längre ner, där det först sägs att gudarna ej lyst fram och sedan att de inte nämnts med namn. Turordningen antyder att nämnandet inte är lika med skapelse. Kanske kan det onämnda i stället ses som ett slags a priori, i den meningen att himmel och jord ännu inte fått sina invånare, gudarna ännu inte sina roller.

Senare i texten får guden Marduk bevisa sin värdighet genom att med blott ordets makt få en klädnad att försvinna och sedan återuppstå. Där, i motsats till inledningen på berättelsen, är ordets magi uppenbar och tydlig:

Befall att förstöra eller att skapa, så skall det ske.
Öppna din mun, så skall klädnaden bli till intet,
befall åter, och klädnaden skall vara hel![376]

Mummu, som är en aktiv figur i Enuma elish, har en svårbegriplig roll i begynnelsen. Inget nämns om hans tillblivelse, vilket antyder att han fanns redan från början. Om det är Mummu som för de två urkrafterna samman så att de föder fram gudar, är det då inte Mummu som är den egentliga skaparen, i alla fall ett slags katalysator?

I slutet på Enuma elish nämns Mummu som "skapare av himmel och jord, som styr molnen". Han knyts till regnet, så att han kan "bringa molnen att avtaga", vilket antyder en högst rimlig länk mellan salt- och sötvatten. De förenas genom nederbörd.[377]

Dock är Mummus senare roll inte alls ledande. Han förblir blott en tjänare åt Apsu, om än ganska initiativrik. Det är han som eggar Apsu till att vilja döda gudarna när dessa tar sig ton, men där hans herre möter döden blir han själv i förstone blott fängslad. Texten är

---

[375] Haldar 1952, 73.

[376] Ibid., 53.

[377] Ibid., 66f.

märkligt oklar över Mummus öde. Han beskrivs som blott fånge, för att senare uppges vara dödad.[378]

Därefter sägs inget mer om Mummu.

Mummu liknar snarast den i mytologier ofta förekommande figur som brukar kallas *trickster*, ett slags busfrö bland gudomarna, full av upptåg, knep och manipulationer — ibland välvillig men lika ofta lömskt illvillig.

Det är genom att blanda sina vatten, sött och salt, som Tiamat och Apsu föder gudarna. Här finns en elegant logik — vatten är det eviga, här i form av hav och underjordisk källa, men de är två och olika, kvinna och man, varför deras förening gott kan leda till något tredje.

Om deras förstfödda, Lahmu och Lahamu, kan anknytas till ljuset både genom sina namn och genom att de "glänste fram", som Alfred Haldar föreslår, får vi en logik och följd i skapelsen som påminner om bibelns Genesis, vilket Haldar också påpekar som ett argument för tolkningen.[379]

Förvisso finns en närhet mellan urkunderna i både geografi och tid, men det är ändå vanskligt att förutsätta likheter mellan dem. I det här fallet är kopplingen osäker och Haldar är ensam om sin tolkning bland de versioner av Enuma elish jag har sett. Ändå är det frestande att skänka hans version en tanke. Det finns inte någon annan välunderbyggd förklaring av deras roll i den babyloniska skapelsen.

Först efter att Lahmu och Lahamu har fötts breder tiden ut sig och, antyds det, förflyter. Det är en liten indikation på att dessa gudar kan ha med ljuset att göra. Två ljus, ett manligt och ett kvinnligt, med vilkas entré tiden får sin gång — det gör tanken frestande att de representerade solen och månen i någon föregående form av denna kosmogoni, fastän Enuma elish senare (i den femte av textens sju lertavlor) anger Marduk som skapare av dessa och andra himlakroppar.[380]

En övre och nedre värld bildas i Anshar och Kishar. Förmodli-

---

[378] Ibid., 42 och 45

[379] Ibid., 23.

[380] Lambert spekulerar i att Lahmu och Lahamu är två grindar eller grindstolpar som håller upp himlen och skiljer den från jorden, men det är en märklig ordning då himmel och jord bildas senare i Enuma elish. W. G. Lambert, "The Pair Laḫmu—Laḫamu in Cosmology", *Orientalia Nova Series*, vol. 54 no. 1/2, Rom 1985, 199.

gen är det horisonten som på detta sätt ritas ut.[381] Det är en elegant beskrivning av världens två storheter, himmel och jord. Gränsen mellan dem, var än betraktaren befinner sig, är just horisonten.

Det är ur Anshars och Kishars förening, var annars än vid denna horisont, som himmelsguden Anu sedan bildas.

Apsu och Tiamat föder inte människor, utan gudar. Snart nog ska dessa revoltera mot sina föräldrar, till och med förgöra dem. Segrande ur gudarnas stora slag går Marduk, vilket är en tydlig bild av hur babylonisk kultur övervinner sumerisk. Många av gudarna och legenderna delas av de två kulturerna, men Marduk har ingen motsvarighet hos sumererna. I Enuma elish väljs han av de andra gudarna till härskare och lovas all makt om han lyckas besegra Tiamat, vilket också sker.

Det är sedan Marduk som så småningom tar initiativet till skapandet av människorna, fastän det är hans far Ea som står för själva hantverket. Människorna formas av blod och ådror från den avrättade guden Kingu, som var en av anstiftarna till gudarnas krig.[382] Marduk anger tydligt sitt syfte med att vilja skapa människor — de ska behaga gudarna:

> ... jag vill skapa urmänniskan, Människan,
> för att dyrkan av gudarna må åligga honom,
> och de må bli lugnade.[383]

Tankemönster i Enuma elish

I Enuma elish förekommer flera av de sex former av skapelse som Charles H. Long angivit, och som behandlats tidigare. Här finns världsföräldrar, ett slags trickster, även det urhav som för Long är en bild av kaos. Mircea Eliade nämner även den styckade urtidsvarelsen, representerad här i form av Tiamat, vars kropp Marduk använder för att bygga världens olika komponenter.

Denna komplicerade skapelseberättelse, där till exempel himmel och jord tycks bildas flera gånger, där gudomarna är många och deras äventyr omfattande innan skapelsen fullbordas, är uppenbarligen en blandning av flera källor. Babylonierna har lånat en hel del

---

[381] Wikander (2005, 79) och Cotterell (1992, 185).

[382] Haldar 1952, 58f.

[383] Ibid. I Wikander (2005, 62) beskrivs människans uppgift: "Han skall bära gudarnas bördor, så att de kan få vila." Samma tolkning gör Dalley (2000, 261) och Lambert (2013, 111).

av sumererna, men det kan gott finnas ännu fler traditioner häri. Vid läsning är det lätt att ana hur flera pusselbitar fogats samman även om de inte alltid passar perfekt ihop.

Ändå beskrivs med klarhet ett urtillstånd — sött och salt vatten, som förenas, kanske av regnet, och sätter igång skapelseprocessen. Sedan dröjer det innan människan gör entré, framför allt eftersom de många gudomarna först har att göra upp sinsemellan.

Att gudomarna blir många är ofrånkomligt, då de med sina egenskaper står naturkrafterna nära och av sådana finns det ett antal. Likaså, eftersom de första gudomarna skapas av själva urvattnen, torde det vara svårt för dem att i sin egen ståtliga förening bilda något så förgängligt som människor. Här måste först bli fråga om något slags degenerering — eller, för att tala i termer av denna kosmogoni, en urvattning. En gudoms blod må vara gudomligt, men inte fullt så gudomligt som de vätskor vilka födde de första gudomarna.

Med gudomarna i Enuma elish är det vidare så att de näppeligen är odödliga. Flera av dem stryker med, däribland de allra första. I sina trätor och karaktärsbrister verkar de även i övrigt ganska mänskliga — om än storslagnare. Deras drama känns onekligen mänskligt men, som amerikaner uttrycker det, *larger than life*.

I den tänkandets triangel som tidigare skisserats befinner sig därmed berättelsen på den sida som hör konsten till, och spåren av en dramaturgi är märkbara. Om det var så att gudomarna formades ur naturkrafter och sedan gick till storms mot varandra, är det lätt att tänka sig hur dessa dramatiserande inslag lätt for iväg med berättelsen, så att den med tiden blev ett alltmer omfattande och episodrikt äventyr. Därmed blir det ytterst vanskligt att extrahera den sida av babyloniernas kosmogoni som skulle kunna kallas vetenskaplig — åtminstone efter det initiala skapelseögonblicket.

Ej heller den moraliska sidan av tänkandets triangel har någon framstående plats i Enuma elish. Med undantag för Marduks introduktion och tilltagande dominans, som är babyloniernas sätt att förklara sin gudoms och därmed sin egen överhöghet, tycks denna kosmogoni inte bemöda sig särdeles om lag och fostran.

En intressant detalj i detta sammanhang är ändå orsaken till gudomarnas krig: Apsu och Tiamat störs av sin avkommas buller och sturskhet. De yngre gudomarna gaddar sig samman och far omkring i muntra upptåg. Det påminner inte så lite om varje äldre generations problem med sina tonåringar: "deras handlande var otillbörligt — de hade blivit vuxna."[384]

---

[384] Haldar 1952, 39.

Det är inte unikt för denna kosmogoni att en sådan källa till irritation dyker upp och leder till agg mellan de första och de efterkommande. I flera myter händer det att en skapare ångrar sitt värv och vill ha det ogjort.

Skapelse ur två vatten

Någon skapelse ur intet beskriver ej Enuma elish. De två vattnen Tiamat och Apsu var närvarande innan skapelsen begynte, förmodligen även Mummu. Vattnet är ett element som är mycket vanligt i skapelsemyters beskrivning av ett urtillstånd. Det originella och finurliga här är att detta urtida vatten är två — salt och sött, hav och sjö. Homo rudis har lätt att förstå det upplägget.

För babylonierna var dessa entiteter också symbolerna för det kvinnliga och manliga. Därmed var dessa urväsens fortplantning inget mysterium, i motsats till de kosmogonier som börjar med en ensam gudom.

Att det började med en duo innebar också att motsättningar låg betydligt närmare till hands än om skapelsen initierats av ett enda väsen. Det krävs minst två för att en konflikt ska uppstå och även om den i Enuma elish inte uppstod mellan just dessa två blev den tänkbar, för att inte säga förväntad, i och med denna polaritet i begynnelsen. Dessutom var det lätt hänt att föräldraparet blev föremål för barnens revolt när de vuxit till sig. En kamp mellan generationerna.

I och med att skapelsen började med ett par var det också följdriktigt att ytterligare gudomar föddes, såväl ur dem som sedan ur deras barns föreningar. Människorna hamnade ofrånkomligen rätt långt efter och fick en låg ställning i enlighet därmed.

Marduk har huvudrollen

Det är ändå inte skapelsen ur urtillståndet som tar mest plats i Enuma elish. Den är snabbt avklarad redan i början på den första lertavlan. I stället är detta i huvudsak en berättelse om Marduks raska karriär till att bli alla gudomars överhuvud. Detta kulminerar i den sjunde och sista lertavlans uppräkning av femtio hederstitlar för honom, samt uppmaningen att han ska dyrkas som gudarnas konung. Det är också Marduk som grundar Babylon, "de stora gudarnas boningar".[385]

Med all tydlighet visar Enuma elish att dess främsta uppgift är att etablera och betona Marduks och babyloniernas särställning. Denna skapelseberättelse är uttalat chauvinistisk, vilket är långt

[385] Wikander 2005, 60.

ifrån ett sällsynt drag i skapelsemyter. Fast de säger sig beskriva hela världens tillkomst tenderar de ofta att se denna värld som cirklande runt det egna folkets habitat, med föga plats för andra folk. Det är ingen överraskning i traditioner gamla nog att föregå någon som helst globalisering av mänskligheten.

Enuma elish är ändå en smula ovanlig i att förhålla sig — avvisande — till den då kända omgivande världen, alltså framförallt den sumeriska kulturen. Babylonierna ärvde en sumerisk skapelse, men lade till en babylonisk triumf. Deras egen gud Marduk, den siste i gudaskaran att födas, tog över.

Därför är det han som av Tiamats lik skapar världens beståndsdelar och även tar initiativet till skapandet av mänskligheten ur en annan död gud. På dessa sätt försäkrar han sig förkrossande om sin dominans.

Tänkbart för Homo rudis

Enuma elish är en komplicerad väv genom att dess skapelse har en äldre tradition som sedan förvanskats till att ge den babyloniske gudomen överhöghet. Därmed är det snarare två skapelser, som delvis krockar med varandra. Detta är inte unikt bland skapelsemyter.

Här kan det beskrivas som en inledande teogoni, en beskrivning av gudomarnas uppkomst, följd av en kosmogoni, där Marduk tar över och styr resten av världens skapelse. Homo rudis skulle kunna tänka sig en sådan utveckling, i synnerhet då den börjar med födelsen av flera gudomar. Deras interaktion är ofrånkomlig.

Själva urtillståndet är i Enuma elish enkelt och begripligt med sitt vatten, med den lilla finessen att detta är delat i två: salt och sött. Deras förening sätter igång skapelsen, som med dessa eviga element inte kan bli annat än övermänskliga väsen. Dessa representerar förmodligen grundläggande kosmiska inslag, såsom himmel och jord, och är därigenom av betydligt högre dignitet än djur och människor.

Skaparrollen är därmed delad på två generationer, något som Homo rudis gott kan tänka sig. Den första generationen skapade blott gudomar, vilka i sin tur skapade världsliga ting och varelser. Gudomarna föddes genom fortplantning mellan dem, medan det världsliga åstadkoms på andra sätt. Gudomars avkomma kan bara bli gudomar, så andra tillvägagångssätt var nödvändiga för resten av skapelsen.

Mänskligheten fick ett slags höghet genom att skapas med blodet från en avliden gudom, om än inte en höghet att jämföra med gudomarnas. Människornas dödlighet är lätt att förstå genom att det var från en död gudoms blod de skapades. Hade det varit från en levande gudom vore de själva på sätt och vis gudabarn. Det skulle inte Marduk och hans hov ha velat.

Gudomarna i Enuma elish må vara dödliga, men berättelsen är tydlig med att blott gudomar förmår döda andra gudomar. Det villkoret gäller varken människorna eller något annat världsligt.

Ingenting av det ovan sagda vore obegripligt för Homo rudis, trots att Enuma elish egentligen bör ses som en delvis konfliktfylld blandning av åtminstone två skapelsetraditioner.

Chepre, Egypten

Chepres ensamakt[386]

Allfadern[387] *står upp*[388] *och säger följande: Det är jag som uppstod som Chepre. Jag har blivit till för att det som har blivit till skulle bliva till.*[389] *Allt som har uppstått, det uppstod sedan jag hade uppstått. Talrikt är det, som genom min mun har kommit fram.*

Ännu fanns icke himlen, ännu fanns icke jorden, ännu funnos icke ormarna och kräldjuren på jorden. Jag var overksam i urvattnet.[390]

Icke fann jag en plats, där jag kunde stå.

Jag överlade i mitt hjärta, jag mätte ut med mitt ansikte.[391]

Jag skapade allt vad som är skapat, i det jag var allena. Ty jag hade ännu icke utspottat det som var Schu och ej utspottat det som var Tefnet.[392] *Ännu var ingen annan frambringad, som tillsammans med mig skapade...*[393] *Det uppstod talrika gestalter i gestalter av barn och deras barn.*

Jag avlade i min knutna hand och fulländade samlaget med min skugga[394] *och min säd föll i min mun. Jag spottade ut det till Schu och jag spottade ut det till Tefnet.*

---

[386] Erland Ehnmark, *Världsreligionernas urkunder*, 1958, 21. Titeln är dock mitt tillägg. Ehnmark ger ingen källa, men texten är hämtad från "Book of Overthrowing Apep" i R. O. Faulkner, "The Bremner-Rhind Papyrus III", *The Journal of Egyptian Archaeology*, vol. 23 no. 2, 1937.

[387] Faulkner (1937, 172) skriver "the Lord of All" och E. A. Wallis Budge, *Legends of the Gods*, 1912, 3, "the god Neb-er-tcher".

[388] Budge och Faulkner säger inget om att stå upp, blott att han talar efter att ha kommit till.

[389] Budge och Faulkner nämner inget "för att", bara att Chepre var först att bli till. Faulkner skriver "when I came into being, 'Being' came into being".

[390] Denna mening saknas hos Budge och Faulkner. Budge skriver i stället "I myself raised them up from out of Nu, from a state of helpless inertness", och Faulkner "I created (some) of them in Nun as Inert Ones".

[391] "Ansikte" nämns inte av Budge och Faulkner. I stället skriver Faulkner "sight" och Budge "Maat", som betyder "by exact and definite rules".

[392] Schu=det tomma, Tefnet=fuktighet (Ehnmark 1958, 21).

[393] För texten som saknas här skriver Faulkner "I planned with mine own heart".

[394] Budge skriver "I embraced my shadow as a wife" men Faulkner nämner ingen skugga.

Härefter har Ehnmark utelämnat ett antal rader, som i R. O. Faulkners översättning från 1937 lyder (Nun är urhavet):

My father Nun brought them up, mine Eye following after them since the aeons when they were far from me. After I had come into being as sole god, there were three gods in addition to myself. I came into being in this land and Shu and Tefenet rejoiced in the Nun, in which they were. They brought back to me mine Eye with them after I had united my members; I wept over them, and that is how men came into being from the tears which came forth from mine Eye, for it was wroth with me when it returned and found that I had made another in its place, having replaced it with the Glorious (Eye). So I promoted it in my face, and when it exercised governance over this entire land, its wrath died away (??), for I had replaced what had been (?) taken from it. I came forth from the roots, I created all reptiles and all that exists among them.

Åter till Ehnmark:

Schu och Tefnet avlade Geb och Nut. Geb och Nut avlade Osiris, Horus[395], Seth, Isis och Nephtys som en skara, den ene efter den andre. Deras barn blevo talrika i detta land.

Texten återfinns i en handskrift daterad till 305 f.Kr., *The Bremner-Rhind Papyrus*, men är med största trolighet av betydligt äldre ursprung. De kosmogoniska elementen känns igen från den heliopolitanska läran, från 2000-talet f.Kr.[396] Handskriften i fråga innehåller två snarlika versioner av denna skapelsemyt, varav detta är den första.

Den egyptiska mytologin är rik och flerförgrenad, ändå innehåller denna text de vanligaste kosmogoniska beståndsdelarna. Den ensamme skaparen, som i allra högsta grad är sig själv nog, är ett återkommande tema i många egyptiska texter. Här är världsskaparen i uppenbar mening självtillräcklig, eftersom hans framfödande sker genom onani.

---

[395] Faulkner skriver "Horus Mekhantenirti" och Budge "Heru-khent-an-maati", vilket betyder "den blinde Horus" (Budge 1912, 7).

[396] Helmer Ringgren & Åke V. Ström, *Religionerna i historia och nutid*, 1991, 42.

Chepre[397] befruktar sig själv och spottar sålunda ut luftrymd (Schu) och väta (Tefnet), som i sin tur förökar sig med normal tvåsamhet.

Den förste skaparens ensamma akt är ett starkt understrykande av hans suveränitet, en överhöghet som inte går att ifrågasätta eftersom han inte ens behövde någon partner för att ge frukt.

Tre gudomar i en

Kheperu har som verb betydelsen att skapa, bli eller rulla, medan namnet Chepre i denna myts sammanhang enligt E. A. Wallis Budge betyder "the things which come into being through the rollings of the ball of the god Kheper (the roller)".[398] Rullandet syftar på beteendet hos den skalbagge, skarabé, som knyts till guden, och egyptierna såg sedan mycket tidigt i sin historia detta som en symbol för den uppgående solen. Skalbaggens rullande av sina ägg i dynga till formen av en boll jämfördes med den runda solens färd över himlen.[399]

Chepre representerar gryningssolen, den stigande, därmed också den gryning som är världens skapelse. I andra texter tar Chepre även åt sig äran av att ha skapat sig själv.[400] Den andra versionen av skapelsen i *The Bremner-Rhind Papyrus* betonar detsamma. Där säger guden att han formade sig själv från urmaterien genom att uttala sitt namn.[401]

Analogt med solens centrala roll i egyptisk mytologi har dess gudom tre namn: Chepre är gryningssolen, Ra (även stavad Re) middagssolen och Atum är den dalande solen.[402] Chepre avbildas antingen som en man med skalbaggshuvud, eller rätt och slätt som en skalbagge.[403] Gudens skiftande skepnader signaleras tydligt med de

---

[397] Stavningen varierar betydligt. Budge skriver Khepera och Faulkner Khopri. Mircea Eliade, *A History of Religious Ideas*, vol. I, övers. Willard R. Trask, 1978 (originalutgåva 1976), skriver Khepri, James P. Allen, *Genesis in Egypt: The Philosophy of Ancient Egyptian Creation Accounts*, 1988, skriver Kheprer, I denna text används Ehnmarks stavning.

[398] Budge 1912, 2.

[399] E. A. Wallis Budge, *The Gods of the Egyptians: Studies in Egyptian Mythology*, vol. 1, 1904, 294.

[400] Allen 1988, 10.

[401] Budge 1904, 300f.

[402] Eliade 1978, 88.

[403] Cotterell 1992, 213.

inledande orden om att ha uppstått som Chepre. Det är självklart att solguden väljer sin gryningsform för en skapelseakt.

Texten har en inledande titel, som Ehnmark exkluderade: "Boken om kunskapen om Ras skapelser och störtandet av Apep".[404] Ra är förstås solgudens mest bekanta och strålande namn, när solen är i sin zenit. Apep är en illvillig gudom som försöker skymma solljuset, lurande i gryningen. Texten är ett slags liturgi i syfte att stödja och hylla solgudens seger över Apep, fastän Apep inte ens nämns i den första versionen av skapelsen. I den andra versionen, dock, dyker han upp i slutet med en detaljerad beskrivning av hur han ska förgöras.[405]

Solguden har ännu ett namn, som anges i inledningen på båda skapelseberättelserna, av Ehnmark översatt till Allfadern. Faulkner skriver "the Lord of All", medan Budge använder det egyptiska namnet Neb-er-tcher, ett annat namn för Ra. Det betyder "Härskare till den yttersta gränsen", alltså över världen i sin helhet och för alltid.[406]

De första skapelserna

Chepre befinner sig i begynnelsen inte i något tomrum. Han håller till i en ursprunglig vattenmassa, Nun eller Nu, utan ens en plats att stå på. I detta urhav inleds skapelsen genom att Chepre uppstår — i den andra versionen genom att uttala sitt namn. Det är också där hans första skapelser får plats.

Här skiljer sig Budge och Faulkner något åt i sina översättningar. Enligt Budge lyfter Chepre sina första skapelser från Nu, där de befann sig i ett tillstånd av hjälplöshet och orörlighet, medan Faulkner beskriver det som att Chepre skapade dem i förstone orörliga. Frågan är om de fanns eller ej, i något slags form, innan Chepre begynte skapelsen.

Faulkner torde ligga närmare sanningen, eftersom de första som skapades, Schu och Tefnet, kom till genom att Chepre tog sin säd i sin mun och sedan spottade ut de två. Då hamnade de i urhavet, där de fick mogna ungefär som foster i en livmoder.

Egyptiska grubblerier över ett tänkbart urtillstånd tar sig uttryck

---

[404] Faulkner skriver "The book of knowing the creations of Re and of felling Apep", och Budge 1904, 313, "The Book of knowing the evolutions of Ra, and of overthrowing Apep".

[405] Budge 1912, 13, och Faulkner 1938, 42.

[406] Budge 1912, xvii.

dels i detta första väsens uppkomst blott ur sig självt, och dels dess avel genom befruktning av sig självt. Det förstnämnda är ett djärvt sätt att åstadkomma en initial länk i skapelsens kedja, det andra är en nödvändig följd av det första. Vad annat än sig själv har Chepre att tillgå för sin fortplantning?

De väsen han skapar är signifikativa: först kommer Schu, det tomma, och Tefnet, fuktighet. Schu kan härledas till ett verb som betyder både tom och torr.[407] Det är också riktigt att länka Schu till luftens element.[408]

Motsatsen torrt och fuktigt påminner om den antika grekiska föreställningen om två av de grundläggande kvaliteterna hos materien — torrt och fuktigt, vilka hos grekerna kompletterades med hett och kallt. Dessa fyra egenskapers kombinationer ledde till de fyra grekiska elementen: eld, jord, luft och vatten. Aristoteles beskrev det så att hett och torrt blev eld, hett och vått blev luft, kallt och vått vatten, samt kallt och torrt jord. Den egyptiska skapelsen har inte lika många steg men är riktad åt samma håll, det vill säga sökandet efter grundläggande egenskaper av vilka all världens materia är uppbyggd.

Men Schu och Tefnet får vänta. De mognar i Nuns urhav, under Chepres övervakning. När de vuxit till att kunna resa sig ur urhavet tar de med sig Chepres öga, alltså solen, till sin far. Det hade dessförinnan skymts i Nuns djup.

Chepres ögon och kön

Det är när Chepre fått sitt öga som han gråter med detta och tårarna faller på hans kön. Därmed skapas människorna. Här skiljer sig Faulkners och Budges översättningar något åt. Förstnämnda beskriver det som att ögat grät för att Chepre hade ersatt detta öga med ett annat, nämligen månen. Budge skriver i stället att Chepre först skapade människorna med sin gråt och sedan kom ögat och upptäckte att det blivit ersatt med ett annat. Det verkar därmed som att tårarna som skapar människorna är från ögat som är månen, inte solen.

Båda versionerna har sina anomalier. Om det var tårar från solens öga som födde människorna är det märkligt om detta kunde hända när Chepre hade månens öga i sitt ansikte. Å andra sidan, om solens öga var på plats i Chepres ansikte vid gråten fanns det då egentligen ingen anledning till tårarna. Vad som saknas i berättelsen är en beskrivning av hur, när och varför månens öga ersatte solens.

---

[407] Allen 1988, 9.

[408] Cotterell 1992, 239.

Detta saknas även i den andra versionen av denna skapelse, som också är oklar om vilket ögas tårar som skapar människorna. Om det är själva solens tårar, dessutom efter att dropparna har hamnat på Chepres kön, är det svårt att föreställa sig att resultatet kan bli annat än gudomar, knappast vanliga människor. Å andra sidan är solens tårar fjärran från potensen hos hans säd, så det är inte otänkbart att de föder människor i stället för gudar. Ändå vore månens tårar rimligare, med undantag för frågan om varför gråten alls uppstod.

Det är inte ovanligt i skapelsemyter att man konstaterar vad som måste vara en borttappad bit av historien, en lucka i berättelsen. Även bibeln har ett tydligt exempel på detta, vilket framgår i Genesis när Kain flyttar till en annan plats med andra människor, fast han är den enda överlevande sonen till Adam och Eva, de allra första människorna.[409]

I den egyptiska skapelsens fall skulle möjligen anomalin kunna förklaras med en forntida övergång från månkult till solkult. Denna skapelsemyt är tydlig med sitt framhävande av solgudens absoluta överhöghet men den kan ha föregåtts av föreställningar som gett månen en mer framhävd betydelse, även i skapelseprocessen. Exempelvis påpekar Budge att månen sedan urminnes tid kopplades till jordens fruktbarhet, speciellt vad gällde gröda och skörd.[410]

Det kan också vara så att växlingen mellan solens och månens öga är densamma som mellan dag och natt. När natten inföll och solen försvann under horisonten behövde Chepre ett annat öga för att inte bli helt blind. Månen fick den rollen och när sedan gryningen kom blev solen förgrymmad över vad den såg som Chepres svek. Om än en rimlig förklaring på de båda ögonen är det ingen definitiv lösning på frågan vilket ögas tårar som utgjorde skapandet av människorna.

Eftersom människorna måste sägas höra dagen mer än natten till, och berättelsen blott ger solen anledning till gråt, verkar det stämma bättre om det är sologats tårar som skapar människorna. Det sker i så fall efter att dagen grytt och solen har upptäckt Chepres svek.

En förvånande detalj rör Chepres kön. Det skrivs i plural av både Budge och Faulkner ("my members"). Dessutom beskrivs att Chepre samlar ihop dem innan han fäller sina tårar. Det kan vara så enkelt som att därmed menas de olika könsorganen — i alla fall de synliga.

---

[409] Genesis 4:16-17.

[410] Budge 1912, xxi.

En mindre trolig förklaring skulle vara att Chepre är androgyn, behäftad med både manliga och kvinnliga könsorgan. Det skulle förklara den beskrivning som tidigare i texten görs (hos Budge och Ehnmark men ej hos Faulkner) av Chepre om sitt skapande av Schu och Tefnet: "samlaget med min skugga".[411] Det motsägs av att han sedan låter säden komma i sin mun men skulle kunna passa i skapandet av människorna, då hans tårar faller på hans samlade könsorgan och därmed sker befruktningen.

Nå, Chepre återställer sologats plats i sitt ansikte och ger det makt över hela jorden, varvid sologats vrede stillas.

Mänskligheten må anlända rätt tidigt i denna skapelsemyt — dessutom på direkt initiativ av Chepre — men detta skildras långt ifrån som skapelsens krona, snarare delvis som en ordlek: Människorna (*erme*) föds ur Ras tårar (*erme*).[412] Den dystra ordleken leder tankarna till bibelns jämmerdal.[413]

Annat var det med farao, som redan under fjärde dynastin (mitten av 2000-talet f.Kr.) fick titeln Ras son.[414] Faraos hedersamma släktskap med solguden innebar att han stod som garant för att ordning skulle råda och kaos hållas stången, likaså blev han därmed ensam bland människor om att inte vid sitt livs slut föras till Osiris dödsrike.[415]

Efter att ha stillat sologats vrede skapar Chepre växtlighet och alla de djur som kryper[416], oklart hur. Inga andra djur nämns men kanske är det ett sätt att skilja de tvåbenta människorna från alla andra djurarter, i alla fall de landlevande.

Ehnmark har märkligt nog utelämnat hela det avsnitt av skapelseberättelsen som rör Chepres båda ögon, mänsklighetens tillblivelse, samt skapelsen av växter och djur, fast det inte är någon omfattande textmängd. Därför återges avsnittet i Faulkners engelska version ovan.

Sedan är det dags för Schu och Tefnet att fortplanta sig. Deras barn, Geb och Nut, står för jord och himmel.[417] Till skillnad från ex-

---

[411] Budge 1912, 5, skriver "I embraced my shadow as a wife".

[412] Eliade 1978, 90.

[413] Psaltaren 84:7. I 1917 års översättning heter det tåredal.

[414] Ringgren & Ström 1991, 43.

[415] Eliade 1978, 91ff.

[416] Budge 1912 skriver "I created creeping things of every kind, and every thing which came into being from them".

[417] Cotterell 1992, 239.

empelvis kinesisk och mången annan mytologi, är här jordgudomen en man och himlens gudom en kvinna. Båda dessa generationer är tydliga motsatspar, som lämnar urtillståndet och gör fortsatt mångfald möjlig.

Geb och Nut är produktiva. De föder i direkt följd fem gudar — Osiris, den blinde Horus, Seth, Isis och Nephthys. Dessa i sin tur förökar sig i stort antal över hela världen. Detta skildras med ett minimalt antal ord, som visar att själva skapelsen därmed redan är över.

Flera vätskor
I analyser av skapelsemyter brukar urhav och liknande vatten klassificeras som symboler för kaotiska tillstånd. Så görs till exempel i de modeller av Mircea Eliade och andra som har presenterats tidigare. Begreppet har sina svagheter. Samtliga vätskor i denna skapelseberättelse ger föga intryck av att vara kaotiska. De många vattnen i den egyptiska skapelsen understryker vätskans centrala roll, vilket är fullt förståeligt hos detta folk vars kultur såväl omringade som närde sig från Nilen och dess översvämningar.

Den första vätskan vi stiftar bekantskap med är Nun, den vattenmassa som är urhavet och som även Chepre har sitt ursprung i. Nun tjänar som något av ett fostervatten för hela skapelsen. Därmed knyter det an till de kroppsvätskor som sedan medverkar i den fortsatta skapelsen — Chepres säd och saliv, som han spottar ut till att bli gudarna Schu och Tefnet, samt Chepres tårar som efter kontakt med hans kön blir människorna.

Kroppsvätskorna har sedan urminnes tid fascinerat människorna, vilket inte kan förvåna. Deras olika karaktär och betydelse stimulerade alla möjliga föreställningar, såväl medicinska som moraliska och religiösa. Tårarna kom när känslorna svallade, saliv när mat inmundigades, sperma när gossen blev man och kunde fortplanta sig, menstruationsblod när flickan blev kvinna. I synnerhet de sistnämnda två har i många kulturer omfattats av ritualer och taburegler.

I Chepres skapelse saknas två signifikanta kroppsvätskor — urin och blod. Det kan bero på att dessa inte hade en naturlig roll i skapelsen som egypterna föreställde sig den, kanske också på att de vore signaler på en förminskad gudom. En gud som blöder är därmed sårbar, men vad som hindrar en gud från att urinera är oklarare.

Egypterna hade en metod att via urinen fastställa såväl havandeskap som det eventuella barnets kön,[418] vilket i och för sig anknyter till skapelse men varken säger bu eller bä om dess frånvaro i Chepres skapelse.

Chepre i tänkandets triangel

Chepres skapelse beskrivs på ett sätt som är kortfattat och sakligt, utan andra brodyrer än diverse betoningar av hans unikum och suveränitet. Det må vara svårt att kalla beskrivningen av händelseförloppet vetenskaplig, men definitivt mer så än moraliserande eller konstnärligt dramatiserande.

Hans ensamma akt är sin egen förklaring på den eviga frågan om vad som kom först och i så fall hur detta ledde till mångfald. Urhavet är där, som ett första tillstånd. Skapelseordningen antyder en begynnande kosmologi, med grundtillstånden torrt och fuktigt först att ta form, samt senare himmel och jord födda ur dessa grundtillstånd, sedermera ytterligare gudomar med ansvar för olika aspekter av tillvaron.

Den moraliska aspekten är frånvarande. Chepres universum är inte primärt någon domstol. Men man ska förstå att det är Chepres värld, från början till slut. Mytens huvudsakliga syfte är uppenbart att slå fast vilken gudom som råder över allt — solguden Ra, vid skapelsen iklädd gestalten Chepre. Det sägs med rätt många ord redan i början, där det betonas att han var först och den som låg bakom all skapelse — även sin egen.

Det förvånar därför inte att myten har hittats i en text som i sin helhet är ett slags liturgi för Ras seger över sin fiende Apep. Den var ämnad att understryka och hylla Ras överhöghet.

För Homo rudis torde det mesta i denna skapelsemyt vara både begripligt och försvarligt. Att Chepre i sin ensamhet är utlämnad åt självbefruktan för att inleda skapelsen faller sig självklart, likaså att detta första steg i skapelsen enbart kan leda till andra väsen av hans egen sort. Lika förståeligt är att i detta urtillstånd får urhavet tjäna som ett slags fostervatten, samt att barnen sedan de mognat förökar sig med varandra. De har inget annat att välja på.

Kanske skulle Homo rudis förbryllas av att det torra och det våta fick sina egna gudomliga gestalter innan himmel och jord kom till, men att de är grundläggande motsatser vore Homo rudis villig att medge. Det förra är luftens natur, det senare vattnets.

Därmed beskrivs de två rymder i vilka världen får sin plats. Att

---

[418] Jason Daley, "Egyptian Papyrus Reveals This Old Wives' Tale Is Very Old Indeed", *smithsonianmag.com*, 2018.

väta kan falla från himlen är inte märkligare än att jord kan stiga ur havet.

Rivaliteten mellan sol och måne är också begriplig. De syns ju styra över varsin halva av dygnet och ståtar när den andra retirerar. Inte heller går solens överhöghet att ifrågasätta — den lyser ju upp hela himlen, vilket är betydligt mer än månen förmår. Dessutom är solens cirkelform ständigt oförändrad, medan månen går igenom sina faser. Blott vid så sällsynta händelser som solförmörkelser är cirkeln tillfälligt beskuren.

Människans underordnade roll är inte heller någon överraskning för Homo rudis. Det ska dröja flera millennier innan hennes art tyglar sin omvärld så till den grad att de kan anse sig härska över den.

Vad Homo rudis framför allt torde fråga sig är vad som händer sedan. Chepres skapelse är kvickt avklarad och historien slutar innan det är klarlagt vilken roll mänskligheten har och vilka villkor som bestämts för den. Homo rudis skulle nog, precis som vi, tycka att denna skapelsemyt fick ett snöpligt slut, när fortfarande så mycket återstod att berätta.

Rigveda, Indien

Rigveda 10:129[419]

Då var ej vara eller icke-vara,
ej luftrum var, ej himmelen därovan.
Vad höljde allt?[420] Var och i vilkens vård[421] var
väl vattnet och den bottenlösa avgrund?

Då var ej död, odödlighet ej heller;
då var ej dagens eller nattens tecken;
det ena[422] vindlöst andades i sig självt,
och utom det ej annat var att finna.

Det mörker var; och alltet här var vatten,
i början dolt av mörkret, outskiljbart.[423]
Vad som låg tomt, av tomheten omslutet,
det ena föddes av den inre glöden.[424]

---

[419] Översättning av K. F. Johansson. Nathan Söderblom (red.), *Främmande religionsurkunder i urval och översättning*, 1908, del 2, vol. I, 64f.

[420] Wendy Doniger, *The Rig Veda. An Anthology*, 1981, 25, och Joel B. Brereton, "Edifying Puzzlement: Rgveda 10.129 and the Uses of Enigma", *Journal of the American Oriental Society*, vol. 119, no. 2, 1999, 250, skriver "What stirred?"

[421] Flera engelska översättningar avslutar här med ett frågetecken och låter återstoden av versen vara en separat fråga, exempelvis Doniger 1981: "Was there water, bottomlessly deep?"

[422] H. H. Wilson, *Rig-Veda Sanhitá: A Collection of Ancient Hindu Hymns*, vol. 6: Part of the Seventh and the Eighth Ashtaka, 1888, 351, Doniger 1981 och Brereton 1999 skriver "that one". A. A. Macdonell, *Hymns from the Rigveda*, 1922, 19, och A. L. Basham, *The Wonder That Was India*, 1968 (första upplagan 1954), 249, skriver "the One". Ralph T. H. Griffith, *The Hymns of the Rigveda: Translated with a Popular Commentary*, vol. 2, 1897, 575, skriver "that One Thing", och Max Müller, *A History of Ancient Sanskrit Literature*, 1860 (första upplagan 1859), 564, "the only One".

[423] De två första raderna i versen skrivs något annorlunda i engelska översättningar, exempelvis Doniger 1981: "Darkness was hidden by darkness in the beginning; with no distinguishing sign, all this was water."

[424] Tolkningarna varierar när de gäller dessa två rader. Basham 1968 skriver: "That One which came to be, enclosed in nothing, arose at last, born of the power of heat."

Begäret först sig rörde uti detta:
det var det allra första fröt i anden;[425]
de siare,[426] som fromt[427] i hjärtat forskat,
i icke-varat funno varats frändskap.

Tvärsöver mellan dessa sträcktes bandet
– var under något, eller var det ovan? –
de skapte fröt, de voro stora makter:
allenhet här, på andra sidan strävan.[428]

Vem är som vet, vem kan väl här förkunna,
varfrån sitt ursprung skapelsen härleder?
Hit äro gudarna ju komna ifrån henne.[429]
Men vem vet, varifrån hon själv är kommen?

Hur denna skapelse är för sig gången,
om nu den skaptes eller icke skaptes,
det vet förvisso han,[430] som den bevakar
i högsta himlen, eller vet det icke.

Indien äger ett ymnighetshorn av kosmologiska och mytologiska skrifter. Den vediska litteraturen anses tillkommen mellan år 1500 och 800 före Kristus, i många fall med betydligt äldre traditioner till grund, kanske ibland även före den ariska invandringen under perioden 2000 till 1500 f.Kr.[431]

Det ödmjuka resonemang som förs i ovanstående text, *Rigveda* 10:129, tar ett djärvt och innerligt famntag om tillblivelsens mysterium. Vem kan säga vad som fanns först? K. F. Johanssons tolkning av första versen ger vatten som tydligt närvarande i ett urtillstånd, men det är osäkert. I andras tolkningar (se fotnot) har påståendet blivit en fråga.

---

[425] Flera engelska tolkningar skriver "the mind".

[426] Engelska tolkningar skriver "sages" eller "poets".

[427] Engelska tolkningar nämner inte fromhet, i stället oftast "wisdom".

[428] Tolkningarna av denna rad varierar. Basham 1968 skriver: "Below was strength, and over it was impulse."

[429] Alltså: gudarna kom efter skapelsen.

[430] En tänkbar men inte nödvändig skapare. Basham 1968 skriver "whether he fashioned it or whether he did not".

[431] Ringgren & Ström 1991, 197f.

När vattnet nämns igen i tredje versen, har redan det ena gjort entré som ett första något — fött ur sig självt, sin inre glöd.

Den svindlande logiken fortsätter, när fjärde versen konstaterar att icke-varat förutsätter varat. Då begäret sträcker bandet mellan dem, som i längtan från ett intet till ett något, sätter skapelsen igång.

Men så hejdas tanken på nytt, som i vankelmod — kan ens detta, ett slags nödvändig dynamik mellan varats och icke-varats villkor, säkert slås fast? Eftersom även gudar måste ha föregåtts av detta tillstånd, hur ska ens de kunna säga vad som skedde i begynnelsen? Kanske vet inte ens det allra högsta väsendet besked.

Till skillnad från de allra flesta skapelseberättelserna från andra delar av världen, tar denna fasta på den svårlösta nöten med vad som kan ha funnits allra först — alltså även före gudar. Här anas ett urvatten, ourskiljbart, här anas en första vilja, en impuls, men framför allt ventileras det filosofiska dilemmat med vad som fanns före det som kom först.

Samma ursprungsdilemma uttrycks på annat sätt i den indiska urkunden *Manus lagbok*, som förmodligen inte samlats förrän vid tiden för Kristi födelse:[432]

> *Universum existerade i form av mörker, okänt, utan tydliga kännetecken, otillgängligt för spekulation, obegripligt, som vore det helt och hållet försänkt i sömn.*[433]

Begynnelsen är en olöslig gåta, om vilken ingenting konkret kan sägas. Logiken tycks kräva att före allting fanns ingenting, icke-varat, och därur föddes varat. Först när så hade skett kunde världar och gudar frambringas.

I Rigveda 10:72, som vill berätta om gudars ursprung, sägs detta mera rättframt, utan bryderi:[434]

> *Uti gudars första urtid*
> *icke-vara födde vara.*
> *Sedan föddes världens trakter*
> *fram därur med sträckta lemmar.*[435]

[432] Ringgren & Ström 1991, 200.

[433] Jarl Charpentier, *Indiens myter och sagor*, 1925, 43.

[434] Johansson 1908, 61.

[435] I stället för sträckta lemmar skriver Wilson (1888, 198) "the upward-growing

> Föddes jord ur lemutsträckta;
> utur jorden världens trakter.
> Aditi så Daksa födde,[436]
> Daksa åter Aditi.

Aditi och Daksa, den kvinnliga och den manliga, som båda är varandras framfödare, ger sedan upphov till gudarna. Det finns andra varianter. Radikalt annorlunda är exempelvis Rigveda 10:90, där den manlige urtidsvarelsen Purusa av gudarna offras och styckas, så att hans kroppsdelar blir världen och alla varelser i den — även månen, som kommer ur hjärtat, och solen ur hans öga. Det är huvudet, liksom med Ymer i Völuspå, som blir himlavalv.[437]

Dessa svindlande perspektiv och storslagna förlopp har inte mycket plats för den lilla människan. Hennes roll i den indiska kosmogonin är också ytterst perifer, dessutom finns flera versioner av hennes tillkomst. På ett ställe (Rigveda 10:63.7) är det gudasonen Manu som är mänsklighetens förfader, på ett annat (*Purusasukta* 10:90.12) föds de fyra klasserna av människor ur olika ädla delar av Purusa.[438]

De indiska mytologiska texterna är synnerligen omfattande och svåröverskådliga. I denna bok är det dock nog att skärskåda Rigveda 10:129.

Motsägande rader

Det är ingen lätt sak att bena ut Rigveda 10:129, vilket visar sig redan i att olika översättningar delvis avviker betydande från varandra. Det gäller i synnerhet vissa partier, som är särdeles vaga, för att inte säga kryptiska, till sin natur.

Enklast är nog att ta det vers för vers och försöka extrahera vad

---

(trees)", Griffith (1897, 486) "the Productive Power" och Doniger (1981, 38) "her who crouched with legs spread".

[436] Aditi kan sägas representera den kvinnliga kraften och Daksa den manliga. Hermann Jacobi, "Cosmogony and cosmology (Indian)", *Encyclopædia of Religion and Ethics*, vol. IV, 1911, 156. Men båda figurerna har också andra roller i indisk mytologi, t.ex. Aditi som den fria himlen och Daksa som en gud född ur Brahmas högra tumme. Cotterell (1992, 182 och 193).

[437] Johansson 1908, 62f.

[438] Eliade 1978, 226f.

som verkar bli sagt där. Då går det att skönja ett tankeförlopp som inte är alltför otydligt.

Första versen presenterar scenen före skapelsen — och den är tom. Frågan är då var det som skulle komma att bli till befann sig, eller vad det hade att utgå ifrån. Kanske ett urmaterial av något slag, åtminstone ett utrymme som sedan kan fyllas av skapelsen.

Andra versen fortsätter att beskriva det tomma urtillståndet. Eftersom inga lever där finns ingen död, eftersom inga himlakroppar finns råder ingen skillnad på dag och natt. Men så nämns något som ändå finns där — det ena, som vindlöst andas i sig självt.

I och med detta gör dikten avsteg från vad som sagts i föregående rader. Från ingenting är här plötsligt ändå någonting, som dessutom gör något — må vara att andas utan vind. Andning, oavsett hur diskret, är ett tecken på liv.

Det enas beskaffenhet är oklar, men engelska översättningar antyder att det snarare är fråga om någon än något, så 'den ena' vore mer passande. Denna mystiska gestalt har huvudrollen i de efterföljande verserna, som också avviker från introduktionen genom att definitivt påstå saker om urtillståndet och skapelsens första förlopp.

Det är en inkonsekvens som väcker misstanken om senare tillägg. De första sex raderna talar om att inget går att veta om vad som föregick skapelsen, eller ens hur den inleddes. Detsamma säger de sista två verserna. Däremellan är det i stället mycket som slås fast: den ena finns där, dessutom att vatten fyller alltet. Sedan är det begäret som väcker den ena till liv. Förmodligen menas begäret att finnas, att leva. Vad som tycks vara ett band mellan vara och icke-vara spänns, omgivet av styrka och impuls. Johanssons översättning av den raden är mindre trolig än exempelvis Bashams: "Below was strength, and over it was impulse."[439] Vad som uttrycks kan beskrivas som att den ena blir till av egen längtan att vara.

När detta är sagt återgår texten till att i de sista två verserna förklara att inget går att veta.

Filosofiska spetsfundigheter

Med sina funderingar om det första, och om vara och icke-vara, måste denna indiska kosmogoni framförallt räknas till den vetenskapliga sidan av tänkandets triangel. Här tycks just frågor om vad som går att veta, och med vilken säkerhet, vara väl så fascinerande och överväldigande som någon gudoms spektakel.

De grekiska filosoferna grundade på frågan om något kan kom-

[439] Basham 1968, 250.

ma ut ur intet, vilket är en nog så relevant fråga. Svaret är fortfarande givet: nej. Men Rigveda 10:129 sätter det hela i ett annat perspektiv: är intet och något kompletterande motsatser? Kräver de varandra? Kan det ena existera utan att det andra finns där implicit och därmed som en nödvändighet?

Sista raden i fjärde versen konstaterar frändskap mellan vara och icke-vara. Det är inte så att vara och icke-vara är oförenliga motsatser, fast logiken syns kräva det. I stället presenteras de här som en polaritet med ofrånkomlig spänning mellan dem, en spänning som måste leda till skapelsen.

Detta udda synsätt må gå långt över huvudet på inte blott Homo rudis. Det är en paradox som blir alltmer obegriplig ju längre in i den man tränger. Men vara och icke-vara är inte riktigt samma sak som något och intet. Det blir tydligare i de engelska tolkningarna, där flera använder begreppen "existent" och "non-existent".

Något befinner sig i limbo mellan att inte existera och att göra det. Sålunda är där redan något — det som kan gå från att inte finnas till att göra det. Något har potentialen att finnas till. Därmed måste det någon gång ta steget och göra det. De gamla grekerna skulle nog hålla med om den saken.

I det perspektivet blir idén om fröet begriplig. Den liknelsen har använts av andra tänkare i ämnet. Fröet är inte trädet, men förutsättningen för det. Trädet föds ur fröet. Eftersom det finns ett frö måste trädet komma.

Det påminner även om big bang, expansionen av hela universum ur en kompakt och extremt het punkt, före vilken ingenting kan sägas om sakernas tillstånd. I den initiala singulariteten har varken rum eller tid någon mening. Den är blott ett frö till vad som kan hända och därför händer.

Men denna bild av urtillståndet, som ges i mitten av Rigveda 10:129, skiljer sig från vad som sägs i diktens början och slut. Där frågas i stället hur tomheten före skapelsen gestaltade sig och om något alls kan sägas om dess natur — därmed även om skapelsen. Om inget fanns före den kan inte heller något sägas om hur den gick till. Också det skulle såväl de gamla grekerna som modern astrofysik hålla med om.

Bara i och med det tänkta fröet i diktens mitt blir spekulationer om världens tillblivelse möjliga — men då återstår förstås frågan om det där fröets tillkomst. Det betonas i sista versen, som reser frågan om en skapelse alls har ägt rum.

Alternativet är förstås en värld som alltid har funnits, på något sätt och i någon form. En sådan värld kan förvisso genomgå förändringar, kanske åstadkomna av en första gudom som fötts i den eller alltid funnits där. Flera engelska tolkningar formulerar frågan i sista versen så att den gäller om just denna gudom skapat världen. Basham skriver "whether he fashioned it or whether he did not" och Macdonell "whether he has or has not produced it".

Andra åter formulerar, likt Johansson, versraderna så att det är osäkert om en skapare alls var involverad, eller om det liksom skedde av sig självt. Brereton skriver "if it was produced or if not" och Doniger "perhaps it formed itself, or perhaps it did not".

De två motsägelsefulla perspektiven i Rigveda 10:129 går möjligen att förena på följande sätt: Det ena säger att inget går att säga bestämt om världens skapelse, medan det andra säger att om det skulle gå att säga något vore det ungefär detta och på dessa villkor.

Det påminner om en gammal grek, Gorgias, och hans berömda teser om existensen: att inget existerar, att även om något existerade kunde ingen människa begripa det, och att även om någon begrep det kunde det inte förklaras för andra.[440] En träffande beskrivning av vad som sägs i Rigveda.

Outgrundligt urtillstånd

Informationen är mager i Rigveda 10:129, dessutom motsägelsefull. Vad som slås fast i både början och slutet är ändå att om urtillståndet, före skapelsen, går det inte att veta något. Inte så att man måste vara där för att se det, utan det är helt enkelt omöjligt att beskriva tillståndet före skapelsen, eftersom det inte kan ha innehållit något beskrivbart. Annars vore det inte urtillståndet.

Detta innebär också, som dikten påpekar, att inget kan sägas med bestämdhet om hur skapelsen begynte. Vad som förde ett okänt till ett känt tillstånd är ohjälpligt höljt i dunkel. Först från den stund då något eller någon har uppstått är skapelsen möjlig att skönja och beskriva.

Det är förstås frustrerande, för Homo rudis precis som för diktens forna publik, men det är begripligt. Man kan inte veta något om vad som fanns när inget av det som nu finns gjorde det. Man kan bara, som diktaren tycks göra, roas av det. Världen är i grunden obegriplig, kanske omöjlig, som vore det hela ett skämt.

Trots detta tillåter sig mittendelen av dikten att spekulera i hur världen må ha kommit till. Den ena gör entré, ett första väsen i tomheten. Det är oklart om den ena är ett urväsen som alltid har funnits eller uppstår någon gång där i tomheten. Andra versen antyder det

---

[440] Sextus Empiricus, *Against the Logicians*, övers. R. G. Bury, Loeb 291, 1935, 35.

förstnämnda, men följande vers lutar åt det senare. Johansson skriver att den ena "föddes av den inre glöden", Macdonell att "that One by force of heat came into being", Basham "that One which came to be" och Brereton "then was the One born by the power of heat". Alla tolkningar säger att det skedde via hetta.

Det verkar alltså som att den ena uppstod, genom hetta, i tomrummet. Sedan vaknade begäret i denna första varelses sinne, och det var fröet till vad som skulle komma. Doniger skriver att "desire came upon that one in the beginning; that was the first seed of mind".

Följande vers, den femte, tolkas på förvånande olika sätt av översättarna. En sak står klar: skapelsen begynner. Däremot är det ytterst oklart om det är den ena som agerar. Lika oklart är vad som skapas. Mäktiga krafter kommer till uttryck, och detta pluralis antyder att den ena inte är ensam om vad som sker, vad det nu är.

Det är som om diktaren därefter tappar intresset för skapelsen. Den begynte, det är allt. Följande två verser är tillbaka till frågan om vad som går att veta om urtillståndet — ingenting.

För Homo rudis är allt detta svårtytt och frustrerande, men inte helt obegripligt. Ändå skulle hon nog hellre se en beskrivning av skapelsens förlopp från kosmos fram till människans tillblivelse. I stället för alla frågor i detta poem, om än nog så pockande, föredrar Homo rudis att få svar — fast de kanske inte kan vara annat än illusioner.

Tao te ching, Kina

Ur Tao te ching[441]

Det finns något sprunget ur kaos[442]
fött före både himmel och jord
Tyst och stilla, rent och djupt!
Det står ensamt och oföränderligt
Allestädes närvarande och oförbränneligt[443]
Det kan kallas de tiotusen tingens[444] *moder*
Jag känner ej dess namn
Jag kallar det Tao[445]
I brist på bättre ord kallar jag det väldigt

Väldigt betyder ständigt flöde
Ständigt flöde betyder långsträckt
Långsträckt betyder återvändande

Så är Tao väldig
Himmelen är väldig
Jorden är väldig
Konungen är också väldig
I världen finns fyra väldiga krafter
och konungen är en av dem

Människan följer jordens lagar
Jorden följer himmelens lagar[446]

---

[441] Vers 25. Stefan Stenudd, *Tao te ching. Taoismens källa*, 2012, 35.

[442] Det kinesiska ordet för kaos, *hun*, står för sammanblandat, oseparerat (Stenudd 2012, 35), ett slags urtida gegga av allt.

[443] Denna rad saknas i manuskripten från Mawangdui och Guodian, som är de äldsta bevarade (Stenudd 2012, 35).

[444] De tiotusen tingen, *wan-wu*, klassiskt kinesiskt uttryck för allt som finns till (Stenudd 2012, 95). Manuskripten från Mawangdui har i stället "himmels och jords moder". Robert G. Henricks, *Lao-Tzu Te-Tao Ching*, 1989, 236. Manuskripten från Guodian har "moder till allt under himlen". Robert G. Henricks, *Lao Tzu's Tao Te Ching*, 2000, 55.

[445] Vägen, *Tao*, i pinyin-transkription *Dao*. I klassiska texter är internationellt bruk ofta att ej använda pinyin (Stenudd 2012, 141).

[446] Denna rad saknas hos Göran Malmqvist, *Dao de jing*, 2008, 54.

Himmelen följer Taos lagar
Tao följer sin egen natur.[447]

Tao te ching, (pinyin *Daodejing*), boken om vägen och dygden, ges av traditionen Lao Tzu (pinyin *Laozi*) som författare. Namnet betyder rätt och slätt den gamle, och är nog mest tänkt att skänka auktoritet åt skriften. Man vet inte om boken är en eller flera personers verk. Legenden gör Lao Tzu något äldre än Konfucius, vilket skulle innebära 500-talet f.Kr., men många av vår tids sakkunniga placerar hellre texten och dess författare i 300-talet f.Kr.

Fram till det sena 1900-talet var det äldsta kända manuskriptet av Tao te ching från 200-talet e.Kr, men 1973 hittades två så gott som fullständiga manuskript från omkring 200 f.Kr i en grav i Mawangdui. De visade sig överensstämma mycket väl med den över 400 år yngre versionen. Tjugo år senare, 1993, hittades delar av manuskriptet i en grav från cirka 300 f.Kr., också dessa samstämmiga med senare manuskript.

Tao te ching är inte en religionsurkund i gängse mening. Gudomar har så gott som ingen plats. Den enda som nämns vid namn är *Ti*, en första och högsta gudom i äldre kinesisk mytologi — men om honom sägs inget mer än att även han föregicks av Tao.[448]

Inte heller nämns något liv efter detta. Länge rådde ett missförstånd om vad Tao te ching sa om den saken, vilket berodde på feltolkning av sista raden i vers 33. Den tycktes säga att "den som dör utan att förgås får ett långt liv". Men fynden i Mawangdui klargjorde att det som sades var att "den som dör utan att glömmas får ett långt liv"[449] — alltså helt enkelt att man lever vidare i andras minne.

Fjärran är det mytologiska skådespel som andra urkunder vimlar av. Snarare är verket en samling visdomsord om tillvaron och hur människan bäst finner sin plats i den. Det hindrar inte att boken innehåller en genomförd kosmologi.

Vägen ur kaos

I den kinesiska traditionen förekommer flera begrepp av både filosofisk och kosmologisk natur. Ett av dem är *Tao*, Vägen, som hos Lao Tzu får en mer central plats än någon annanstans. Här är Tao en

---

[447] Sin egen natur, *tzu-jan*, kan också översättas med "av sig själv", det vill säga något som sker utan annan inverkan (Stenudd 2012, 35).

[448] Han nämns i vers 4. Ibid., 14.

[449] Vers 33. Ibid., 43.

grundläggande, yttersta ordning, en naturlag som råder bakom himmel, jord och de tiotusen tingen — det vill säga allt som finns i världen.[450]

Tao är ändå inte först i det kosmos som Lao Tzu beskriver. Texten säger att Tao sprungit ur kaos, som i sin tur inte har någon startpunkt angiven. Här finns alltså klart och tydligt uttalat det ursprungliga kaos som är en av kategorierna i religionsvetenskapliga modeller över skapelseberättelser.

Det kinesiska ordet för kaos, *hun*, har betydelsen sammanblandad, oseparerad, man skulle också kunna säga outredd. Det är inte ett kaos i den för oss vanliga meningen av omfattande stökighet, utan ett homogent tillstånd där allt är blandat. I detta fall ett slags ursprunglig gegga av allt. Det kinesiska piktogrammet kombinerar tecknen för vatten, sol och samma. När inte ens vatten och sol är åtskilda råder förvisso ett grumligt urtillstånd. Världens alla beståndsdelar finns men har inte skilts åt.[451]

På ett annat ställe säger Tao te ching: "De tiotusen tingen[452] föds ur varat, varat föds ur intet."[453] De kinesiska begreppen är *yu* och *wu*, som betyder vara och icke-vara. Det verkar alltså som om Lao Tzu förespråkar *creatio ex nihilo*, men mot detta talar vad som ovan sagts om kaos. Snarare bör det förstås som att i urtillståndet var inget av de tiotusen tingen skönjbart, ej heller inledningsvis Tao. I praktiken, om än inte i teorin, ett slags intet. Tao är först att vara, därför kommen direkt ur detta intet, medan de tiotusen tingen uppstår i det som genom Tao redan har blivit ett vara.

Tao är en ordning som framträder i urtillståndet och gör världens tillblivelse möjlig genom att sortera dess ingredienser och leda dem rätt. Denna ordning etablerar himmel och jord, blir moder åt de tiotusen tingen och styr dem, om än med den mildaste hand, sträcker sig överallt i världen men följer ändå inget annat än sin egen natur.

Detta outgrundliga högsta får i Tao te ching en frid över sig, som Lao Tzu sedan gör till ledstjärna för sina råd åt folk och härskare. Dygden, *te*, är att följa vägen och vara lika stillsam.

---

[450] Ibid., 99ff.

[451] Ibid., 35.

[452] Manuskripten i Mawangdui och Guodian säger "världens ting" (Henricks 1989, 104, samt Henricks 2000, 77). Världen skrivs på kinesiska som "under himlen". Malmqvists (2008, 69) översättning lyder: "Allt Under Himlen fick liv genom Varat, men Varat föddes ur Icke-varat."

[453] Vers 40. Stenudd 2012, 53.

Det är ur Tao som hela skapelsen är kommen, men Tao är inte någon gudom med personlighet och nycker — snarare en princip, som har de mest vidsträckta konsekvenser. Ur denna princip kommer hela världen till:

> *Tao födde ett, ett födde två,*
> *två födde tre, tre födde de tiotusen tingen*
> *De tiotusen tingen bär yin*[454] *och omfamnar yang*
> *De uppnår harmoni*
> *genom att förenas i livsandan*[455]

Vad Lao Tzu må ha menat med ett, två och tre i versen har dryftats av översättare. Dessutom kan den kinesiska texten även läsas "två födde den tredje". Med "ett" kan i det kosmogoniska sammanhanget endast förstås Tao, men skulle då Tao ha fött sig själv? Inte otänkbart, men ej heller troligt. Den närmast liggande lösningen är att Lao Tzu beskriver den stegvisa utvecklingen av världen — ett leder till två, leder till tre och så vidare, intill de tiotusen tingen, det klassiska kinesiska uttrycket för allt som finns.

Yin och yang, som ursprungligen betyder skuggsida och solsida, är ett uråldrigt system av motsatser. Yin är det mörka, svala och kvinnliga, medan yang är det ljusa, varma och manliga. Deras främsta symboler i den kinesiska traditionen är jord och himmel, deras grundläggande egenskaper är komprimerande respektive expanderande. Det kinesiska idealet är att nå balans mellan de två.[456]

Hos Lao Tzu har yin och yang långt ifrån den centrala roll som motsatsparet ges i andra delar av kinesisk tradition, till exempel den betydligt äldre *I ching*, Föränderlighetens bok. När andra traditioner antyder yin och yang som ett slags elementarpartiklar, av vilka allt är uppbyggt, ger Tao te ching snarare bilden av blott egenskaper. I versen ovan är turordningen sådan att yin och yang introduceras sist, när världen redan kommit till — några urkrafter är de alls inte.

Livsandan är det kinesiska begreppet *ch'i* (pinyin *qi*), som står för en livsenergi genomsyrande allt. Det är kopplat till andningen, som förmodligen är vad som givit upphov till föreställningen.[457] Man lever så länge man andas.

---

[454] Ordagrant "bär yin på ryggen" (Henricks 1989, 106).
[455] Vers 42. Stenudd 2012, 55.
[456] Ibid., 107.
[457] Ibid., 113.

Texten är oklar om det är de tiotusen tingen eller yin och yang som når harmoni med livsandan, men det kinesiska originalet är tydligt med det förstnämnda. Den kinesiska texten har inget "de" och lyder därför egentligen "tiotusen ting bär yin och omfamnar yang, uppnår harmoni genom att förenas i livsandan".[458]

Etisk vetenskaplighet

Det finns i Tao te ching en uppenbar lyrisk ådra som, om den vore allenarådande, skulle placera Lao Tzus kosmologi på den konstnärliga sidan av tänkandets triangel. Exempelvis är en övervägande del av texten rimmad.

Ändå bör Tao te ching hellre betecknas som filosofisk. Lao Tzu vill, snarlikt Rigveda behandlad i föregående kapitel, nå tillbaka till det första — ja, före det första — och till världsalltets innersta drivkraft. Däri uttrycker han i stället den vetenskapliga sidan av triangeln. Men Tao är inte någon mekanisk startmotor för kosmos. Dess lugna natur, dess stillsamma ordning, är ett rättesnöre för människor, ett ideal som genom att vara världens ursprung måste vara det förnämsta. Världsalltet blir i Lao Tzus tappning en etisk mall, varför hans kosmologi landar på triangelns moraliska sida.

Det märks också i orden om konungen, som härleds stegvis tillbaka till Tao. För säkerhets skull understryker texten konungens plats i systemet genom att en andra gång påpeka att konungen är en av de väldiga krafterna. Kosmologin i Tao te ching är inte på något sätt urskiljbar från det moraliska, fostrande sammanhanget, tvärtom ett bärande argument i det.

Trots att Tao är vägen som styr världen är den underdånig till sin karaktär och mild i sitt styre:

> *Den är evigt utan begär*
> *Därför kan den sägas vara liten*
> *De tiotusen tingen återvänder till den*
> *fast den ej gör sig till deras herre*
> *Därför kan den sägas vara väldig.*[459]

Det är inte så att Tao kräver lydnad, som någon barsk gudom. Snarare är det så att eftersom Tao har denna natur är det enda håll-

---

[458] Malmqvist 2008, 71, skriver: "De tiotusen tingen bär Yin [på] ryggen och Yang i famnen och når harmoni genom att blanda de två krafternas andedräkter."

[459] Vers 34. Stenudd 2012, 44.

bara för människorna att eftersträva detsamma. Världen är helt enkelt så ordnad.

Lao Tzu hyllar oreserverat denna ordning och kan inte tänka sig något bättre. Problemen i världen uppstår i stället för att människorna inte förstår den naturliga ordningen eller till och med avviker med vilje från den. Det kan inte sluta väl.

Ingen gud, ingen skapelse

Tao är en regent som ligger bakom allt men agerar med varsam hand. Det är dock inte en person i någon mening, varken gudomlig eller mänsklig. Tao kan närmast beskrivas som en princip, eller med moderna ord en naturlag. Det är vad som avviker mest i Lao Tzus kosmogoni från de vanliga mönstren i mytologier. Här saknas ett levande väsen som initierar och styr skapelsen.

Själva ordet skapelse passar illa på vad Tao te ching beskriver, eftersom det inte är någon som så att säga handgripligen har byggt världen. I stället har den växt fram ur de villkor som Tao utgör, vilket är överraskande nära hur vår moderna vetenskap skulle beskriva universums tillblivelse, fast texten är så pass ålderstigen.

Denna världsordning vore svår för Homo rudis att fatta. Nog kan mycket ske i världen som inte någon levande varelse syns ha orsakat, men att det skulle gälla hela världens tillblivelse är mycket att svälja. Den rimliga och vanliga ordningen för Homo rudis är att något sker för att någon ville det. Utan en initial vilja sker i alla fall inget av större vikt. Och vad är viktigare än världen?

Därför är det allra vanligast i mytologierna att gestalter av något slag är verksamma i världens tillblivelse och även i dess fortsatta förlopp. Men blott ett slags bakomliggande naturkraft, som endast kan anas genom att studera hur världen och alla dess varelser beter sig, det är knappast greppbart för Homo rudis.

Ändå är det förmodligen precis så föreställningar om gudomar och andra övernaturliga väsen har uppkommit. Människor har observerat alla möjliga förlopp i himlen och på jorden, och inte kunnat se vad som orsakade dem. Uppenbarligen fanns makter som inte syntes men ändå styrde det som skedde i världen. De blev i fantasin ett slags övermänniskor, som med tiden fick allt fler och specifika egenskaper.

Tao te ching så att säga backar filmen, tillbaka till ruta ett: något gör att allting sker som det sker. Lao Tzu vägrar att gissa mer än just det, och läser blott ur världen omkring honom hur detta något verkar — inte hur det är. Därför är hans text medvetet vag om Taos egen beskaffenhet.

Texten beskriver bara vad som kan utläsas av dess verkan. Inget kan sägas om vad Tao är, bara vad Tao gör. Tao är "djupt fördold som om den bara kanske finns"[460] och "till sin natur osynlig och ofattbar".[461] Som anges i detta kapitels första citat vet Lao Tzu inte ens dess namn. Han bara väljer att kalla det Tao. Det är inte en världshärskare som Homo rudis skulle låta sig nöja med.

Nog kan Homo rudis tänka sig ett urtillstånd utan övermänskliga väsen av något slag, men att de inte skulle uppstå efterhand och ta kontrollen över världen — det är närmast ofattbart.

Eller är det? Rimligen borde observationen av världen föregå föreställningar om hur den fungerar. Man kan inte ens försöka förklara vad man inte dessförinnan har iakttagit. Kanske kan därför Homo rudis djupt inom sig intuitivt fatta ett världsförlopp som varken har velats eller fortsätter att viljas av någon. Men i längden kommer nog en mytologi krypande. Något blir någon. Detta förklarar varför det inte främst är för sin kosmogoni som Lao Tzus text blev högt respekterad redan i det antika Kina, utan genom sin etik.

Naturen för sin egen skull

Något som Homo rudis har lättare att förstå är att människans roll i denna kosmogoni inte skiljer ut henne ett dugg från världen i övrigt. Hon är bara ett bland de tiotusen tingen, utan någon särställning. Sådant är ofta perspektivet i skapelsemyter från jägar- och samlarkulturer. Där skildras människorna som djur bland andra, kämpande om sin överlevnad utan minsta övertag, varken i form av beskydd från gudomarna eller någon egen överlägsen kraft. De är både jägare och villebråd bland alla andra jägare och villebråd.

Att Tao te ching har samma blygsamma plats för människan är överraskande med tanke på den kultur i vilken verket kom till. Kina runt 400-talet f.Kr. var en avancerad civilisation med ordnat jordbruk, stadfäst hierarki och så vidare. I dylika miljöer brukar människorna tillerkänna sig själva en markerad särart gentemot övrig fauna. De enda som står över dem är gudomarna.

Och just där är haken. Tao te ching så gott som saknar gudomar. Även i den lilla grad de nämns ges de ingen betydelse, ingen avgörande roll i världen. Man kunde tänka att i så fall skulle mänskligheten ta huvudrollen i världsdramat — men det går inte utan gudomar som ger oss denna roll. En ledarroll i världen kan bara förlänas

[460] Vers 4. Ibid., 14.
[461] Vers 21. Ibid., 31.

av en än högre makt. Människan, ett dödligt och bräckligt djur bland andra, kan inte själv roffa åt sig rollen, i alla fall inte så att Homo rudis blir övertygad därom. Utan gudomar har ingen varelse en upphöjd betydelse.

Huvudrollen i Tao te chings värld innehas i stället av naturen, världen som helhet, där människan som alla andra djur har att finna sin plats i den och hålla sig därtill. Att ens försöka ta kontroll över världen eller rätta till den efter egna behov kan bara gå fel:

> Att erövra världen och förändra den
> jag tror ej att det låter sig göras
> Världen är ett heligt kärl
> det kan inte förändras
> Han som förändrar det kommer att förstöra det
> Han som erövrar det kommer att förlora det[462]

Naturen är inte till för människan. Vi ingår i den på lika villkor med allt annat. Lao Tzu betonar igen och igen att vi kan lita på att den harmoniska ordning som Tao är för världen leder till allas väl. Det är bara när vi vill avvika från denna naturliga ordning som vi ställer till det för oss. Så vi och alla andra varelser är till för naturen, för att bibehålla dess balans — vilket vi åstadkommer genom att rubba den så lite vi kan.

Det har Homo rudis inga problem at förstå. Att naturens jämvikt skulle kunna upprätthållas utan mäktiga väsens agerande, däremot, är minst sagt förbryllande. Lika lite som människan klarar sig genom livet utan krafttag torde världen i sin helhet mäkta det. För Homo rudis kräver världsordningen en ordnare, en någon som åstadkommer det. Inte bara ett något.

Taoismen kan delas in i två riktningar — en filosofisk, *tao chia*, och en som kan beskrivas som religiös, *tao chiao*. Sistnämna, som utvecklades runt tiden för Kristi födelse, innehåller ett system av mystik och magiska riter med framför allt odödlighet som mål.[463] Såväl Lao Tzu som dessa odödliga upphöjdes till något slags gudomar och fick sällskap av flera andra övermänskliga väsen. Denna taoistiska riktning gled ganska långt från budskapet i Tao te ching, men det är möjligt att Homo rudis skulle ha lättare att ta den till sig.

---

[462] Vers 29. Ibid., 39.

[463] Ibid., 134.

Kojiki, Japan

Ur Kojiki[464]

At the time of the beginning of heaven and earth, there came into existence in TAKAMA-NO-PARA[465] a deity named AME-NO-MI-NAKA-NUSI-NO-KAMI;[466] next, TAKA-MI-MUSUBI-NO-KAMI;[467] next, KAMI-MUSUBI-NO-KAMI.[468] These three deities all came into existence as single deities, and their forms were not visible.

Next, when the land was young, resembling floating oil and drift-like a jellyfish, there sprouted forth something like reed-shoots. From these came into existence the deity UMASI-ASI-KABI-PIKO-DI-NO-KAMI;[469] next, AME-NO-TOKO-TATI-NO-KAMI.[470] These two deities also came into existence as single deities, and their forms were not visible.[471]

The five deities in the above section are the Separate Heavenly Deities.[472]

[- - -]

At this time the heavenly deities, all with one command, said to the two deities IZANAGI-NO-MIKOTO and IZANAMI-NO-MIKOTO: [473] "Complete and solidify this drifting land!"

Giving them the Heavenly Jeweled Spear, they entrusted the mission to them.

---

[464] Donald L. Philippi, *Kojiki*, 1969, 47–52. Varken *Kojiki* eller *Nihongi* finns ännu i någon svensk tolkning.

[465] "The Plain [or Expanse] of High Heaven" (Ibid., 597).

[466] "Heavenly Center Lord Deity" (Ibid., 457).

[467] "High Generative-Force Deity" (Ibid., 596).

[468] "Divine Generative-Force Deity" (Ibid., 485f).

[469] "Excellent Reed-shoots Male Deity" (Ibid., 622).

[470] "Heavenly Eternal Standing Deity" (Ibid., 459f).

[471] Alternativt "they hid their bodies" (Ibid., 47).

[472] "Deity" är på japanska *kami*, av vilka den japanska mytologin brukar sägas ha åtta miljoner. De är onekligen många i *Kojiki*. Stycket som har exkluderats här namnger ett antal till.

[473] Namnen översätts inte av Philippi. Basil Hall Chamberlain, *The Kojiki*, 1982 (faksimil, första utgåvan 1882), 17, skriver "His Augustness the Male-Who-Invites" och "Her Augustness the Female-Who-Invites". Gustav Heldt, *An Account of Ancient Matters. The Kojiki*, 2014, 8, skriver "He Who Beckoned" och "She Who Beckoned".

Thereupon, the two deities stood on the Heavenly Floating Bridge and, lowering the jeweled spear, stirred with it. They stirred the brine with a churning-churning sound; and when they lifted up [the spear] again, the brine dripping down from the tip of the spear piled up and became an island. This was the island ONOGORO.[474]

Descending from the heavens to this island, they erected a heavenly pillar and a spacious palace.

At this time [Izanagi-no-mikoto] asked his spouse[475] IZANAMI-NO-MIKOTO, *saying: "How is your body formed?"*

She replied, saying: "My body, formed though it be formed, has one place which is formed insufficiently."

Then IZANAGI-NO-MIKOTO *said: "My body, formed though it be formed, has one place which is formed to excess. Therefore, I would like to take that place in my body which is formed to excess and insert it into that place in your body which is formed insufficiently, and [thus] give birth to the land. How would this be?"*

IZANAMI-NO-MIKOTO *replied, saying: "That will be good."*

Then IZANAGI-NO-MIKOTO *said: "Then let us, you and me, walk in a circle around this heavenly pillar and meet and have conjugal intercourse."*

After thus agreeing, [Izanagi-no-mikoto] then said: "You walk around from the right, and I will walk around from the left and meet you."

After having agreed to this, they circled around; then IZANAMI-NO-MIKOTO *said first: "Ana-ni-yasi,*[476] *how good a lad!"*

Afterwards, IZANAGI-NO-MIKOTO *said: "Ana-ni-yasi, how good a maiden!"*

After each had finished speaking, [Izanagi-no-mikoto] said to his spouse: "It is not proper[477] *that the woman speak first."*

Nevertheless, they commenced procreation and gave birth to a leech-child. They placed this child into a boat made of reeds and floated it away. Next, they gave birth to the island of Apa. This also is not reckoned as one of their children.

Then the two deities consulted together and said: "The child which we have just borne is not good. It is best to report [this matter]

---

[474] En mytisk ö, vars namn kan betyda ungefär självhärdande, "self-curdling" (Philippi 1969, 540).

[475] Ordagrant "younger sister" (Ibid., 48).

[476] Ett utrop av förundran och förtjusning (Ibid., 51).

[477] Alternativt "it bodes no good" (Ibid., 51).

before the heavenly deities."
Then they ascended together and sought the will of the heavenly deities. The heavenly deities thereupon performed a grand divination and said: "Because the woman spoke first, [the child] was not good. Descend once more and say it again."

De två klassiska texterna om Japans mytologi och tidiga historia, *Kojiki* och *Nihongi*, skrevs så gott som samtidigt. Kojiki, som betyder *Uppteckning av forna angelägenheter*, färdigställdes år 712 av Opo no Yasumaro på kejserligt uppdrag och är den äldsta bevarade boken på japanska.[478] Dock är inget exemplar av den äldre än 1370-talet bevarat.[479] Innehållet baserades på såväl muntligt traderade som skrivna källor, vilka sedan länge är förlorade.

Nihongi, *Japansk krönika*, också kallad *Nihon shoki*, kom blott åtta år senare, år 720. Båda böckerna behandlar japansk historia alltifrån mytologisk tid men är inte helt och hållet samstämmiga. De skiljer sig också i stil. Kojiki håller sig betydligt närmare japansk tradition än sin efterföljare, som i stället strävar efter den förfinade intellektuella nivå som det kinesiska då förknippades med.[480]

Den genuint japanska skapelseberättelsen börjar när gudomarna Izanagi och Izanami gör entré. Det är de som får världen att framträda ur urtidsgyttret och sedan föder fram de japanska öarna. Det är också de som är upphov till de många följande gudomarna, som för historien vidare.

Åtta miljoner gudomar

Mängder av gudomar uppstår i Kojikis teogoni och än fler är de enligt texten: "eight-hundred myriad deities", där myriad är samma tiotusen som nämns i exempelvis den kinesiska klassikern *Tao te ching*, vilket ger summa åtta miljoner gudomar.[481] Tiotusen ska ändå inte förstås som ett exakt antal, utan som ett begrepp för en väldig mängd. I den antika kinesiska tankevärlden finns uttrycket "de tiotusen tingen", som helt enkelt betyder allt som finns till i världen. Så med åtta miljoner gudomar menas vad vi skulle uttrycka som en oräknelig mängd.

Många är de onekligen i Kojiki, om än inte miljoner. Bara i det

---

[478] Ibid., 3.
[479] Ibid., 30.
[480] Ibid., 17.
[481] Ibid., 82.

första citatet ovan uppstår fem gudomar — och i nästa korta avsnitt, som har utelämnats här, uppstår ytterligare tolv. Sist av dem är Izanagi och Izanami.

Dessa totalt 17 gudomar uppstår utan minsta förklaring till varför eller hur. Men sedan dröjer det innan ytterligare gudomar föds — och då sker det genom Izanagi och Izanami, på sedvanligt sätt. Stackars Izanami föder ett stort antal gudomar, som representerar olika naturfenomen såsom hav och floder, vind, träd, berg och slättland. När hon föder eldens gudom blir hon illa svedd och insjuknar, för att sedan dö: "Thus at last, IZANAMI-NO-KAMI, because she had borne the fire-deity, divinely passed away."[482]

Gudomar fortsätter att födas genom deras ättlingar, på diverse olika sätt.

Alla dessa gudomar som nämns i Kojiki har komplicerade och besynnerliga namn. I sin översättning anger Philippi (1969) dem på japanska men förklarar och kommenterar deras betydelse i en ordlista, medan Heldt (2014) gör det omvända. Chamberlain i sin tolkning från 1882 översatte dem i texten och gav deras japanska namn i fotnoter.

Det är väsentligt för förståelse av Kojiki att begrunda gudanamnens betydelse, som anger deras egenskaper och roller i den shintoistiska kosmologin — dock långt ifrån alltid på ett lättfattligt eller stringent sätt. Redan begreppet för gudom, *kami*, tarvar en närmare titt. Det är tacknämligt att Philippi i sin översättning har använt gudomar ("deities") i stället för gudar. Detsamma gjorde Chamberlain. Heldt har valt andar ("spirits").

Termen kami används för allehanda gudomar, shintoistiska såväl som andra religioners, men också som ett uttryck för något upphöjt eller heligt i allmänhet, exempelvis en vördad kejsare. Kami är mer ett uttryck för en kvalitet än en person. Ordet kan också uttalas *shin*, som i shinto, gudomarnas väg. Ideogrammet för ordet har två delar, som betyder ungefär "att visa" respektive "utsträckning",[483] vilket förenat skulle kunna tolkas som att ståta.

De namn som Kojiki ger för sina gudomar indikerar deras egenskaper, rentav deras funktion i skapelsen och den fortsatta mytologin. Den första att uppkomma, vilket sker i den höga himlen innan världen i övrigt har blivit till, har namnet Himmelsk Mitt. Ordet mitt,

---

[482] Ibid., 57.

[483] Bernhard Karlgren, *Analytic Dictionary of Chinese and Sino-Japanese*, 1991 (faksimil av första utgåvan, 1923), 256 och 260.

naka, är detsamma som Kina använder för sitt land, *Mittens rike*. Det faller sig självklart att den som är först att uppkomma måste befinna sig i mitten, åtminstone fram till dess att andra tillkommer och tävlar om platsen. En plats, även om den är himmelsk, behöver först och främst en mitt.

De två följande gudomarna har Philippi översatt till Generativ Kraft, den ena hög och den andra gudomlig, vilket i detta sammanhang är ungefär detsamma.[484] Det japanska ord som beskriver deras egenskap är *musubi*, som står för ett lika väsentligt som svårtolkat begrepp i den traditionella japanska världsbilden. Det betyder att binda eller knyta ihop och används vardagligt på många sätt i den meningen. Att detta tarvar ett par i stället för en enskild gudom faller sig naturligt, oavsett om det är dem själva eller något annat de ska knyta ihop.

I Kojiki står det uttryckligen att dessa gudomar uppkom enskilt men deras namn visar ändå att de åtminstone till sina egenskaper är ett par. Mytologiskt kopplas *musubi* till den skapande processen, det som gör att något blir till — såsom när två personer förenas och alstrar barn. I ett urtillstånd är det mycket som behöver knytas ihop för att få fast form, likaså återstår väldigt mycket för att världsskapelsen ska fullbordas. Det kräver kraften att skapa.

Sedan sägs något om världens tillstånd vid denna tidpunkt, som liknas vid en manet flytande på olja. Kanske kan man tala om gungfly. Ur detta växte något liknande skott av vass och ur dessa kom de följande två gudomarna.

Den första av dem har också namnet Vasskott och det sägs specifikt att det är en manlig gudom. Nästa är Evigt Stående. Deras egenskaper och betydelse är svårare att reda ut. De ger så smått intrycket av att vara blott dekorationer. De nämns inte mer i historien.

Den enda av dessa fem ursprungliga väsen som har en aktiv roll i Kojiki är Taka-mi-musubi-no-kami, den första av Musubi-gudomarna.[485] Det är i sig märkligt. Skapelsemyter brukar ge stor och varaktig betydelse åt i synnerhet de första gudomarna. Normalt är det enda som förpassar dem ur den fortsatta historien att andra gudomar tar livet av dem. Det sker inte i Kojiki, där de fyra helt enkelt inte har något mer för sig. Kanske är de bara upptagna i den teogoniska kronologin för att Opo no Yasumaro ville vara säker på att den

---

[484] Översättningarna av dessa gudanamn varierar markant. Chamberlain (1982, 15) skriver "Producing" och Heldt (2014, 7) "Growth".

[485] Philippi 1969, 397.

blev fullständig, och kanske hör de till andra traditioner än den som representeras av Izanagis och Izanamis entré.

För det är dessa två gudomar som har huvudrollerna i Kojikis världsskapelse. När de kommer in i bilden får historien kött och liv. Deras namn, dock, är knepiga och tolkas olika av översättarna. Philippi försöker inte ens översätta dem. Chamberlain skriver hanen och honan som bjuder in ("invites") medan Heldt kallar dem han och hon som vinkade till sig ("beckoned"), vilket går på ett ut. Det torde syfta på deras fruktbarhet och de många skapelser paret tillsammans åstadkom. Deras titlar anges omväxlande som *kami* eller *mikoto*, där det senare betyder härskare eller kunglighet och i sammanhanget också ska förstås som en gudomlighet.

Syskonskapelse

Den revy av gudomar som är Kojiki gör inte läsningen lätt men mönster går ändå att skymta i gyttret, såväl vad gäller urtillståndet som begynnelsen på världsskapelsen. Gudomar börjar dyka upp så snart deras himmelska domän gjort det. Den är via en bro förbunden med jorden, vilken har föga stadga eller struktur, utan bara flyter omkring som en manet på ett urhav.

Det är alltså riktigare att i Kojiki tala om ett urtillstånd av himmel och hav, i stället för det angivna paret himmel och jord. Att havet finns i urtillståndet är inte att förundras över hos en önation helt omgiven av havet och där detta under mycket lång tid har varit både en födkrok och stundtals en förödande kraft.

Det är syskonen Izanagi och Izanami som dels ger stadga åt den första landmassan, genom att vispa havsvattnet tjockt, och sedan genom älskog föder fram de japanska öarna. Därefter föder de fram ett antal gudomar, av vilka några är särskilt viktiga för berättelsens fortsättning.

Först när detta tvillingpar dyker upp i berättelsen får den både must och lust. Den övergår från abstraktion till konkreta händelseförlopp, som till sin karaktär påminner om många kosmogoniska myter. Philippi skriver att första början på skapelseberättelsen knappast hade stöd i folkliga föreställningar vid den tiden, utan formulerades av de kinesiskt influerade intellektuella som sammanställde mytologin. Han hävdar bestämt att den ursprungliga mytologin måste ha börjat med Izanagi och Izanami.[486] Det är han inte ensam om att anse.

Skapelseberättelsens utformning ger onekligen det intrycket.

[486] Ibid., 397.

Först med tvillingarna får den karaktär. Men då kvarstår ändå problemet med varifrån Izanagi och Izanami kom, vilket deras ursprung må ha varit. Kojiki berättar inget mer än att de uppstod som den sjunde generationen av gudomligheter.[487]

Genast får de i uppdrag av de övriga gudarna att skapa fast land, vilket de gör genom att röra runt i det salta havsvattnet med ett spjut och sålunda forma en ö de sedan nedstiger till. Där upptäcker de varandras kroppsliga olikheter och begagnar sig av dem, vilket leder till en avkomma som de avfärdar.

Detta beror enligt Kojiki på att Izanami tilltalade sin bror först. Om detta är också de övriga gudomarna överens. Så syskonen får göra ett nytt försök och denna gång är det Izanagi som talar först. Därpå föds de japanska öarna.

Det är inte bara Kojiki som visar upp besvärande fördomar. I partiet om syskonens älskog gick Chamberlain i sin översättning från 1882 över från engelska till latin, så att bara de lärda skulle begripa vad som skedde.

I syskongudomarnas kurtis ingår också turer runt en himmelsk pelare de har rest på ön. Det är inte svårt att se den som en fallos för att stimulera fruktsamhet, vilket också Philippi påpekar i sina kommentarer och jämför med den europeiska majstången.[488]

Må så vara, men denna scenografi gör också deras kurtis mer lekfull och lustfylld.

De fortsätter med att föda ett antal gudomar, tills eldsguden skadar Izanami så allvarligt att hon insjuknar och sedan dör. Hennes bror och älskare försöker återvinna henne från dödsriket, *Yomi*, men det går inte bättre än det gick för exempelvis Gilgamesh och Orfeus.

Därefter är det Izanagi som ensam ger upphov till ett ytterligare antal gudomar, däribland Ama-terasu-opo-mi-kami,[489] som han uppdrar att styra över himlen, Tuku-yomi-no-mikoto[490] att styra över nattens domäner och Take-paya-susa-no-wo-no-mikoto[491] att styra över havet. Snart därefter försvinner Izanagi ur historien.[492]

Kojiki har också ett anslag till en mer filosofiskt abstrakt kosmogoni — i det förord som Opo no Yasumaro skrev till verket, där

---

[487] Chamberlain 1982, 17.
[488] Philippi 1969, 398.
[489] "Heaven Illuminating Great Deity", Amaterasu, solgudinnan. Ibid., 454.
[490] "Moon Counting Lord", Tsukuyomi, mångudom. Ibid., 618.
[491] "Valiant Intrepid Raging Male Lord", Susano, vindgudom. Ibid., 600f.
[492] Ibid., 71.

han summerade historien och förklarade hur arbetet med att sammanställa den gick till. Där inledde han:[493]

> *When the primeval matter[494] had congealed but breath and form had not yet appeared, there were no names and no action.[495] Who can know its form?*
>
> *However, when heaven and earth were first divided, the three deities became the first of all creation. The Male and Female[496] here began, and the two spirits[497] were the ancestors of all creation.*

Det urmaterial som koagulerade måste vara havet, ännu livlöst. När han sedan skrev att varken namn eller handling fanns och att ingen känner dess form — då är det näst intill ett citat från Tao te ching, som talar just om namnlösheten och där icke-handling (*wuwei*) är en grundprincip. Hos Lao Tzu är det Tao som är okänd till sin natur, men också urtillståndet där Tao uppkommer. Den kinesiska kulturen och dess klassiker var vördade, för att inte säga idealiserade, i Opo no Yasumaros Japan. Både han och hans kejserliga uppdragsgivare ville gärna ha en viss kinesisk flair över sin mytologi.

Det gäller även orden om att himmel och jord delades. I Kojiki är det egentligen hav och land som är den första uppdelningen, men i kinesisk tradition — och i taoismen — är ingen delning mer central än den mellan himmel och jord. Även det som Philippi översätter till manligt och kvinnligt, fast det ordagrant står yin och yang, är kinesisk kosmologi. Först med de två andarna — Izanagi och Izanami — blir denna kosmogoni genuint japansk. När Yasumaro kallar dem förfäder till hela skapelsen blir den värld som växer fram japansk.

Den skådeplats som Kojiki målar upp består uteslutande av Japan och havet som landet omges av. Det är inte ovanligt i gamla mytologier att de är begränsade till närområdet, men detta blir särskilt uttalat för ett örike, med stort avstånd till andra länder och folk — och det består, trots tydliga kinesiska influenser, när denna tradition sätts på pränt.

---

[493] Ibid., 37.

[494] Kan också översättas "kaos". Ibid.

[495] Denna bild av urtillståndet syns vara influerad av Taoismen. Ibid.

[496] Ordagrant "yin and yang". Ibid.

[497] Izanagi och Izanami. Ibid.

Inga människor
Vare sig i Kojikis eller Nihongis skapelseberättelse har människor någon plats. Människans tillkomst är dunkel och hennes roll i de stora skeendena obefintlig—med undantag för kejsaren, som sägs vara besläktad med gudomarna.

Det är föga överraskande att människans tillblivelse är såväl sen som av underordnad betydelse i polyteistiska skapelsemyter — och shinto är så polyteistisk det går att bli. När gudomarna är många fortsätter historien ofelbart med deras spektakulära äventyr och inbördes kontroverser. Människan kommer i skugga.

Inte bara människans tillkomst förbigås med tystnad i Kojiki. Detsamma gäller djuren.[498]

Det första omnämnandet jag hittat av människorna i Kojiki är när Izanami vid dödsrikets ingång säger till sin bror, som blockerar den: "I will each day strangle to death one thousand of the populace [literally 'human grass'] of your country." Izanagi svarar: "I will each day build one thousand five hundred parturition huts."[499]

Kojiki förklarar därpå: "This is the reason why one thousand people inevitably die and one thousand five hundred people are inevitably born every day."[500]

Den första människan att få en framträdande roll i Kojiki är Jimmu, Japans första kejsare enligt legenden, som ska ha levat på 600-talet f.Kr. Han var ättling i rakt nedstigande led till solgudinnan Amaterasu, som var hans farfarsfars farmor. I Kojiki är han jämställd med gudomar och har inte bara ett, utan tre gudomliga namn: Waka-mi-ke-nu-no-mikoto, Toyo-mi-ke-nu-no-mikoto och Kamu-yamato-ipare-biko-no-mikoto.[501] Namnen är svårutredda men Yamato är den kejserliga familjens släktnamn sedan dess, där samtliga anses vara ättlingar till Jimmu.

I Opo no Yasumaros kejserliga uppdrag ingick att sammanställa släktlängder för kejsarfamiljen och andra nobla hus av betydelse vid den tiden, vilket han också förklarade i förordet till Kojiki.[502] Olika släkter hade egna versioner av släktträden, vilket kunde leda till politiska stridigheter. Allra viktigast var då att visa släktskapet mellan

---

[498] Ibid., 53.

[499] Kvinnor som menstruerade eller var gravida fick bo i speciella hus, *ubu-ya*, i det forna Japan. Ibid., 66.

[500] Ibid., 66.

[501] Ibid., 159.

[502] Ibid., 41.

gudomarna och kejsarfamiljen Yamato, vilket förankrade deras styre i mytologin.

Därmed fanns inte mycket plats för vanliga människors uppkomst och öde. Kejsarfamiljen hade nog sjå med att stävja adelsfamiljers ambitioner. Inte ville de dessutom brottas med ett helt folk som ansåg sig på ett eller annat sätt vara länkat till gudomarna.

Nihongi

Skillnaden mellan Kojiki och Nihongi är särskilt märkbar i hur de inleder sin skapelseberättelse. Kojiki tar genast fasta på de många shintoistiska gudomarna och deras äventyr, medan Nihongi börjar med en kosmogoni som anses vara influerad av kinesiskt gods — först därefter övergår texten till samma mytologiska tradition som i Kojiki. Här är inledningen på Nihongis berättelse:[503]

> *Of old, Heaven and Earth were not yet separated, and the In and Yo*[504] *not yet divided. They formed a chaotic mass like an egg which was of obscurely defined limits and contained germs.*
>
> *The purer and clearer part was thinly drawn out, and formed Heaven, while the heavier and grosser element settled down and became Earth.*
>
> *The finer element easily became a united body, but the consolidation of the heavy and gross element was accomplished with difficulty.*
>
> *Heaven was therefore formed first, and Earth was established subsequently.*
>
> *Thereafter Divine Beings were produced between them.*[505]

Nihongi går tydligt in före den stund där Kojiki begynner sin historia. Här beskrivs mera ingående urtillståndet och hur det gick till när himmel skildes från jord. I detta nämns ägget, en känd kategori i religionshistoriska systematiseringar av kosmogonier.

Ägglik är det kaotiska urtillståndets ungefärliga form. Inuti detta ägg skiljer sig det tunna från det tjocka, ungefär som vita från gula, och det förra blir himmel medan det senare så småningom sjun-

---

[503] W. G. Aston, *Nihongi*, 1972 (faksimil, första upplagan 1896), 1f.

[504] *In* och *Yo*: yin och yang. Ibid., 1.

[505] Shintoistiska lärda har angivit det ovanstående som lån från kinesisk tradition, medan det därpå följande, som närmar sig Kojikis version, ska vara ett ursprungligt japansk gods. Ibid., 2.

ker ner och bildar jorden. Ingenting sägs om vad som initierar denna separation, eller om tid förflutit innan den började. Man anar att de två ämnena, det tunnare och det tjockare, just genom sina olikheter måste dra åt olika håll — någon agent eller katalysator är inte nödvändig.

När Nihongi slår fast att himlen bildas före jorden är det i samstämmighet med Kojiki, där den himmelska domänen finns till redan i urtillståndet men jordens uppdykande dröjer.

Texten antyder att det är yin och yang som utgör dessa två ursubstanser, så att den senare bildar himmel och den förra jord, lika konkret som om de vore elementarpartiklar. Det är också en från det antika Kina känd föreställning om skapelsen.

När sedan gudomarna griper in i den fortsatta skapelseakten bildar detta ett så tydligt brott mot det första avsnittets abstraherade, smått kvantfysiska perspektiv, att konflikten mellan inhemsk och importerad kultur blir uppenbar. Det är lika tydligt i Nihongi som i Kojiki att den genuint japanska skapelsen börjar med Izanagi och Izanami.

Krångligt för Homo rudis

De många gudomarna med sina besynnerliga namn vore förstås ett bekymmer för Homo rudis att försöka reda ut — såsom det är för oss. Men förekomsten av dem har Homo rudis inga problem med. De flesta mytologiska traditioner vimlar av diverse väsen av ibland grumligt ursprung och med bisarra karaktärsdrag. Den synliga världen är rik och märklig, så det borde även den osynliga världen vara.

Vad Homo rudis anar är att de många japanska gudomarna står för olika naturkrafter och naturfenomen, vilket ursprungligen säkerligen var sant. Flera av deras namn visar det tydligt. Detta behöver inte vara fråga om så kallad animism, det vill säga en världsbild där allting tros vara besjälat. Lika gärna kan det vara ett sätt att göra naturens komplexitet greppbar för det mänskliga sinnet.

Det antropomorfa, som genomsyrar all mytologi, är framför allt ett sätt för människor att befrynda sig med den omgivande verkligheten. Faktiskt gör vi i hög grad detsamma även i vår upplysta tid, när vi kallar en robotröst på mobiltelefonen Alexa, eller i många språk anger ting som femininum eller maskulinum, eller ger namn åt våra husdjur, och så vidare. Vi gör världen mänsklig för att känna oss mer hemma i den. Det betyder inte att vi tror att alla dessa ting är levande varelser liknande oss.

Sammalunda med naturkrafterna, om än det i deras fall blir lite mer komplicerat eftersom de är aktiva och åstadkommer saker. Föreställningen att bakom all rörelse måste ligga en vilja behöver inte betyda att allt som rör sig har egen vilja. Det betyder bara att någon vilja någon gång måste ha satt det i rörelse. En rörlig värld utan någon "rörare" någonstans skulle vara svår för Homo rudis att acceptera. Men det kan vara stort avstånd mellan den som rör och det som rör på sig.

Exempelvis solen, som har en framträdande plats i japansk mytologi, beskrivs som solgudinnan Amaterasu. Men det betyder inte att japaner fordom trodde att det var hon som seglade över skyn dagligen. Inte heller måste man ha trott att hennes bror Susano, vindgudomen, var lika med vinden. Det var inte nödvändigtvis Amaterasu som drog fram solen i sin bana och Susano som blåste så att vinden ven. De var personifieringar av dessa påtagliga inslag i naturen.

Såsom den mänskliga fantasin är beskaffad ledde det lätt till allehanda berättelser om dessa två och andra gudomar. Det var berättelser man underhöll varandra med, utan att nödvändigtvis tro att de var sanna. Därför kunde de bli hur absurda som helst.

Amaterasu och Susano är utmärkta exempel på det. Den mest kända episoden i den japanska mytologin, skildrad i både Kojiki och Nihongi, är när solgudinnan i förfäran över sin brors dåliga beteende gömmer sig i en grotta, varvid världen läggs i mörker. Gudarna lurar ut henne därifrån genom att hålla upp en spegel där hon ser och förundras över dess ljus, utan att förstå att det kommer från henne själv.[506]

Inte för att forntida japaner kände till solens storlek, men de kunde ändå ha sina tvivel om det absurda i berättelsen. Dock, det var även för dem en skön skröna och den storslagna symboliken i den — om ljus och mörker, dag och natt, liv och död — gjorde den minnesvärd.

Kojiki har många minst lika bisarra historier. Deras märklighet visar att deras främsta betydelse var som underhållning. I tänkandets triangel hör de definitivt till konstens sida och det gäller så gott som alla gudamyterna i Kojiki. De beskriver inte en genuin strävan att förklara naturkrafterna och världens utformning, inte heller är de särskilt moraliserande, annat än undantagsvis.

Det är först när kejsar Jimmu gör entré och genealogin blir huvudsak, som Kojiki går från skådespel till politik, alltså från den konstnärliga till den moraliska sidan av tänkandets triangel.

Även om Kojikis mytologi i huvudsak är ett storslaget spektakel finns i dess skapelseberättelse flera ingredienser som får Homo rudis

[506] Philippi 1969, 81ff.

att nicka igenkännande. Det gäller till exempel urtillståndets hav och hur land vispas fram ur det ungefär som man rör upp dyn i bottnen på ett grunt vattendrag. Det gäller också hur nya gudomar föds ur Izanagis och Izanamis älskog, även sedan ur deras kroppsvätskor och så vidare. Poängen är att ur gudomar föds andra gudomar, inte människor eller djur.

Att de första skapelserna förkastas är inget sensationellt. Det förekommer i andra skapelsemyter och visar bara att även för gudomar blir det inte alltid som de önskar. Inte heller upprör det nödvändigtvis Homo rudis att dessa skapargudomar är syskon som ändå fortplantar sig med varandra. I en gudomarnas urtid var det inte många andra att välja på och för gudomar rådde inget tabu mot incest.

Inte heller förvånar det att somliga gudomar dör, så länge det sker genom deras egen eller andra gudomars handling. Odödlighet är inte huggen i sten, i alla fall inte i en polyteism. Vore det bara en enda gudom skulle dess död leda till hela världens sönderfall, men så icke när det återstår andra gudomar att sköta ruljangsen.

Vad Homo rudis måste fråga sig är hur människorna kom till. Därom är det tyst i Kojiki och det är svårt att förstå. Människor dyker sedermera upp, om än indirekt underförstådda, så varför inte beskriva deras tillblivelse? I detta faktum avslöjas, om inte förr, den politiska ambitionen med denna skapelseberättelse. Det handlar om gudomar och andra härskare, inte om vanligt folk. Homo rudis skulle nog rynka på näsan åt detta.

Popol vuh, Maya

Ur Popol vuh[507]

Detta är berättelsen om hur allt bidade sin tid, alldeles stilla, i tystnad; alldeles orörligt, i vila under himlavalvets[508] tomrum. Detta är den första skildringen, den första beskrivningen.

Det fanns inga människor, inga djur, inga fåglar, inga fiskar, inga krabbor, inga träd, inga stenar, inga grottor, inga raviner, inget gräs, inga skogar; bara himlen fanns till. Jordens yta hade inte visat sig. Allt var stora vatten och oändlig rymd.[509]

Ingenting hade blivit till,[510] ingenting som kunde föra oljud eller röra sig, nej inte ens vibrera eller höras i rymden.[511] Och ingenting stod upprätt; bara vindstilla vatten överallt, fridfulla och ödsliga hav. Livet hade ännu inte blivit till.[512]

Orörligt och tyst vilade mörkret, vilade natten. Endast Skaparen, Livgivaren[513], Tepeu, Gucumatz och Förfäderna[514] fanns i vattnet,

---

[507] Gunilla Hultgren, *Popol vuh*, 1983, 32f. Översättning från Delia Goetz & Sylvanus G. Morley, *Popol Vuh: The Sacred Book of the Ancient Quiché Maya*, 1950, som i sin tur är en översättning från Adrián Recinos, *Popol Vuh: Las Antiguas Historias del Quiché*, 1947.

[508] Goetz & Morley (1950, 81) skriver "expanse of the sky". Allen J. Christenson, *Popol Vuh. Sacred Book of the Quiché Maya People*, PDF-version 2007 (första utgåvan 2003), 56, skriver "womb of the sky". Munro S. Edmonson, *The Book of Counsel. The Popol Vuh of the Quiche Maya of Guatemala*, 1971, 9, skriver "womb of heaven".

[509] Både Christenson 2007/2003 och Goetz & Morley 1950 skriver "the sea" och "the sky".

[510] Goetz & Morley 1950 skriver "brought together", Christenson 2007/2003 "gathered together".

[511] Christenson 2007/2003 skriver "All is at rest. Nothing stirs. All is languid, at rest in the sky."

[512] Goetz & Morley 1950 skriver "nothing existed", Christenson 2007/2003 "There is not yet anything that might exist."

[513] Egentligen "Livets Moder och Fader". Hultgren 1983, 32.

[514] Tolkningarna varierar. I sin ordagranna översättning skriver Allen J. Christenson, *Popol Vuh: Literal Translation*, PDF-version 2007 (första utgåvan 2004), 6: "Framer, Shaper, Sovereign, Quetzal Serpent, They Who Have Borne Children, They Who Have Begotten Sons". Edmonson 1971 skriver "Former and Shaper, Majesty, and Quetzal Serpent, the Mothers and Fathers".

omstrålade av ljus.[515] *Och då de var dolda av gröna och blå fjädrar kallades de Gucumatz*[516]*; födda till visa män och stora tänkare.*[517] *Så fanns himlen till och också Himlens Hjärta, namnet för Gud i världen.*[518] *Då föddes ordet.*[519] *Tepeu och Gucumatz möttes*[520] *i mörkret, i natten och talade med varandra. De överlade, diskuterade och rådslog; de kom överens så att deras ord och tankar blev ett.*

Och när de sedan försjönk i djup begrundan stod det klart för dem, att i gryningen måste människan framträda.[521] *Så lade de fram en plan för Skapelsen, för trädens växt och skogarna, livets födelse och människans tillblivelse.*

[- - -]

Så låt det ske. Låt tomrummet fyllas. Låt vattnen dra sig tillbaka och lämna plats för jorden så att den blir synlig och får fast form;[522] *låt det ske. Så talade de. Låt det bli ljus, låt gryningen komma över himlen och jorden. Först när mänskliga varelser har skapats, när människan har fått gestalt, ska skapelsen få himmelsk glans och storhet.*[523] *Så talade de.*

---

[515] Christenson 2007/2003 skriver "luminous they are", Edmonson "brilliant they were".

[516] Gucumatz (eller Qucumatz) har beskrivits som en fjäderprydd orm, som rör sig i vattnet (Hultgren 1983, 141). Christenson 2007/2003 skriver "Quetzal Serpent".

[517] Christenson 2007/2003 skriver "great sages, great possessors of knowledge".

[518] Ska inte förstås som den enda guden. Christenson 2007/2003 skriver "said to be the name of the god". Gudomen har också namnet *Huracan*, vilket nämns senare i Popol vuh.

[519] Christenson 2007/2003 och Edmunson 1971 skriver "his word", syftande på gudomen Himlens Hjärta.

[520] Christenson 2007/2003 och Edmunson 1971 skriver att även Himlens Hjärta deltog i mötet.

[521] Christenson 2007/2003 skriver "beneath the light, they gave birth to humanity", men eftersom människan skapas senare ska detta snarare förstås som att de fick idén och bestämde sig. Dennis Tedlock, *Popol Vuh: The Mayan Book of the Dawn of Life*, 1996 (första upplagan 1985), 65, skriver "then humanity was clear".

[522] Christenson 2007/2003 och Edmunson 1971 skriver att jorden också ska få gröda.

[523] Christenson 2007/2003 skriver "no worship, no reverence" förrän människan har skapats. Edmunson 1971 skriver "no adoration or glorification".

Popol vuh, som betyder ungefär Sävmattefolkets skrift,[524] är quichémayaindianernas krönika, som börjar med världens skapelse och slutar när spanjorerna erövrat deras rike. Källan till vår kännedom om Popol vuh är en text som skrevs av okända indianska författare, på quichéspråket men med latinska bokstäver, kort efter spanjorernas erövring 1524. De flesta av mayas egna skrifter brändes av erövrarnas prästerskap.[525]

Den version av texten som har bevarats kopierades och översattes till spanska av prästen Francisco Ximénes i början på 1700-talet. En fransk översättning kom 1861 och gav Popol vuh spridning i Europa, men det dröjde till 1940-talet innan fler översättningar kom.[526] Gunilla Hultgrens översättning från 1983 är fortfarande den enda på svenska.

Popol vuh är skriven som poesi, inte prosa, men de flesta översättarna har redigerat om materialet till berättande text, exempelvis Hultgren och den engelska text av Goetz och Morley hon använt som förlaga. Likaså Dennis Tedlock och Allen J. Christenson, men den sistnämnde har även gjort en ordagrann översättning som följer originalets poetiska form. Det har också Munro S. Edmonson gjort.

Popol vuh är inte en urkund i meningen att den skulle utgöra en antik källa till sitt folks religion och mytologi. Den är sent tillkommen, skriven i en desperat strävan att bevara traditionerna trots inkräktarnas ansträngningar att radera dem. Det märks redan i de ödmjuka formuleringarna, som indikerar att inget dogmstyrande prästerskap ligger bakom texten, snarare så att säga vanligt folk som försökt återge vad de fått predikat för sig.

Exempelvis erkänner författarna osäkerhet på flera omständigheter och detaljer i mytologin. Dessutom är ordningen på berättelsen knappast den ursprungliga. Skapelseberättelsen avbryts av ett mycket långt parti bestående av vad som bäst beskrivs som hjältesagor. I Hultgrens översättning, där Popol vuh utgör 108 sidor, täcks precis hälften, 54 sidor, av dessa berättelser,[527] i vilka det tydligt framgår att den värld som beskrivs är fullbordad. Där finns människor i hundratal, fast människans tillblivelse berättas senare, och inget antyder att mörker råder, fast solen inte visar sig — spektakulärt — förrän därefter.

---

[524] Mayas rådsmedlemmar satt på flätade sävmattor. Hultgren 1983, 180f.

[525] Ibid., 5.

[526] Ibid., 178ff.

[527] Från del 1, kap.4, till slutet på del 2. Ibid., 38–92.

Dessa omständigheter innebär att en tänkbar ursprunglig teogoni och skapelseberättelse behöver rekonstrueras, vilket självklart har sina risker. Men de spanska erövrarna och missionärerna var metodiska med att förstöra källorna till mayafolkets religion och mytologi, så man får arbeta med det som står att finna.

En konsekvens är att det här och där råder överraskande stora skillnader mellan översättningar av Popol vuh, fast källmaterialet är detsamma. Oklarheter och luckor i den enda källtexten leder bitvis till olika tolkningar av den. Ibland är bara gissningar möjliga.

Två treenigheter

Det är några oklarheter redan vad gäller vilka gudar som fanns i urtillståndet och genomförde skapelsen. Hultgrens översättning nämner först Skaparen, Livgivaren, Tepeu, Gucumatz och Förfäderna (egentligen "Livets moder och fader"), men säger också att alla kallades Gucumatz för att de var täckta av gröna och blå fjädrar. Ska de då förstås som en och samma gudom, Gucumatz?[528]

Texten som följer gör det tydligt att så inte är fallet, men inte heller att de skulle vara fem eller sex. Där nämns sedan blott Tepeu och Gucumatz, som två separata gudomar. Tepeu betyder härskare eller segrare, Gucumatz (eller Qucumatz) är den befjädrade Quetezal-ormen.

Det verkar som att det är två gudomar som har flera namn, men ingen översättning jag har tittat på skapar klarhet i saken. Edmonsons översättning "Former and Shaper, Majesty, and Quetzal Serpent, the Mothers and Fathers" är lika mångtydig,[529] även Tedlocks med "the Maker, Modeler alone, Sovereign Plumed Serpent, the Bearers, Begetters".[530]

Christenson skriver i sin ordagranna översättning "Framer, Shaper, Sovereign, Quetzal Serpent, They Who Have Borne Children, They Who Have Begotten Sons".[531] Det kan förstås som ett par, där en är "Framer, Sovereign" och den andra "Shaper, Quetzal Serpent", men pluralen därefter antyder att båda har "Borne Children" och "Begotten Sons".

---

[528] Edmonson (1971, 10) påpekar anomalin mellan singularis och pluralis för Gucumatz, men är tydlig med att det handlar om en gudom, den med detta namn, och inte alla.

[529] Ibid., 10.

[530] Tedlock 1996, 64.

[531] Christenson 2007/2004, 6.

En läsning av det slaget är nödvändig för sammanhanget, eftersom de enda som nämns därefter är Tepeu och Gucumatz. De får sällskap av Himlens Hjärta, som också heter Huracan, vilket anspelar på hans kraft och hemhörighet. Huracan är det ord ur vilket t.ex. engelskans "hurricane" anses vara hämtat, alltså orkan.[532]

Dessa tre, Tepeu, Gucumatz och Himlens Hjärta, samverkar sedan om skapelsen, som ett slags treenighet. Det verkar ändå som att Himlens Hjärta för befälet, vilket framgår när Gucumatz utropar glädjefyllt: "Himlens Hjärta, din ankomst har burit frukt!"[533]

Det är den enda av dessa gudomar som medverkar i varje del av skapelsen och är närvarande genom såväl den mytologiska som historiska berättelsen därefter.[534] Men Himlens Hjärta är en komplex gudom. Popol vuh beskriver honom som tre väsen i ett:

> Den förste kallas Caculhá Huracán. Den andre Chipi-Caculhá och den tredje Raxa-Caculhá. Dessa tre, Himlens Hjärta.[535]

Christenson översätter namnen: "First is Thunderbolt Huracan, second is Youngest Thunderbolt, and third is Sudden Thunderbolt."[536] Det var dessa tre som förenade sig med Tepeu och Gucumatz för att skapa världen, men de framstår inte som tre separata gudomar, snarare tre aspekter av eller namn på en och samma gudom. De nämns i Popol vuh aldrig åtskilt, utan endast i grupp, och inget verkar skilja dem åt.

Det handlar om himlens mest påtagliga krafter, åskväder och blixtar från skyn, som quiché betraktade som nödvändiga för allt liv. Blixten var gödning för jorden och stimulerade grödorna.[537] Dess himmelska spektakel har inspirerat många mytologier, såsom Jupiters åskviggar och åskvädren skapade av Tors hammare. Den gudom som är Himlens Hjärta har förstås blixten i sin arsenal.

Hjärtat var dessutom hos quiché källan till livskraft,[538] så denna gudom var vad som gav himlen liv. En så betydelsefull gestalt kan behöva mer än ett namn.

---

[532] Christenson 2007/2003, 58.

[533] Hultgren 1983, 33.

[534] Christenson 2007/2003, 57.

[535] Hultgren 1983, 33.

[536] Christenson 2007/2003, 58.

[537] Ibid.

[538] Ibid., 57.

Högst är Himlens Hjärta

Det urtillstånd som Popol vuh beskriver känns bekant i jämförelse med vanliga mönster i skapelsemyter. Där fanns bara himmel och hav, som var öde, orörliga och tysta. Allt låg i mörker.

Författarna uppehåller sig fascinerat en stund vid denna ödslighet och nämner för poetiskt eftertryck sådant som inte fanns — människor, olika djurarter, växtlighet och naturformationer.

Men några gudomar fanns där redan från början. Hur de kom till berättas inte. Det är vanligt i teologier att en första gudom saknar födelseögonblick, men inte flera. Homo rudis skulle genast undra vilket deras släktskap var och i vilken ordning de tillkom. En urgudom är tänkbar, möjligen också ett par, som tillsammans föder fler gudomar — men tre eller fler redan i urtillståndet, det tarvar en förklaring. Homo rudis gissning — och min — är att här har något fallit bort från skapelseberättelsen.

Det framgår dock tydligt, om än inte i Hultgrens version, att den förnämsta av dessa urgudomar är Himlens Hjärta, Huracan, som är drivande i hela den följande skapelsen. Denna gudom nämns efter Tepeu och Gucumatz men med ord som slår fast att Himlens Hjärta alltid har funnits: "Så fanns himlen till och också Himlens Hjärta, namnet för Gud i världen."

Uttrycket må vara vagt, men det står "fanns till" och inte "blev till". Andra översättningar ger likartade vaga bekräftelse på himmelsgudens existens redan i begynnelsen. Christensons ordagranna översättning lyder "thus surely there is the sky, there is also its Heart Sky."[539] Tydligast är det i Tedlocks översättning "and of course there is the sky, and there is also the Heart of Sky"[540] och Edmonsons "for indeed there is Heaven and there is also the Heart of Heaven".[541]

Himlens Hjärtas centrala plats i mytologin betonas. Självklart är både himlen och dess gudom redan där. Annars vore ingen skapelse möjlig. Det är också tydligt att om än de tre gudomarna gemensamt diskuterar skapelsen är det Himlens Hjärta som styr: "Ja, allt ordnades och planerades där i mörkret, i natten av Himlens Hjärta." Och när skapelsen väl har begynt skyndar sig Gucumatz att tacka denne: "Himlens Hjärta, din ankomst har burit frukt!"[542]

---

[539] Christenson 2007/2004, 6.

[540] Tedlock 1996, 65.

[541] Edmonson 1971, 10.

[542] Hultgren 1983, 33.

Om någon gudom var först, och det är troligt, måste detta vara Himlens Hjärta. Det skulle även Homo rudis gissa. Då är det också troligt att Himlens Hjärta på något sätt låg bakom tillkomsten av Tepeu och Gucumatz, men att detta har fallit bort i den version av Popol vuh som vi känner.

Långvarigt mörker

Gudomarna rådgjorde och planerade skapelsen i mörkret, men de var själva antingen omgivna av ett ljus eller självlysande. Det skulle också kunna betyda att de förmådde att se klart i mörkret, vilket senare i berättelsen även människorna kunde tills den förmågan berövades dem.[543]

Den första skapelsen var jorden, som framkallades ur urhavet "såsom dimma, såsom moln". Det skedde blott med ordets kraft:

"Jord", sade de och genast blev den till.[544]

Detta är så snarlikt skapelseakten i Genesis 1 att man måste undra om den influerat Popol vuh, i synnerhet som texten må ha mycket äldre rötter men nedtecknades i denna version när spanjorerna redan hade erövrat landet. Det bibliska inflytandet är något som har påpekats och diskuterats sedan 1800-talet.[545] Textens nedtecknare kan ha känt det nödvändigt att närma sig bibliska ingredienser, antingen för att inte väcka spanjorernas vrede eller helt enkelt för att göra historien begripligare för dem.

Det kan förstås också vara så att Popol vuhs skapelseberättelse ursprungligen innehöll skapelse via ordet, utan att detta hade med bibliskt inflytande att göra. Något tydligt alternativ till skapelsemetod dyker inte upp förrän det är dags att åstadkomma människor.

Ändå torde detta göra Homo rudis betänksam. Visst kan skapelsen ha begynt med blott ordets makt, men efterhand som världen framträder i all dess variation förväntar sig Homo rudis att också skapelsemetoderna varierar — speciellt som människornas tillblivelse avviker. Då borde det också allra minst även gälla de övriga djuren. Annars verkar det som att människorna står lägst i naturen, skapade genom den i stället för direkt genom gudomligt yttrande.

Det indikerar att här rådde kunskapsbrister hos mytens nedteck-

---

[543] Ibid., 94ff.

[544] Ibid., 33.

[545] Goetz & Morley 1950, 18f.

nare. De kände till den initiala skapelsen och hur människorna kom till, men inte detaljerna om skapelser som skedde däremellan.

Med ordets makt får gudomarna bergen att resa sig ur havet, dalar att framträda och växtlighet att spira och täcka jorden. Även alla djuren skapas lika lättvindig — om än oklart exakt hur det sker, men förmodligen också blott med ordets kraft. Först därefter är det dags att skapa människorna, vilket visar sig bli en betydligt mer komplicerad historia.

De flesta skapelsemyter tänker sig ett urtillstånd i mörker men att bringa ljus brukar vara en av de tidiga skapelseakterna, inte sällan den så gott som första. I Popol vuh dröjer det väldigt länge. Solen stiger inte över horisonten förrän hela skapelsen i övrigt är avslutad. Människorna, som är näst sist att bli till, får länge famla i mörkret.

Det är en underlig ordning, måste även Homo rudis konstatera. Ända till slutet på historien är jorden och alla dess växter, djur och människor omslutna av mörker.

Det förklaras delvis av att gudomarna själva lyser och utan problem ser igenom mörkret, men framför allt av hur de ordnar finalen på skapelsen till ett riktigt spektakel.

De driver människorna österut och upp på ett berg, för att få bästa möjliga vy över solens första uppgång, förebådad av morgonstjärnan Venus, *Icoquih*.[546] Och när äntligen solen stiger över horisonten är det inte bara människorna som gläds:

> *De små och stora djuren gladde sig, de steg upp från flodens stränder, från ravinerna och upp på bergens toppar och alla vände de sin blick åt det håll där solen steg upp. Och puman och jaguaren började ryta. Men först brast fågeln som heter Queltzu ut i sång. Och alla djuren var verkligen lyckliga, örnen, den vita gamen och de små fåglarna bredde ut sina vingar.*[547]

Jorden, som dessförinnan varit fuktig och gyttjig, torkas upp av solstrålarna. Hettan är outhärdlig. Några av de gudomliga varelserna förvandlas genast till sten, vilket ger människorna utrymme för egen makt.

En kommentar i Popol vuh, när detta händer, är överraskande:

---

[546] Många mytologier betonar hur starkt Venus lyser över den östra horisonten i gryningen, vilket förstås bara sker när planeten är på sådan plats i sin bana att den geocentriskt föregår solen tillräckligt mycket för att synas innan detta dränks av direkt solljus. På andra sidan solen är planeten i stället aftonstjärna.

[547] Hultgren 1983, 107.

"Men i de gamla legenderna berättas det, att det nog inte var samma sol, som den vi ser idag."[548] Christensons översättning ger ledtrådar:

> His heat could not be endured. This was but his self-revelation when he was born. What is left is but a mirror. What appears now is not the true sun, according to their account.[549]

Tedlocks formulering är snarlik:

> Since he revealed himself only when he was born, it is only his reflection that now remains. As they put it in the ancient text, "The visible sun is not the real one."[550]

Solen i dess fulla kraft var blott ett första stadium. Dess outhärdliga hetta skulle vara förödande om den fortsatte. Det var bara under den allra första soluppgången som solen visade sig i all sin prakt. Vad som återstår därefter är blott en spegling, en avbild av den egentliga solen.

Människans senkomna tillblivelse

Redan i begynnelsen, berättar Popol vuh, ansåg skapargudomarna att människan skulle bli verkets höjdpunkt, först då finge skapelsen "himmelsk glans och storhet". Deras syfte var dock inte mer upphöjt än att de ville åstadkomma varelser som hade språk och förstånd att prisa dem.

Djuren förmådde inte alls det, "de kunde bara väsa, skrika och tjattra, de hade inget språk och alla skrek på olika sätt". Därmed var djuren "dömda att dödas och ätas".[551]

Men det var ingen lätt affär att åstadkomma människor. Gudomarna försökte först med gyttja, som alldeles saknade stadga, speciellt i en mörk värld där jorden fortfarande var fuktig och dyig. De sögs ner i vattnet. Sedan gjordes människor av trä. De kunde tala men med uttryckslösa ansikten, och deras blodlösa kroppar var torra och saknade styrka. Dessutom begrep de inte att prisa sina skapare. Himlens Hjärta beslöt att dränka dem alla i en väldig flod.[552]

---

[548] Ibid., 108.
[549] Christenson 2007/2003, 213.
[550] Tedlock 1996, 161.
[551] Hultgren 1983, 34f.
[552] Ibid., 37.

Det dröjer länge, och mycket annat händer, innan skaparen med djurens hjälp kommer på att forma människorna av den vita och gula majsen — just det som därefter blir deras huvudsakliga föda. Först skapas fyra män, som sedan får sällskap av fyra kvinnor att bli deras hustrur.[553]

Poesi, inte prosa

I tänkandets triangel hör av flera skäl Popol vuhs skapelseberättelse framför allt till den konstnärliga sidan. Det märks redan i formen, som är poetisk, vilket också gäller i hög grad för innehållet.

När ridån går upp för urtillståndet berättas lyriskt om allt som inte finns där och avsikten är tveklöst att fördjupa läsarens känslomässiga upplevelse av denna initiala mörka ödslighet. Berättelsen fortsätter i samma stil.

Det dominerande mittpartiet består av hjältesagor, där deras spektakel är framträdande medan moralisering så gott som helt uteblir. Förvisso blir ogärningsmän straffade men också oskyldiga går hemska öden tillmötes, huller om buller. Dessa äventyr är menade att vara hisnande, inte förmanande.

Den vetenskapliga sidan av tänkandets triangel är också i skymundan. Skapelseprocessen är, särskilt i början, så summarisk att det är stora luckor i hur den egentligen må ha gått till. Först när det kommer till skapandet av människorna blir det så att säga mer kött på benen, men den delen av historien är också mycket mer av underhållande saga än ett försök till förklaring.

Även de återkommande inslagen av humor, dessutom ganska drastisk sådan, pekar mot den konstnärliga sidan. Djuren som har en massa läten för sig men inte kan prata begripligt, de första människorna skapta av lera som upplöses i dyn, de andra av trä som är stela med uttryckslösa ansikten — alltihop lockar till leenden. Så håller det på.

Flera ingredienser känns ändå igen som vanliga mönster i skapelsemyter. Urtillståndets mörka ödslighet med jorden täckt under urhavet, gudomarna som skapar människorna för sin egen skull och har kort tålamod med dem — det är bekanta inslag som Homo rudis inte har något problem att acceptera.

Vad som avviker mest från det vanliga i skapelsemyter är att inget sägs om de ursprungliga gudomarnas tillkomst, fast de är flera, samt att solen och de övriga himlakropparna dröjer så länge med sin entré. I det första fallet torde förklaringen vara att något saknas i den

[553] Ibid., 93ff.

befintliga versionen av Popol vuh, förmodligen för att den nedtecknades av någon eller några som inte hade fullständiga kunskaper därom.

Varför solens ankomst dröjer så länge är svårare att förklara. Det blir betydligt rimligare om hela mittenpartiet med hjältesagorna flyttas till efter solens uppdykande, det vill säga hela sjoket från del 1, kapitel 4, till och med hela del 2, alltså sidorna 39–92 i Hultgrens översättning.

Därmed skulle berättelsen om hur trämänniskorna avfärdas av gudomarna och dränks följas av den som beskriver hur de nya människorna skapas av majs. Det hänger betydligt bättre ihop. Dessa människor modifieras på endast ett sätt — de berövas sin klarsyn för att inte vara för lika gudomarna. Sedan får de föröka sig i godan ro.

Det råder dock alltjämt ett mörker, som den växande människoskaran plågas av. De ber och bönar gudomarna om att låta solen komma och de blir med tiden bönhörda.

Även med denna redigering är solens ankomst ovanligt sen i Popol vuh, jämfört med andra skapelsemyter. Vad än gudomarna sa i början, när de planerade skapelsen, är det inte människorna som utgör skapelsens triumf och final — det är solen. Den hade också en särställning i föreställningsvärlden hos såväl quiché som omgivande folk.

Zarathustra, Avesta

Ur Avesta[554]

Och de två andarna,
som i tidernas begynnelse
i en drömsyn[555] kungjorde sig såsom tvillingar
de äro i tanke, ord och gärning det goda[556] och det onda.

I Erland Ehnmarks version, som används här, saknas en sista rad i ovanstående vers. Den återges här i Nathan Söderbloms version:

Mellan dem hafva de välsinnade afgjort sig rätt, men ej de illasinnade.[557]

Åter till Ehnmark:

Och då dessa två andar möttes,
skapade de i begynnelsen
liv och icke-liv
och bestämde, att till sist
skola förnekarna få den värsta tillvaron
men de rättsinniga det bästa sinnelaget.[558]

---

[554] Från Yasna 30, "Valets gatha". Erland Ehnmark, *Världsreligionernas urkunder*, 1958, 54. Ehnmark skriver "Yashna" medan Nathan Söderblom, "Ur Avesta och andra Mazdatrons urkunder", *Främmande religionsurkunder i urval och översättning* (red. Nathan Söderblom), del 2, vol. II, 1908, m.fl. stavar det "Yasna".

[555] Varken Jacques Duchesne-Guillemin, *The Hymns of Zarathustra*, övers. M. Henning, 1963 (originalet utkom 1948), 105, eller Mary Boyce, *Textual Sources for the Study of Zoroastrianism*, 1984, 35, nämner någon dröm. Söderblom (1908, 694) skriver "[min] sömn (?)", syftande på möjligheten att drömmaren är Zarathustra. Ordet sömn eller dröm ($x^v afn\bar{a}$) finns i texten, men är synnerligen svårtolkat i sammanhanget. William W. Malandra, "Gathas ii. Translations", *Encyclopædia Iranica*, 2012 (första versionen 2000).

[556] I stället för "det goda" skriver Duchesne-Guillemin 1963 och Boyce 1984 "the better".

[557] Söderblom 1908, 694.

[558] I stället för "bästa sinnelaget" skriver Boyce 1984 "(the House of) Best Purpose", som om det kan syfta på en plats. Söderblom 1908 förklarar det som paradiset.

Det råder ingen enighet om när Zarathustra ska ha levat. Det kan ha varit runt år 600 f.Kr. eller så tidigt som 1500 f.Kr. Lingvistisk analys av hans texter pekar på att han kom från östra Iran.[559] Zoroastrismens texter samlades i *Avesta*, som fram till 200-talet e.Kr. bevarades muntligt. Zarathustra själv anses ha författat de texter däri som kallas *gatha* (sånger eller hymner), av vilka 17 så kallade *Yasna*[560] finns bevarade. Dit hör den ovanstående.

Det budskap som Zarathustra och hans efterföljare predikade har absolut i första hand en moralisk innebörd. Världen består av två krafter, den goda och den onda, som människan måste välja mellan. Om hon väljer gott, ska det gå henne väl — åtminstone hinsides i det ljuva Sångernas hus, medan de onda ska evigt lida i Ondskans hus.[561]

Tvillingarna är den välgörande anden, Spenta Mainyu, och den förstörande anden, Angra Mainyu.[562] De är båda medvetna om och tydliga i sina avsikter, och det framgår att de själva fritt har valt dem. Deras skapare Ahura Mazda[563] är långt ifrån neutral, han tar så tydligt den välgörande andens parti att dessa två ibland syns vara förenade i en. Senare förändrades zoroastrismen så, att endast två mot varandra kämpande krafter urskildes: Ohrmazd (Ahura Mazda) och Ahriman (Angra Mainyu).

Vem drömmer?

En säregen detalj i ovanstående verser är drömsynen nämnd i Ehnmarks tolkning. Andra tolkningar kallar det en sömn, men framför allt är det synnerligen oklart vem som drömmer eller sover. Ehnmarks formulering skapar ingen klarhet i detta. Är det Zarathustra som har en uppenbarelse i sömnen? Den tolkningen gör Nathan Söderblom, om än markerande sin tvekan med både parenteser och frågetecken.

Det finns många andra versioner men ingen samstämmighet. William W. Malandra går igenom ett antal av dem i en artikel i *Encyc-*

---

[559] Eliade 1978, 304.

[560] Ordet betyder andakt, dyrkan eller tillbedjan och syftar på texternas användning i ritualer. Boyce (1979, xvii) skriver "act of worship".

[561] Eliade 1978, 312.

[562] Spenta Mainyu betyder Helige Anden och Angra Mainyu Fiende-Anden. Söderblom 1908, 689.

[563] Boyce (1984, 14) översätter namnet till Lord Wisdom. Ehnmark (1958, 47) skriver Allvise Herren och Söderblom (1908, 689) Herren den Allvise.

lopædia Iranica,[564] utan att presentera någon egen slutsats om hur raden i Yasna 30 ska tolkas. Ofta liknar tolkningarna Ehnmarks och Söderbloms, i andra fall skildras tvillingarna som drömväsen eller två olika sorters drömmar, åter andra utelämnar helt enkelt det där med dröm i sina översättningar. Den svenske orientalisten H. S. Nyberg, vars *Irans forntida religioner* från 1937 rönte internationell respekt — och opposition — ansåg att drömmen syftade på en personifierad shamansk trans.

Det vore besynnerligt om Zarathustra menade att tvillingarna, som står för den grundläggande etiska polariteten i världen, enbart skulle vara drömväsen. Det vore också underligt om han ansåg sig bara ha drömt om dem, men hade en synnerligen konkret dialog med själve Ahura Mazda, som måste vara oändligt mycket mer fjärran i sin upphöjdhet.

Å andra sidan är det oklart om Zarathustra verkligen mötte Ahura Mazda eller blott upplevde honom i syner, rentav drömmar. I Yasna 43 sker vad som verkar vara ett möte, när Zarathustra ber att få skåda fromhet och Ahura Mazda visar sig själv, den yttersta fromheten:

"Låt du mig få Fromhet[565] skåda, när därom jag beder!"
"Undergifvenheten[566] följer mig, se jag är kommen.
Fråga oss, hvad du oss fråga vill!"[567]

Men även i denna Yasna är det vagt i vilken form Zarathustra skådar sin gud, och hur verkligt mötet är. Också här kan det vara fråga om något som sker i hans huvud.

Möjligen menade han i Yasna 30 att de två väsendena endast låter sig anas i drömmen, men också det är underligt i förhållande till texten i övrigt. En förkunnare av en religiös lära är angelägen om att betona dess verklighet, annars kan lyssnarna komma på tanken att alltihop är fantasier. Och dessa tvillingar representerande godheten och ondskan är fundamentala i hela hans kosmologi. De måste i hans ögon vara hur verkliga som helst.

Den enklaste förklaringen vore att tvillingarna befann sig i sömn eller dvala, innan Ahura Mazda väckte dem genom sin skapelseakt.

---

[564] Malandra 2012.

[565] Duchesne-Guillemin (1963, 137) skriver "Righteousness".

[566] Duchesne-Guillemin 1963 skriver "Devotion".

[567] Söderblom 1908, 697.

Jag vet inte om tolkningen är språkligt möjlig att göra utifrån texten, men den skulle lösa problemet. Att ordet kan betyda sömn likaväl som dröm visade redan Söderblom.
Det skulle innebära att tvillingarna fanns, om än i dvala, redan före skapelsen. Den möjligheten ger Ehnmarks tolkning, även Söderbloms: "I begynnelsen vore de två andarne, tvillingarne".[568] Sammalunda med Duchesne-Guillemins version, "Now at the beginning the twin spirits have declared their nature",[569] och flera andra. Särskilt tydligt är det hos Humbach & Ichaporia: "These are the two spirits (existing) in the beginning."[570] Det specificeras inte att de kommer till i begynnelsen, utan de är där redan då. Måhända slumrande men existerande.

Andra fragment av skapelsen

Verserna ovan, från Yasna 30, ger blott ett fragment av skapelsen och någon formell skapelseberättelse finns inte i denna del av *Avesta*. Men i Yasna 44 beskrivs en hel del av skapelsen implicit, i form av retoriska frågor som Zarathustra ställer till Ahura Mazda. Några av de första frågorna, här i Nathan Söderbloms tolkning,[571] kan beskrivas som kosmogoniska:

> Hvilken är genom skapelse fader till Fromheten[572] i begynnelsen?
> Hvilken bestämde solens och stjärnornas väg?
> Hvilken gjorde att månen växer och [åter] förminskas?

Svaret på samtliga frågor är detsamma — Ahura Mazda själv. Sammalunda med frågorna i följande två verser:

> Hvilken fastsatte jorden härnere och himlarne, att de ej falla?
> Hvem gjorde[573] vattnen och växterna?
> Hvem spände snabbhet[574] för vind och för moln?

---

[568] Ibid., 694.

[569] Duchesne-Guillemin 1963, 105.

[570] Helmut Humbach & Pallan Ichaporia, *The Heritage of Zarathushtra*, 1994, 31.

[571] Söderblom 1908, 698.

[572] I stället för "Fromheten" skriver Duchesne-Guillemin (1963, 65) "Righteousness" och Boyce (1984, 34) "Order".

[573] Boyce 1984 skriver "sustains" och Humbach & Ichaporia 1994 "preserves".

[574] "Spände snabbhet" är hos Duchesne-Guillemin 1963 "yoked the two steeds" och Boyce 1984 "harnessed swift steeds".

Hvem är det Goda Sinnets[575] skapare, Allvise?

Hvilken konstnär[576] skapade ljus och mörker?
Hvilken konstnär skapade sömn och vakande?
Hvilken [skapade] morgon, middag och natt, manerskor för den uppmärksamme[577] om domen[578]?

Möjligen kan ordningen på frågorna spegla en tänkt ordning på skapelsen. I så fall börjar den med vad Söderblom kallar fromhet, men som nog hellre bör kallas rättrådighet, det vill säga en etisk princip som ska råda för världen. Därefter kommer solen och stjärnorna, sedan månen.

Efter himlakropparna kommer jorden och himlarna — notera pluralis på sistnämnda, vilket skulle kunna komma ur observationen att molnen, som nämns senare i versen, rör sig på olika höjd. Med vattnen, som kommer därnäst, måste menas såväl hav som sjöar och floder, kanske också regnet. Att växterna, näst i tur, behöver vatten var förstås välkänt även på Zarathustras tid.

Vind och moln sätts i rörelse, enligt de engelska tolkningarna av selade springare, vilket ska ses om en symbol för den bestämda uppfattningen att något som rör sig måste ha en drivkraft av något slag. Världen är skapad och nu börjar den sättas i rörelse. Därmed kommer växlingen mellan natt och dag, som nämns i följande vers.

Men denna vers avslutas med vad som syns vara en upprepning av det som tidigare nämnts om den första skapelsen — rättrådighet, världens grundläggande princip. Syftar kanske "Goda Sinnet" här på skapelsen av människorna, som inte nämns specifikt? Det är ytterst osäkert. Zarathustras avsikt med dessa verser är snarare att visa Ahura Mazdas överhöghet än att ange en detaljerad kronologi för skapelsen.

Människorna är både frånvarande och förutsatta i texten, ef-

---

[575] Duchesne-Guillemin 1963 skriver "Good Mind" och Boyce 1984 "Good Purpose".

[576] Duchesne-Guillemin 1963 skriver "artificer", Humbach & Ichaporia 1994 "artisan" och Boyce 1984 "craftsman". Kanske är det mest passande svenska ordet hantverkare.

[577] I stället för "den uppmärksamme" skriver Duchesne-Guillemin 1963 "the wise man" och Boyce 1984 "the worshipper".

[578] I stället för "domen" skriver Duchesne-Guillemin 1963 "task" och Boyce 1984 "duty".

tersom Zarathustras frågor i sin förlängning handlar om mänsklighetens skyldighet att vara rättsinnig, såsom nämnts i Yasna 30.

Nästföljande vers beskriver tidens förlopp, dygnens gång genom dagar och nätter. Här frågar Zarathustra specifikt efter hantverkaren ("konstnären" enligt Söderblom) bakom detta, som om det i motsats till tidigare skapelser kräver speciella färdigheter och särskild ansträngning. Troligen är det ett sätt att betona hur detta verk inte är någon engångshändelse, utan ett fortsatt värv. Dagarna följer varandra för att någon hela tiden är där och ser till att det fortsätter ske, annars skulle tiden stanna.

Det är ett intressant sätt att skilja tiden från alla de ting som skapats dessförinnan. Tiden är inte ett ting, utan det som ger tingen plats att verka i stället för bara vara. Det krävs tid för att något ska hända. Och versen landar i att det väsentliga något som ska ske är att människan ska förstå och förverkliga sin uppgift, som är att vara rättrådig.

Hela världens tillblivelse är ämnad att ge oss människor chansen att välja det bättre i stället för det dåliga, bli goda i stället för onda.

I senare utvecklingar av zoroastrismen delades skapelseakten upp så, att den goda kraften åstadkom goda ting som sol, måne, stjärnor, människor och djur, medan den onda kraften till var och en av dessa gjorde en skadlig motpol, såsom giftiga växter och farliga djur.[579]

Så är det dock inte i Zarathustras ursprungliga version. Där är det den högsta gudomen, den enda riktiga guden, Ahura Mazda, som ensam skapar allt i tomma rymden, alltså så gott som genom blotta tanken. Detta nämns i Yasna 31, som saknas hos Söderblom och är ofullständig hos Boyce, men Duchesne-Guillemin översatte den i sin helhet. Därifrån är följande avsnitt hämtade:[580]

> He who first through the mind[581] filled the blessed spaces[582] with light,
> He it is who by his will created Righteousness,
> Whereby he upholds the Best Mind.
> [- - -]
> Since thou, O Wise One, at the first didst create for us by thy mind[583]

---

[579] Ringgren & Ström 1991, 185f.

[580] Från Yasna 31. Duchesne-Guillemin 1963, 111 och 113.

[581] Humbach & Ichaporia (1994, 35) skriver "conceived (the manthra)".

[582] Humbach & Ichaporia 1994 skriver "the free spaces".

[583] Boyce 1984 och Humbach & Ichaporia 1994 skriver "thought".

> Beings and consciences and wills,
> Since thou didst give a body to the soul of life,
> Since thou didst create deeds and words, that man may decide freely,
> Since then does the man of false words lift up his voice as well as the man of true words,
> The initiate as well as the non-initiate, each according to his heart and his mind.

Skaparen har själv inget födelseögonblick, ingen jämbördig eller ens ett redskap för sitt värv. Med blotta sinnet — det vore rimligt att tala om tankens kraft — får Ahura Mazda människorna att uppstå efter att gott och ont gjort sin entré, och ålägger dem att välja däremellan.

Skapelsen är så summariskt återgiven att Zarathustras ointresse för annat än människans moraliska dilemma tydligt framgår. Han ägnade inte ens övriga inslag i naturen något enda förklarande ord — utom ljuset, som i sin tävlan mot mörkret tycktes honom avbilda den mellan gott och ont.

Kanske var det av brist på intresse för skapelseverkets detaljer, som Zarathustra lät en oförklarad gudom skapa världen ur inget annat än ett tomrum. De tidigare presenterade verserna om skapelsen, från Yasna 30 och 44, har haft något mer att berätta, men också de varit fragmentariska. Zarathustra var inte alls lika intresserad av hur världen kom till som av varför den gjorde det.

Monoteism eller höggud

Zoroastrismen brukar räknas som en monoteism med Ahura Mazda som den store suveränen, skaparen av och härskaren över allt. Det finns i och för sig andra övernaturliga gestalter som kan kallas gudomar, framför allt tvillingarna Spenta Mainyu och Angra Mainyu, men de är definitivt underordnade Ahura Mazda, deras skapare.

På så vis går det att klassificera zoroastrismen som en monoteism, eftersom samma tänjning av begreppet tillåts för religioner allmänt betraktade som monoteistiska — såsom de abrahamitiska. De har också överjordiska väsen som i vissa fall skulle kunna kallas gudomar, men ändock en gud i höjden som skapat alla och styr allt.

Mer komplicerat blev det när zoroastrismen med tiden utvecklades så att den goda anden Spenta Mainyu blev ett med Ahura Mazda, som då kallades Ohrmazd. Den fientliga anden Angra Mainyu hade vid den tiden namnet Ahriman. Ohrmazd var tveklöst den mäktigare, som styrde allt såväl framför som bakom kulisserna, men vad som utvecklades var en mångtusenårig strid mellan de två. Även om framgångarna böljade mellan dem var utgången given — ändå gör denna uttalade polaritet det svårt att tala om en enda gud. Ett bättre begrepp är vad som förfäktades av flera religionshistoriker under 1900-talets första hälft: höggud. Med det menade de inte nödvändigtvis en ensam gudom, vilket är en sällsynthet bland mytologierna, utan en som stod högt över alla andra gudomar. Gudarnas härskare, såsom exempelvis Oden i fornnordisk mytologi och Zeus i grekisk. Ahura Mazda kan definitivt räknas dit, såväl i sin ursprungliga skepnad som när han kallades Ohrmazd.

En värld byggd på ont och gott

Creatio ex nihilo, skapelse ur intet, syftar på en världsskapelse som begynner utan något som helst utgångsmaterial, från ingenting. Bibelns första skapelseberättelse brukar räknas dit, vilket går att diskutera — men mer om det i kapitlet om *Genesis*. Sådana skapelsemyter är sannerligen svårfunna men den ursprungliga zoroastrismen kommer nära.

Dess fåordiga kosmogoni antyder att Ahura Mazda skapade såväl gudomar som hela världen blott med tanken, enligt Yasna 31. I samma Yasna nämns urtillståndet som de välsignade eller fria rymderna, vilket torde förstås som ett tomrum, en plats ännu utan innehåll. Det är inte detsamma som intet, eftersom utrymmet redan är där. Huruvida Ahura Mazda själv befinner sig i det eller utanför det är oklart, men han verkar i det som om det också är hans plats.

Zarathustras skapelse skiljer sig markant från de flesta andra i att det första som blir till är abstraktioner — det bättre och det onda. Dessa må vara något slags gudomar, så att säga Ahura Mazdas barn, men de är i huvudsak den principiella polaritet som blir världens kärna. Det universum som skapas är en skådeplats för dramat mellan gott och ont, rättrådighet och illvilja. Först efter dessas tillblivelse tänker Ahura Mazda fram scenen, kulisserna och aktörerna.

Betydligt vanligare i skapelsemyter är att först efter att världen har fått form och befolkats kommer komplikationerna. Ahura Mazda har tänkt fram en värld som till grund och funktion är en tanke. De fysiska manifestationerna kommer senare och förblir underordnade. Vore det inte för att människorna sedan ges full frihet att välja sida i denna grundläggande motsättning skulle hans värld vara föga mer än en hypotes.

I och för sig är slutet från början givet. Det goda ska segra, om än det tar sin tid. Ahura Mazda vet det från början, likaså Zarathustra och de som tar hans ord till sig. Men det gör också hela experimentet överflödigt. Varför genomgå allt detta lidande för att bevisa

något ofrånkomligt?
Svaret är enkelt — det ger tröst och hopp åt alla dem som kämpar med livets många umbäranden. Dagen ska komma när de belönas.

Detta är det enda Zarathustra bryr sig om — det moraliska ställningstagandet. Himmel, jord och allt det andra är sekundärt. Därför är hans ord därom få och vaga. Han bryr sig inte.

Föga mer än moral

Som framgår tydligt i det ovanstående är den zoroastriska kosmogonin i sin helhet hemhörig på moralens sida i den tänkandets triangel som skissades tidigare i denna bok. Det är rätt enahanda, som en långrandig tillrättamaning. Vore det allt skulle näppeligen dessa gatha ha bevarats genom århundraden av enbart muntlig tradering.

Men de är sånger, uttryck för många känslor. Om än deras innehåll är så gott som uteslutande moraliskt, är deras form poetiskt konstnärlig. Därigenom bevarar de en attraktionskraft som har stått sig genom mycket lång tid. I de 17 Yasna som Zarathustra anses ha författat får vi följa hans vedermödor, stunder av tvivel eller i alla fall vankelmod, triumf, dyrkan och lycksalighet. Det är en berg- och dalbana av känslor, förmedlad i vers. Utan detta vore Zarathustras ord kvickt glömda.

Vad som saknas i tänkandets triangel är den vetenskapliga sidan. Zarathustra visar inget större intresse för att i saklig mening förklara hur världen är, han nöjer sig med varför. Därmed får hans ord en tidlös prägel. De sargas inte lika lätt av vetenskapliga landvinningar som andra gamla kosmologier gör, eftersom de säger ytterst lite om hur världen i detalj är uppbyggd och fungerar. Zarathustras värld är abstrakt och därmed i hög grad tålig mot konkreta argument.

Den är på så vis i ringa grad falsifierbar. Det innebär också att den riskerar att förlora relevans. Vad Zarathustra säger om världen och dess villkor må vara sant eller ej, men i dessa allmänna ordalag saknar den de karakteristika som skulle göra den inte bara acceptabel utan också attraktiv. Bara de som innerligt känner för dess moraliska udd fastnar. Andra konstaterar nog blott: Må så vara.

I Homo rudis ögon

Det är en hel del i Zarathustras kosmogoni, så gott den går att klarlägga i dess fåordighet, som skulle sticka ut i Homo rudis ögon. Det gäller redan urtillståndet. Om det verkligen menades som ett intet måste Homo rudis fråga sig var skapargudomen i så fall befann sig. Även en gudom behöver en plats att existera på.

Tomrummet, som antyds i Yasna 31, är ett nödvändigt minimum. En rymd, om än aldrig så tom, ger plats för såväl skaparen som skapelsen. Homo rudis skulle kanske jämföra det med luftrummet, som märkligt nog sällan i skapelsemyter anges som ett urtillstånd — kanske för att det anses självklart. Luftrummet har utsträckning och något osynligt rör sig däri. En bra början. Det är förstås möjligt att tolka Zarathustras kosmogoni så, eftersom en tillblivelse för luften inte nämns bland de andra ting som Ahura Mazda skapar.

Med Zarathustras urväsen har Homo rudis mindre problem. Det är evigt där, ensamt i urtillståndet, och kan därför i egen kraft genomföra skapelsen. Ahura Mazda är i sitt solitära majestät den enklaste förklaringen till skapelsen. Det vore märkligt om allt började med fler än ett urväsen, för då måste Homo rudis fråga sig hur dessa uppstått och i vilken ordning. Strängt taget — det finns bara plats för ett evigt väsen när evigheten också räknas bakåt, i det förflutna.

Skaparmetoden, med blott Ahura Mazdas tankekraft, är ofrånkomlig då han i urtillståndets tomma rymd inte har något annat att arbeta med. Skulle han behöva mer hade inget kunnat bli till. Och tanken är att jämföra med viljan. Urväsendet ville skapa världen och därmed blev den till.

Homo rudis måste ändå fråga sig hur verklig en sådan skapelse kan bli. Sker den blott i Ahura Mazdas huvud, som en dröm? På sätt och vis finns en sådan värld endast i sin skapares tanke. Om Ahura Mazda ignorerade eller glömde sitt verk, eller vaknade om det blott var en dröm, skulle det försvinna.

Hans första skapelser — tvillingarna Spenta Mainyu, den välgörande anden, och Angra Mainyu, den förstörande anden — måste te sig både förbryllande och självklara för Homo rudis.

Om de ska ses som en introduktion av de två motstående principerna gott och ont, som en ren abstraktion, är det föga mer än tankar i skaparens huvud. De uttrycker lagar för hur skapelsen sedan måste gestalta sig, men de är inga skapelser i sig. Om de däremot kommer till i form av tvillingar som bär dessa respektive egenskaper, då faller allt på plats. Ahura Mazda behöver inte ens ha avsett det, för att Homo rudis ska förstå att det kunde hända. Syskonrivalitet är inget nytt.

De två måste vara gudomar, eftersom de är komna direkt ur den ensamma skapargudomen. Om den ene favoriseras av skaparen som den gode sonen, är det ingen överraskning att den andre blir bitter och hatisk. Månget drama, såväl inom som utanför mytologierna, har samma komponenter, exempelvis Kain och Abel i bibeln.

Eftersom Spenta Mainyu och Angra Mainyu uppstår i skapelsens initiala skede är det självklart att de är verksamma under dess fortsättning och deras konflikt färgar hur världen utformas, även om skapargudomen fortsätter att vara den dominerande kraften. Det är också följdriktigt att ytterligare gudomar kommer till genom dem och inte genom Ahura Mazda, som med skapandet av detta första par av motsatser har lagt grunden för hela den följande historien. Dramat utvecklas med automatik ur denna initiala konflikt.

Inte heller har Homo rudis några särskilda problem med i vilken ordning skapelsen fortlöper, enligt Yasna 44. Först kommer de celesta ljusen — solen, stjärnorna och månen — vilket igen indikerar att en rymd fanns från början. Hur skulle de annars kunna få sina platser?

Sedan skapas jorden och himlarna. Att himlarna bildas efter himlakropparna betyder att det som åsyftas är de utrymmen som molnen rör sig i, eftersom himlakropparna redan har sina platser. Att dessa himlar sätts fast för att inte falla indikerar också molnens region, för molnen svävar däruppe som om något hindrar dem från att dunsa ner i backen. I och för sig borde det också gälla himlakropparna men inte i samma konkreta grad.

Därnäst kommer vatten och växtlighet, som gör jorden frodig. Slutligen sätter Ahura Mazda allt i rörelse, genom vinden som driver molnen och sedan växlingarna mellan ljus och mörker, alltså dagar och nätter. Det sägs inget om att detta sker genom att himlakropparna sätts i rörelse, men så skulle både vi och Homo rudis tolka det. Kanske undrar Homo rudis om det är vinden som även föser himlakropparna runt, men på den punkten är texten oklar.

Vad Ahura Mazda skapar är alltså först en värld i statiskt tillstånd. När beståndsdelarna är på plats sätts allt i rörelse. Det sker genom att tiden börjar gå. Dag följs av natt som följs av dag, igen och igen. Då blir förändring möjlig och striden mellan gott och ont kan begynna.

När kom människorna?

Vad Homo rudis frågar sig är hur djur och människor kom till. Om detta säger Yasna 44 ingenting, inte heller de andra bevarade verserna i den ursprungliga gatha. Den bristen är förbryllande. Växterna nämns men inte de varelser som när sig på dem.

Om tvillingarna Spenta Mainyu och Angra Mainyu sägs i Yasna 30 att de skapade liv och icke-liv, men det betyder inte att de skapade alla som lever och dör. Snarare ska det förstås som att den goda anden blåser liv i dem och den onda anden blåser ut det — med andra ord hur deras tid börjar gå och sedan stoppas. Men hur de uppstod till att börja med är inte förklarat.

För Homo rudis och oss andra är den delen av skapelsen av yttersta väsentlighet. Hur dök vår art upp — och de levande varelser som vi antingen jagar eller jagas av? Historien är oavslutad utan dessa händelser, som om ridån gick ner i en teaterföreställning före upplösningen. Publiken lämnas frustrerad, sviken.

Det är en förvånande brist. Även om Zarathustras kosmogoni är särdeles fragmentarisk och kortfattad borde den ha plats för några ord om djurens och i synnerhet människans uppkomst. Hur kunde Zarathustra försumma detta?

Det är förvisso så att de 17 Yasna som anses vara författade av Zarathustra förmodligen inte var de enda han själv diktade. Djurens och människornas skapelse kan ha ingått i verser som gått förlorade under de många århundraden som gick innan Avesta nedtecknades. Men det verkar inte troligt, då inga befintliga verser innehåller minsta antydan om saken ens när de handlar om just skapelsen.

Två tänkbara förklaringar låter sig anas, men ingen av dem är tillfredsställande. Antingen var frågan ointressant för Zarathustra, vilket är märkligt då han ändå berörde skapelsen av så mycket annat, eller var han osäker på svaret och skydde därför frågan. Men det rimmar illa med hur bestämt han uttryckte sig i övrigt om världens tillblivelse och syfte, där människan mycket tydligt bär huvudrollen i sin plikt att välja det goda.

Den värld som Zarathustra beskriver, där valet mellan gott och ont är hela meningen med den, förutsätter människorna. Vem ska annars välja? Knappast tvillingarna, som redan i sin tillblivelse är bestämda och aldrig någonsin ändrar sig. Det betyder att Ahura Mazda måste ha haft människorna på plats, allra minst i sin plan, redan när tvillingarna skapades. Man skapar inte en uppgift utan att senast samtidigt skapa dem som ska utföra den.

Men om människorna var med från begynnelsen, på ett eller annat sätt, vore de farligt nära att vara Ahura Mazdas likar. Det tål ingen gudom.

En betydligt begripligare historia vore om Ahura Mazda skapade människorna och därefter konstaterade att de betedde sig motbjudande, att de fläckade hans sköna värld med förkastliga handlingar. Då införde han begreppen gott och ont, för att slå mot dem som valde det senare och prisa dem som valde det förra. Han införde en lag, som gjorde människor ansvariga för sina handlingar. Det är ett mönster som står att finna i många skapelsemyter.

I en sådan variant kunde tvillingarna Spenta Mainyu och Angra

Mainyu vara ett slags katalysatorer, som tog fram det bästa hos somliga människor och det värsta hos andra.

Av Zarathustras hymner framgår att detta torde ha varit hans syfte med den religion han predikade. Ahura Mazda var på så vis hans alias, gudomen som påbjöd människorna att bete sig väl eller möta det gruvliga straffet. Folket skulle skrämmas till godhet och lovades sedan himmelsk belöning för den.

Det kan alltså var så enkelt som att människornas roll redan från början gjorde deras närvaro så självklar att Zarathustra inte ens reflekterade över deras tillkomst. De fanns i Ahura Mazdas tanke från första stund. Man kan uttrycka det som att Ahura Mazda skapade världen runt människorna, må så vara innan de rent fysiskt befann sig där i mitten.

Det skulle kanske Homo rudis gå med på, eftersom Ahura Mazda skapade världen genom blotta tanken.

Bibeln, Genesis

Genesis 1[584]

I begynnelsen skapade Gud himmel och jord.[585] *Jorden var öde och tom, djupet täcktes av mörker och en gudsvind*[586] *svepte fram över vattnet. Gud sade: "Ljus, bli till!"*[587] *Och ljuset blev till. Gud såg att ljuset var gott, och han skilde ljuset från mörkret. Gud kallade ljuset dag, och mörkret kallade han natt. Det blev kväll och det blev morgon. Det var den första dagen.*

Gud sade: "I vattnet skall ett valv bli till, och det skall skilja vatten från vatten." Och det blev så. Gud gjorde valvet och skilde vattnet under valvet från vattnet ovanför valvet. Gud kallade valvet himmel. Det blev kväll och det blev morgon. Det var den andra dagen.

Gud sade: "Vattnet under himlen skall samlas till en enda plats, så att land blir synligt." Och det blev så. Gud kallade det torra landet jord, och vattenmassan kallade han hav. Och Gud såg att det var gott. Gud sade: "Jorden skall ge grönska: fröbärande örter och olika arter av fruktträd med frö i sin frukt skall växa på jorden." Och det blev så. Jorden frambringade grönska: olika arter av fröbärande örter och olika arter av träd med frö i sin frukt. Och Gud såg att det var gott. Det blev kväll och det blev morgon. Det var den tredje dagen.

Gud sade: "På himlavalvet skall ljus bli till, och de skall skilja dagen från natten och utmärka högtider, dagar och år. De skall vara ljus på himlavalvet och lysa över jorden." Och det blev så. Gud gjorde de två stora ljusen, det större ljuset till att härska över dagen och det mindre till att härska över natten, och han gjorde stjärnorna. Han satte ljusen på himlavalvet att lysa över jorden, att härska över dag och natt och att skilja ljus från mörker. Och Gud såg att det var gott. Det blev kväll och det blev morgon. Det var den fjärde dagen.

Gud sade: "Vattnet skall vimla av levande varelser, och fåglar

---

[584] Genesis 1:1–31 och 2:1–4, *Tre bibelböcker*, Bibelkommissionen och Svenska Bibelsällskapet, 1991, samt *Bibel 2000*, Bibelkommissionen m.fl., 1999.

[585] Alternativt: "När Gud började skapa himmel och jord..." Tre bibelböcker 1991, 13 (fotnot).

[586] I 1917 års översättning heter det "Guds Ande", som också är en möjlig översättning men inte lika trolig här. *The Revised English Bible* från 1989 väljer "the spirit of God" men anger även ordvalet "wind from God" som möjligt.

[587] Bibelkommissionen moderniserade det klassiska uttrycket "varde" (latinets *fiat*) från tidigare bibelversioner till "bli till".

skall flyga över jorden, under himlavalvet." Gud skapade de stora havsdjuren och alla olika arter av levande varelser som vattnet myllrar och vimlar av och alla olika arter av fåglar. Och Gud såg att det var gott. Gud välsignade dem och sade: "Var fruktsamma och föröka er och uppfyll sjöar och hav. Och på jorden skall fåglarna föröka sig." Det blev kväll och det blev morgon. Det var den femte dagen.

Gud sade: "Jorden skall frambringa olika arter av levande varelser: boskap, kräldjur och vilda djur av olika arter." Och det blev så. Gud gjorde de olika arterna av vilda djur, boskap och markens kräldjur. Och Gud såg att det var gott.

Gud sade: "Vi skall göra människor som är vår avbild, lika oss. De skall härska över havets fiskar, himlens fåglar, boskapen, alla vilda djur och alla kräldjur som finns på jorden." Gud skapade människan till sin avbild, till Guds avbild skapade han henne. Som man och kvinna skapade han dem.

Gud välsignade dem och sade till dem: "Var fruktsamma och föröka er, uppfyll jorden och lägg den under er. Härska över havets fiskar och himlens fåglar och över alla djur som myllrar på jorden." Gud sade: "Jag ger er alla fröbärande örter på hela jorden och alla träd med frö i sin frukt; detta skall ni ha att äta. Åt markens djur, åt himlens fåglar och åt dem som krälar på jorden, allt som har liv i sig, ger jag alla gröna örter att äta." Och det blev så. Gud såg att allt som han hade gjort var mycket gott. Det blev kväll och det blev morgon. Det var den sjätte dagen.[588]

Så fullbordades himlen och jorden och allt vad där finns. Den sjunde dagen hade Gud fullbordat sitt verk, och han vilade på den sjunde dagen efter allt han hade gjort. Gud välsignade den sjunde dagen och gjorde den till en helig dag, ty på den dagen vilade Gud sedan han utfört sitt skapelseverk.

Detta är berättelsen om hur himmel och jord skapades.

Genesis 2[589]

När Herren Gud gjorde jord och himmel, när ingen buske fanns på marken och ingen ört hade spirat, ty Herren Gud hade inte låtit något regn falla på jorden och ingen människa fanns som kunde odla den — men ett flöde vällde fram ur jorden och vattnade marken — då for-

---

[588] Med sjätte dagen slutar Genesis 1, men berättelsen fortsätter i början på Genesis 2, verserna 1–4. De verserna följer här.

[589] Genesis 2:5–25, *Tre bibelböcker* 1991, samt *Bibel 2000* 1999.

made Herren Gud människan[590] av jord från marken och blåste in liv genom hennes näsborrar, så att hon blev en levande varelse. Och Herren Gud planterade en trädgård österut, i Eden,[591] och satte där människan som han hade format. Herren Gud lät alla slags träd växa upp ur marken, sådana som var ljuvliga att se på och goda att äta av. Mitt i trädgården stod livets träd och trädet som ger kunskap om gott och ont.[592]

En flod rinner upp i Eden och bevattnar trädgården. Sedan delar den sig i fyra armar. Den första heter Pishon, den flyter kring Havila, ett land där det finns guld. Guldet i det landet är fint, och där finns också bdelliumharts och onyxsten. Den andra floden heter Gichon, den flyter kring Kush. Den tredje floden heter Tigris, den rinner öster om Assyrien. Den fjärde floden är Eufrat.

Herren Gud tog människan och satte henne i Edens trädgård att bruka och vårda den. Herren Gud gav detta bud: "Du får äta av alla träd i trädgården utom av trädet som ger kunskap om gott och ont. Den dag du äter av det trädet skall du dö."

Herren Gud sade: "Det är inte bra att mannen är ensam. Jag skall ge honom någon som kan vara honom till hjälp." Så formade Herren Gud av jord alla markens djur och alla himlens fåglar och förde fram dem till mannen för att se vad han skulle kalla dem. Varje levande varelse fick det namn som mannen gav den. Mannen gav namn åt all boskap, alla himlens fåglar och alla vilda djur. Men han fann inte någon som kunde vara honom till hjälp.

Då försänkte Herren Gud mannen i dvala, och när han sov, tog Gud ett av hans revben och fyllde igen hålet med kött. Av revbenet som han hade tagit från mannen byggde Herren Gud en kvinna och förde henne fram till mannen.

Då sade mannen: "Den här gången är det ben av mina ben, kött av mitt kött. Kvinna skall hon heta, av man är hon tagen." Det är därför en man lämnar sin far och mor för att leva med sin hustru, och de blir ett.

---

[590] Det hebreiska ordet *adam* betecknar närmast mänsklighet eller människosläkte, därför femininum här. På detta ställe anknyts också till ordet för mark, *adama*. Adam blir senare i texten egennamn för den första människan, en man. Tre bibelböcker 1991, 15f.

[591] Eden anspelar på ett hebreiskt ord för ljuvlighet. Ibid., 16.

[592] I 1917 års översättning, liksom Karl XII:s och Gustaf Vasas, heter det *"på gott och ont"*, men i Bibelkommissionens nya översättning från 1991 heter det *"om gott och ont"*. *The Revised English Bible* från 1989 är samstämmig med den senare versionen: "knowledge of good and evil".

> *Både mannen och kvinnan var nakna, och de kände ingen blygsel inför varandra.*

Det israeliska folket kan ha uppstått på 1100-talet före Kristus, som en integrering av flera västsemitiska stammar. Det var förmodligen efter exilen i Babylon på 500-talet f.Kr. som Moseböckerna (varav Genesis är den första) sammanställdes, av såväl muntligt som skriftligt material.[593] En del av texterna är dock betydligt äldre, kanske så långt tillbaka som 900-talet f.Kr.[594]

Dateringen av de olika avsnitten i Genesis är osäker och omdebatterad. De manuskript som har bevarats är betydligt yngre än sitt ursprung. Av de två skapelseberättelserna finns bland dödahavsrullarna några fragment från århundradet före vår tideräkning, som till sitt innehåll stämmer väl överens med den gängse bibeltexten. Det samlade Gamla Testamentet, *Tanakh*, som inleds med Genesis, har två huvudsakliga källor. Den masoretiska texten på hebreiska tillkom under 900-talet, med den äldsta i sin helhet bevarade handskriften, *Codex Leningradensis*, daterad år 1008. Den första grekiska översättningen av Tanakh, *Septuaginta*, gjordes redan runt år 200 f.Kr. Dess äldsta bevarade handskrift inkluderande både Genesis 1 och 2 är *Codex Alexandrinus* från 400-talet, medan *Codex Vaticanus* från 300-talet innehåller Genesis 2.

Två versioner

Som synes ovan innehåller Genesis två på varandra följande skapelseberättelser. Den första, Genesis 1, är en kosmologisk beskrivning av hur världen skapades, medan den andra, Genesis 2, är koncentrerad på de första människorna, Adam och Eva. Trots turordningen i bibeln betraktas den andra som den äldsta.[595] Dess placering torde bero på att det ger berättelsen i sin helhet en rimligare kronologi, eftersom människan är sent tillkommen i skapelsen.

Jag har mina dubier om berättelsernas inbördes ålder. Genesis 2 är tydligt tillkommen i en jordbrukarkultur, som såg både djuren och växterna som sina tillgångar. Genesis 1, å andra sidan, är med sin abstrakta kosmologi och sin nedtoning av människans betydelse närmare många skapelseberättelser i jägar- och samlarkulturer, vilka sträcker sig betydligt längre tillbaka i mänsklighetens historia. Gene-

---

[593] Ringgren & Ström 1991, 70.

[594] Robert Alter, *The Five Books of Moses*, 2004, 10.

[595] *Tre bibelböcker* 1991, 15.

sis 1 må ha nedtecknats senare än Genesis 2, men innehållsligt pekar berättelsen på att ha ett avsevärt äldre ursprung.

Det är märkligt hur två på flera punkter motsägelsefulla skapelseberättelser har etablerats som grannar i den judiska urkunden. I och för sig koncentrerar de sig på olika delar av skapelseverket, så att de skulle kunna sägas komplettera varandra, men till exempel ordningsföljden avviker iögonenfallande.

Genesis 1 ger genom Guds arbetsvecka följande ordning på skapelsen: först skapades himmel och jord (vilket går att diskutera, se nedan), därefter ljuset, himlavalvet, land och hav, växtligheten, sol, måne och stjärnor, djurriket och sist människan. Hos Genesis 2 ser ordningen i stället ut så att Gud skapar mannen när blott himmel och en öde jord finns. Därefter skapas, till mannens förnöjelse, växtlighet, djur och sist kvinnan.

Man kan beskriva det första perspektivet som astronomiskt, där skapelseakten går från det stora till det lilla, från det som är mest avlägset människan till det närmaste. Det andra perspektivet är omvänt — Adam skapas så fort Gud har etablerat en plats för honom och här är skapelsen av jord och himmel mer antydd än uttalad.

Gud har olika tillvägagångssätt i sitt fortsatta skapande. I Genesis 1 skapar han genom befallning, genom blotta ordet, medan han i Genesis 2 är mer av en hantverkare. Adam formas av jord, Eva av Adams revben.

Den första versionens skapelse enbart genom Guds yttrande kan jämföras med orden som inleder Nya Testamentets Johannesevangelium, där detta är ytterligare betonat:

> *I begynnelsen fanns Ordet, och Ordet fanns hos Gud, och Ordet var Gud. Det fanns i begynnelsen hos Gud. Allt blev till genom det, och utan det blev ingenting till av allt som finns till.*[596]

Att själva ordet bär såväl central som sakral betydelse är inget unikt för bibeln, men ovanligt accentuerat här. Adams namngivande av djuren är en likartad begivenhet. Genom att ge dem namn blir han deras herre.

Monoteismen i Genesis
På två avgörande punkter är dock berättelserna samstämmiga. Dels beskrivs världen som tillkommen och styrd av en enda gudom, dels sker skapelsen ur ett intet — även om det sistnämnda är ganska sum-

---

[596] Johannes 1:1–3, *Nya testamentet*, Svenska Bibelsällskapet 1981, samt *Bibel 2000*.

mariskt konstaterat, inledningsvis i båda berättelserna, och inte oomtvistligt.

Inom religionshistorien betraktas bibeln som ett veritabelt paradexempel på såväl skapelse ur intet, *creatio ex nihilo*, som på en riktig höggud, ensam och suverän i evigheten. Det är inte omöjligt att dessa två särdrag förutsätter varandra. Hur hög kan en gud vara, som inte ensam är ansvarig för skapelsen, hela skapelsen? Därmed kan i begynnelsen ingen ha funnits jämte honom, inte heller får någon annan ha varit delaktig i skapelsen — det skulle detronisera honom från den allra mest upphöjda positionen.

Den konsekventa monoteism som kommer till uttryck i dessa texter har förmodligen kristalliserats fram först under den babyloniska exilen på 500-talet f.Kr. Det finns till och med antydningar, utanför bibeln, om att den judiska guden innan dess kan ha haft en maka, den kananeiska gudinnan *Anat*.[597]

En ytterligare förbryllande omständighet är att i Genesis 1 kallas Gud *Elohim*, vilket egentligen är plural: gudarna. Många argument har presenterats genom åren för hur Elohims plural ändå kan syfta på en ensam gudom, exempelvis som ett slags pluralis majestatis, men anomalin har inte kunnat avfärdas helt.

I Genesis 2 kallas Gud i stället *Jahve*, som på inget sätt antyder annat än en. Det kan och brukar översättas "Han är". Vad som åsyftas med den diffusa formuleringen är Guds egennamn, "Jag är", som Moses får veta i 2 Moseboken, *Exodus*:

> Då sade Mose till Gud: "Om jag nu kommer till israeliterna och säger att deras fäders Gud har sänt mig till dem och de frågar efter hans namn, vad skall jag då svara?" Gud sade: "Jag är den jag är. Säg dem att han som heter 'Jag är' har sänt dig till dem."[598]

Hebreiskans *Ehyeh-Asher-Ehyeh*, "jag är den jag är", kan också översättas "jag är vad jag är" eller "jag blir vad jag blir", och *Ehyeh*, "jag är", kan översättas "jag blir".[599] Robert Alter, en amerikansk professor i hebreiska, väljer för *Ehyeh-Asher-Ehyeh* "jag blir den jag blir", som han anser vara den troligaste översättningen.[600]

---

[597] Ringgren & Ström 1991, 72.

[598] 2 Mos 3:13-14, *Bibel 2000*.

[599] *Tanakh: A New Translation of the Holy Scriptures According to the Traditional Hebrew Text*, The Jewish Publication Society, 1985, 88.

[600] "I-Will-Be-Who-I-Will-Be". Alter 2004, 321.

Både Genesis 1 och 2 beskriver Gud som ensam närvarande i ett urtillstånd, utan att något alls blir sagt om hans tillblivelse. Han är därmed oantastligt evig, enligt den enkla logiken att den som aldrig fötts kan aldrig dö.

Inte heller berättas om något särskilt skäl för Gud att ge sig i kast med skapelsen. Genesis 1 har en antydan om gudens självbespegling, i det att han gör människan till sin avbild. Genesis 2 har praktiskt taget omvänt perspektiv, då Gud tycks skapa växter och djur till människans förnöjelse och sällskap. Adam får hedersuppdraget att namnge djuren, ett efter ett, när Gud frambringar dem. Texten antyder att Gud är både road och nyfiken på vad för namn Adam månde hitta på. Det blir lite som en lek mellan dem.

I denna utpräglade monoteism har alltså människan såväl implicit som explicit huvudrollen — det är för henne som Gud verkar, rentav är det Guds självpåtagna uppgift att just skapa människan. Det kan vara en ofrånkomlig konsekvens av monoteism — vad annat har en gud att ägna sig åt, om han saknar likar? Så snart människan är skapad tycks han också vara nöjd med sitt verk, och ägnar därefter sin uppmärksamhet enbart åt henne.

Det måste påpekas att senare i bibeln tillkommer diverse övermänskliga väsen, såsom änglarna och åklagaren, vilka är av sådan övermänsklig art att de i beskrivningar av andra mytologier tveklöst skulle ha benämnts gudar eller gudomar.

Skapelse ur något
Att kalla Guds ensamma urtillstånd ett intet är förhastat. Bibeln nämner vad som i begynnelsen inte finns, vilket inte är liktydigt med att inget finns. Kanske var där en rymd och en eter, som Gud vistades i. Vi vet från Homo rudis resonemang att ett absolut intet är ytterst svårt att föreställa sig.

Visserligen börjar Genesis 1 med frasen om att Gud skapade himmel och jord, men det kan mycket väl ses som blott en fras, eller en rubrik för det som kommer därefter. Himlen blir ju uttryckligen till på den andra dagen, säger sedan texten. En alternativ översättning av de första raderna visar att urtillståndet inte nödvändigtvis är ett intet:

> *När Gud började skapa himmel och jord — jorden var öde och tom, djupet täcktes av mörker och en gudsvind svepte fram över vattnet — sade Gud: "Ljus, bli till!"*[601]

[601] Not till Genesis 1:1 på *bibeln.se*, nätupplagan av Bibel 2000.

Det är än tydligare i den engelska översättningen av den judiska *Torah*, som får anses ha tolkningsföreträde vad gäller det vi kallar Gamla Testamentet:

> When God began to create heaven and earth — the earth being unformed and void, with darkness over the surface of the deep and a wind from God sweeping over the water — God said, "Let there be light."[602]

Med denna skrivning har vi i begynnelsen långt ifrån ett intet — såväl jord som vatten finns redan. Jorden är öde och dold under det mörka urhavet. Guds första skapelse är ljuset.

Gudsvinden som nämns är i många bibelversioner angiven som Guds ande, en möjlig men här inte lika trolig tolkning. Vind och ande är samma ord, *ruah*, på hebreiska. Vad denna vind syns mena är att Gud själv inte är på plats. Han närvarar blott genom denna vind, som utgår ifrån honom eller han har satt i rörelse, och verkar sedan genom sitt ord. Också ett yttrande bärs ju fram genom luft, så vinden är det medium genom vilket skapelsen sker.

Såsom brukligt i skapelsemyter nämns i Genesis inget om luftens tillkomst. Därför måste även den ha funnits i urtillståndet, må vara i formen av en vind från Gud, eller om man så vill Guds andning.

Också i Genesis 2 är orden om Guds skapande av jord och himmel (nu i omvänd ordning) mest som en fras, ett anslag. Inget växer på marken innan Gud vattnat den, men nog verkar marken existera före Guds skaparvärv. Inget sägs om hur den blivit till, fast formandet av både Adam och alla djuren ur jord specificeras så tydligt. Edens lustgård anlägger Gud med något av trädgårdsmästarens konkreta handlag — men om hur själva marken uppstod sägs inte ett ord.

Att skapelsen av himmel och jord förbigås helt i den annars så konkret beskrivande texten Genesis 2 är tankeväckande. Vore det inte för att Genesis 1 på de föregående bibelsidorna givit en fullödig version av världsskapelsen, skulle bristen vara mycket störande för varje läsare. Men det som saknas i Genesis 2 kompletteras av vad som finns i Genesis 1.

Det indikerar att kosmogonin i Genesis 1 var känd redan vid tillkomsten av Genesis 2. Antingen det, eller har en egen version av världsskapelsen fallit bort från Genesis 2, kanske för att de två tex-

[602] *Tanakh* 1985, 3.

terna skulle passa bättre ihop när de samlades i en skrift.

Alltså finner vi i Genesis 1 och 2 ingen otvetydig skapelse ur intet. Det är riktigare att tala om det som en skapelse ur något, vare sig detta är vatten eller jord. Dessutom kan det inte vara en skapelse ur intet av det enkla skälet att det inte är en skapelse av ingen. Gud är där och verkställer skapelsen. Han är både något och någon.

Redan de gamla grekerna var bestämda med att av intet blir intet (på latin *ex nihilo nihil fit*), en tes som först framfördes av Parmenides. Aristoteles var särskilt tydlig på den punkten, vilket ledde till problem i kristenheten när den på medeltiden nåddes av hans tankar och fascinerades av dem. Kyrkan var fast i doktrinen att Gud hade skapat världen ur intet, som ett bevis på hans allsmäktighet. Gud var så stor att inget kunde finnas som inte han hade skapat.

Augustinus förde redan på 400-talet resonemanget så långt att han hävdade att Gud även skapade tiden. Det var Augustinus svar på frågan vad Gud må ha hållit på med innan han skapade världen. Han själv befinner sig i ett tidlöst evigt nu, varför "Gud innan han skapade himmel och jord inte gjorde någonting alls".[603] Men egentligen fanns det inget innan, och därför säger Augustinus om sin Gud:

> Det har alltså aldrig funnits någon tid då du inte skapat någonting
> — du har ju skapat själva tiden.[604]

Augustinus var förstås en övertygad förespråkare av *creatio ex nihilo*. Han hävdade även att Gud skapade allt på en gång, inte under sex dagar, som han menade bör förstås symboliskt.

En annan av kyrkohistoriens illustra tänkare, Thomas av Aquino, befann sig mitt i den storm som speciellt Aristoteles ledde till i den kristna tankevärlden, eftersom de aristoteliska perspektiven på världens beskaffenhet utmanade kyrkliga föreställningar. Thomas deltog i den infekterade debatt som detta ledde till, och det var långt ifrån riskfritt. Kyrkan var lika intolerant som den var mäktig.

Trots att Thomas var på kyrkans sida i frågan om *creatio ex nihilo* var dess behandling av honom inte alltid nådig. Hans hälsovådliga balansakt låg i försöket att finna samstämmighet mellan kyrkans och Aristoteles teser, så att säga mellan dogm och förnuft.

Den springande punkten var just detta med skapelse ur intet,

---

[603] Augustinus, *Bekännelser*, 11:12, övers. Bengt Ellenberger, 2020 (första upplagan 1990), 288.

[604] Ibid., 11:14, 290.

eftersom kyrkan inte godtog något annat men Aristoteles hade förklarat det omöjligt. Thomas lösning på denna motsättning var en tolkning av både Aristoteles och bibeln som närmade sig ordklyveri. Han gjorde skillnad på uppkomst och skapelse. Om världen hade uppkommit måste detta, såsom Aristoteles hävdade, ha skett ur något. Men det var inte nödvändigt om den skapades. Den övernaturliga skapelseakten behövde inte följa fysikens lagar och var inte föremål för vetande, utan för tro. Uppkomst var enligt Thomas en av de egenskaper naturen bestod av, medan skapelsen beskrev en process som gjorde att naturen blev till.[605]

Egentligen är hela problemet med skapelse ur intet ovidkommande, eftersom Genesis inte beskriver ett intet — även om man räknar bort det urtillstånd som Genesis 1 antyder. Något är där, nämligen Gud själv.

Hur han än beskrivs, vilka egenskaper han än har, är Gud något eller någon. Hur hans skapelse än går till sker det genom honom. Thomas beskrev det som en emanation från Gud, vilket också kan sägas gälla för Guds ande och yttranden. Så Gud är där och därför råder inget *creatio ex nihilo*, snarare *creatio ex deo*, skapelse ur Gud.

Tänkandets triangel

Genesis 1 och 2 har det gemensamt, att de i en tänkandets triangel tenderar åt konstens sida. När Gud ombesörjer sin skapelse på sex dagar och vilar på den sjunde, har vi mer att göra med poetisk, för att inte säga dramatisk form än någon strikt agenda. Det är i och för sig inte märkligt att en kosmogoni, som ger ordet en så pass glänsande roll, också måste glänsa med sina egna ord.

Å andra sidan har i synnerhet Genesis 1 en ordning på skapelsen som syns sträva efter att vara rimlig, om än med några diskrepanser. I motsats till Genesis 2 beskriver den ett kosmologiskt förlopp som tilltalar både skönhetssinnet och logiken. Se bara en sådan sak som att det börjar med ljuset, något som flera andra skapelseberättelser har försummat. Ljuset tränger igenom mörkret och när sålunda den dittills ödsliga världen blir synlig kan den fyllas.

I och för sig är det udda att ljuset skapas före solen, som i både forntidens och vår värld varit den oomtvistligt suveräna belysningen. Ljuset tjänar nog här närmast som ett första gigantiskt språng från ett mörkt, kallt och livlöst förflutet till en värld som kan hysa liv.

---

[605] Rolf Lindborg, *Om Gud och världen. Thomas ab Aquinos lära om skapelsen*, 1983, 86 och 89.

Det går alltså att se Genesis 1 som i alla fall delvis ett försök till vetenskaplighet, en spekulation i hur världen må ha kommit till. Med Genesis 2 är det betydligt svårare. Den skapelsen liknar mer en skröna, en underhållande historia som lyssnarna inte nödvändigtvis behöver tro på för att roas av.

När det gäller den moraliska sidan av tänkandets triangel finns inte ens skymten av det perspektivet i Genesis 1. Däremot dräller Genesis 2 av moral, vilket syndafallet gör oomtvistligt. Människorna svek sin gud och förvisades ur den sköna lustgården som evigt straff.

På en punkt, dock, visar Genesis 2 ett avståndstagande till det moraliska tänkandet. Som nämnt i en fotnot ovan innebar Bibelkommissionens nya tolkning ett markant avsteg från samtliga föregående svenska bibelversioner. Tidigare talades om kunskapens träd *på* gott och ont, men den senaste versionen rättade detta till trädet som ger kunskap *om* gott och ont.[606]

Det var inte kunskap i sig som Gud ville undanhålla människorna, utan kunskapen om vad som är rätt och fel. Gud ville vara ensam om att avgöra detta. Med andra ord tyckte han inte att människor skulle tro sig om att kunna moralisera. Talande är också vad som fick Gud att upptäcka Adams och Evas svek — han såg dem skyla sin nakenhet. Uppenbarligen hade han föredragit dem som obekymrade nudister.

Ändock måste konstateras att Genesis 2 innehåller en betydande del moralpredikan, som saknas i Genesis 1. Båda skapelseberättelserna är storslagna skådespel, som förankrar dem på konstens sida av tänkandets triangel, men där den ena även har inslag av det vetenskapliga tenderar den andra i stället åt det moraliska.

Det understryker att Genesis 2 är tillkommen vid en tid då samhället var organiserat till den grad att överhetens påbud behövde förstärkas, medan Genesis 1 mycket väl kan ha sitt ursprung dessförinnan.

I Homo rudis öron

Guds skaparmetod i Genesis 1 är speciell — med blott sitt yttrande av orden bygger han hela världen. Det behöver inte verka alldeles orimligt för Homo rudis. Sedan människan fick språket har orden varit märkliga bärare av mening och funktion, nästan som magi. Med blott ord kan man förstå varandra och därmed tillsammans åstadkomma mycket mer än människorna dessförinnan kunde. När en högre makt talar, hur mycket mer måste inte hända då?

[606] Genesis 2:9.

En ensam gud är inte heller något mysterium för Homo rudis, i synnerhet som denne gud inte verkar ha minsta trånad efter att föröka sig. Inga andra gudar kommer, för guden skapar inte genom sin egen kropp, inte ens egna kroppsvätskor, utan genom tal i Genesis 1 och hantverk med jordiska beståndsdelar i Genesis 2. Så blir inga gudar till.

Eftersom guden är ensam är det heller inte underligt att människorna får en så framskjuten roll. Utan andra gudar är människor det närmaste han kan komma ett fungerande sällskap.

Vad gäller urtillståndet, om vi glömmer det där med *creatio ex nihilo*, känns det igen från många skapelsemyter. Ett urhav i mörker, som döljer en livlös jord. I denna dystra tillvaro är det förståeligt att guden börjar med att framkalla ljus. Dock måste Homo rudis undra varför ljuset kommer innan solen, stjärnorna och månen gör det. Vad finns det då som kan ge ljus? Gud tänder ju inte någon eld. För Homo rudis är det dessa ting och inget annat som ger världen ljus. Ordningen är förvisso förbryllande. Kanske är det en dramatisk effekt som eftersträvas. I ett tröstlöst mörker kommer plötsligt ljus. Det är en vacker start för världen.

Därefter sker skapelsen stegvis i en rimlig ordning, med undantag åter för himlakropparnas uppdykande först på fjärde dagen, och deras uppgift är att skilja dagar från nätter. Detta var inte ordnat med ljusets entré den första dagen. Gud må ha råkat skapa evigt ljus, så för att dagar och nätter skulle turas om behövde ljuset bindas till himlakropparnas cykliska rörelser.

Ljusets unika roll i Genesis 1 leder tankarna till den moderna astrofysikens upptäckter, där ljuset är ett slags entitet i sig — med remarkabla egenskaper. Därom visste författarna till Genesis 1 ingenting men de var övertygade om och överväldigade av ljusets betydelse.

Skapelseordningen i Genesis 2 avviker en del från Genesis 1, men inte mer än att Homo rudis torde acceptera det. Här handlar det inte om kosmos, utan de första människorna. Det är en annan historia.

Det första som sker är att den torra jorden bevattnas — inte med regn, fast texten antyder att det vore det rimliga, utan med vatten från underjordiska källor. Homo rudis kan förstå det, ty en torr jord behöver mer vatten än regn vanligtvis ger, dessutom kan det förklara både sjöar och floder.

Så snart jorden har fuktats formar Gud Adam därav och blåser liv i honom genom näsborrarna. Så Adam är formad av jord men lever genom Guds andedräkt. I Homo rudis ögon betyder det att den första människan är något av en halvgud och därmed har en särställning i förhållande till allt levande som kommer därefter. De övriga djuren formas också av jord men får inte del av Guds ande. Att det just är andedräkten som ger människan liv är som sig bör. Från den nyföddas första andetag till den döendes sista suck är andningen det som håller oss vid liv. Det kan även Homo rudis konstatera.

Edens lustgård

I trädgården Eden, som Gud anlägger åt Adam, finns till en början blott växter för Adam att äta, en rent vegansk kost. När djuren skapas är det för att hålla Adam sällskap, knappast som föda, även om boskap också nämns. Också i Genesis 1 ger Gud människorna en vegansk kost.

Det är intressant att Eden har en specifik plats i berättelsen. Inte bara att den ligger österut, från var det nu må ha räknats, utan också:

> *En flod rinner upp i Eden och bevattnar trädgården. Sedan delar den sig i fyra armar. Den första heter Pishon, den flyter kring Havila, ett land där det finns guld. Guldet i det landet är fint, och där finns också bdelliumharts och onyxsten. Den andra floden heter Gichon, den flyter kring Kush. Den tredje floden heter Tigris, den rinner öster om Assyrien. Den fjärde floden är Eufrat.*[607]

Eufrat och Tigris är alltjämt kända under samma namn, och Assyrien känner vi från historien, men med övriga floder och platser är det osäkrare. Eufrat och Tigris flyter samman i södra Irak, som då rimligen borde ha varit platsen för Eden, men kanske är avsikten med bibelraderna inte så mycket geografisk som dramaturgisk. Berättelsen blir verkligare när den hänvisar till en specifik plats.

Ändå bryter dessa rader mot texten i övrigt, både genom att vara så detaljerade och genom att införa såväl platser som vad som står att finna där. Var inte Eden den första platsen Gud skapade? Den frågan torde också Homo rudis ställa sig.

En liknande anomali finns längre fram i berättelsen, när Kain efter att ha dödat sin bror drar till landet Nod och där tar sig en hustru att föröka sig med.[608] Senare i samma kapitel nämns att Eva får en son, Set, som i sin tur får en son — med vem?

---

[607] Genesis 2:10-14.
[608] Genesis 4:16-17.

Den andra skapelseberättelsen i Genesis har flera sådana sprickor i logiken, vilket indikerar att det är fråga om flera olika historier som har vävts ihop. I sin ursprungliga form torde den ha slutat med att Adam och Eva förvisades från Eden. Historien om brodermordet innehåller inget som gör det nödvändigt att bröderna var barn till de första människorna. Den kunde lika gärna var från en annan tid, långt efter mänsklighetens gryning.

Mitt i Edens trädgård stod livets träd och trädet som gav kunskap om gott och ont. Människorna var uttryckligen förbjudna att äta frukten på det senare, men de fick inga förhållningsregler om det förra. Dess betydelse framgår först senare, när Adam och Eva tagit för sig av frukten som ger kunskap om gott och ont. Då skyndar Gud att avvisa dem från Eden, innan de tar för sig även av frukten på livets träd:

> Herren Gud sade: "Människan har blivit som en av oss, med kunskap om gott och ont. Nu får hon inte plocka och äta också av livets träd, så att hon lever för alltid."[609]

Här är åter den förbryllande pluralformen för Gud, när han säger "oss". Andra översättningar bekräftar det.[610] Detta återkommande plural kan mycket väl komma från en tid när även judarnas religion hade polyteistiska inslag, men det är svårt att belägga och inte centralt i behandlingen av denna skapelseberättelse som den har nått oss.

Intressantare är vad som sägs om det gudomligas natur — en förståelse av gott och ont, samt evigt liv. Den som tillgodogör sig båda dessa egenskaper är därmed gudomlig. Det förekommer här och där i skapelsemyter att gudomarna uppfattar människorna som tänkbara rivaler, men sällan så tydligt som här. Dessutom med ett recept för hur det är möjligt.

I polyteistiska mytologier är det synnerligen vanligt, för att inte säga ofrånkomligt, att gudomarna strider mot varandra, åtminstone i den tidiga fasen av skapelsen. När det bara finns en gudom, som gör människan till kronan på sin skapelse, då är förstås den senares revolt mot sin skapare ett akut hot. Homo rudis skulle hålla med om det. Människan har många egenskaper men obrottslig lydnad mot överheten är inte en av dem.

---

[609] Genesis 3:22.

[610] Exempelvis används "us" i både *Tanakh* 1985, 7, och Alter 2004, 27.

I Genesis verkar dock människorna kvickt ge upp den ambitionen, om de ens var medvetna om möjligheten till att börja med. Ormen säger det till dem: "Gud vet att den dag ni äter av frukten öppnas era ögon, och ni blir som gudar med kunskap om gott och ont."[611] Eva inser att detta innebär vishet. Men så snart Gud dyker upp skyller både hon och Adam ifrån sig och önskar inget annat än Guds nåd.

Att de hindrades från att äta av livets träd förklarar varför människan är dödlig.

Många skapelsemyter har en förklaring på människans dödlighet. I Genesis sägs det inte att människan i början var odödlig, snarare antyds att så inte var fallet, men vid förvisningen från Eden står det klart att odödlighet inte kommer på fråga. Adam får veta att "jord är du och jord skall du åter bli".[612]

De var nakna
Nakenheten är en annan intressant aspekt av denna skapelseberättelse. Innan de åt den förbjudna frukten var Adam och Eva nakna "och de kände ingen blygsel inför varandra". Men så snart de smakat på frukten skylde de sig och skämdes. Det var just vad som fick Gud att förstå att de ätit av den förbjudna frukten.

Det är underligt — och beklämmande — att det första människorna konstaterar med sin nyvunna förståelse av gott och ont är att nakenhet är skamlig. Vad har de då egentligen förstått, i synnerhet som Gud var helt tillfreds med deras nakenhet och han måste ju vara mästaren på gott och ont?

Kanske visar berättelsen med detta att människorna inte var mogna denna kunskap och missförstod den. Å andra sidan borde de i så fall inte ha utgjort något hot om att bli gudomliga.

Moralperspektiv på nakenhet är svårfunna i jägar-samlarsamhällen. Där klär man sig enligt klimatet och har så gjort sedan klädsel uppfanns. Annorlunda kan knappast Homo rudis se det.

Den moraliserande synen på nakenhet växer fram i jordbrukarkulturer, som en konsekvens av det strängare reglerandet omkring fortplantning och släktskap. Det blev viktigt att fastställa vilka föräldrar barnen hade, framför allt för att reglera arv, varför moraliska påbud infördes och hårdnade. Ett samhälle utan fasta egendomar har ringa anledning att ordna arvsföljd.

---

[611] Genesis 3:5.

[612] Genesis 3:19.

Ju högre upp i maktens pyramid, desto viktigare blev blodsbanden. Det var ett slags civilisationsprocess som verkade uppifrån och nedåt. Eftersom de mäktiga var noga med arvsföljden begärdes detta också i stigande grad av undersåtarna. Men utanför civilisationerna av växande komplexitet var och förblev saken av ringa betydelse. Homo rudis måste undra hur denna bagatell kunde bli avgörande för att människorna förvisades från Eden, blev oåterkalleligt dödliga och måste leva i plåga allt sedan dess.

Att Adam och Eva trotsade Guds förbud är en sak, och det var förstås en skymf mot skaparen av världen, men att avgörandet skedde med några fikonlöv — det är för Homo rudis något av en antiklimax.

Vad som hände när Adam och Eva åt av den förbjudna frukten var att de såg sin nakenhet annorlunda. Den blev sexualiserad. Annars hade saken inte haft någon betydelse i ett jordbrukarsamhälle heller. Därför förökade de sig inte dessförinnan, men det var det första de gjorde när de hade förvisats från Eden.[613] På så vis anknyter deras förändring till övergången från barndom till könsmognad, något som markeras med viktiga passageriter i de allra flesta kulturer. Adam och Eva passade i det idylliskt oskuldsfulla Eden så länge de var oskulder. När åtrån vaknade i dem blev de förpassade till vuxenvärlden.

Redan vid Evas betraktande av den förbjudna frukten, innan hon äter den, anas den sexuella undertonen. Den svenska bibeln skriver att trädet var "en fröjd för ögat och ett härligt träd"[614] men det hebreiska ordet som har översatts till fröjd, *ta'awah*, betyder något som är intensivt åtrått, aptitligt, eller ibland helt enkelt substantivet lust, och ordet härligt är *nehmad*, som ordagrant betyder "det som åtrås".[615]

Carl von Linné var inte lomhörd för de sexuella anspelningarna. I sitt oavslutade manuskript *Diaeta naturalis* (*Naturlig kost*) beskrev han de förbjudna frukterna som Adams testiklar, ormen som penis och att frukten var ljuvlig att äta motsvarade samlaget.[616]

Berättelsen om Edens lustgård som en skildring av människans väg från barn till vuxen kan Homo rudis utan problem relatera till. Vad som implicit berättas är också att människan skapad av Gud blir

---

[613] Genesis 4:1.

[614] Genesis 3:6.

[615] Alter 2004, 24f.

[616] Tore Frängsmyr, *Geologi och skapelsetro*, 1969, 198.

förmögen att själv fortplanta sig, att skapa sin avkomma. Det är ett steg från beroendet av Gud och därmed knappast till dennes belåtenhet. Ändå ofrånkomligt.

Genesis 1 förhåller sig annorlunda till saken. Där uppmanas människorna att vara fruktsamma och föröka sig. Gud säger till dem att göra det. Han gör det inte åt dem men vet att det måste till. Den attityden är mindre nogräknad och inte ett dugg moraliserande. Människornas fortplantning är en uppgift, inte ett straff. De ska uppfylla jorden.

Denna skillnad mellan de två skapelseberättelserna visar åter att den första är mer förklarande och den andra moraliserande. Därigenom syns den senare berättelsen också vara senare tillkommen, i en tid när det judiska samhället hade utvecklat en komplexitet som krävde ett detaljerat regelverk för sin befolkning, och en mytologi som understödde detta.

Islam, Koranen

Sura 2:27 — 37[617]

Han är den, som skapat allt vad som finnes på jorden åt eder. Sedan grep han sig an med himmelen och inrättade den till sju himlar; ja, han är allvetande.

Än när din Herre sade till änglarna: "Jag ämnar förvisso insätta en ställföreträdare på jorden." De frågade: "Ämnar du där insätta någon, som anstiftar ofärd på henne och utgjuter blod, medan vi lovprisa dig och välsigna dig?" Han svarade: "Jag vet förvisso vad I icke veten."

Han lärde ock Adam alla möjliga[618] namn; sedan visade han dem för änglarna och sade: "Talen om namnen på dessa för mig, om I ären sannfärdiga!"

De svarade: "Dig allena all ära! Vi äga ingen annan kunskap än vad du lärt oss; du är förvisso den Vetande, den Vise."

Då sade han: "Adam, tala om deras namn för dem!" Och när han talat om deras namn för dem, sade han: "Har jag ej sagt eder: 'Jag känner förvisso det fördolda i himlarna och på jorden, och jag vet vad I uppenbaren och vad I dolden'."

Än när vi sade till änglarna: "Fallen ned för Adam!" Så föllo de ned utom Iblīs; han vägrade och visade sig spotsk och hörde till de otrogna.

Vi sade vidare: "Adam, bo i Paradiset,[619] du och din hustru, och tagen därifrån riklig näring, varhelst I viljen, men nalkens icke det här trädet, så att I kommen bland de orättfärdiga!"

Men Satan kom dem att gå miste därom och lockade dem ut ur det tillstånd, i vilket de befunno sig, och vi sade: "Störten ned! Den ene av eder varde den andres fiende! Dock skolen I få en vistelseort och uppehälle till en tid på jorden."

---

[617] *Koranen*, översättning av K. V. Zetterstéen, 1992 (faksimil, första utgåvan 1917), 3–5. Hos Mohammed Knut Bernström, *Koranens budskap*, (kommentarer samt bihang från Muhammad Asad, *The Message of the Qur'an*, 1980), 2015 (första upplagan 1998), 7, och M. A. S. Abdel Haleem, *The Qur'an*, 2005 (första upplagan 2004), 6f, är verserna 29–39. Avvikelsen beror på att Zetterstéen inte räknar den fras som inleder suran, *Alif Lam Mim*, och som är namnen på de tre arabiska bokstäverna a, l och m (Zetterstéen anger endast "LM"). Dessutom har han fört ihop verserna 20 och 21.

[618] Bernström (2015, 7) skriver "alla tings namn", Haleem (2005, 6) skriver "all the names [of things]".

[619] Bernström 2015 skriver "lustgård", Haleem 2005 "garden".

> Så mottog Adam ord av sin Herre, och han misskundade sig över honom;[620] han är förvisso den Misskundsamme, den Barmhärtige.
> Vi sade: "Störten ned härifrån på en gång!" Men om det kommer någon ledning från mig, skall ingen fruktan råda över dem, som följa min ledning, och de behöva ej varda bedrövade.
> Men de, som äro otrogna och hålla våra tecken för lögn, dessa varda eldens invånare att där evinnerligen förbliva.

Det var inte Muhammed själv som sammanställde Koranen fastän han var upphovsman till samtliga dess verser, som tillkom under en stor del av hans levnad med början när han var i de tidiga 40-åren. Han dog år 632, 61 eller 62 år gammal, och under de följande två decennierna samlades islams urkund av både skriftliga anteckningar och muntliga traditioner.

Boken består av 114 kapitel, suror, som med undantag för den första är ordnade efter längd. Ordet Koran, det arabiska qur'a'n, betyder läsning eller recitation.[621]

Det finns inte en uttalad skapelseberättelse i Koranen. I stället nämns skapelsen här och där i andra sammanhang, som det för Koranen ovanligt detaljerade citatet ovan ur den allra längsta suran. Därför har utanför Koranen utvecklats många myter, föreställningar och teorier som ger fler detaljer — men här är de utelämnade för att glimtarna i Koranen ska kunna tala för sig själva.

De första raderna klargör att Allah har skapat allt som finns på jorden och ordnade himlen till sju himlar, vilka förmodligen anknyter till de för blotta ögat synliga himlakropparna: solen, månen, Merkurius, Venus, Mars, Jupiter och Saturnus. De förekommer på likartat sätt i andra skapelsemyter och antika föreställningar. Människorna har sedan urminnes tid förundrats över de himlakroppar som förflyttar sig olika över himlavalvet, i motsats till stjärnorna som behåller sina inbördes platser.

Koranens kosmogoni

Ovanstående citat är allt som berättas om Koranens kosmogoni i andra suran, men andra suror fyller på. Flera ställen anger att Allah skapade hela världen på sex dagar, men det var måhända inga vanliga dagar, för "hos din Herre finnes förvisso en dag, som är som

---

[620] Bernström 2015 skriver "och Han tog emot [Adams] ånger", Haleem 2005 "and He accepted his repentance".

[621] Ringgren & Ström 1991, 136f.

tusen år efter eder räkning,"[622] och på ett annat ställe beskrivs en dag hos Allah som femtiotusen år.[623] Dessutom var dessa dagar, som i bibelns Genesis 1, fördelade på olika värv:

> Säg: "Förneken I verkligen honom, som skapat jorden på två dagar, och sätten I likar vid hans sida?" Detta är all världens Herre.
> Han har ock satt bergmassor ovanpå henne, välsignat henne och utmätt livsmedel på henne på fyra dagar, lika mycket för alla, som begära sådana.
> Sedan grep han sig an med himmelen, som var idel rök, och sade till den och till jorden: "Kommen med eller mot eder vilja!" Och de svarade: "Vi komma lydigt."
> Så danade han dem till sju himlar på två dagar och uppenbarade för varje himmel dess uppgift. Och vi hava smyckat den nedersta himmelen med bloss till värn;[624] detta är den Väldiges, den Vetandes anordning.[625]

Det tog alltså två dagar att skapa jorden, ytterligare två att göra den bördig, och de sista två dagarna att ordna himlarna som i begynnelsen blott var rök. Den nedersta, närmast jorden, är enligt Koranen stjärnhimlen, ett slags ridå till den himmelska världens skydd mot onda angripare som skulle vilja förstöra den — framför allt Iblīs. De ska inte ens kunna tjuvlyssna på änglarnas församling.[626]

Men stjärnhimlen har fler uppgifter. Den ska vägleda när land och hav ligger i mörker[627] och djurkretsen ska vara utsmyckning för åskådarna.[628] Solen och månen nämns särskilt, på flera ställen. De kopplas som brukligt till dag och natt, ljus och mörker (den omvända ordningen nedan är förmodligen av poetiska skäl): "Han är ock den, som skapat natten och dagen, solen och månen, så att båda vandra sin egen bana."[629]

---

[622] Sura 22:46 (22:47 hos Bernström 2015 och Haleem 2005).

[623] Sura 70:4.

[624] Värn "mot varje upprorisk satan" enligt sura 37:1. Zettersteen 1992, 534.

[625] Sura 41:8–11 (41:9–12 hos Bernström 2015 och Haleem 2005).

[626] Sura 37:8, samt not s. 531. Zettersteen 1992.

[627] Sura 6:97.

[628] Sura 15:16. Bernström 2015 skriver "stjärnbilder".

[629] Sura 21:34 (21:33 hos Bernström 2015 och Haleem 2005). Bernströms formulering avviker: "Också natten och dagen är Hans verk, liksom solen och månen, som rör sig var och en i sitt kretslopp."

Koranens kosmogoni har likheter med Genesis 1 och har tagit intryck därav. Det gäller även skaparmetoden, som åtminstone vad gäller det kosmiska sker blott genom ordet, och det är allt Allah behöver för att det han vill ska ske sker: "Och när han besluter en sak, säger han blott 'Varde!' till den, och så varder det."[630]

Den tydligaste skillnaden mot Genesis 1 är att Allah inte slutar med en vilodag. Han behöver ingen vila, varför den sjunde dagen saknas i Koranens version. Det finns också skillnader i ordningsföljder på skapelsen och vilka dagar de olika momenten genomförs.

Om jordens vatten gör Koranen en distinktion mellan söt- och saltvatten som för tankarna till *Enuma elish*:

> Han är ock den, som givit de båda haven fritt lopp; det ena är sött och uppfriskande och det andra salt och bittert, och mellan dem båda har han satt en gräns och ett oöverstigligt hinder.[631]

I motsats till den babyloniska skapelsen, som sätts igång av att söt- och saltvatten blandas, är här åtskiljandet av dem ett moment i skapelsen. Änglarna, som förvisso också är skapade av Allah, figurerar redan i början på historien. Om dessa väsen berättar Koranen att han "använder änglarna som budbärare med två eller tre eller fyra par vingar".[632]

Människans skapelse

När det gäller mänsklighetens tillblivelse är det i flera formuleringar — också i citatet som inleder detta kapitel — tydligt att den är av central betydelse. Det är inte riktigt så att världen skapas för människan, snarare ska denna "ställföreträdare" värna om världen som Allah har skapat. Det är denna viktiga roll som initialt gör änglarna brydda och rentav avundsjuka. I andra suran nämns inte hur den första människan, Adam, skapades, men det meddelas på andra ställen i Koranen. Detta sägs i sura 15:

> Än när din Herre sade till änglarna: "Jag vill förvisso skapa en mänsklig varelse av svart, bildbar lera.[633] Och när jag fullbordat ho-

---

[630] Sura 2:111 (2:117 hos Bernström 2015 och Haleem 2005).
[631] Sura 25:55 (25:53 hos Bernström 2015 och Haleem 2005).
[632] Sura 35:1.
[633] Med "bildbar" menar nog Zetterstéen formbar. Haleem 2005 skriver "dried

nom och inblåst min ande i honom, så fallen ned i tillbedjan för honom!"[634]

En mer omständlig skapelse av människan berättas i sura 23:

> Vi hava ju skapat människan av den finaste lera. Sedan lade vi henne i form av en droppe[635] uti säkert förvar, sedan skapade vi droppen till stelnat blod,[636] så skapade vi blodet till en köttklump, så skapade vi köttklumpen till ben och beklädde benen med kött, och sedan danade vi henne genom en andra skapelse.[637]

Den andra skapelsen som nämns i slutet på citatet anses syfta på människans förändring under sin uppväxt.[638] Mohammed Knut Bernström beskrev i sin översättning av Koranen det hela som processen från befruktning till födelse, där droppen är mannens säd, det säkra förvaret är i kvinnans sköte och den andra skapelsen är födelsen.[639] Samma tolkning gör Seyyed Hossein Nasr et al., *The Study Quran*, i kommentarerna till suran.[640]

Tolkningen är rimlig och verkar bekräftas av vad som står i sura 32. Efter att ha skapat människan av lera "frambragte han hennes avkomlingar av en vätska innehållande simpelt vatten", vilket förklaras som sperma.[641]

Vad gäller djurens tillkomst sägs inte mer än att de allihop är skapade av vatten.[642] Det kan tolkas som att även människorna är

---

clay, formed from dark mud" och Bernström 2015 "av ljudande krukmakarlera, av formbar gyttja".

[634] Sura 15:28–29.

[635] Bernström 2015 skriver "en droppe säd".

[636] I stället för "blod" skriver Bernström 2015 "grodd" och Haleem 2005 "a clinging form". Det arabiska ordet kan betyda såväl levrat blod som något som klänger sig fast (Bernström 2015, 1111).

[637] Sura 23:12–14.

[638] Zettersteén 1992, 523, och Haleem 2005, 215.

[639] Bernström 2015, 600.

[640] Seyyed Hossein Nasr, et al. (red.), *The Study Quran*, 2015, ebok.

[641] Sura 32:7 (32:8 hos Bernström 2015 och Haleem 2005). Bernström skriver "en oansenlig vätska" och Haleem "underrated fluid", i en fotnot förklarad som "semen". Nasr et al. 2015 har samma förklaring.

[642] Sura 21:31 samt 24:44 (21:30 respektive 24:45 hos Bernström 2015 och Haleem

uppkomna ur vatten, vilket bekräftas på annat ställe i Koranen, där Allah har "skapat mänskliga varelser av vatten".[643]

Adam och Hawwa

Om kvinnan sägs inte så mycket i Koranens ord om skapelsen. Hon är Adams hustru, skapad ur honom för att han ska finna ro i henne.[644] Hon får aldrig något namn i Koranen, men det är Eva som åsyftas och hon har i traditionen fått det arabiska namnet Hawwa.

Deras historia, som den berättas på flera ställen i Koranen,[645] är i hög grad densamma som i Genesis skildring av syndafallet, men det finns avvikelser. En distinkt sådan är att Adam i Koranen ges en ära som överträffar änglarnas — de till och med åläggs att buga för honom. En annan är att Allah förlåter Adam och hans hustru för att de åt av den förbjudna frukten. Samma nåd visar inte Genesis gud.

Också Satans roll är annorlunda i Koranen. Här kommer sig Iblīs illvilja av att han inte vill acceptera människans överhöghet. Han förklarar för Allah: "Jag är förmer än han; du har skapat mig av eld, men honom har du skapat av lera."[646] Därför viger Iblīs sitt liv åt att förleda människor till syndfullhet, för att visa Allah att de är ovärdiga. Allah godtar den prövningen för människorna och förklarar samtidigt att de som är trogna hans bud inget har att frukta:

> *Över mina tjänare har du förvisso ingen makt utom över dem, som bragts på fall och följa dig. Och helvetet skall sannerligen varda en samlingsplats för dem allesammans. Det har sju portar; på varje port fördelas en del av dem.*
>
> *De gudfruktiga skola förvisso dväljas i lustgårdar och bland källor. "Träden in i frid och ro!" Och vi skola taga bort allt agg, som finnes i deras bröst, där de broderligen vila på troner mitt emot varandra. Där besvärar dem ingen trötthet, och därifrån varda de ej utdrivna.*[647]

2005). I sistnämnda skriver Haleem "out of [its own] fluid" och förklarar i en fotnot "for each animal a special, essential fluid".

[643] Sura 25:56 (25:54 hos Bernström 2015 och Haleem 2005).

[644] Sura 7:189. Zetterstéen 1992 skriver "för att han skulle bo hos henne", medan Bernström 2015 skriver "finna ro" och Haleem 2005 "find comfort".

[645] Utförliga återgivanden av berättelsen finns i surorna 7:11–25, 15:26–48, 20:116–123, samt 38:71–85 (numrering enligt Bernström 2015 och Haleem 2005).

[646] Sura 38:77 (38:76 hos Bernström 2015 och Haleem 2005).

[647] Sura 15:42–48.

Den förbjudna frukten beskrivs i Genesis som att ge kunskap om gott och ont. Koranen är vag om vad för slags frukt det är. Allah meddelar inget annat än att den är förbjuden, men Iblīs beskriver dess egenskap när han förleder Adam och hans hustru till att äta den: "Adam, ska jag visa dig till evighetens träd och till ett rike, som ej förgås?"[648] I en annan sura säger Iblīs: "Eder Herre har blott förbjudit eder det här trädet, för att I icke skolen varda ett par änglar eller höra till dem, som leva i evighet."[649]

Oavsett om Iblīs talar sanning om trädet eller ej, faller Adam och hans hustru för frestelsen, vilket de sedan uppriktigt ångrar. När Allah ändå utvisar dem från lustgården syns det vara del av hans högre plan, från skapelsen till den slutliga uppståndelsen. Han gör klart att han ämnar fortsätta att vara människornas beskyddare – de som håller sig till hans påbud.

Koranens monoteism

Koranen är mycket tydlig med att Allah (som helt enkelt betyder guden) är ensam skapare av allt och ensam regent över sin skapelse. Koranen betonar igen och igen Allahs överhöghet, och förkastar polyteism – även när den uppträder i så abstraherad form som kristendomens treenighet.[650] Dessutom är det uttalat att Allah i sin tur inte har någon skapare, ej heller några andra gudomligheter vid sin sida. Så säger till exempel den 112:e suran:

> Gud är en, Gud, den Evige,
> Ej har han fött, och ej är han född,
> Och ingen är hans like.[651]

Hans allmakt betonas bland annat av att han inte behöver någon vilodag efter skapelsen, den mest signifikativa avvikelsen från Genesis 1.

Traditionen säger att Allah har 99 namn, men det finns ingen lista om vilken det råder konsensus. Allmänt kan sägas att dessa namn beskriver egenskaper, som i honom är de optimala uttrycken

---

[648] Sura 20:118 (20:120 hos Bernström 2015 och Haleem 2005). Bernström säger "det eviga livets träd" och Haleem "the tree of immortality".

[649] Sura 7:19 (7:20 hos Bernström 2015 och Haleem 2005).

[650] Ringgren & Ström 1991, 138.

[651] Sura 112:1–4.

för dem. Därför skrivs de alltid med bestämd artikel. Mest förekommande är det som inleder varje sura utom den 55:e: "den barmhärtige förbarmaren".[652] Sura 55 säger bara "förbarmaren".

Det förekommer andra övernaturliga väsen, såsom änglarna, men de är också skapade och styrda av Allah. Även Satan, Iblīs, kan endast verka med Allahs godkännande och enligt hans plan. Ändå är de definitivt att betrakta som övermänskliga väsen — må vara att Allah kräver deras underkastelse gentemot människan — och därför rimligen skulle kunna jämföras med gudomar i andra mytologier.

Muhammed är hans profet, en människa likt de övriga profeterna som Koranen erkänner — såsom Adam, Abraham, Moses och Jesus. Muhammed är den siste i en lång kedja av profeter: "Muhammed är ej fader till någon av edra män, utan Guds apostel och profeternas insegel."[653] Med honom har Koranen förmedlats och därmed återstår inget profetiskt värv att utföra.

Skapelse ur så gott som intet

Koranens skapelseberättelse har tagit tydliga intryck av bibelns Genesis, utan att konsekvent följa denna.[654] Lånet ur judarnas urkund är definitivt ingen skamlig hemlighet, tvärtom är islam tämligen unik med att även i sin urkund erkänna sin grannreligions profeter som bärare av gudomliga bud — också Nya Testamentets Jesus, som nämns i elva av Koranens suror.[655] Hänvisningarna till bibeln och dess gestalter är i Koranen så många att de båda böckerna kunde vara skrivna för samma folk.

Små skillnader finns ändå i beskrivningen av skapelsen. Bibelns skapelse innehåller ingen indelning i sju himlar. I Genesis 1 skapar Gud med ordets makt medan ordet i Koranens skapelse används för att anropa himmel och jord, vilka även svarar: "'Kommen med eller mot eder vilja!' Och de svarade: 'Vi komma lydigt.'"[656]

Bland de nyansskillnader som Koranen inför gentemot bibeln, märks i skildringen av skapelsen en ytterligare betoning av Allahs gränslösa överhöghet. Sålunda, där bibeln använder de sju dagarna

---

[652] Bernström 2015 skriver "den nåderike, den barmhärtige" och Haleem 2005 "the Lord of Mercy, the Giver of Mercy".

[653] Sura 33:40. Bernström 2015 skriver "Profetlängdens Sigill".

[654] Stanley Lane-Pool, "Cosmogony and cosmology (Muhammadan)", *Encyclopædia of Religion and Ethics*, vol. IV, 1911, 174.

[655] Bernström 2015, IX.

[656] Sura 41:10 (41:11 hos Bernström 2015 och Haleem 2005).

som en närmast poetisk dekoration är de sex dagarna i Koranen ännu ett bevis på Allahs makt. Därför betonas uttryckligen dagarna som just dagar, en förunderligt kort tidsrymd för Allahs gigantiska värv — oavsett hur dessa dagars längd mäter sig mot våra: "Han är den, som skapat himlarna och jorden på sex dagar; sedan satte han sig på tronen."[657]

Därmed är det också angeläget för Koranen att hävda Guds skapelse av allt ur intet, alltså *creatio ex nihilo*. Men här, liksom i bibeln, blir detta ganska summariskt antytt. Man kan märka samma svårighet som hos Homo rudis med att tydligt tänka sig ett intet.

Koranen säger, som bibeln, att guden skapat himmel och jord, men inte explicit att innan dess fanns intet. Himlen och jorden satt ihop innan Allah skilde dem åt, vilket professorn i islamiska studier M. A. S. Abdel Haleem uttrycker dramatiskt som att "we ripped them apart" i sin översättning av Koranen.[658] Himlen beskrivs som "idel rök" innan den delas i sju.[659] Detta ger bilden av ett kaotiskt urtillstånd, som känns igen från andra skapelsemyter.

Vad som låter sig anas i Koranens kosmogoni är en ursprunglig luftrymd i vilken han befinner sig. I denna rymd är han inte ensam, ty där finns såväl änglar som demoner,[660] förvisso också de skapade av honom och därför näppeligen närvarande i den absoluta begynnelsen. Änglarna var dock närvarande när Allah skapade Adam.

Ändå måste Koranen sägas komma så nära skapelse ur intet som den förmår, så att man kan tala om ett *creatio ex nihilo* i textens anda, om än inte fullt ut i dess bokstav. De olika avsnitten i Koranen som berör den kosmiska skapelsen är kortfattade och inte skrivna i mening att vara en kronologi, så det är inte lätt att lista ut vad för urtillstånd som må ha rått innan skapelsen begynte.

Mörker rådde i urtillståndet, så mycket kan fastställas. Likaså fanns något slags rymd, där Allah placerade världen. Eftersom inget nämns om skapandet av luften får det antas att den fyllde denna rymd redan från början, eller kanske uppstod när himmel skildes från jord. Surorna om skiljandet av himmel och jord, samt himlen som idel rök, indikerar att något material fanns för Allah att forma med sina befallningar. Också vattnen var från början blandade innan Allah delade dem i sött och salt.

---

[657] Sura 57:4.

[658] Sura 21:30 (21:31 hos Zetterstéen 1992).

[659] Sura 41:10 (41:11 hos Bernström 2015 och Haleem 2005).

[660] Ringgren & Ström 1991, 138.

Dessa ting pekar mot ett urtillstånd där världens beståndsdelar fanns, men de var blandade, som en enda massa. Det är en bild som känns igen även från andra mytologier. Skapelsen som en separering och sortering av ett ursprungsmaterial, ett ordnande av röran. Dock är det vanskligt att slå fast modellen även för Koranen, eftersom den är diffus på denna punkt. Vi får nöja oss med att konstatera ett ursprungligt mörker och ett urmaterial av oklar beskaffenhet.

Tänkandets triangel i Koranen

Det faller sig lätt att kategorisera Koranens skapelseberättelse som hemhörig på den moraliska sidan av tänkandets triangel. Koranen betonar igen och igen nödvändigheten i att leva rättrådigt och följa Allahs bud, och detta är uttalat redan vid människans tillblivelse. Men en annan ingrediens framstår vid läsning som kanske lika karakteristisk för Koranen — det konstnärliga inslaget.

Koranen saknar versmått men är skriven på rimmad prosa.[661] Som namnet på skriften slår fast är detta en text för läsning och recitation, alltså ett slags liturgiskt verk. Det märks också i verserna, som ofta har något inspirerat, rentav extatiskt över sig. Man ska slås av Allahs bländande storhet och därmed gladeligt bli trogen hans bud.

Vad som i hög grad saknas är den vetenskapliga sidan, ambitionen att detaljrikt förklara hur världen uppkommit och fungerar. Muhammed hade måttligt intresse för det. Skapelsen är summarisk och splittrad på flera olika suror med delvis olika infallsvinklar. De handlar sällan om skapelsens förlopp i sig, även om det skisseras, utan om hur fantastisk den är och vad den säger om Allahs storhet. Man behöver inte förstå förloppet men man ska hänföras av det.

Förbryllande för Homo rudis

För Homo rudis är Koranens genomgående perspektiv av förhärligande av Allah förbryllande. Om han nu har skapat världen på sex dagar och åstadkommit allt annat storslaget — varför ska det behöva betonas och upprepas att han ska hedras och dyrkas för det? Den saken är ju självklar.

Därmed visar Koranen att den är tillkommen i en tid när detta inte var självklart, antingen vad gäller en höggud över huvud taget eller just denna. Sistnämnda är nog det centrala, eftersom föreställningen om en ensam höggud redan fanns vid Muhammeds tid — i judendomen och kristendomen, samt i kvarvarande zoroastriskt inflytande. Förmodligen behövde han ta i för att övertyga sitt eget folk

[661] Zetterstéen 1992, XXVII.

om detsamma och bekämpa andra föreställningar de hyste. Det förislamiska Arabien dominerades av polyteistiska traditioner.[662]

Vad gäller Koranens redogörelser för skapelsen ligger de så nära Genesis att Homo rudis torde reagera sammalunda på båda. Men det finns en markant skillnad — änglarnas rivalitet med människan och deras underkastelse begärd av Allah. Homo rudis skulle häpna. Ska människor räknas högre än himmelska väsen? Det är en märklighet, svårfunnen i andra mytologier. Människan är normalt ingen match för överjordiska varelser och därför självklart underordnad dem. Koranen vänder detta upp och ner.

Det syns vara Muhammeds tolkning av den andra skapelseberättelsen i Genesis, med Adam och Eva, men han har onekligen med änglarnas underkastelse tagit det hela till en ytterlighet som inte står att finna i bibeln. Det viktigaste däri är inte att påvisa människornas höghet, utan deras guds överhöghet. Allah påbjuder denna ordning och visar sålunda att hans styre inte går att rubba, inte heller av de himmelska.

Också med Iblīs står detta klart. Han lyckas i och för sig förleda människorna till att äta av den förbjudna frukten, men så fort det uppdagas återtar Allah den absoluta kontrollen och Iblīs kan inget göra utan hans medgivande.

Den varianten på djävulens roll i berättelsen torde möta Homo rudis gillande, ty där förklaras hans illvilja mot människorna tydligt. Han har skäl för den och framför sina skäl. I Genesis framstår ormens lömskhet som föga mer än en nyck.

Å andra sidan är det i Genesis tydligt varför Gud har förbjudit människorna att äta frukten från ett av träden — det är för att de inte ska bli som han. En sådan tanke är Koranen ytterst främmande. Ingenting skulle kunna göra någon lik Allah. Därför behandlas frågan om den förbjudna frukten ytterst vagt i Koranen. Den är helt enkelt förbjuden. Det är allt. Människornas synd är att de förbrutit sig mot Allahs förbud, alldeles oavsett dess orsak.

Homo rudis skulle ställa sig frågande till detta. Om en gud har förbjudit något måste det finnas ett konkret skäl. Det kan inte bara vara att förbudet är till för att människan inte ska förbryta sig mot det, som blott en prövning av hennes underkastelse. För Muhammed, dock, är detta skäl mer än nog, då det betonar Allahs allmakt och nödvändigheten att utan ifrågasättande underkasta sig hans bud.

---

[662] Ibid., X.

Theogonin, Hesiodos

Ur Theogonin[663]

Alltså: Kaos[664] blev tidigast till, men sedan kom jorden,[665] vidsträckt och bred, en säker och skyddande boning för alla [gudar, som bygga och bo på Olympens snöiga åsar], Tartaros[666] sen, det töckniga gömslet i skötet av jorden, Eros[667] därefter, av gudarnas ätt den främste i fägring, han som lederna löser och hjärtat hos gudar och människor har i sin mäktiga hand och tystar vad klokheten bjuder.

Men av Kaos har Erebos[668] födts och Natten,[669] den mörka. Natten blev mor åt den strålande Dag[670] och den skimrande Etern; dessa hon födde, sen Erebos, mörkret, i kärlek hon famnat. Jorden gav liv åt ett barn, den höga och stjärniga Himlen,[671] liknande[672] modren, att varda för henne ett skyddande hölje och för de evige gudar en borg, som skänkte dem trygghet.[673]

Bergen,[674] de höga, hon födde också, till nymfernas hemvist, de-

---

[663] Elof Hellquist, *Hesiodos' Theogoni*, 1924, 6f. Teogoni, gudarnas födelse eller härkomst/avkomma, stavas traditionellt med h för Hesiodos verk. Det gör även Ingvar Björkeson, *Theogonin och Verk och dagar*, inledning och kommentarer av Sture Linnér, 2003.

[664] Egentligen "gap" (Hellquist 1924, 57). Sture Linnér föreslår även "svalg" eller "avgrund" (Björkeson 2003, 138). Glenn W. Most, *Hesiod. Theogony, Works and Days, Testimonia*, Loeb 2006, 13, skriver "chasm" och förklarar i en fotnot att termen indikerar "a gap or opening".

[665] Gaia.

[666] Den djupast ner belägna delen av underjorden. Hellquist 1924, 57.

[667] Eros brukar översättas som kärlek, men åtrå kommer närmare. Norman O. Brown, *Hesiod Theogony*, 1953, 53, skriver "desire".

[668] "Mörkret i underjorden". Hellquist 1924, 57.

[669] Nyx.

[670] Hemera.

[671] Uranus, ej att knytas till planeten, som inte upptäcktes förrän 1781. Sture Linnér skriver: "Uranos förekommer blott i genealogier eller som Gaias partner". Björkeson 2003, 139.

[672] Most (2006, 13) skriver "equal to herself".

[673] Most (2006, 13) skriver "so that she would be the ever immovable seat for the blessed gods".

[674] Ourea.

ras, som bygga och bo bland ödsliga klippor och klyftor. Havet, det ödsliga, vilda, som skummar och rasar i vrede, Pontos, hon födde jämväl, men ej efter kärlekens famntag; därpå Okeanos' virvlande djup, vars fader var Himlen,[675] *Koios därefter och Krios, Iapetos samt Hyperíon, Theia och Mnémosyne och Rheia och Themis, den höga, Phoibe med gyllene krans i sitt hår och den älskliga Tethys.*

Sist, efter dem, gav hon liv åt den outgrundlige Kronos, fruktansvärdast av barnen och hatad av Himlen, hans fader.[676]

Hesiodos var den förste i västerländsk tradition att ange sitt eget namn i sitt diktverk.[677] Han ska ha levat runt år 700 f.Kr., alltså samtida med Homeros. Det har länge dryftats vems verk som tillkom först men inget går att fastställa med säkerhet, dessutom var de hur som helst så nära varandra i tid att frågan är av ringa vikt.

Klart är att båda lutade sig mot ett oralt material av betydligt högre ålder.[678] Därför är det ingen överraskning att delar av innehållet i *Theogonin* samstämmer med *Illiaden* och *Odyssén*.

Grekerna hämtade sitt skriftspråk från fenicierna ungefär i mitten på 700-talet f.Kr.,[679] så både Hesiodos och Homeros var tidiga med att ha kunnat skriva ner sina verk, vilka bildade en imponerande grund för den litteratur som sedan skulle utvecklas i det antika Grekland. Sålunda blev Theogonin en klassiker redan då, om än inte helt oemotsagd, rentav hårt kritiserad, av somliga filosofer. Dessutom var inte Hesiodos i närheten av den ryktbarhet och respekt som Homeros rönte, vilket fortfarande är fallet.

Theogonin är hyfsat täckt av ett antal fragment från antika manuskript, dessutom cirka 70 medeltida och tidigmoderna manuskript. De viktigaste av dessa är från 1100- till 1300-talet.[680] Med undantag för att det hos expertisen råder tvekan om huruvida den senare delen av verket var Hesiodos ord,[681] verkar man vara trygga med att Theogonin för övrigt har nått oss i autentisk form.

---

[675] Most (2006, 13) skriver "having bedded with Sky".

[676] Samtliga andra översättningar jag har sett säger i stället att det är sonen som hatar sin far.

[677] Most 2006, xviii.

[678] Ibid., xxiv.

[679] M. L. West, *Hesiod. Theogony and Works and Days*, 1988, viii.

[680] Most 2006, lxixf.

[681] Allt efter vers 942 är troligen inte Hesiodos verk, kanske redan från vers 901. Likaså finns tvivel om verserna 726–819. West 1988, xxiii.

Diktverket inleds med att Hesiodos, när han ännu var fåraherde, av muserna förlänades dikt- och sångkonsten. Han bad dem att berätta för honom om begynnelsen: "Sägen mig då, hur gudarna först och jorden ha uppstått."[682] Deras svar börjar med citatet ovan.

Gapet

Redan det inledande begreppet, *kaos*, tarvar några ord. Det står i Theogonin inte för ett oordnat tillstånd, utan ett gap, varför framstående engelska översättningar föredrar ordet "chasm". Det kan jämföras med Eddans Ginnungagap, vilket bland andra Athanassakis konstaterar:

> It should be observed that the yawning abyss, Chaos, is not the Void into which the world (universe) is born but rather a chásma méga, a great chasm — more like the Norse ginnunga gap.[683]

De verser i Theogonin han hänvisar till lyder:

> Unket och mörkt är allt: för gudarna själva en fasa, skrämmande djupt här gapar ett svalg: den arme, som kommit in genom portarna, ej på ett år han nådde dess botten. Fram och tillbaka han slungades där, en vindarnas kastboll. Hemskt och förfärligt tyckes här ock för de evige gudar. Dyster och mörk som den svartaste natt, en hemvist för skräcken, boningen ligger i töckniga moln, som sväva omkring den.[684]

Detta gap må vara innehållslöst men är inget intet. Ett gap omsluts av något, vad det än må vara. Därom berättade Hesiodos ingenting alls. Då finns två huvudsakliga sätt att tolka hans beskrivning — en symbol för ett urtida intet, eller en urtidsform av något slag där gapet öppnades.

Bara det sistnämnda är möjligt, eftersom Hesiodos skrev att "kaos blev tidigast till". Gapet uppstod alltså, det fanns inte i urtillståndet. Av de översättningar jag har granskat är det bara en som uttrycker sig tvetydigt om denna sak, den av Dorothea Wender från

---

[682] Hellquist 1924, 6.

[683] Apostolos N. Athanassakis, *Hesiod. Theogony; Works and days; Shield*, 2004 (första upplagan 1983), 6f.

[684] Hellquist 1924, 33. Han antog (s. 85) att det är Tartaros som beskrivs, men det stämmer inte med den föregående texten, som nämner Tartaros som åtskild från detta.

1973, som skriver "Chaos was first of all".[685] Övriga är tydliga med att gapet inte var evigt, utan uppstod.

Man måste undra hur Hesiodos tänkte sig detta — framför allt varur gapet uppstod. Såg han det som en urtida massa som öppnade sig? En näraliggande tanke vore ett urhav, så vanligt i skapelsemyter, som särades för att släppa fram jorden, näst att uppstå. Men havet föddes uttryckligen senare. Även etern och himlen tillkom efteråt, så de kan inte heller ha varit urtillstånd. Gåtan förblir olöst. Apostolos N. Athanassakis konstaterar: "It is a physical world born not *ex nihilo* but *ex ignoto*, 'from the unknown.'"[686]

Många gudar som nämns i Theogonin är urtida naturfenomen beskrivna som mer eller mindre antropomorfa. Men det gäller inte Kaos, varur två viktiga gudomar föds: Erebos, som är mörkret i underjorden, och Natten (Nyx). Vad annat kan komma ur detta urtidsgap än mörker? Så det är inte en födelse i vanlig mening, snarare en inneboende egenskap i gapet som manifesteras i två väsen — två sidor av mörkret, rimligen det underjordiska och det jordiska.

Kaos var hos Hesiodos definitivt en plats, eller snarare ett utrymme, vilket bekräftas senare i Theogonin, när det om titanernas boning sägs "långt bort från de saliga gudar, dväljes titanernas flock på hinsidan Kaos, det dystra."[687] Det nämns också som en plats som nås av dundret och hettan från kriget mellan gudar och titaner.[688]

Vi har alltså ett utrymme, ett gap som utsöndrar mörker. Frågan är om jorden, Gaia, uppstår därur. Det framgår inte av Hesiodos formulering eller någon av översättningarna — ej heller att så inte skulle vara fallet. Det enda som anges är att jorden uppstod efter Kaos.

Men ett gap har ingen mening om inget kommer därur. Vi kan förlåta att gapets uppkomst saknar förklaring men knappast även hela jordens. Så jag gissar, och säkerligen Homo rudis med mig, att Hesiodos menade att jorden uppstod ur detta gap. Ett gap öppnade sig och jorden dök upp ur det och bredde ut sig. Den omslöts av mörker från ovan och nedan, som läckte ut ur gapet. Tartaros, näst i tur att uppstå, ska då förstås som jordens mörka undersida.

---

[685] Dorothea Wender, *Hesiod and Theognis*, 1973, 27.

[686] Athanassakis 2004, 7.

[687] Hellquist 1924, 37. Det finns dock tvivel om detta partis äkthet (West 1988, xxiii).

[688] Most 2006, 59. Hellquists översättning (1924, 31) nämner inte Kaos där, men det gör Björkeson (2003, 67).

Eros

Efter Kaos, Gaia och Tartaros var turen kommen till Eros, vars namn ofta översätts med kärlek men snarare betyder åtrå. Hans tillblivelse vara lika oförklarlig som de föregående. Eros är mer känd från myter som beskriver honom som son till Afrodite och Ares, kärlekens gudinna och krigets gud, där han är ett litet busfrö som med sina pilar väcker kärlek. Hesiodos version av guden, tillkommen redan i begynnelsen utan några föräldrar, brukar kallas den kosmogoniska Eros.

Hesiodos tog sig tid att beskriva denna gudoms företräden, något som han vanligen underlät att göra med de väsen som han räknade upp, i alla fall med så många ord som här: "av gudarnas ätt den främste i fägring, han som lederna löser och hjärtat hos gudar och människor har i sin mäktiga hand och tystar vad klokheten bjuder".

Att Eros löser lederna kanske ska jämställas med att benen viker sig, vilket lätt händer den som överfars av åtrå. Engelska översättningar nämner inget om att han tystar, men något snarlikt. West skriver att han "overcomes the reason and purpose in the breasts of all gods and all men".[689] Han är med andra ord förföraren. Det är en makt svår att motstå eller överträffa. Hesiodos var uppenbarligen också betagen av honom. Theogonin har ändå inget mer att berätta om Eros än att han följde Afrodite alltifrån hennes födelse.[690]

Att åtrån gör tidig entré i skapelsen är inget unikt för Theogonin. En sådan kraft måste till för att världen ska frodas och gudar och människor föröka sig. Det är också direkt efter hans uppdykande som väsen föds ur andra väsen (eller i fallet Kaos, ur ett slags utrymme), i stället för att uppstå av sig själva. Han är inte fruktbarheten men dess motor. Athanassakis skriver i en not: "For Hesiod, Eros is the motive force in the generative and procreative processes."[691] Det är åtrån som gör att de som kan föröka sig gör det, vare sig de är gudar, människor eller djur. Utan denna drivkraft skulle skapelsen avstanna.

Mörkret föder ljuset

Efter Eros strålande entré är det åter dags för mörkret. Ur Kaos djup föds Erebos och Nyx. De kan beskrivas som två sidor av samma

---

[689] West 1988, 6.

[690] Hellquist 1924, 10.

[691] Athanassakis 2004, 40.

mynt. Erebos betyder djupt mörker eller skugga. Elof Hellquist förklarade det som "mörkret i underjorden".[692] Nyx betyder natt, och Hesiodos underströk det med att nämna henne "Natten, den mörka", ett förtydligande överflödigt för folk nedanför våra breddgrader. De flesta engelska översättningarna skriver till och med "black Night".

Erebos och Nyx brukar beskrivas som syskon, då de har samma ursprung, men eftersom detta är ett gap och inte precis en förälder blir syskonskapet föga mer än symboliskt. Inte för att incest var något otänkbart bland grekiska gudomar.

De är nattligt mörker från två håll, det underjordiska och det jordiska. Därmed var det naturligt för dem att mötas i älskog, vilket Hesiodos var noga med att betona. Denna gång skedde fortplantningen på sedvanligt sätt. Nyx födde "den strålande Dag och den skimrande Etern".

Natten är dagens mor, såsom även Stagnelius diktade. Ett tillstånd föder sin motsats. Det kan också Homo rudis lätt inse. I detta fall är det till och med dubbelt — dubbelt mörker i form av Erebos och Nyx föder dubbelt ljus i form av Dag (Hemera) och Eter, där sistnämnda betyder ljus och syftar i grekisk tradition på den övre luften. Hugh G. Evelyn-White beskriver det: "Aether is the bright, untainted upper atmosphere, as distinguished from Aër, the lower atmosphere of the earth."[693]

Därmed har ljuset anlänt till världen. Senare i Theogonin beskrivs hur Dag och Natt turas om att visa sig över jordens yta, medan den andra befinner sig i underjorden.[694]

I och med ljusets entré sätter skapelsen fart. Gaia föder först Himlen, Uranus, som ett skyddande hölje åt sig själv och en borg för gudarna. Han blir hennes like. Sedan föder hon bergen (Ourea) och Pontos, havet.

Hesiodos betonade att sistnämnda föddes "ej efter kärlekens famntag" men det verkar också ha gällt såväl bergen som Himlen. När hon föder Okeanos, dock, är det med sin son Uranus som far.

Att himlen lägrar jorden är vanligt i skapelsemyter och följer lätt av deras täta kontakt. Mellan två majestäter länkade på detta sätt är kopulation svår att undgå.

De två haven förklaras med att Pontos i grekisk tradition stod

---

[692] Hellquist 1924, 57.

[693] Hugh G. Evelyn-White, *Hesiod. The Homeric Hymns and Homerica*, Loeb 1914, 87.

[694] Hellquist 1924, 34.

för ett vanligt hav, närmare bestämt Medelhavet, och Okeanos för "världsströmmen, som flyter kring jorden och där alla floder upprinna".[695]

Därefter följer en lista på barn som Gaia fick med Uranus, vilka samtliga var titaner: Koios och Krios, Iapetos (far till bl.a. Atlas och Prometheus), Hyperion och Theia (föräldrar till solguden Helion och mångudinnan Selene), Mnemosyne (tillsammans med Zeus föräldrer till de nio muserna), Rhea (tillsammans med Kronos förälder till Zeus), Themis (mor till Dike), Foibe och Tethys.

Sist i syskonskaran var Kronos, som växte till att hata sin far och kom att spela en stor och dramatisk roll i berättelsen. Därmed hade Gaia och Uranus fött sex döttrar och sex söner, vilket ger summan tolv — signifikant i mytologier, främst för antalet månvarv på ett år och i månget astrologiskt system antalet stjärntecken i zodiaken. Det celesta perspektivet är oftast centralt i skapelsemyter, där solen, månen, planeterna och stjärnorna representeras av gudomar.

Max Müller, pionjären i komparativ religionshistoria, analyserade betydelsen av namnen på gudarna för att göra en läsning av deras roller i Theogonin, som hade mycket lite med gudomlighet att göra och mer med naturkrafters spel i poetiskt symbolisk form. Det mytologiska språket beskrev verkligheten som våra förfäder och deras poeter upplevde den.

Müller tar solen som exempel:

> Where we speak of the sun following the dawn, the ancient poets could only speak and think of the sun loving and embracing the dawn. What is with us a sunset, was to them the Sun growing old, decaying, or dying. Our sunrise was to them the Night giving birth to a brilliant child.[696]

Det var ett antropomorft sätt att se på världen, där dess fenomen gavs personlig gestaltning, som vore de levande väsen. Det betydde inte nödvändigtvis att de trodde på denna bild av verkligheten, utan blott att de skildrade den med ett fantasifullt språk, som tillämpas även av vår tids poeter:

> All this is hardly mythological language, but rather a poetical and proverbial kind of expression known to all poets, whether modern or

---

[695] Ibid., 58.
[696] Max Müller, *Comparative Mythology. An Essay*, 1909 (första utgåvan 1856), 82.

ancient, and frequently to be found in the language of common people.[697]

Det är en tolkning som andra religionsvetare har opponerat sig emot, men Müllers gedigna kunskap i ämnet uppmanar ändå till en seriös betraktelse av hans förklaring. Han förutsatte inte att våra fjärran förfäder var inkapabla ett metaforiskt och allegoriskt tänkande.

Fadermord går igen

När väl de ovanstående gudomarna hade fötts var det hos Hesiodos dags för drama. Och det var inga småsaker. Kronos var startklockan, vilket är passande för den som länge antogs vara gudom för tidens gång.[698] Det betyder att vid hans entré går vi från scenografi till handling. Rollerna var där och nu började de agera med varandra.

Uranus såg sina barn som styggelser. Vartefter de föddes skickade han dem till underjorden, Tartaros, och han gladdes åt sitt dåd. Gaia sörjde men var inte uppgiven. Hon smidde ränker och en lie. Av hennes barn var det blott Kronos som hade modet att axla utmaningen: "Men Kronos, den väldige, kloke, förslagne, fattade mod."[699] Med den lie han fick från sin mor kastrerade han sin far.

Av Uranus sargade kön föddes Afrodite, den skönaste av gudinnor. Eros blev genast hennes beskyddare. För Uranus var överhögheten, liksom potensen, över. Men svinhugg går igen. Kronos svalde sina barn för att inte utmanas av dem på samma sätt som han trotsat sin far. Hans son Zeus undkom det ödet och detroniserade honom. Därefter var Zeus gudarnas överhuvud.

Dessa händelser går långt förbi ämnet för denna bok, som är koncentrerad på själva skapelsen i skapelseberättelserna, men de förtjänar att nämnas eftersom de ledde till överhuvudet i grekisk panteon. Det är också intressant att detta drastiska uppror mot en fadergud skedde två gånger, så gott som identiskt. Freud borde ha gjort detta i stället för Oidipus till basen för sin hypotes om religionens uppkomst.

Det förekommer men hör inte till vanligheterna i mytologier att barn till gudomar ger sig på sina fäder. Nå, det är inte heller ovanligt. Redan den babyloniska *Enuma elish* är ett praktexempel på detta.

---

[697] Ibid., 84.

[698] Sedan antik tid har titanen Kronos (Κρόνος) ofta förväxlats med tidens gudom Chronos (Χρόνος), som inte nämns i Theogonin.

[699] Hellquist 1924, 8.

Kanske är det problemet med gudomlig makt som ventileras. Makt korrumperar, och så vidare. Gudomarna i så gott som alla mytologier är mänskliga och därför sårbara för de perversioner som sådan makt tenderar att stimulera. De ser om sitt eget hus, till vilket pris som helst, och kan drabbas av efterkommande med samma motivation.

Theogonin är inte precis moraliserande på denna punkt, snarare realistiskt konstaterande. Den som har makten strävar efter att behålla den till vilket pris som helst. Det var sant för Uranus, Kronos och även Zeus när han intog tronen. Men denna insikt hör den utvecklade civilisationen till, när det finns något storslaget att ha makt över. I jägar- och samlarsamhället har det betydligt mindre relevans.

Därför kan vi sluta oss till att Theogonin komponerades i en tid när jordbrukarsamhället skapat ett överskott för de mäktiga att frossa i, med de problem detta ledde till för dem som skulle försörja denna överhet. Hesiodos var själv från början en ringa fåraherde, enligt egen utsago, så han torde ha känt av hur ojämnt rikedomarna från åkerbruket och civilisationen fördelades.

Världen hade vid hans tid blivit en arena där mäktiga kämpade med andra mäktiga om den största biten av kakan. Det är en kamp som förnyas med varje ny generation, och sällan har de mindre lyckligt lottade en chans att hävda sin rätt.

Människan obetydlig
Såsom ofta i mytologier där flera gudar uppstår och interagerar på dramatiskt vis har människan en undanskymd plats i Theogonin. Ingenting nämns om hur mänskligheten fick sin början, i alla fall inte mannen. Ändå antyder Hesiodos att det en gång bara fanns män, inga kvinnor.[700]

När Prometheus mot Zeus uttryckliga instruktion stal elden och gav den till människorna, hämnades Zeus genom att låta Hefaistos skapa den första kvinnan av lera och förläna henne många sköna attribut att fresta männen med.

> *Från henne stammar det farliga kön, som kvinnor benämnes, dessa, som leva till sorg och fördärv bland männen på jorden, lystna att rikedom dela och lyx, men rädda för armod.*[701]

---

[700] Athanassakis 2004, 7f.

[701] Hellquist 1924, 26.

Genom flera verser fortsätter den misogyna beskrivningen av kvinnornas karaktär och vilka bekymmer de ger männen, men det kan räcka med ovanstående. Och inget ord om hur männen skapades, fast de uppenbarligen redan fanns på plats.

I sin andra berömda text, *Verk och dagar*, berättar däremot Hesiodos att gudarna skapade de första människorna — både kvinnor och män — av guld.[702] Det skedde när Kronos fortfarande var kung över himlen. Sedan skapade gudarna människor av silver, men de var kortlivade på grund av sin bångstyrighet så snart de nådde puberteten. Nästa människoart gjordes i brons, den följande bestod enbart av hjältar, halvgudar, och slutligen den femte gjord av järn, som är vår mänsklighet.

Vi har enligt Hesiodos inte mycket annat att se fram emot än elände, så han beklagade att han inte föddes till något av de föregående släktena.

Detta har formen och tonen av en skröna, inte riktigt att ta på allvar som en del av Hesiodos uppfattning om hur människorna kom till — om än han säkert menade sina bittra ord om människans lott och brister. Han inledde med att säga att han skulle berätta en historia — Most översätter det till "story" och West "tale".[703] Man kunde lika gärna kalla det en saga.

Ett skådespel

Att människan tar ringa plats i Theogonin förklaras delvis av hur Hesiodos såg ner på henne, framför allt kvinnan, vilket framgår av det ovanstående. Han ville inte slösa sina verser och sitt blommiga språk på dessa eländiga varelser. På andra sidan myntet befinner sig gudomarna, som är praktfulla och häpnadsväckande — vare sig de gör gott eller ont. De är i allt människornas motsatser, även om de också beter sig mänskligt ibland. De gör det ändå storslaget.

Hesiodos var mycket mer lockad av att skriva gudarnas historia och säkert övertygad om att det även lockade hans publik mycket mer än att få dess egen i jämförelse bleka tillvaro återgiven.

Han beskrev ett väldigt skådespel, där såväl karaktärerna som händelserna också var väldiga. Och han hade bråttom dit. När berättelsen började, efter ett preludium pepprat av poetiska formuleringar, skyndade han igenom världens och de första gudarnas tillblivelse. Det är föga mer än en lista. Först när Kronos tog striden med

---

[702] Vers 109ff. Most 2006, 97ff.

[703] Most 2006, 95, och West 1988, 40.

sin far Uranus blev Hesiodos mångordig, bjöd på fler detaljer och även dialog. Nu först var diktaren Hesiodos inspirerad.

I tänkandets triangel pekar detta tydligt mot den konstnärliga sidan. Hesiodos skrev en fantastisk saga, som han hoppades att publiken skulle bli lika underhållen av som han själv. Då var det inte så noga med varken fakta, i den mån sådana gick att lista ut, eller sensmoral.

Visst skilde han mellan gott och ont, men inte som någon princip för hur hans text skulle läsas. Även de gudar han hyllade visade upp förfärliga moraliska brister, vilket också var vad som senare fick flera av antikens filosofer att klandra honom — såsom de klandrade Homeros av samma skäl.

Den svagaste sidan i Theogonin är den vetenskapliga. Hesiodos var inte intresserad av att lista ut hur saker och ting egentligen gick till vid världens gryning, än mindre innan den. Men på ett sätt var han systematisk och det var i sin genealogi över gudarna. De är hundratals och deras släktskap är noga angivet. Sålunda är hans text verkligen en teogoni. Men någon kosmogoni är det inte.

Völuspå, Eddan

Ur Völvans spådom[704]

Lyssna nu alla levande släkten,
större och mindre Heimdalssöner.[705]
Berätta skall jag, om du ber mig, Valfader,[706]
forna sagor jag minns från förr.

Urtidens mäktiga jättar minns jag,
dem som i forntiden fostrade mig;
nio världar minns jag, nio jättekvinnor,[707]
innan världsträdet började växa.

För länge sedan då Ymer levde[708]
fanns ej sand eller sjö eller svala vågor.
Jorden fanns inte, ej himlen där ovan,
gapande svalg[709] *fanns men ingenstans gräs.*

Tills Burs söner[710] *skapade världen,*[711]
lyfte det mäktiga Midgård[712] *ur djupet.*

---

[704] Völuspå 1–6. Lars Lönnroth, *Den poetiska Eddan*, 2016, 21ff.

[705] Heimdall är gudarnas väktare, som ska blåsa i sitt horn vid ragnarök. *Heim* betyder värld och *dallr* blomstrande träd, vilket kopplar honom till världsträdet, Yggdrasil. Åke Hultkrantz, *Vem är vem i nordisk mytologi*, 1991, 47.

[706] Oden.

[707] Jag har inte hittat "nio jättekvinnor" i någon annan svensk översättning. Åke Ohlmarks, *Fornnordisk lyrik I: Eddadiktning*, 1960, 19, skriver "med nio träd". P. August Gödecke, *Edda. En isländsk samling folkliga forntidsdikter*, andra upplagan, 1881, 3, skriver "nio urträd", Richard Steffen, *Isländsk och fornsvensk litteratur i urval*, andra upplagan, 1910, 8, skriver "nio himlar". Björn Collinder, *Den poetiska Eddan*, 1993 (andra utgåvans text från 1964, första utgåvan 1957), 43, utelämnar orden.

[708] I stället för "då Ymer levde" har Snorres Edda "då ingenting fanns". Lönnroth 2016, 22. Det är även vad Collinder 1993 har valt.

[709] Ginnungagap.

[710] Oden och hans bröder.

[711] I stället för "skapade världen" skriver Collinder 1993 "bragte slättmark". Gödecke 1881 och Steffen 1910 skriver "bildade landen".

[712] Midgård är människornas värld.

*Från söder sken solen på salens stenar.
Då grodde ur marken grönskande växter.*

*Månens syster Sol slog från söder[713]
höger hand över himlafästet.
Ej visste hon, Sol, var hon hade sitt hus,
ej visste de stjärnor var de hade sin gång,
och ej visste Månen vad makt som var hans.*

*Då gick de myndiga makter till doms,
heliga gudar höll rådslag därom.
Namn gav de åt natten, åt nedan och ny,
åt morgon och afton, åt middag och kväll,
så att åren fick sin fasta bana.*

Det fornnordiska diktverket Völvans spådom, *Völuspå*, om världens skapelse, undergång och återfödelse, anses ha tillkommit någonstans mellan år 800 och 1000. Lingvisten Björn Collinder förfäktade det sena 900-talet och menade att det har diktats av någon med hjärta i både nordisk mytologi och kristen lära.[714] Det var inte bara bibliska influenser som lät sig anas, enligt Collinder. Likaså fann han släktskap med det iranska Avesta — till exempel vad gäller den i Völuspå omnämnda fimbulvintern och världsbranden.[715]

Religionsvetaren och översättaren Åke Ohlmarks beskrev Völuspå som en "hopredigerad konglomeratdikt av åtminstone fyra äldre dikter eller diktstommar", där de äldsta kunde gå tillbaka till 700-talet, eventuellt med svenskt ursprung, samt på slutet "nio strofer tilldiktade av den troligen kristne redaktören".[716] Religionshistorikern Folke Ström ansåg också en tillkomst strax före år 1000 troligast, men ville inte göra stor affär av de kristna influenserna, som han menade bara hade "satt sina spår här och där".[717]

Det finns tre ungefär samtida handskrivna källor till dikten, samtliga isländska. Den mest betydande är *Codex Regius* från cirka 1270, sedan *Hauksbók* från 1300-talets början, samt citat från dikten i

---

[713] Collinder 1993 skriver "solen, i sällskap med månen", sammalunda Gödecke 1881 och Steffen 1910.

[714] Collinder 1993, 21.

[715] Collinder 1993, 20.

[716] Ohlmarks 1960, 7.

[717] Folke Ström, *Nordisk hedendom*, 1967 (utökad från första upplagan 1961), 237.

Snorres Edda, skriven på det tidiga 1220-talet. Alla tre har avvikelser från varandra.[718]

I Völuspå är det sierskan (völvan) som på uppmaning från Oden spår såväl om förflutet som om det framtida. Skapelsens ordning är inte på alla punkter glasklar. I begynnelsen finns inget utom ginnungagap, ändå dyker strax Burs söner (Oden, Vile och Ve) upp för att ta itu med det handgripliga skapelseverket. De synes ordna världen genom att via nämnande sätta igång tiden.

Senare får människoparet Ask och Embla liv, denna gång genom insatser från Oden, Höne och Lodur:[719]

På stranden fann de två livlösa,
Ask och Embla,[720] utan öde.
De hade ej ande, de ägde ej kraft,[721]
ej blod eller röst eller rosig hy.
Ande gav Oden, kraft gav Höne,[722]
blod gav Lodur,[723] och blomstrande hy.[724]

Kanske var Ask och Embla först blott två trädstammar, en ask och en alm. Folke Ström föreslog att Asks namn är lika med trädet men att ordet Embla skulle kunna vara besläktat med grekiskans *ampelos*, ranka.[725] I så fall befann sig paret redan före uppvaknandet i ett slingrande famntag.

Från Urds brunn invid asken Yggdrasil, världsträdet, kom de tre nornor som styr över det förflutna, nuet och framtiden — Urd, Verdandi och Skuld. De ristade människornas öden:

---

[718] Lönnroth 2016, 21.

[719] I Snorres Edda anges i stället Oden, Vile och Ve som skapare av Ask och Embla. Steffen 1910, 9.

[720] De första människorna gjordes av träden ask och alm, därav namnen. Lönnroth 2016, 26.

[721] I stället för kraft skriver Collinder 1993 "själ", Ohlmarks 1960 "eldsjäl", Steffen 1910 och Gödecke 1881 "förstånd".

[722] Namnet skrivs ofta Höner. Åke Ohlmarks, *Fornnordiskt lexikon*, 1983, 168) menar att det bör skrivas Häner.

[723] Lodur har förknippats med Loke, vilket Ohlmarks (1983, 208) anser vara fel, fast han gör det själv i samma bok (s. 22 och 168).

[724] Völuspå 17–18. Lönnroth 2016, 25f.

[725] Ström 1967, 95f.

I trä skar de, stiftade lagar,
valde liv och mätte ut öden
åt människornas barn.[726]

Människorna spelar en parentetisk roll i Völuspå, kanske ännu mer undanskymd än människorna i till exempel *Enuma elish*. Här, såsom i babyloniernas berättelse, är det gudomarna som det hela handlar om — jämte jättarna och andra övermänskliga storheter. Deras äventyr är så många och ståtliga att inte ens de burdusa vikingarna kunde hävda sig i jämförelse.

Odödliga är inte de fornnordiska gudomarna.[727] Den sköne Balder faller, likaså sedermera till och med Oden själv och slutligen även Tor. Men för andra gången stiger jorden ur havet och världen får liv. "Osådda skall nu åkrarna växa, det onda bättras och Balder komma", berättar sierskan, och dessutom:

En sal ser hon stå fager som solen
Och täckt med guld på Gimle.[728]
Skuldlösa mänskor skall där bo
Och leva samman i evig lycka.[729]

Den stora slutstriden *ragnarök* ges i Völuspå betydligt mer utrymme än skapelsen. Skildringen av ragnarök är så storslaget mustig att det röjer vällust hos berättaren, så sorgligt det än är. Och sista versen är som slutet på en film:

Där kommer den dunkle draken flygande,
dödsormen, ned från Nidafjället.
Med lik i fjädrarna flyger nu Nidhugg
hän över slätten. Nu sjunker hon åter.[730]

The End.

---

[726] Völuspå 20. Lönnroth 2016, 26.

[727] Jag använder inte begreppet *asar*, då dessa inte var de enda gudomarna, om än dominerande. Där fanns också *vaner* och möjligen kan även *alver* räknas dit. Kategorierna har dessutom ringa betydelse i själva skapelsen.

[728] Gimle, "ädelstenslugnet", är en sal nämnd i Snorres Edda som ett slags paradis (Ohlmarks 1983, 99).

[729] Völuspå 62. Lönnroth 2016, 37.

[730] Völuspå 63. Lönnroth 2016, 37f.

Snorres skapelse

En betydligt mer omfattande skapelseberättelse sammanställde på 1220-talet Snorre Sturlasson, med hjälp av såväl Völuspå som *Vaftrudnesmål* och *Grimnesmål*, även de från den poetiska Eddan.[731] Ginnungagap är där i begynnelsen granne med det rimfrostiga Nifelheim i norr och det heta Muspelheim i söder. Ur mötet mellan isen från norr och flammorna från söder uppstår Ymer.

Snorre förtäljer historien i *Gylfaginning*, som innehåller den mest detaljerade och ordrika skapelseberättelsen i Eddadiktningen, här i prästen Anders Jacob D. Cnattingius tolkning från 1819:[732]

> *Derpå sade Jafnhar: den trakten af Ginnungagap, som vänder sig mot norden fylldes med mycket tung is och rimfrost, och inom den herrskade urväder och storm:*[733] *men den södra delen af Ginnungagap lättades upp af de eldgnistor, som kommo ditflygande ur Muspelshem. Thridje tillade: likasom köld utgick från Niflhem, och allt från den kanten var bistert, så var allt det, som gränsade till Muspell, varmt och ljust. Men Ginnungagap var så lätt som den renaste luft:*[734] *och när hettan utbredde sig så vidt, att den mötte rimfrosten, så att densamma smälte och droppade, då fingo dropparne lif genom dens kraft, som utsände hettan, och framkom deraf en mansskepnad, som fick namn af Ymer.*

När Ymer sov svettades han ur vänster armhåla fram en man och en kvinna, och hans fötter avlade med varandra en son. Dessa var jättarnas förfäder. Historien fortsätter med hur Ymers föda ledde till de första gudomarna:

> *Då isen var upptinad och droppade, framkom en Ko, som kallas Ödhumla: fyra mjölkströmmar runno från hennes spenar och deraf närdes Ymer. Derpå sporde Ganglere: hvarvid lefde Kon? Har svarade: hon slickade de med rimfrost belagde saltstenar: första dagen hon slickade stenarne framkom af dem manshår: andra dagen hufvudet:*

---

[731] Ström 1967, 94.

[732] "Gylfaginning". Anders Jacob D. Cnattingius, *Snorre Sturlesons Edda samt Skalda*, 1819, 17.

[733] Karl G. Johansson & Mats Malm, *Snorres Edda*, 2017, 36, skriver "därifrån vräkte dis och vind inåt".

[734] Johansson & Malm 2017 skriver "milt som den vindstilla luften".

den tredje dagen en hel man, som hette Bure: han var fager till utseendet, stor och stark: han hade en son, som hette Börr. Denne gifte sig med en qvinna, som hette Bestla, Jätten Bölthorns dotter, och hade de tre söner; en het Oden, den andre Vile, och den tredje Ve.[735]

Det är dessa tre söner av Börr (Bur) som senare dräper Ymer och av hans lik bygger världen. Detta återges även i *Grimnesmål*:

> Av Ymers kött blev jorden skapad,
> blodet blev till hav. Skallen blev till himmel,
> håret skog och benen blev till berg.
> Av jättens ögonhår gjorde milda asar
> Midgård till människobarnen. Men av hans hjärna
> gjorde de molnen som vilar tungt över världen.[736]

I Gylfaginning berättas också om hur de första människorna, Ask och Embla, kom till. Den delen av historien avviker inte från Völuspå, med undantag för att det här uttryckligen är Burs söner som skapar dem och ger dem delvis annorlunda egenskaper:

> När Börs söner gingo vid sjöstranden funno de tvenne träd, och upptogo träden, samt skapade deraf menniskor: den första gaf dem anda och lif, den andra förstånd och rörelse, samt den tredje anlete, målföre, hörsel och syn: de gåfvo dem äfven kläder och namn: mannen kallades Ask och qvinnan Embla, och kommo derifrån de menniskobarn, som det tilläts att bygga och bo inom Midgård.[737]

Begynnelsens gap

Völuspå deklarerar visserligen på första raden att ingenting fanns i begynnelsen, men redan i samma vers kommer ett tydligt undantag — det omätliga gapet. Nu är den intrikata frågan om detta gap är något alls, eller blott en bild av en tomhet, ett definitivt intet.

I Gylfaginning sägs att "Ginnungagap var så lätt som den renaste luft",[738] vilket pekar mot en tom rymd. Johansson & Malm skriver i stället "milt som den vindstilla luften". Isländskan ("svá hlætt

---

[735] Cnattingius 1819, 18.
[736] Ur *Grimnesmål*. Lönnroth 2016, 115.
[737] Cnattingius 1819, 20f.
[738] Ibid., 17.

sem loft vindlaust"),[739] syns så gott jag begriper landa mellan dem med "så lätt som vindstilla luft". Det är med andra ord så tomt det kan bli, då ett vakuum vore svårt för de forna nordborna att föreställa sig.

Snorres tolkning av den fornnordiska skapelsen, som han gjorde med hjälp av flera källor, beskriver ett komplicerat urtillstånd, knappast tomt — men i själva Völuspå tycks Ginnungagap vara ett poetiskt sätt att beskriva ett intet. Problemet kommer i stället med anländandet av gudar, mark, sol och måne. Varifrån kommer dessa?

Om gudomarnas egen tillkomst kan inget sägas utan Snorres utförligare information, men när dessa lyfter Midgård ur djupet, ur ett gränslöst intet, skänker det oss en bild av skapelsen som närapå *creatio ex nihilo*. Det går också lätt att med religionshistoriens terminologi tala om ett ursprungligt kaos, i synnerhet i den antika grekiska meningen (rymd, gap eller avgrund), varur gudarna först lyfter världen och sedan ordnar den i sitt rådslag.

Ändå lyser plötsligt södersol på Midgård, utan att gudarna har haft ett dugg med det att skaffa. Inte heller Snorres mer detaljerade skapelse förklarar solens tillblivelse. Den tycks därför ha funnits från begynnelsen, väntande på något att belysa med sina strålar. Månen finns också där i begynnelsen, likaså stjärnorna. Men de är alla vilsna. Först när gudomarna ordnar natt och dag får de sina platser och tiden kan ha sitt lopp.

Völuspås kosmogoni är vag, i synnerhet med sitt urtillstånd, men med Ymers uppdykande blir alltihop desto mer konkret. Där växlar det från en skapelse som syns vara ur tomma rymden till en som sker genom styckandet av en urtidsvarelse. Skillnaden känns igen från den mellan Genesis 1 och Genesis 2 — ett kosmogoniskt förlopp skiftar till ett betydligt mer mänskligt och köttsligt, som dessutom har en handling där skeden följer på varandra i berättelsen. Därför finns anledning att undra om det också i Völuspå ursprungligen var fråga om två olika skapelsetraditioner, senare en smula bristfälligt sammanförda.

Myten om Ymers tillblivelse visar med mötet mellan is och eld sin anknytning till nordliga breddgrader. På isen är det blott elden som biter, och då förvandlas den till vatten, den livgivande vätskan framför andra. Det är också med vatten man förmår släcka elden. Denna paradox torde ha fascinerat nordborna, som levde mitt i den. En strid mellan is och eld, kyla och hetta, där kampen är dramatisk och utgången oviss.

[739] Snorre Sturlasson, *Gylfaginning* (heimskringla.no/wiki/Gylfaginning).

Gudomarna

Det finns ingen skapare i begynnelsen av Eddans kosmogoni. Den första varelsen att dyka upp är Ymer, men dessförinnan har mycket hänt, liksom av sig självt. Ingen gudom skapar Ymer. Han föds i stället ur mötet mellan naturkrafter, enligt Snorre kyla och hetta.

Normalt i skapelsemyter skulle det betyda att han som första varelse, utan far eller mor, var den ursprungliga gudomen och den som av egen vilja sedan tog vid och fortsatte skapelseprocessen. Men icke så. Han gör inte annat än ynglar av sig. I stället är det senare födda gudomar som dödar honom och bygger världen av delar från hans lik. Detta med en urvarelse som styckas går att finna i andra skapelsemyter, så till den grad att det har sin egen kategori i framförallt jungianska sorteringar av kosmogoni.

Men problemet med en begynnelse utan någon som vill den består i Eddans skapelse. Att rena naturfenomen utgör starten understryker att det näppeligen kan ha varit ur ett första statiskt tillstånd, för varifrån kom naturen och vad fick något att plötsligt hända i den?

Hos Homo rudis är en förändring i ett evigt tillstånd blott möjlig om någon vill det. Annars förblir allt som det varit för alltid. En sten som ingen flyttar på ligger där den ligger. Därför förväntar sig Homo rudis att någon bestämmer sig för att inleda skapelsen, eller kanske gör det obetänksamt, som en olyckshändelse — men någon måste vara där och åstadkomma det. Denna någon, med sådan förmåga och betydelse, borde vara en gudom och en synnerligen betydande sådan med tanke på vad denne uträttar.

Oden tar den rollen med tiden, men eftersom han inte är först är han heller inte sist, och hans överhöghet kan inte vara absolut. Han är lika mycket fånge i ödets banor som alla andra, och varken han eller någon av de andra gudomarna är odödlig.

I Eddan framträder gudomarna som synnerligen mänskliga, må vara av spektakulärare sort. De är ett slags kungligheter — i grunden inte märkvärdigare än vanligt folk, bara mycket mäktigare. Sådana gudomar dräller det i och för sig av bland mytologier, men då de i Eddan till och med är dödliga måste Homo rudis fråga sig varför de alls skulle dyrkas. De syns ju egentligen vara lika hjälplösa som alla andra inför ödet, en kraft som styr alla fast den inte har någon som håller den i sin hand.

Ödet är i Eddan den verkliga härskaren — över såväl gudomar som människor — och ändå är det opersonligt. Så varifrån kommer viljan, nödvändig för att något ska hända, och var uppstod den plan som völvan kan skåda till dess katastrofala slut?

De tre nornorna Urd, Verdandi och Skuld syns härska över ödet i och med att de ristar allas framtid i trä. Det kunde göra dem till de verkliga världsskaparna men de fanns inte till före världen och har inte åstadkommit dess beståndsdelar. De dikterar blott vad som ska hända med de gudomar och människor som bebor den, vilket i och för sig inte är någon bagatell. Men det gör dem snarare till siare, likt völvan, än härskande gudomar.

Nornorna vet hur det kommer att gå för alla aktörer i världsdramat, utan att för den skull ha någon plan eller handgripligen lägga sig i vad som sker på vägen. De vet hur levnadssagor kommer att gestalta sig och sluta, men gudomar och människor är inga marionetter i deras händer. Det märks tydligt i viljestyrkan och handlingskraften hos gudomarna under det förlopp som beskrivs av völvan.

Vad nornorna indikerar är det enkla faktum att vilka val vi än kan göra i livet får det en bestämd utformning. Det är inte som en filminspelning, där man gör omtagningar tills det blir precis som man vill. Eftersom varje liv får sitt specifika förlopp kan man säga att detta var så att säga förutbestämt och skulle kunna förutsägas av dem som har den förmågan.

Ändå är nornorna en tankeväckande detalj i Völuspå och dess världsbild. Men de fyller inte luckan i denna skapelseberättelse. Det är som om en gudom fattas i Eddan — den första orsakens gudom, som ligger bakom allt. Utan någon med den yttersta makten som iscensätter dramat är varken dess inledning eller utgång förklarad. Så vem är den initiala världsskaparen?

Ymer är en nyckel till gåtan. Han är först att uppstå och andra väsen föds ur honom. Namnet betyder tvilling men ingen är född jämte honom, så det kan i stället syfta på att han är androgyn, både man och kvinna, och därför kan befrukta sig själv. Hans barn är jättar, som han, medan gudomarnas anfader är Bure, som framstått ur en saltsten.

Det berättas att Ymer dödas men inte varför. Det sägs att han var ond, såsom alla hans avkomlingar, men det sägs av Oden, en av hans banemän.[740] Inget sägs om vilka onda gärningar han må ha gjort. Kanske fattas en betydande del av historien där?

Både Ymer och Bure har fötts ur naturföreteelser och saknar därför förfäder, medan de själva är fäder till varsin stam av varelser — jättarna respektive gudomarna. Man behöver inte vara viking för att inse att detta lätt leder till krig. Rivaliteten mellan dem förklarar Ymers bråda död, likaså fiendskapen som hänger kvar till ragnarök.

[740] Cnattingius 1819, 18.

Det förklarar inte de högre makternas frånvaro i världsskapelsens inledning, inte heller deras hjälplöshet inför ödet, men det skulle kasta ett visst förklarande ljus på teogonin i Eddan. En lucka i gudarnas historia fylls.

Ett krig mellan gudomar nämns i Eddan — det mellan asarna och vanerna. Hur det slutade är osäkert, men Völuspå och Snorre är överens om att asarna i vart fall inte segrade. Det verkar också som om asarna var de som inledde krigshandlingarna. Tyvärr berättas inget om vanernas ursprung.

Det ska påpekas att Bure inte alls nämns i Völuspå eller någon annanstans i den poetiska Eddan. Hans roll i begynnelsen beskrivs endast i Gylfaginning. Han ska ha fått sonen Bur, men ingen kvinna nämns.

Också om sonen är informationen i Eddan mager. Völuspå nämner blott att de som skapade världen var "Burs söner". Gylfaginning anger för honom en hustru, Bestla, dotter till jätten Bölthorn (även Bölthor eller Böltorn), med vilken han fick Oden, Vile och Ve. Det har Snorre förmodligen hämtat från *Hávamál* i den poetiska Eddan: "Nio trollkväden tog jag från sonen till Bölthor, Bestlas fader."[741] Men det kan också tolkas som att hans son är Bestlas far.

Bure och Bur, vilkas namn helt enkelt betyder fader respektive son, skulle ursprungligen kunna ha varit en och samma gestalt — såsom en man kan vara både far och son. Eftersom Bur nämns på fler ställen är det troligast att han är den som också föddes ur en saltsten och sedan med en av Ymers ättlingar fick de tre sönerna. Bures existens är då inte nödvändig för att historien ska hänga ihop.

Om Gylfaginnings skildring helt räknas bort finns förstås ännu enklare lösningar. Exempelvis kunde både Bur och Bestla vara ättlingar till Ymer, på långt eller nära håll. Så går det ofta till i skapelsemyter, helt enkelt beroende på att ursprungsvarelser ofrånkomligen är släkt med varandra. Homo rudis skulle inte ha några invändningar.

Först och främst ett drama
Satt i tänkandets triangel är Eddans skapelse svår att se som moralisk. Alla involverade — även gudomarna — är bristfälliga varelser och slutet är på inget sätt en dom över somliga och ett friande av andra. De lever som fiender och dör som fiender. Det är en stor kalabalik som inte slutar i någon sensmoral.

Så värst vetenskaplig är skapelsen inte heller. Mötet mellan is

[741] Hávamál 140. Lönnroth 2016, 85.

och eld är finurligt tänkt, förvisso, men därutöver märks ingen särskild ansträngning att göra skapelsens moment trovärdiga. Snarare är hela spektaklet en skröna, mer för nöjes skull än något annat.

Det placerar Eddans skapelse på konstens sida av tänkandets triangel. Det är fråga om underhållning för ett råbarkat folk som vet att livet inte kan gå smärtfritt förbi.

Även de kosmologiska inslagen är dramatiska, såsom när gudarna rycker världen ur ginnungagap, eller när den byggs av den fällde jättens kroppsdelar.

Hela berättelsen — i alla sina varianter — är fylld av dråpliga äventyrligheter. Den har sin början och sitt slut, födelse och död, men utan någon annan lärdom att förmedla än att livet är vidunderligt. Det är, i och för sig, något värt att påminnas om.

Kalevala, Finland

Ur Kalevala[742]

Det var luftens sköna jungfru,[743]
En ibland naturens döttrar;[744]
Länge lefde hon i kyskhet,
I jungfrulighet beständigt
Uti luftens vida gårdar,
Fästets vidtutsträckta rymder.
Dock hon tröttnade omsider,
Ledsnade vid denna lefnad,
Att beständigt ensam vara,
Att som mö allena lefva
Uti luftens vida gårdar,
På dess tomma, öde slätter.
Lägre ner hon då sig sänker,
Stiger slutligt ner i vattnet,
Ute på det vida hafvet
(- - -)
Vinden henne här befruktar,
Hafvande hon blir af hafvet.[745]
Och hon bar sitt tyngda sköte,
Bar den mödosamma bördan
Väl sjuhundra år igenom
(- - -)
O du Ukko,[746] *högst bland gudar,*

---

[742] Karl Collan (övers.), *Kalevala*, översatt från Elias Lönnrot, *Kalevala*, andra utökade upplagan 1849, del 1, 1864, 5–9.

[743] Ilmatar. Ilma betyder luft och ändelsen anger kvinnligt kön. Francis Peabody Magoun j:r (övers.), *Kalevala or Poems of the Kaleva District*, översatt från Lönnrot 1849, 1963, 387. Ilmatar nämns bara här och i poem 47.

[744] Björn Collinder (övers.), *Kalevala*, översatt från Lönnrot 1849, fjärde förbättrade upplagan, 1970 (första upplagan 1948), 18, skriver "himlarymdens dotter". Magoun (1963, 4) skriver "a spirit of nature".

[745] Barnet hon bär är Väinämöinen, den mytiske hjälte som har den mest framträdande rollen i Kalevala.

[746] Himmels- och åskgud, förnämast bland gudomarna, oftast åkallad i Kalevala. Namnet betyder "gammal man" (Magoun 1963, 405). Collinder (1970, 366) översätter namnet till "Gubben".

Du som hela himlen uppbär,
Kom hit ner, der du behöfves
(- - -)
Kom i säker flykt en hafs-and,[747]
Flaxande med korta vingslag,
Sökte för sitt bo ett ställe
(- - -)
Men då höjer vattnets moder,
Vattnets moder, luftens jungfru,
Höjer upp sitt knä ur hafvet,
Skulderbladet upp ur böljan
Till en plats för andens bostad.
(- - -)
Uppå knät hon ner sig sänker,
Deruppå sitt bo hon bygger,
Lägger gyllne ägg i boet:
Sex af äggen äro gyllne,
Men det sjunde är ett jernägg.[748]
(- - -)
Vattnets moder, luftens tärna,
Kände i sitt knä en hetta,
Rönte ren en brand i huden,
Trodde då sitt knä förbrännas,
Alla sina ådror smälta.
Hastigt på sitt knä hon knyckte,
Skakade på sina lemmar:
Äggen rulla då i vattnet,
Sjunka ner i hafvets vågor;
Uti spillror krossas äggen,
Sönderfalla uti stycken.
Ej i dyn förkommo äggen,
Deras bitar ej i vattnet;
Skönt förbyttes äggens spillror,
Vackert blef hvar bit förvandlad:
Nedra delen utaf ägget

---

[747] Collinder (1970, 19) skriver att det är en knipa (Bucephala clangula). Detsamma gör Lars och Mats Huldén (övers.), *Kalevala. Finlands nationalepos*, översatt från Lönnrot 1849, 2018 (första upplagan 1999), 16. Det stämmer med Lönnrot (1849, 4), som på finska skriver *sotka*.

[748] Collinder (1970, 29) skriver "vindägg" och Huldén (2018, 18) "skinnägg". Lönnrot (1849, 4) skriver *rauta-munan*, järnägg.

Blef den låga modren jorden;
Öfra delen utaf ägget
Blev det höga himlafästet.
Men af öfra deln det gula
Blef den sol som lyser dagen,
Och af öfra deln det hvita
Blef till nattens klara måne,
Men hvad brokigt fanns i ägget,
Blef förbytt till himlens stjernor,
Och af äggets svarta delar
Blefvo skyarne i luften.

Den finska mytsamlingen Kalevala sammanställdes så sent som under den första halvan av 1800-talet. Den finske läkaren och språkforskaren Elias Lönnrot samlade och redigerade folkligt bevarade sånger, huvudsakligen från Karelen, som utgavs i två omgångar — den första 1835, innehållande 32 runor, dikter i en ålderdomlig versform, på strax över tolv tusen rader, och den andra 1849, där materialet utökats och omarbetats till 50 runor på nästan dubbla antalet rader.[749]

Lönnrot redigerade sångerna med viss konstnärlig frihet men strävade samtidigt efter att hitta deras genuina innehåll. Själv stod han för cirka ett tusental av raderna, som mestadels var till för att knyta ihop dikterna till en sammanhängande helhet, men han tillät sig också att vara självsvåldig när det gällde personnamn och andra egennamn.[750]

Hans arbete mötte en del kritik, även från medarbetare. Daniel Europæus, som samlade ihop en mycket stor del av materialet, klagade på att slutresultatet hade delar som var Lönnrots egna skapelser, fast originalpoemen var såväl stringenta som livfulla och fantasirika. Lyckligtvis medverkade Lönnrot och många efter honom till att samla originalmaterialet. Bland annat har Finska litteratursällskapet nästan 87 000 sånger och poem i samma versmått som Kalevala.[751]

Själva namnet Kalevala må vara Lönnrots egen uppfinning. Det

---

[749] Lönnrot 1849, viii. De exakta antalen är 12 078 respektive 22 795 rader. Magoun 1963, 379.

[750] Collinder 1970, 14.

[751] Matti Kuusi & Keith Bosley & Michael Branch (red.), *Finnish Folk Poetry*, 1977, 33 och 37.

står för en fiktiv region, där Kaleva anges som namnet på förfadern till centrala figurer i diktverket.[752] Sångernas ålder varierar stort och är svår att fastställa. De kan ha mycket åldriga rötter som sedan modifierats när de förmedlades mellan generationer av sångare innan de började nedtecknas metodiskt på 1800-talet.

Björn Collinder såg indikationer på att de äldsta delarna kan vara från 600-talet, medan andra delar må härröra sig till ungefär samma tid som de isländska ättesagorna.[753] Lönnrot själv angav att de torde härröra från en period av permiskt inflytande, utan att specificera närmare.[754] De äldsta skriftligt bevarade poemen av Kalevalatyp finns i en samling från 1660-talet som publicerades 1702.[755]

Kalevalas verser har en särpräglad kombination av vad som kan beskrivas som vällustig poesi och frodiga berättelser. Samlingen genomsyras av en folklig ton, vilket också var Lönnrots avsikt — att skildra det forna finska folkets liv och leverne, om än det nödgades ske via myter i sångens form. Skapelseberättelsen citerad ovan, som ingår i det första poemet i Kalevala, är ett tydligt exempel på det vällustigt frodiga.

Ilmatar eller Väinämöinen

Den himmelska ungmön Ilmatar tröttnar på ensamheten och sjunker till vattnet, där vinden skyndar sig att piska upp skum ur vågorna och på så vis befrukta henne. Men havandeskapet drar ut på tiden — så mycket som sjuhundra år.

Hon är förståeligt frustrerad och utropar en bön om hjälp till gudomen Ukko, som torde vara den som sedan sänder en knipa (en havs-and i Collans översättning ovan) att bygga bo på hennes knä. När hennes ben rycker till i värmen från de ruvade äggen faller de i vattnet och splittras. Från delarna bildas världen.

Det är en lustig bild av skapelsen, men den hänger uppenbarligen inte ihop. Frågorna hopar sig. Är det alla äggen som ingår i skapelsen, såväl de av guld som det av järn, eller bara ett — i så fall vilket? Och vad har knipans ägg med Ilmatars långvariga havandeskap att göra? Det förklaras inte av fortsättningen på berättelsen. Här anas Lönnrots strävan att knyta ihop de gamla sångerna till en allomfattande och kontinuerlig helhet.

[752] Magoun 1963, 393f.

[753] Collinder 1970, 7.

[754] Lönnrot 1849, iv.

[755] Kuusi et al. 1977, 34.

I hans första upplaga av Kalevala från 1835 hör skapelsens huvudroll i stället till Väinämöinen, den mytiska hjältefigur som förekommer flitigast i Kalevala. Där är det på honom fågeln (i detta fall en örn[756]) landar och lägger sina ägg.[757] Men också i den versionen finns i hög grad världen till innan den skapas, åtminstone såväl havet som himlen och himlakropparna. Och där är Väinämöinens tid som foster begränsad till 30 år.[758] Om moderns identitet nämns inget.

Båda versionerna är märkbart hoppusslade från minst två olika myter — en om Väinämöinens födelse och en om världens tillkomst ur de spruckna äggen. Därav inkonsekvenserna i berättelsen, som påpekades redan av M. A. Castrén 1841 i förordet till hans översättning av 1835 års Kalevala.[759] Där återgav han hur han själv ofta hade hört skapelsen berättas, som han trodde var den ursprungliga lydelsen:

I tidens begynnelse skulle endast funnits vatten och en örn, samt Wäinämöinen, som drefs omkring på hafvet. Örnen flyger i öster och vester, sökande förgäfves ett ställe för sitt bo, varsnar slutligen Wäinämöinen, bygger sitt bo på hans knä och lägger några ägg i boet. Af dem skapade enligt några Wäinämöinen, enligt andra örnen sjelf verldsaltet.

Lyckligtvis finns de poem som Lönnrot och andra samlade ihop bevarade, framför allt i Finska litteratursällskapets arkiv. Via dem går det att bryta isär vad Lönnrot valde att foga ihop.

En sång som förmodligen kommer ursprungsberättelsen nära[760] berättar om en svala som letar efter land att lägga sina ägg på och finner tre små kullar — en blå, en röd och en gul. Den lägger ett ägg på varje, med samma färg som respektive kulle. Ukko sätter igång en storm som kommer äggen att rulla ner i havet. Svalan ber smeden[761] att smida en kratta, med vilken fågeln krattar fram delar av

---

[756] Varianter på historien med en örn anses höra till en äldre version av myten. Kuusi et al. 1977, 523.

[757] Matthias Alexander Castrén (övers.), *Kalevala*, översatt från Elias Lönnrot, *Kalevala*, första upplagan, vol. 1 och 2, 1835, del 1, 1841, 10f.

[758] Ibid., 3.

[759] Ibid., viii ff.

[760] Kuusi et al. 1977, 523.

[761] Möjligen Ilmarinen, smeden som förekommer flitigt i Kalevala. Ibid.

äggulan, äggvitan och "det gula".[762] Gulan blir månen, vitan solen och det gula blir molnen.

En annan sång kommer närmast både Lönnrots version från 1835 och den från 1849, Där är det en bergand som bygger ett rede av koppar på Väinämöinens knä och lägger ett guldägg. När Väinämöinens ben rycker till krossas både redet och ägget. Den övre halvan av äggskalet blir himlen, den lägre moder jord, vitan blir månen, gulan solen, det fläckiga på ägget blir stjärnorna och det svartaktiga molnen.[763]

Varifrån Lönnrot hämtade Ilmatar till skapelseberättelsen i sin version från 1849 är oklart. Förmodligen är det hans eget tillägg. Vad jag har kunnat se nämns hon inte alls i Lönnrots utgåva av Kalevala från 1835, ej heller i Castréns översättning av den.

I 1849 års Kalevala nämns Ilmatar blott i ett till poem, nummer 47, där hon beskrivs som "den sköna jungfrun, äldst ibland naturens döttrar".[764] Hon möter Väinämöinen men de känner inte varandra och får presentera sig. Ilmatar säger om sig själv:

> Jag den äldsta är bland qvinnor,
> Aldra äldst bland luftens jungfrur,
> Alla väsens första moder,
> Jemngod med fem vigda hustrur,
> Jemnlik brudar sex i skönhet.

En sådan kvinna kan näppeligen Väinämöinen ha glömt att han känt, i synnerhet om det var hans mor enligt det första poemet i boken.[765] Frågan är om hon alls hör hemma i skapelsen, eftersom det endast är fallet i Lönnrots version från 1849. Ej heller Väinämöinen och hans knä förekommer i alla varianter på denna skapelsesång — men åtminstone i några.

Det bör ändå vara en gudom som lånar sitt knä till fågelns rede. Det räcker inte med en kulle, inte under själva skapelsen. Svårare är att avgöra vilken gudom det månde vara. Eftersom Väinämöinen även i andra sånger kopplas till skapelsen kan det mycket väl vara

---

[762] Den engelska översättningen skriver "yolk", "white" och "yellow". Ibid., 83f.

[763] Ibid., 87f.

[764] Karl Collan (övers.), *Kalevala*, översatt från Lönnrot 1849, del 2, 1868, 315.

[765] Det antyds också i andra poemet, dock utan att hennes namn nämns. Väinämöinen åkallar sin mor med orden "O min moder, som mig burit, du naturens höga dotter!" (Collan 1864, 16).

han, om han ska betraktas som en gudom, men det är svårt att slå fast.

Om vi tänker oss detta urhav och fågeln som förtvivlat letar efter någonstans att bygga sitt rede och värpa sina ägg, då väntar vi oss — jämte Homo rudis — att en urtida gudom dyker upp och ger fågeln vad den trånar efter. Det där knäet är dessutom en särpräglad detalj som kräver sin gestaltning.

Ett urhav och en gudom som befinner sig däri — det är en rimlig start på skapelsen. Dessutom finns en förhistoria som beskriver hur Väinämöinen hamnade där. Den föregår skapelsen i Lönnrots version från 1835, men är en separat berättelse i versionen från 1849. Båda beskriver en ung lapp, som i sitt hat mot Väinämöinen skjuter en pil mot honom. Den träffar djuret han rider, och han störtar i havet där han sedan flyter runt i åratal.[766]

I och för sig hade Lönnrot 1849 likaså en både rimlig och underhållande förklaring till hur Ilmatar hamnar i havet. Men han verkar inte ha direkt stöd för den i de sånger han utgick ifrån. Han har nog tagit fasta på att hon beskrivs som urmodern och därför rimligen borde ha varit med i urtiden. Det är svårt att motsäga. Vad vi undrar om henne, i så fall, är varifrån hon kommer.

Äggen

Om de spruckna äggen ska vara material till himmel och jord, vilket känns igen från andra skapelsemyter, måste i sin ursprungliga form detta ske innan världen existerar. Det går att ana vad för slags urtillstånd som då förelåg.

Signifikant är att fågeln letar efter land att bygga sitt rede på, men ser länge bara hav. Det låter som urhavet, bekant i många skapelsemyter. Homo rudis skulle känna igen sig. Det är inget märkligt i skapelsemyter med ett hav som existerar fastän varken himmel eller jord gör det, men att en fågel finns där, oavsett sort, är förbryllande. En gudom av något slag vore att förvänta i urtillståndet, något väsen med förmågan att skapa världen.

Ägg, däremot, är inte sällan närvarande i skapelsemyter, och i så fall just som ursprung till världen. Det är något oändligt fascinerande med att ett ägg, som i sin enkla form synbart bestående av blott en vita och en gula, spricker upp och blottar ett helt djur, om än i minimalt format. Det blir snart en fullvuxen varelse. Så kan man tänka sig världen. Den föds ur ett enkelt tillstånd men växer i komplexitet och format, tills den är allt vad vi erfar omkring oss.

[766] Castrén 1841, 8f, samt Collan 1864, 79.

Långt innan människorna förstod hur sant ägget är som embryo för djurisk tillblivelse, från de enklaste varelserna till människan själv, kunde de i denna metamorfos känna igen hur detta syntes representera allt livs tillblivelse — därmed kanske också hela den värld vi har omkring oss. I Kalevala är det dock aningen mer komplicerat genom att det är flera ägg. I Lönnrots version från 1849 är det sju ägg, dessutom så fördelade att sex är av guld och ett av järn. Sammalunda i hans version från 1835.[767] I ovannämnda originalpoem ur samlingarna är det tre olikfärgade ägg respektive ett enda ägg av guld. Jag skänker mest tilltro till sistnämnda. Det bekräftas också av en ytterligare version, som anses höra till de äldre, men där det hela sker på ett skepp, vilket är förbryllande i sammanhanget.[768]

Ett ägg kan smidigt uppdelas i skal och innehåll, som splittrade utgör himlavalv, jord, sol, måne och stjärnor. Men är det flera ägg blir det en enda röra — om uttrycket förlåts, en äggröra. Dessutom, ägg av guld eller järn, vad skiljer dem åt i skapelsen? Om himmel och jord ska byggas är ett gyllene ägg så mycket mer värdigt än ett av järn. I vilket fall som helst måste det finnas en förklaring på vad den ena sorten spelar för roll gentemot den andra.

Nej, ett ägg är det enda rimliga, och dess storartade roll i skapelsen motiverar att det är av guld men knappast av järn. Varifrån Lönnrot fick det där järnägget har jag ingen aning om.

Att det är sju ägg, däremot, är lättare att förklara. Som oftast när talet sju dyker upp i mytologier är det förmodligen baserat på antalet med blotta ögat synliga himlakroppar i vårt solsystem: solen, månen, Merkurius, Venus, Mars, Jupiter och Saturnus. Detta känns igen från otaliga kosmogonier. Människorna har sedan urminnes tid känt igen de himlafenomen som skiljer sig markant från det bakomliggande myllret av stjärnor, för att de rör sig förbi bakgrunden i banor som med tiden blev förutsägbara.

Men om inte de sju äggen födde just dessa sju himlakroppar skulle Homo rudis med mig tänka att det borde räcka med ett.

Mycket fattas i skapelsen

Kalevala är full av sköna skrönor, men när det gäller själva skapelsen är det mycket som fattas. En övre gudom nämns, Ukko, men inget om hans ursprung och vad gäller hans roll i skapelsen är det med ett engelskt uttryck "too little, too late". Vi skulle vilja se honom i urtill-

---

[767] Castrén 1841, 10.

[768] Kuusi et al. 1977, 85.

ståndet, före alla andra gestalter i berättelsen, och följa hur han iscensatte skapelsen därifrån. Men han är en i detta sammanhang diskret figur och hans roll är föga mer än antydd.

Vi hade också velat få en uttalad bild av urtillståndet, där förmodligen bara havet och möjligen ett luftrum ännu i mörker fanns. Och vi skulle vilja veta varifrån fågeln kom, som ruvade på äggen eller ägget.

Kalevala börjar med skapelsen, men den är inte central i Lönnrots syfte med sammanställningen av de gamla sångerna. Han är ute efter de mustiga historierna om människor, vare sig de är mytiska hjältar eller vanligt folk kämpande för överlevnad i en miljö så kärv att den inte har mycket mer än lidande att erbjuda.

Det märks redan i anslaget, där luftens gudinna i längtan bort från sitt jungfruliga tillstånd hamnar i ett havandeskap som varar sjuhundra år — eller för den delen sagornas store hjälte Väinämöinen, som med stort besvär själv får kravla sig ur moderlivet för att senare bli beskjuten och dimpa i havet.[769] De är ett slags gudomar, men livet är inte ett dugg lättare för dem.

Dessa bistra villkor, för gudomar såväl som för människor, finns ofta antydda i andra mytologier, men här är de särdeles betonade. För Homo rudis är det ingen överraskning att livet är en kamp för envar, men det hindrar inte att avsaknaden av en fullödig skapelse förbryllar. Nog måste det väl ändå ha funnits sånger som beskrev begynnelsen?

En sång som ger vissa ledtrådar både till urtillståndet och till Ukkos natur är den nionde, som berättar om hur järn blev till, där Väinämöinen säger:[770]

> *Äldst är luften ibland mödrar,*
> *Vattnet är den äldste brodren,*
> *Yngst bland bröderna är jernet,*
> *Mellerst ibland dem är elden.*
> *Ukko, skaparen i höjden,*
> *Jumala*[771] *i luftens rymder,*
> *Skiljde vattnet ifrån luften,*
> *Jordens fasta land från vattnet.*

---

[769] Castrén 1841, 3ff.

[770] Collan 1864, 106.

[771] Gud, ursprungligen himlen. Collan 1868, 383.

Här har vi alltså ett urtillstånd av luft, där enbart Ukko befinner sig. Han skiljer vattnet från luften, vilket är rimligt då han förknippas med moln och åska, därmed även regn. Homo rudis behöver bara ha upplevt ett skyfall för att lätt kunna tänka sig att havet kom från himlen. Det är egentligen förvånande att inte fler skapelsemyter beskriver den tågordningen. Vattnets fall till marken i form av regn är uppenbart medan dess stigande till himlen är osynligt och därför otänkbart för Homo rudis.

Därnäst skiljer Ukko jorden från vattnet, vilket är ett vanligt förlopp i skapelsemyter — vatten trängs undan och blottar land.

Några ägg nämns inte här, men inte heller solens, månens och stjärnornas tillkomst, så dessa kunde mycket väl ha skapats senare ur ett ägg. Det skulle inte innebära att historien förlorade en begriplig följd.

I och för sig går det inte därmed att fastslå en ursprunglig skapelse i Kalevala. Sångerna där har samlats från många olika håll och representerar säkerligen en mängd olika traditioner. Men det syns passa med citatet från första poemet, som inleder detta kapitel, där det är luftens jungfru Ilmatar som sjunker ner till vattnet och sedan blir boplats för den fågel vars ägg är del i den fortsatta skapelsen. Åtminstone är det därmed inte lika stora avvikelser mellan historierna.

Där låter sig dessutom anas att det är Ukko som har skickat fågeln, vilket lätt förstås som att han skapat den. Då är inte heller dess uppdykande något mysterium. Skaparen av världen kan lätt skapa en fågel.

Nå, det finns säkert många sätt att pussla ihop skapelsen som den skymtar i Kalevala. Om det ovanstående försöket kan egentligen inte mer sägas än att Homo rudis nog skulle acceptera det utan större bekymmer. Dock skulle Homo rudis undra — hur kom människorna till? Om det ger Kalevala inga tydliga besked.

Kanske ska vi se Väinämöinen som den första människan, en finno-ugrisk Adam? Han beskrivs ju ideligen i Kalevala som den gamle — och det är honom Ilmatar bär i 700 år i sitt sköte. Lönnrot var av den bestämda uppfattningen att Väinämöinen var en människa, om än storslagen, men ingen gud. Det uttryckte han redan i sitt förord till 1835 års upplaga av Kalevala.[772]

Om så är fallet har vi en skapelse där inga av de mest angelägna frågorna återstår. Människan, den sista nöten att knäcka, är skapt ur föreningen av luftens jungfru och vattnets vågskum — framkallat av

[772] Magoun 1963, 371f.

skaparguden Ukkos vind. Det är en nobel begynnelse, speciellt som Väinämöinen efter sjuhundra år som foster själv måste finna sin väg ut ur livmodern. Alltså, redan före födelsen är livet en utdragen kamp. Det hade finnarna sedan länge erfarit.

Folkligt drama
Lönnrot var ute efter traditionella skildringar av det finska folket och dess liv av äventyr och umbäranden. Kosmogoni var inte i hans blickfång, inte heller brydde han sig om att berättelserna skulle vara sedelärande. Han var ute efter en kulturgärning, att framhäva det finska folkets mångåriga historia som dittills varit tämligen försummad. Den funktionen kom också Kalevala att spela i den finska nationens etablerande av en egen identitet.

I tänkandets triangel ska därmed Kalevala och dess skapelseberättelse placeras på den konstnärliga sidan, så gott som uteslutande. Varken någon vetenskaplig eller moraliserande ansats är skönjbar. Kalevala är koncentrerad på det folkliga dramat — även i sin skildring av skapelsen, i all sin märklighet. Med undantag för Ukkos diskreta roll är detta inget gudomars skådespel. Allt som sker är ytterligt mänskligt, vilket Lönnrot underströk när han ville betrakta även den legendariske gestalten Väinämöinen som blott och bart en människa.

Bland de många källorna till Lönnrots verk framträder en bild som inte är så skild från hans ambition. Där finns förunderliga hjältesagor och svindlande skådespel, men föga mer än vaga fragment av vad man skulle kunna kalla en teologi eller kosmologi.

Tabell över de 13 kosmogonierna

Myt	Urtillstånd	Urväsen	Första skaparmetod
Enuma elish	vatten, mörker	två gudomar	vatten blandas
Chepre	vatten	solgudom	onani
Rigveda	vatten, mörker	den ena i dvala	icke-vara föder vara
Tao te ching	gegga	inget	uppstår ur geggan
Kojiki	himmel, hav	inget	uppstår
Popol vuh	himmel, vatten, mörker	gudomar i vattnet	befallning
Avesta	rymd, mörker	skapargudom	tanke
Genesis 1	hav, mörker	skapargudom	befallning
Genesis 2	jord, himmel	skapargudom	av jord
Koranen	urmaterial, mörker	skapargudom	befallning
Theogonin	gapet uppstår, mörker	inget	uppstår
Völuspå	gap, mörker	urgudom	utsöndring från urgudom
Kalevala	luftrum, hav, mörker	skapargudom	ägg

Första skapelse	Gudomar	Höggud	Människan skapas	Huvudroll
gudomar	många	Marduk	senare av styckad gudom	gudomar
gudomar	många	Chepre/Ra	senare av gudoms tårar	gudomar
den ena vaknar	många	Den ena	senare ur gudomar	gudomar
ordning	inga, eller oviktiga	principen Tao	tidigt, oklart hur	naturen
gudomar	många	ingen	senare, oklart hur	gudomar
ordet, sedan jord	många	Himlens Hjärta	senare av majs	gudomar
god och ond gudom	blott dessa tre	Ahura Mazda	oklart	människan
ljus	en	Elohim	sist med befallning	människan
människan	en	Jahve	tidigt av jord	människan
jorden	en	Allah	tidigt av lera	människan
gudomen jorden	många	Zeus	sent, oklart hur	gudomar
jättar, gudomar	många	Oden	senare av träd	gudomar
himmel, jord	en eller få	Ukko	tar sig ur ett sköte	hjältar

Skapelsernas mönster

Det är ingen omöjlig uppgift att ur de ovanstående skapelseberättelserna extrahera gemensamma drag och mönster. De har vissa samstämmigheter i sina strukturer, om än flera detaljer skiljer dem åt, såsom framgår av den enkla tabellen ovan. Det finns mer att observera i hur kosmogonierna hanterat de åtta rubrikerna än fördelningen av likheter och olikheter, som ändå genom det låga antalet blir otillförlitlig.

Intressantare är att söka tankemönster i såväl majoritetsfallen som avvikelserna, för att se om även skillnaderna i skapelseberättelserna blottar likheter i tänkandet. Antalet myter är förstås långt ifrån tillräckligt för säkra slutsatser, men det kan visa sig räcka till för att formulera några hypoteser.

Dock är det viktigaste som kan åstadkommas med användningen av Homo rudis och tänkandets triangel inte att spåra kosmogoniernas gemensamma drag, utan att bena upp enskilda skapelsemyter för att förstå dem bättre. De ska framför allt betraktas var och en för sig för att göra dem rättvisa. Därför är egentligen avvikelser från vad som verkar vara norm viktigare att uppmärksamma än samstämmigheter.

Här följer en genomgång av tabellens åtta rubriker och hur de kommer till uttryck i de 13 kosmogonierna.

Urtillståndet

I urtillståndet råder stor samstämmighet mellan de olika skapelseberättelserna. Ingen av de 13 kosmogonierna börjar med ett uttalat intet. Sju av dem har urtillstånd där vatten ingår och i några av de övriga är det möjligt men inte specificerat. Detta stora inslag av föreställningar om vad som kan kallas urhavet stämmer med Homo rudis resonemang. Inget syns Homo rudis så evigt oföränderligt som havet.

Än mer övervägande är föreställningen om ett mörker före begynnelsen — alltså att himlens ljus inte alltid funnits. Denna tanke är också den mest troliga hos Homo rudis, och bland ovanstående skapelseberättelser råder ett uttalat urtidsmörker hos nio av de 13, samt implicit hos ytterligare en — Kojiki, där solgudinnan Amaterasu gör sin entré längre fram. I den egyptiska skapelsen är urväsendet Chepre gryningssolens gudom, vilket i och för sig också antyder en tid före ljuset. Även Chepre är skapad, om än av blott sig själv. I Genesis 2 nämns aldrig himlakropparna, varför de lika gärna kunde vara eviga som skapade, men i Tao te chings ursprungliga gegga torde knappast solens ljus stråla. Mörkret är hårt knutet till urtillståndet.

De kosmogonier som i urtillståndet mest avviker från den norm som också är Homo rudis föreställning är Tao te ching, Theogonin och Völuspå. Tao te ching är till hela sin karaktär mer av en filosofisk betraktelse än något skådespel. Ur gyttrets kaos kommer ordning, som i sin tur föder himmel, jord och de tiotusen tingen. Något hav finns inte här, fastän hav av religionshistoriker brukar sammankopplas just med kaos. Men Tao te chings syfte är uttalat etiskt, där ordning stigande ur kaos är en god bild av vad för väg Lao Tzu önskar se sina medmänniskor vandra. Vi befinner oss på den moraliska sidan av tänkandets triangel.

Moralen är däremot inte framträdande hos vikingarnas Völuspå. Varför såg de inget urhav, sådana sjöfarare som de var? Nå, vätan kommer närmare i Snorres noggrannare sammanställning av flera källor. Där ligger Ginnungagap mellan is och eld, vilka onekligen i förening bildar en del vatten. Ymer uppstår sålunda mellan dem och svettas i sin tur fram de första jättarna. Vätskan har sin plats i den nordiska kosmogonin. Men något hav fanns inte i begynnelsen, det säger Völuspå uttryckligen. Här rådde i stället ett mörkt tomrum.

Det är inte omöjligt att vinterns kyla och mörker kommer till uttryck i detta — för nordbon är våren en pånyttfödelse av större kaliber än någonsin för folk boende närmare ekvatorn. Om Homo rudis vore nordbo skulle vinternatten lätt bli en bild av urtillståndet och sedan skapelsen stiga fram ungefär som våren, med ljus och grönska och en ivrigt vaknande värld, skyndsam att nära och föröka sig innan vintern återkommer.

Theogonin presenterar också ett gap i urtillståndet, men här sägs uttryckligen att gapet uppstår. Vad som fanns innan dess är synnerligen oklart. Det torde vara något slags tomrum, men därmed skulle ett tomrum uppstå i ett annat tomrum. Hesiodos beskriver inte något ursprungligt intet, så kanske menar han i stället att världen börjar komma till när gapet öppnar sig. Det är i den meningen det uppstår. På vilket annat sätt kan ett gap uppstå än just att det öppnar sig? Inte för att det förklarar vari gapet öppnades eller vad det var i sluten form — men det ger bild av förloppet, som skulle kunna vara hur Hesiodos såg det. Det vore dessutom möjligt för Homo rudis att föreställa sig.

Även om ingen av skapelsemyterna har en skapelse ur intet, är det där gapet som nämns i Theogonin och Völuspå, likaså den mörka rymden i Avesta, så nära man kan komma. De kan alla tre ha varit försök att beskriva ett initialt tomrum, vilket är så gott som ett intet. Det gäller möjligen även Koranen i vissa verser men inte i andra.

Urväsen

Bara tre av de 13 kosmogonierna saknar urväsen — Theogonin, Tao te ching och Kojiki. Rigveda är otydlig om saken, men verkar beskriva en första gudom som vaknar upp när skapelsen inleds.

I Kojiki finns ingen evig gudom men initialt i berättelsen föds åtskilliga, varav många försvinner och de flesta har perifer betydelse. Också i Theogonin blir gudomarna sedermera många. Rigvedas första gudom, den ena, är så tidig och särskild till sitt väsen att den anknyter till monoteismen, eller ännu mer till den grundläggande princip som kineserna kallar Tao.

Tao te ching saknar dock gudomar så gott som fullständigt — det finns bara kortfattade hänvisningar till gudomar på ett och annat ställe i texten. Någon roll i Lao Tzus värld spelar de inte. Ändå kan, med en mera anpasslig syn på begreppet, Tao betraktas som något slags gudomlighet — ordningens princip, styrande alltet i en viss riktning, med tydliga sympatier och antipatier. Tao är då nära den monoteistiska gudomen, och om inte evig så född ur det allra första.

Ett ytterligare gränsfall finns i Eddan. Völuspå har Ymer närvarande i urtillståndet, men i andra Eddadikter föds Ymer i ginnungagap och finns därför noga räknat inte från allra första början. Men det är genom honom som världsskapelsen begynner. Gränsdragningen för vad som kan räknas som ett urväsen är inte alltid solklar.

Dock, i de återstående åtta versionerna av skapelsen finns från begynnelsen gudomar — eller rättare uttryckt övermänskliga väsen — och det är dessa som sätter igång skapelsen, i god överensstämmelse med Homo rudis idéer. Man kan också formulera det så att även om närvaron av ett urväsen inte alltid är uppenbar, är det aldrig några andra varelser än gudomar som uppstår innan dessa. Nå, där måste Tao te ching undantas, genom sin så gott som kompletta brist på gudomar.

Det ska också noteras att bara i två av kosmogonierna — Enuma elish och Popol vuh — är det fler än en gudom i urtillståndet. För Homo rudis är en begynnelse med flera övermänskliga väsen förbryllande. Någon av dessa måste ju ha föregått de andra. I Enuma elish är det två gudomar som i sin förening initierar skapelsen, likt man och kvinna, vilket är något som Homo rudis gott kan tänka sig.

Vad gäller Popol vuhs oklara sammansättning av gudomar i urtillståndet skulle Homo rudis hålla med mig om att här verkar något fattas i berättelsen.

Skaparmetod

När skapelsen begynner träder betydligt fler variationer in i dessa kosmogonier. Ibland är det konkret hantverk, ibland ord eller tanke. När gudomar saknas i urtillståndet uppstår antingen dessa eller världen utan förklaring på hur det sker.

Så är det exempelvis i Kojiki. Där uppstår de första gudomarna utan minsta förklaring. Sedan sker dock även gudars tillkomst med hjälp av någon sorts avel. I Theogonin är Gaia, jorden, först att uppstå och hon är såväl planeten som en gudom. I Rigveda och Tao te ching är det ett slags filosofiskt formulerat urtillstånd som tvingar fram sin motpol — icke-vara ger vara och kaos ger ordning. I tre kosmogonier gör gudarna sitt värv genom blott befallning: Popol vuh, Genesis 1 och Koranen. Möjligen kan Avestas skapelse genom blott tanke räknas till samma metod.

Den stora andelen av skapelse genom något så abstrakt som viljans kraft — genom ord eller tanke — är inte fjärran från Homo rudis tänkande, framför allt eftersom vi måste förutsätta att hon har ett språk, må vara blott i tal och ännu inte i skrift. Homo rudis kan gott förstå ordens säregna kraft, det magiska i hur de förmedlar tankar mellan människor. Och att viljan är själva grunden för varje handling har hon vetat ännu längre.

När det gäller den första skaparmetoden är den tydliga skiljelinjen mellan abstrakt och konkret. Till den första gruppen hör åtta av de 13: Rigveda, Tao te ching, Kojiki, Popol vuh, Avesta, Genesis 1, Koranen, samt Theogonin. Där begynner skapelsen antingen utan förklaring eller i en process som kan beskrivas som teoretisk. De återstående fem har en konkret beskrivning av hur det börjar, såsom blandning av urmaterial eller utsöndring från en urgudom. Dit hör Enuma elish, den egyptiska med Chepre, Genesis 2, Völuspå och Kalevala.

Religionshistoriskt brukar de konkreta skapelseförloppen anses utgöra en äldre tradition än de abstrakta, med den underförstådda uppfattningen att förmågan att tänka i abstraktioner är sentida. Som tidigare konstaterat är det inte alls säkert. Snarare kan skillnaden beskrivas som en mellan hantverk och magi.

I konkreta förlopp är skaparen ett slags hantverkare, som av befintligt material knåpar ihop världen och dess varelser. Så tänker de människor som själva lärt sig att bruka jorden de går på och tämja djuren de har omkring sig, utveckla redskap med vilka de överträffar sina kroppsliga begränsningar, och så vidare. Dessförinnan sågs världen som obegriplig och okuvlig, varför den måste ha tillkommit på rent övermänsklig väg, genom makter som trotsade det möjliga och därför måste beskrivas som magiska.

Sålunda menar jag att de abstrakta beskrivningarna av skapelsen mycket väl kan ha sitt upphov långt före de konkreta. Det ska i alla fall inte uteslutas.

I den här boken behandlas inte skapelsemyter från så kallade naturfolk, som saknar egna skrivna källor till sina föreställningar. Det betyder inte alls att deras föreställningar måste vara äldre, eller som man förr sa "primitivare", än de från skriftkulturer. Bland dem finns åtskilliga som är nog så abstrakta i sina beskrivningar av världens tillblivelse, fast deras kulturer är långt mer naturnära och saknar många av civilisationens så kallade välsignelser. De har inte alls tyglat sin omvärld till samma grad och anser sig sällan vara dess herrar. Ändå visar de ofta i sina myter en överväldigande förmåga till abstraktioner, vilket också gäller många skapelsemyter från sådana kulturer.

Jag är böjd att tro att de äldsta kosmogoniska föreställningarna lutade mer åt det abstrakta än det konkreta, helt enkelt för att det var så lite man alls kunde tänka sig begripliga förklaringar på. Det var nog först med införandet av jordbruk och boskapsskötsel som människor fick för sig att världen skapades ungefär som de själva brukade den.

Första skapelsen

Den första skapelsen är oftast gudomar, eller högre väsen såsom det kinesiska Tao och den indiska ena. Detta sker i åtta av de 13 myterna. För samtliga dessa gestalter gäller, om vi undviker de vaga begreppen gud eller gudom, att de inte är påtagliga i verkligheten. De är varelser av annan sort än människor och djur, svåra eller omöjliga att varsebli utanför den mänskliga fantasin. Man kan därmed välja att kalla dem övermänskliga väsen, för att skilja dem från de till jordelivet bundna. Det är i den meningen begreppet gudom används här.

Hos de monoteistiska religionerna skapas förstås inga gudomar, varken i begynnelsen eller senare. Den enda guden har alltid funnits. Dit kan möjligen Kalevala räknas, där Ukko är den höga gudomen som är verksam i skapelsen av himmel och jord, och andra gudomar får vänta — om de alls förekommer.

I Popol vuh är flera gudomar närvarande redan före skapelsen och den börjar i stället med jord. Det kan jämföras med Theogonin, där jorden är först att skapas, men hon räknas även som en gudom. Endast i Genesis 2 är människan först att skapas. Det sker dock med jord, så detta element måste redan ha funnits, likaså vatten och kanske andra — antingen i urtillståndet eller som tidiga skapelser, förbigångna i myten. Sistnämnda är det troliga och kan bero på att Genesis 1 redan gått igenom skapelsen från urtillståndet, varför en eventuell annan version av de momenten har redigerats bort från Genesis 2. Denna myt skyndar sig till ögonblicket då människan kommer in i bilden och stannar vid det motivet.

Gudomar och höggud

För Homo rudis är det begripligt att vad som föds i urtillståndet måste vara något förmer än människor, i synnerhet om det sker med själva urtillståndets element som medel. Och om fler än bara en enda gudom föds finns inget hinder för att de ska föröka sig i samma antal som människor plägar göra. Så sker också i sju av kosmogonierna, där mängden gudomar blir svåröverskådlig.

De monoteistiska världsbilderna är Genesis 1 och 2, samt Koranen. Avesta bör nog också räknas hit, även om det inte är lika uttalat där. För samtliga gäller att den enda guden är evig. Möjligen, för att inte säga troligen, kan Kalevalas Ukko räknas hit. Det är dock inte så att monoteismerna saknar andra övermänskliga väsen. Där finns änglar och andra varelser som säkert skulle klassas som gudomar av något slag om de förekom i andra mytologier — fast de inte på minsta sätt kan mäta sig med skapargudomen.

Ändå är det vid närmare betraktelse så att varken bland dessa 13 eller i andra mytologier finns någon ren monoteism. Judendomen har åklagaren och diverse änglar, likaså kristendomen som dessutom har treenigheten, en märklig tredelning av gudomen, där åtminstone två är urskiljbara personligheter. Koranen har också änglar, existerande före världens tillkomst och placerade långt ovanför människan, även om Allah ålägger dem att underordna sig henne. Zoroastrismen har åtminstone tre gudomar, må vara att en av dem är suveränen.

Hur man än rimligen definierar gudomar, exempelvis enklast som övermänskliga väsen, har jag inte stött på någon mytologi som bara har ett sådant väsen. Monoteism är en efterkonstruktion, som inte håller för påseende.

Där en gudom står högt över de andra talas om *höggud*, en ensam suverän i toppen. Dit hör ovannämnda så kallade monoteismer — även Avesta, som har tre urskiljbara gudomar men av dem är det

Ahura Mazda som styr. En höggud kan också sägas råda i Enuma elish med Marduks entré i historien, fast han inte var med från början av skapelsen, sammalunda med Zeus i Theogonin. Också den egyptiska Chepre, den ena i Rigveda och Oden i Völuspå bör räknas som höggudar, sammalunda Himlens Hjärta i Popol vuh.

Sålunda finns en höggud i elva av de 13 skapelsemyterna. Undantagen är Kojiki, med sina åtta miljoner gudomar, samt Tao te ching, som i princip saknar gudomar av någon betydelse.

Vad gäller den kinesiska urkunden kan Tao, som tidigare sagts, betraktas som en form av gudomlighet, om än inte en personlig gestalt, och i så fall har taoismen monoteistiska drag. Ur Tao, enbart Tao, är världen kommen och den följer helt Taos lagar. Men Lao Tzu beskriver inte Tao som en någon, utan som ett något, vilket skiljer denna kosmogoni från alla de andra här.

Därmed är det egentligen blott en av de 13 skapelseberättelserna, Kojiki, som saknar en höggud, varför begreppet förtjänar eftertanke och en egen kolumn i tabellen. Till och med när det gäller Kojiki kan på sätt och vis en höggud extraheras. Det är Izanagi, tvillingen i urtiden som med sin syster och maka skapar såväl en stor del av världen som ett antal av gudomarna. Hans syster dör, likaså försvinner han själv med tiden, men dessförinnan har han hunnit med så mycket att han är i särställning i jämförelse med de andra gudarna.

Det verkar alltså som att så gott som varje kosmogoni landar i något slags höggud, vilket inte är överraskande för Homo rudis. I världens begynnelse kan inte flera högre väsen vara jämbördiga, för det skulle säkert leda till kaos i vår moderna mening med ordet. Antingen från början, i annat fall säkert med tiden, måste en högre makt stå över alla andra för att en någorlunda ordnad värld ska bli följden i stället för anarki. En kung över hela skapelsen — om inte en första orsak i Aristoteles mening, så i alla fall en bestående orsak, utan vilken världsordningen snart skulle kollapsa.

Jag väljer att för denna gestalt behålla uttrycket höggud, i stället för att tala om en höggudom — inte för att likna denna figur vid kristendomens Gud, utan för att markera att där finns i denna gestalt en funktion och position som är jämförbar mellan de allra flesta mytologierna. Begreppet har numera inte särskilt högt anseende hos religionsvetare, men det beror nog mestadels på att det förr har missbrukats till att gradera föreställningsvärldar gentemot varandra och inte så sällan till att betona kristendomens överhöghet bland religioner, vilket förstås är en absurditet.

Med höggud menas här inte något annat än ett övermänskligt väsen som har en upphöjd särställning även i jämförelse med andra övermänskliga väsen i samma mytologi. Det är värt att notera att en sådan figur finns i så gott som samtliga mytologier behandlade här och väldigt många andra.

Människan skapas

I det bibliska perspektivet står människans skapelse i centrum. I den ena versionen är hon skapelsens stora final, i den andra är Adam det första Gud gör och sedan skapar en omgivning åt. Så ligger det inte till i majoriteten av kosmogonier.

Blott ytterligare två sätter människan i liknande fokus: Koranen och Avesta. Den förstnämnda följer bibelns tradition någorlunda och presenterar en värld där den ende guden och människorna är varandras uppgift. Så gör också den sistnämnda, om än med ytterligare två gudomar med i spelet — ondskans och det godas.

I de övriga nio skapelseberättelserna är människans tillblivelse såväl senarelagd som ganska perifer. I Kojiki är hennes roll så undanskymd att det är svårt att alls se hur hon kom till. I Tao te ching är människans tillkomst visserligen tidig, men inte avskild från de tiotusen tingens, inte heller syns människan vara någon nödvändig avsikt med skapelsen — knappast dess krona. Tao styr naturen som en helhet, inte alls som någon trädgård för människorna. Theogonin har inte ens någon tydlig beskrivning av hur människorna sent omsider kom till. Völuspå vet hur det gick till men fortsätter att bry sig mest om gudarnas äventyr. Kalevalas första människa är en hjälte, född efter ett extremt utdraget havandeskap, och hur vanligt folk kom till är fortsatt outrett. De återstående fyra — Enuma elish, Chepre, Rigveda och Popol vuh — är tydliga med att människornas tillkomst är både sen och av underordnad betydelse.

Intressant är också att människan inte tillkommer på lika upphöjt vis som de första skapelserna. Där befallning eller tanke utgjorde fyra av de tretton kosmogoniernas metoder vid den första skapelsen, är det nu blott en: Genesis 1. I de övriga sker människans skapelse med handgripliga metoder — ur en guds kropp, ur jord, blod eller vegetation — eller, i fyra fall, på oklart vis.

Det är anmärkningsvärt ofta som människans skapelse inte ges någon särskilt bemärkt plats i kosmogonierna. Hos den egyptiska, grekiska, skandinaviska, indiska, kinesiska och japanska sker det såsom i förbifarten eller helt utan att specificeras. I Enuma elish och Popol vuh beskrivs det i och för sig som en begivenhet, men det dröjer länge och mäter sig ganska slätt mot gudarnas egna äventyr.

Det är blott i Koranen, Avesta och bibelns två versioner som människans tillblivelse får en central betydelse.

Huvudroll

Hos de fyra nyss nämnda skapelseberättelserna spelar människan en otvivelaktig huvudroll. Dessa kommer också närmast monoteismen. Att människan är skapelsens krona och mening i en monoteistisk världsbild syns ofrånkomligt också i Homo rudis resonemang. Hur annars ska en ensam gudom finna meningsfullt sällskap? Lika ofrånkomligt är att en mångfald av gudomar drar uppmärksamheten från människan — trots att det är hennes egen framställning av historien.

Vad gäller Tao te ching har tidigare konstaterats att denna urkund närmar sig det monoteistiska perspektivet, i alla fall förvisso inte visar upp något myller av gudomar. Dessutom är Tao te ching, i likhet med först och främst Avesta och Koranen, en moraliskt centrerad kosmologi, som lär ut hur vi människor ska bete oss. Det vore därmed svårt för Tao te ching att ge huvudrollen åt någon annan än människan — om Tao vore en gudom.

Så är det dock inte. Texten gör tydlig skillnad på Tao och gudomarna, som är obetydliga i dess kosmologi. I all praktisk mening saknas gudomar i Tao te ching. Därmed finns inte några upphöjda väsen som har makt att tilldela människan en särställning. Vad Tao prioriterar är helt enkelt naturen och dess balans, världen som en harmonisk helhet även vi människor bör rätta oss efter. Människan må vara mottagare av det moraliska budskapet, men hon har inte huvudrollen i skapelsen. Det har naturen, världen i sin helhet. Människan ska finna sin plats i naturen och göra så litet avtryck i den som möjligt — däri ligger kärnan i den taoistiska moralläran. Naturen är inte till för människan. I stället är det hennes skyldighet att underordna sig den.

I Kalevala är det varken gudomar eller vanliga människor som har huvudrollen. Den tillfaller Väinämöinen och hans likar, som mytologiskt hamnar i facket hjältar — eller med ett modernt uttryck superhjältar, eftersom de besitter extraordinära krafter och förmågor.

För de övriga sju skapelseberättelserna måste slås fast att det inte är människan som får huvudrollen, utan gudomarna — sådana de nu är. Titeln gud eller gudom kan förvisso lätt utdelas till såväl Chepre som Ahura Mazda, Marduk, Oden och Izanagi, men det innebär inte att de har särdeles mycket gemensamt. I de ovanstående berättelserna framstår de flesta framför allt som tämligen mänskliga, särskilt i känsloliv och relationer till sina likar.

Ändå, dels genom att vara människors föregångare i en storslagen begynnelse och dels genom att vara just så storslagna som tiden de framträder i, fångar de sagan och gör den till sin — vem som än berättar den. Det kan beskrivas som lockelsen i den konstnärliga sidan av tänkandets triangel. Sådana spektakulära väsen drar ofrånkomligt till sig såväl poetens som publikens intresse.

Ofrånkomliga samband

Det tydligaste sambandet i tabellen över de 13 skapelsemyterna är det mellan polyteism och huvudroll. I samtliga uttalat polyteistiska mytologier, som är sju av de 13, är det gudomar som har huvudrollen i den värld som skapas.

Det är lätt att förstå, som ovan nämnt, då vanliga människor inte kan hävda sig mot sådana spektakulära varelser och därför ofrånkomligen hamnar i deras skugga.

De uttalade monoteismerna är inte fler än fyra av det urval skapelsemyter som presenteras här, om Avesta räknas in, men hos dem är det i stället människorna som har huvudrollen. Också det är lätt att förstå, då en ensam gudom inte själv kan bära historien utan människor med vilka den utspelas. I brist på likar nödgas den ensamma gudomen göra människorna till sin skapelses mening.

Vad gäller gudomar är det bara i en av de 13 kosmogonierna som de inte spelar någon roll alls. Tao te ching nämner gudomar i förbifarten några enstaka gånger men ger dem ingen roll i kosmologin. Det är så nära ateism man kan komma i en kosmogoni av sådan ålder, dessutom i ett Kina som förvisso hade gudomar i sin föreställningsvärld.

Men det betyder inte att övriga tolv skapelsemyter har likartade föreställningar om vad deras gudomar är för figurer. Vad de har gemensamt är en övernaturlighet av något slag, samt att de skildras antropomorft. De är och förmår mer än människorna och må gästa jorden men har sin hemvist på annan plats, dit människor inte kan nå. De är i någon mån överjordiska, även om de till sina karaktärer och temperament kan vara nog så mänskliga.

Att samtliga gudomar beskrivs med människoliknande egenskaper är ofrånkomligt, då de står över människorna på så många sätt och kan såväl tänka som tala. Därmed är det människorna de är mest lika — även om de skulle ha djurisk gestalt, vilket är sällsynt. Det går att ana fler skäl, exempelvis en underliggande uppfattning om att människan är skapelsens krona, även i traditioner som inte ger henne minsta särställning i förhållande till andra djur. Hon har åtminstone inför sig själv huvudrollen, så hon är ovillig att underordna sig varelser av helt annan natur. Man kan också beskriva det som att hon med sina gudomar har format förstorade och förhöjda bilder av sig själv. Det är ett sätt att under förklädnad dyrka sin egen art.

I tio av myterna finns gudomar redan i urtillståndet. Då är det alltid via dem skapelsen har sin begynnelse. Annat vore inte att vänta, vilket också Homo rudis skulle hålla med om. Det handlar om den uråldriga föreställningen att inget kan ske utan att något eller någon får det att hända. Därför är det lätt att nå antagandet att världen skapades av eller ur någon urtidsvarelse. Världen kunde inte ha skapats av sig själv.

En intressant avvikelse står då att finna i de teogonier där en gudom saknas i urtillståndet, men föds ur det. Så är fallet i Kojiki och Theogonin. Ett gränsfall är Rigveda, där urgudomen befinner sig i något slags dvala och vaknar ur den i längtan efter att finnas till. Men det är en urgudom, om än i vardande. En annan oklarhet råder i den fornnordiska teogonin, där det finns myter som beskriver urgudomen Ymers födelse — men i Völuspå beskrivs han som närvarande i urtillståndet.

I Kojiki och Theogonin uttrycks tydligt att gudomar gör sin entré efter urtillståndet. För de första gudomarna beskrivs detta i båda myterna på inget annat sätt än att de uppstår, utan någon som helst förklaring på hur. För de gudomar som tillkommer senare, dock, ges konkreta beskrivningar av hur de föds. Detta kan förklaras med att om inget väsen låg bakom de första gudomarnas tillblivelse är någon annan förklaring svårfunnen. Det snuddar vid Rigvedas problem med att kunna veta något alls om den absoluta begynnelsen.

Kojiki och Theogonin har också det gemensamt att mänsklighetens tillkomst är sen och hur det sker beskrivs inte, vilket är intressant men må vara ett rent sammanträffande. Det är svårt att se hur detta skulle ha att göra med urtillståndets brist på gudomar. Kanske kan man anta att när gudomar är de första som uppstår är människornas roll särdeles försumbar. Det är gudomars drama från den allra första händelsen. Om i stället gudomar var närvarande i urtillståndet frågar man sig vad som inte fanns där och hur det kom till — inklusive människorna.

Utöver Kojiki och Theogonin är det bara Tao te ching och Avesta som inte berättar hur människan kom till. I Tao te ching görs helt enkelt ingen skillnad på människor och allt annat i världen, som tillkommer samtidigt. I Avesta verkar människan vara en förutsättning för hela skapelsen och därför rimligen i skapargudens tanke från början. Eftersom Ahura Mazda skapar just genom tanken behöver inget mer berättas.

En intressant samstämmighet mellan dessa 13 skapelsemyter är, som ovan nämnts, att de har en höggud, ett övermänskligt väsen som överträffar och styr även alla andra övermänskliga väsen. Tao te ching är på sätt och vis ett undantag, eftersom dess överhöghet Tao inte är en person utan ett slags ting eller en princip. Men dess överhöghet är oomtvistlig.

Homo rudis kan förstå att det måste vara en herre på täppan. Eftersom mytologiernas gudomar är mäktiga varelser blir det ofrånkomligt att de mäter sina makter mot varandra och om de är jämnstarka tar maktkampen aldrig slut. Inget annat kan ske innan någon har tagit kommandot. Theogonin skildrar det tydligt med Zeus segrar, men även Völuspå där Oden kliver fram som regent, om än inte för evigt.

Flera anomalier

I de flesta av dessa 13 skapelsemyter, kanske alla, är det något som inte stämmer i Homo rudis ögon, vilket är beskrivet i kapitlen ovan om dessa myter. Det finns luckor i berättelsen eller rena motsägelser. Inte för att det är någon överraskning, med tanke på materialets tillblivelse och spekulativa ämne.

Skapelseberättelserna är i många fall framvuxna ur gamla föreställningar, som genom årens lopp rimligen har förvanskats och tappat trådar. Det är inte säkert att det gods de anknöt till var komplett och hängde ihop i varje detalj, men förmedlandet i många led innan de blivit nedtecknade gör att inkonsekvenser är att förvänta. Det gäller även en så tidigt nedtecknad kosmogoni som Enuma elish, eftersom den knöt ihop babyloniska element med sumeriska. Något liknande kan sägas om Theogonin, där Hesiodos ville föra ihop gudar från olika håll till en sammanhållen saga.

Några av dessa skapelsemyter nedtecknades långt efter sin tillkomst — av personer från andra kulturer än de som höll dem levande. Det är fallet med Popol vuh, Völuspå och Kalevala. I viss mån gäller det också Avesta, som traderades muntligt under lång tid innan den fästes i skrift.

Även när en forntida upphovsman förmodas är det inte säkert att texten är helt och hållet dennes verk. Tao te chings legendariska författare Lao Tzu är kanske blott en legend och texten en samling av visdomsord från flera källor. Det finns inslag som låter ana fler än en upphovsman. Sammalunda med Rigveda 10:129, som i sin uppbyggnad ger anledning att misstänka senare redaktörer. Likaså är det inte helt säkert att de Yasna från Avesta som citeras i det kapitlet allihop är Zarathustras ord — andra delar av Avesta är definitivt inte det.

Alltså kan anomalier i berättelserna mycket väl förklaras av förvanskningar av ursprungsmyten genom de många år som gick innan de fick den form vi känner. Av de 13 texterna här är det egentligen bara med Koranen vi har en tillförlitlig kunskap om tillblivelsen. Å andra sidan var Muhammed långt ifrån konsekvent och komplett i sina redogörelser, ej heller om skapelsen, så även där finns osäkerheter i materialet.

En minst lika trolig källa till anomalier i dessa kosmogonier är själva ämnet. Det var ingen lätt sak att fordom gissa trovärdigt om världens tillblivelse, som man inte visste ett dugg om. Det är fullt förlåtligt att man i snickrandet av en förklaring på detta stora mysterium gick vilse även i sin egen tankeprocess.

Luftens frånvaro

Ett exempel på det sistnämnda är det faktum att så många skapelsemyter inte nämner luften — varken dess närvaro i urtillståndet eller dess tillblivelse därefter. Bara Kalevala anger luften som närvarande i urtillståndet, dessutom med en roll i den inledande historien.

I Kojiki, Popol vuh och Genesis 2 finns himlen på plats i urtillståndet, men med det ska snarast förstås himlavalvet, den synbara kupol på vilken himlakropparna och den stjärnbeströdda bakgrunden rör sig regelbundet. Nå, det får antas att därmed inkluderas luftrummet mellan denna himmel och det som är nedanför den. I Kojiki och Popol vuh är havet nedanför, i Genesis 2 jorden.

Avesta nämner en rymd, Theogonin och Völuspå specificerar ett gap. Dessa bör förstås som en beskrivning av ett utrymme i vilket världen tar plats när den blir till — och att man tog för givet att detta tomrum var luftfyllt. Vakuum var knappast tänkbart.

Återstående sex skapelseberättelser anger varken någon himmel eller ett tomrum i urtillståndet. I Tao te ching är det en gegga av allt det som sedan ska ordnas och separeras till de tiotusen ting som är världen. Något liknande råder i Koranens urtillstånd innan Allah separerar himmel från jord. I de övriga — Enuma elish, den egyptiska med Chepre, Rigveda och Genesis 1 — råder ett urtillstånd av vatten, i de flesta fall också uttalat mörker. Men vid närmare betraktande visar sig detta urhav inte vara det enda som finns i början. Allt är inte blott vatten. Enuma elish beskriver två vatten, salt och sött, där sistnämnda är underjordiskt, och de förenas genom regnet. Därmed torde såväl mark som ett luftrum finnas i begynnelsen. I Genesis 1 svävar guds ande, gudsvinden, över havet, och då måste även där finnas ett slags luftrum.

Dock, den egyptiska myten, där till och med skaparguden Chepre initialt befinner sig i vattnet, syns utesluta andra element i urtillståndet. Texten anger uttryckligen att varken himmel eller jord ännu fanns. Detsamma med Rigveda, som betonar att varken luftrum eller himmel fanns, blott överallt vatten. Sålunda ej heller någon jord.

Alltså är det blott fyra av de 13 skapelseberättelserna som kan sägas sakna luftrum i urtillståndet: Tao te ching, Koranen, Chepres skaparakt och Rigveda. Det uppstår på diverse olika sätt senare, när himlen bildas.

Homo rudis skulle nog förutsätta ett luftrum, om frågan ställdes till henne. Ett urtillstånd av bara vatten skulle ju inte ens gå att andas i, om man inte vore fisk. Att det så ofta inte nämns i myterna är knappast för att det vore främmande i urtillståndet, utan för att det är självklart där. Det indikeras också av att dess tillkomst så sällan beskrivs i skapelsemyterna.

Människan som biroll

En annan märklighet är att av de 13 skapelsemyterna ger blott fyra människan huvudrollen i den värld som skapas. Det är ju ändå människor som har kommit på och vidarebefordrat dessa myter, och vi tenderar att anse oss själva som centrala i så gott som alla sammanhang där vi figurerar.

De fyra undantagen är monoteistiska. Självklart är en ensam gudom förvisad till att underhålla sig bäst han kan med människorna. Men det är inte lika självklart att i polyteistiska system måste gudomarna spela huvudrollerna och människorna förpassas till periferin. Inte om de ska ingå i världsbilder som försöker avbilda verkligheten. I den ser människorna alltid sig själva som skådespelets centrala karaktärer och vad som händer dem är det enda riktigt angelägna.

Men då måste vi påminna oss att gudomarna i all sin makt och härlighet alltid är synnerligen antropomorfa. De är förstorade människor, men ändock mänskliga.

Den tyske filosofen Ludwig Feuerbach betonade detta som något av en paradox i Das Wesen des Christenthums (Kristendomens väsen):

> *Man first unconsciously and involuntarily creates God in his own image, and after this God consciously and voluntarily creates man in his own image.*[773]

---

[773] Ludwig Feuerbach, The Essence of Christianity, övers. George Eliot, 1854 (tyska originalet utkom 1841), 117.

Det anknyter förstås till vad som sägs i Genesis 1:27: "Gud skapade människan till sin avbild." Efter Feuerbach har Sigmund Freud och många andra förenklat hans konstaterande till att människan skapade Gud till sin avbild. Tanken är långt ifrån ny. Den grekiska filosofen Xenophanes påpekade att de dödliga verkar ha fått gudar med samma klädsel, röst och form som dem själva, och han roade sig med denna tanke:

> Now if horses or oxen or lions had hands or power to paint and make the works of art that men make, then would horses give their Gods horse-like forms in painting or sculpture, and oxen ox-like forms, even each after its own kind.[774]

I de mustiga mytologierna ska gudomarna ses som förstorade människor, inte alldeles olikt hur vår tid lustfyllt skildrar de rika och berömda som något slags önskebild av oss själva. Vi fascineras av deras leverne för att vi trånar efter ett lika märkvärdigt liv. Så att hylla gudomarna är ett indirekt sätt att hylla spektakulära avbilder av oss själva — vilket gäller såväl våra goda som dåliga sidor. Vi vill dyrka eller avsky, bara vi blir överväldigade.

Det indikeras också av de mytologiska figurer som brukar klassificeras som hjältar. Deras gestalter och gärningar befinner sig i gränstrakten mellan gudomligt och mänskligt, varför de verkar i båda världarna. Och de prisas på sätt som är snarlika hur gudomar dyrkas.

Därför är det föga förvånande att när människan inte står i centrum i en världsbild är det förstorade versioner av henne som gör det.

Av de 13 skapelsemyterna här är det blott två där varken människan eller gudomarna har huvudrollen — Tao te ching och Kalevala. Sistnämnda kretsar runt hjältar, såsom Väinämöinen, och de är storslagna nog att likna gudomar. Så har de också i många fall traditionellt betraktats. I Tao te ching är naturen, världen som helhet, i centrum. Såväl människor som eventuella gudomar är underordnade den och har att rätta sig efter dess princip, Tao. Texten uttrycker på flera sätt det olämpliga och osympatiska i att förhäva sig, att göra sig bemärkt och att ta för sig. Idealet för människor är anspråkslöshet. Därför är såväl gudomar som hjältar frånvarande.

Nå, det är inte riktigt sant. Precis som Tao går att kategorisera som ett slags gudom, om än en abstrakt sådan, kan den vise som Tao te ching ideligen hänvisar till ses som ett slags hjälte. Dock ingen kri-

---

[774] J. M. Edmonds, *Elegy and Iambus*, vol. I, Loeb, 1931, 201.

gare eller äventyrare, snarare motsatsen. Visdomen ligger i att inte förhäva sig. Den vise är ett slags antihjälte och just därför beundransvärd.

Därmed kan konstateras att människan i förstorad och upphöjd form finns i alla dessa 13 skapelsemyter — och i oräkneliga andra. Människor har sedan urminnes tid gjort sig idoler och tagit sig själva som modeller för dem.

Big bang som myt

De mönster som låter sig anas i hur forntida folk har resonerat om världens urtillstånd och tillblivelse skymtar också i den moderna astronomins teori om big bang.

"Det vi kallar sunt förnuft är produkten av tankemönster djupt inbäddade i det mänskliga psyket", skrev fysikern Paul Davies i sin bok med den i detta sammanhang signifikativa titeln *I huvudet på Gud*.[775]

Det magiska "Varde!" med vilket Gud inleder världsskapelsen i Genesis 1 har en plötslighet och en outgrundlighet, som påminner om big bangs expansion av hela universum ur en minimal punkt. Och det är långt ifrån den enda parallellen till skapelsemyterna presenterade i denna bok. Den relativa samstämmigheten mellan big bang och Genesis 1 har betonats av katolska kyrkan, som 1951 deklarerade att teorin om big bang är i överensstämmelse med bibeln.[776]

Jag ägnade en uppsats åt ämnet 1994,[777] men det är på sin plats att nämna något om detta även här.

Astronomen Fred Hoyle, som myntade termen big bang men gjorde det som ett hånfullt avfärdande av teorin, påpekade den bibliska skapelsens inflytande över teorin i ett program på BBC:

> *The reason why scientists like the "big bang" is because they are overshadowed by the Book of Genesis. It is deep within the psyche of most scientists to believe in the first page of Genesis.*[778]

Hoyle hade rätt om det bibliska inflytandet på forskare när de resonerar sig fram till sina hypoteser, men det behöver inte alls vara fråga om tro. Bibeln har varit en dominerande källa till det västerländska tänkandet i uppemot tvåtusen år.

Det är klart att den har satt sina spår, även hos dem som avfärdar dess världsbild.

Förmodligen vore det en överdrift att påstå att idén om big bang

---

[775] Paul Davies, *I huvudet på gud. Den vetenskapliga grunden för en lagbunden värld*, övers. Hans-Uno Bengtsson, 1993, 19.

[776] Stephen W. Hawking, *Kosmos. En kort historik*, övers. Tönis Tönisson, 1992, 59. Ståndpunkten framfördes av påven Pius XII.

[777] Stefan Stenudd, *Varde big bang. Astrofysikens tankemönster*, 1994.

[778] Adam Curtis, "A Mile or Two off Yarmouth", bbc.co.uk, 2012.

svårligen hade väckts i något huvud utan bibelns eller andra skapelsemyters puttrande i forskares bakhuvuden, men den hade definitivt varit mer avlägsen.

I ett astronomiskt perspektiv ger världen ett evigt intryck, fastän jordiska ting och varelser är offer för förgängligheten. Stjärnhimlens många cykliska rörelser verkar allihop eviga.

Redan 1377 skrev den franske teologen och matematikern Nicole Oresme att universum är skapt som en sinnrik klocka, tickande i god ordning alltsedan urmakaren Gud konstruerat och dragit upp den.[779] Oresme var varken först eller sist med den idén.

I och med den vetenskapliga revolutionen, i synnerhet Newtons celesta mekanik, var det möjligt — rentav rimligt — för forskare som vände religionen ryggen att tänka sig en värld utan skapare och därför ett urverk som alltid hade tickat på.

Ett evigt universum var en utbredd syn på saken inom astronomin innan Georges Lemaître lanserade teorin om ett expanderande universum 1927,[780] som innebar att universum hade en begynnelse i vad han kallade hypotesen om en ursprunglig atom. Edwin Hubbles rön kom snart att bekräfta detta.

Att denna idé vann uppskattning och anhängare torde i viss mån komma sig av att föreställningen om ett startögonblick för världen redan var väl etablerad i Genesis. Även hos allmänheten var detta en sedan mycket länge etablerad tanke.

Lemaître var katolsk präst, så han var synnerligen bekant med Genesis. Hans resonemang när han lanserade och försvarade sin hypotes hade såväl vetenskaplig klarsyn som ett filosofiskt perspektiv med doft av antikt tänkande.

År 1931 skrev han en kort kommentar i tidskriften *Nature* med anledning av att en annan astronom hade invänt att "philosophically, the notion of a beginning of the present order of Nature is repugnant".

I sitt svar skrev Lemaître, med viss spetsfundighet:

---

[779] Nicole Oresme, *Le livre du ciel et du monde*, övers. Albert Douglas Menut, 1968 (originalet utkom 1377), 289.

[780] Georges Lemaître, "Un Univers homogène de masse constante et de rayon croissant rendant compte de la vitesse radiale des nébuleuses extra-galactiques", *Annales de la Société Scientifique de Bruxelles*, A47, april 1927, s. 49-59. Det tog några år innan artikeln och dess hypoteser nådde ut till det internationella vetenskapssamfundet.

If the world has begun with a single quantum, the notions of space and time would altogether fail to have any meaning at the beginning; they would only begin to have a sensible meaning when the original quantum had been divided into a sufficient number of quanta. If this suggestion is correct, the beginning of the world happened a little before the beginning of space and time. I think that such a beginning of the world is far enough from the present order of Nature to be not at all repugnant.[781]

I samma text skrev han också att man kunde se universum i begynnelsen som bestående av en enda atom, med atomvikten densamma som hela universums vikt. Med andra ord: allt fanns där i begynnelsen, om än outvecklat — ungefär som den röra med vilken Tao te ching beskriver urtillståndet.

Det är inte blott med ett specifikt födelseögonblick för världen som big bang liknar Genesis 1. Guds första varde är att han tänder ljuset i världen, som dittills legat i mörker. Även big bang inleddes i mörker, för cirka 13,7 miljarder år sedan. Det dröjde minst 100 miljoner år innan de första stjärnorna tändes och universum lystes upp.[782] Vår sol och vår jord kom betydligt senare, vilket stämmer med skapelseordningen i Genesis 1.

Vad som avviker från big bang i Genesis 1 är framför allt dess hav i urtillståndet. I big bang är det en rymd som sträcks ut, men havet får vänta flera miljarder år och är begränsat till jorden. Homo rudis, som inte kan tänka sig fler planeter än jorden, skulle stödja myten i detta fall.

Men det finns andra skapelsemyter som talar om ett urtillstånd av rymd i stället för vatten, såsom Avesta, Koranen, Theogonin och Völuspå. Så den tanken var inte främmande ens i forna tider.

Mest markant är samstämmigheten mellan big bang och skapelsemyterna i de två väsentligaste aspekterna — det finns en början, innan vilken världen som vi känner den kom till, och världens tillblivelse är en stegvis process. Båda dessa omständigheter var långt ifrån självklara för Homo rudis, ej heller för astronomerna efter den vetenskapliga revolutionen. Ändå nådde de samma slutsatser.

Sammalunda med människans sena entré i historien, vilket gäller såväl de flesta skapelsemyterna som big bang-teorin. Också vad

---

[781] Georges Lemaître, "The Beginning of the World from the Point of View of Quantum Theory", *Nature*, vol. 127, 9 maj 1931, 706.

[782] Richard B. Larson & Volker Bromm, "The First Stars in the Universe", *Scientific American*, 2009 (scientificamerican.com).

gäller människans roll i världen är många skapelsemyter överens med big bang om att den är underordnad, för att inte säga rent perifer.

En annan parallell mellan skapelseberättelserna och big bang är idén att tid på sätt och vis saknades innan världen kom till. I myternas fall var det snarare tideräkning som saknades innan sol och måne bildades. Några nämner också att detta var det gudomliga syftet med att skapa dem — så att dag skulle skiljas från natt och därmed människorna bli kapabla att uppleva tidens gång.

Big bang går längre genom att göra tiden till en inomkosmisk egenskap. Det fanns därför inget dessförinnan. Detta argument använde även Augustinus, som tidigare nämnts, mot frågan om vad som fanns innan gud skapade världen.

Stephen Hawking, som inte var berömd för blygsamhet, använde en mästrande ton inte långt från Augustinus när han förklarade varför vi inte ens bör vara nyfikna på vad som må ha föregått big bang:

> För oss har händelser som inträffade före big bang inga konsekvenser och de bör därför inte ingå i någon vetenskaplig modell av universum. Vi borde därför ta bort dem ur modellen och säga att tiden började vid big bang.[783]

Också vad gäller skapelsemyternas geocentriska perspektiv kom på 1900-talet ett astronomiskt nytänkande som gick det till mötes, åtminstone halvvägs. En konsekvens av Einsteins relativitetsteorier och universums expansion är att inte bara tid är relativ, utan även plats i rummet. I båda fallen är det beroende av observatörens belägenhet.

Sålunda är det lika sant att placera jordklotet i världsalltets mitt som någon annanstans. Universum har ingen mittpunkt.[784]

Tao te ching har en särställning bland skapelseberättelserna i att den inte har gudomar som verksamma krafter, utan Tao, som är närmast att beskriva som en naturlag, ett villkor för hur världen måste gestalta och bete sig.

Big bang-teorin säger att i det ursprungliga initialtillståndet, den minimala tidsrymden av 0 till 10^{-43} sekunder in i big bang, rådde ännu inga bestämda naturlagar. Det kunde bli lite hur som helst —

---

[783] Hawking 1992, 59.

[784] Mario Livio, *The Accelerating Universe*, 2000, 53.

somliga alternativ varaktiga, medan andra skulle falla ihop på ett ögonblick. Något av samma initiala osäkerhet antyds i Tao te ching. Först när Tao uppstår ur den ursprungliga röran får den en ordning, just den ordning som är Taos natur.

Den värld som växer fram är vad vi hittills erfar stabil, på så vis att vi betraktar den som långvarig. Kosmos expanderar fortfarande efter 13 miljarder år i enlighet med rådande naturlagar. Det må vara blott ett ögonblick i jämförelse med evigheten, men utan sådan varaktighet skulle knappast några varelser utvecklas till att konstatera vad som skett.

Med mänsklighetens förmåga att utforska kosmos kan universum sägas ha nått en punkt där det blivit medvetet om sig självt, må vara genom några av dess invånare.[785]

Detta konstateras av flera författare i ämnet, som också plägar se det som själva meningen med vår existens. Paul Davies avslutar sin bok *I huvudet på gud*:

> *Genom medvetna varelser har universum skapat självmedvetenhet. Det kan inte vara en trivial detalj, inte någon liten biprodukt av själlösa, oavsiktliga krafter. Det är verkligen meningen att vi ska finnas här.*[786]

Fysikern Steven Weinberg har en betydligt mer profan — och mörk — syn på saken. Han skriver i slutet av sin bok om universums begynnelse, *De första tre minuterna*: "Ju bättre vi lär oss förstå världsalltet, desto meningslösare verkar det."[787] Han ser inte att tröst står att finna i resultaten av forskningen, men möjligen i själva forskandet. Och här argumenterar han inte med den vetenskapliga sidan på tänkandets triangel, utan den konstnärliga:

> *Vår strävan att förstå världsalltet är en av de få verksamheter som lyfter människolivet en aning ovanför farsens plan till någonting som har värdighet av tragedi.*[788]

---

[785] Inom *panpsykism* finns dessutom idéer om att allt i universum är besjälat, även universum självt – och har ett medvetande. Det torde dock vara svårt att leda i bevis.

[786] Davies 1993, 239.

[787] Steven Weinberg, *De första tre minuterna. En modern syn på universums ursprung*, övers. Lennart Edberg, 1990, 153.

[788] Ibid., 153.

Fars eller tragedi kan kvitta lika. De är inte sällan svåra att hålla isär, precis som båda kan leda till tårar. Ett drama är det definitivt, alltihop, ett storslaget drama. Den egenskapen delar vår verklighet med skapelsemyterna.

Slutord

I betraktandet av forntida kosmogonier tenderar de att knytas till kulturfenomen som inte nödvändigtvis är överordnade. Sålunda har tidigare i denna text beskrivits hur religionshistoriker ser gudar, helighet och mänsklig törst efter dessa ting som skäl till kosmogoniers uppkomst. Antropologer sorterar också in kosmogonierna under religion, dess riter, utövning och funktion i samhället. Även psykologer gör samma rubricering och ser sedan alltihop som uttryck för människans emotionella behov.

I detta töcken är det lätt att förbigå kosmogonierna som uttryck för analytiskt tänkande, intellektuella konstruktioner i avsikt att göra världens mysterier begripliga.

När till exempel Mircea Eliade och Joseph Campbell med flera i jungiansk anda understryker urhavets betydelse som en symbol för kaos, verkar de inte ha begrundat det enkla resonemang som Homo rudis förmår: en slutsats om urhavet, som inte har ett dugg med symboler hämtade ur själsdjupen att göra.

När termen *creatio ex nihilo* vunnit gehör hos såväl teologer som religionsvetare är det tveksamt om de varit benägna att närmare granska exakt hur nihilo detta nihilo är.

När forskare inom såväl religion som samhällsvetenskaper ser myterna som uttryck för känslomässiga och sociala behov, undgår det dem att människan i många skapelsemyter har blott en perifer roll.

När det tas för givet att myternas gudomar hängivet dyrkades av de folk som myntade och upprätthöll dem, ignoreras tecken på tvivel och på att många inslag i myterna även av de som återberättade dem må ha betraktats som skrönor ämnade att underhålla snarare än vörda. Man missar till och med den humor de är fulla av.

När de forntida kosmologierna förklaras utan tillräcklig begrundan över vilka resonemang som kan ha legat bakom dem då de uppstod, blir dessa förklaringar föga mer än uttryck för de fördomar om våra förfäder som vi hyser. Det är lätt att få intrycket att vi är ovilliga att tillerkänna våra fjärran föregångare det förnuft vi anser oss själva besitta till den grad att vi namngivit vår art med detta epitet dubbelt.

Ändå uppvisar skapelseberättelserna och deras kosmologier en igenkännbar logik, resonemang som följer förutsägbara trådar och leder till förväntade resultat. Den enkla laborationen med Homo rudis når kosmogoniska mönster som är lätta att känna igen i skapelsemyterna. De gamla myterna uppvisar ett förnuftsmässigt tänkande som inte bara är skönjbart för oss, utan i hög grad detsamma som vårt.

Skillnaden ligger i kunskap, erfarenhet och därav följande begreppsapparat — en skillnad som går att överbrygga. Vi kan inte hävda att våra förfäder var oförmögna att tänka som vi, bara för att de i mångt och mycket hade fel. De slöt sig till vad de kunde utifrån vad de visste om världen omkring dem — och många av dessa slutsatser var briljanta, hur fel de än med tiden visade sig vara. Under samma förutsättningar hade vi knappast lyckats bättre.

Varje tidpunkt, liksom varje plats, har sina villkor och omständigheter, som leder till olika världsbilder. Förnuftet, det verktyg med vilket människan formar sin världsbild, syns däremot oföränderligt — åtminstone så långt tillbaka i mänsklighetens idéhistoria som vi kan överblicka.

Skriftlösa kulturers kosmologi
Samtliga 13 exempel på skapelsemyter som behandlats ovan är från skrivna urkunder. Detta urval var för att kunna arbeta med så tillförlitliga källor som möjligt. I de flesta fallen är dessa källor tillkomna i den kultur och tid där de hörde hemma. Mestadels är det också dessa skapelsemyter som används i de resonemang som förs i denna bok.

Det betyder att en mycket stor andel av mänskliga kulturers föreställningsvärldar har exkluderats — de som kommer från skriftlösa folk. Sådana mytologier är i det närmaste oräkneliga och har dokumenterats i stigande omfattning under de senaste 200 åren av i förstone missionärer, sedan antropologer och etnologer. Men de saknar egna skriftliga urkunder. Därför har de valts bort här.

Det var nödvändigt att begränsa materialet för att denna bok inte skulle svälla till orimliga proportioner, eftersom självklart även dessa mytologier skulle kräva lika noggranna genomgångar som har ägnats de 13 skapelsemyterna häri, för att vara metoden trogen. Själva mängden av dem gör också ett begränsat urval svårmotiverat. Jag valde därför att hålla mig till det betydligt lägre antalet skrivna urkunder med tydlig förankring i sina kulturer, även om också här har gjorts ett urval — och några smärre undantag.

Mycket går därmed ofrånkomligen förlorat i studiet av skapelsemyter. Skriftlösa kulturer skiljer sig tydligt från kulturer med ett skriftspråk, varför det är rimligt att anta att även deras föreställningsvärldar gör det. Vad som sagts ovan om tankemönster i skapelsemyterna kanske blott gäller sådana som har skriftliga källor och inte de med enbart muntliga.

Det är dock inte min uppfattning. De mytologier från skriftlösa folk jag har studerat — exempelvis i mina idéhistoriska uppsatser *När ordet var kött* från 1996 och *Beslöjad begynnelse* om samernas skapelsemyt från 1998,[789] samt ett antal texter på engelska därefter[790] — har givit mig det bestående intrycket att metoderna med tänkandets triangel och Homo rudis, likaså en så att säga dramaturgisk läsning av myterna, låter sig appliceras även på dem. När än människor har spekulerat om det okända fjärran förflutna tänkte de på ungefär samma sätt.

Detta visar sig också i det faktum att flera av de 13 skapelsemyterna behandlade ovan har sitt ursprung i oral tradering före det skrivna ordets introduktion. Det var sällan så att skapelsemyter komponerades i och med skrivkonsten. De var gamla redan när de för första gången nedtecknades. Mänskligt tänkande om ting som ingen vet är så gott som tidlöst. Vad Homo rudis kom fram till var inte väsensskilt från vad ättlingar med skrivdon formulerade.

Det kan även vi skymta, tvärs igenom det gytter av kunskaper vi har förvärvat sedan dess. De gamla myterna talar till oss för att vi i grunden tänker likadant. Vad vi inte vet kompletterar vi med vad man skulle kunna kalla extrapolering utifrån vad vi vet. Fastän vi numera vet en hel del kan vi därför känna igen hur våra förfäder, som visste betydligt mindre, måste ha tänkt.

Det var i och för sig mycket som Homo rudis trodde sig veta och ändå misstog sig om, och detsamma kan till stora delar gälla även för oss. Det får tiden visa. Den må vara en mestadels ogenomtränglig dimma framför oss, men de många årtusendena bakom oss kan vi förstå för att vi känner igen oss själva i våra förfäders tänkande. Och fast vi inte kan sia särskilt mycket om framtiden är det så gott som säkert att kommande generationer kan säga detsamma om oss.

---

[789] Stefan Stenudd, *När ordet var kött* och *Beslöjad begynnelse*, Lunds universitet 1996 och 1998 (publicerade på stenudd.se).

[790] Flera av de texterna finns på creationmyths.org.

Källor

Litteraturlistan är uppdelad på allmänt, samt därefter i bokstavsordning på varje skapelsemyt behandlad i denna bok separat.
Internetkällor är inkluderade nedan, ej separat listade. Specifikationerna av dem är endast undantagsvis i form av direktlänkar till URL-adresser, eftersom sådana ofta ändras. I stället är de angivna så att de ska gå att hitta via en sökmotor eller en sökning på webbplatsen i fråga.

Allmänt

Andersen, Hans Christian:
I Sverige, övers. Wilhelm Bäckman, Stockholm 1851 (det danska originalet utkom samma år).

Andræ, Tor:
Det religiösa anlaget, Uppsala 1951 (ursprungligen publicerad på tyska 1932).

Aouragh, Miriyam:
Palestine Online: Transnationalism, the Internet and the Construction of Identity, New York 2011.

Aristoteles:
Metaphysics, övers. Hugh Lawson-Tancred, London 1998.
Om diktkonsten, övers. Wilhelm Norlind, Lund 1927.

Arvidsson, Stefan:
Varför religionsvetenskap? En ämnesintroduktion för nya studenter, Lund 2012.

Atran, Scott:
In Gods We Trust: The Evolutionary Landscape of Religion, New York 2004 (först publicerad 2002).

Augustinus:
City of God, övers. Henry Bettenson, London 1984 (första upplagan 1972).
The Works of Saint Augustine: A Translation for the 21st Century, vol. 7, övers. Edmund Hill, New Rochelle 1993, 71.

Bagemihl, Bruce:
Biological Exuberance: Animal Homosexuality and Natural Diversity, New York 1999.

Banier, Antoine:
The Mythology and Fables of the Ancients, Explain'd from History, anonym övers., vol. 1, London 1739.

Barthes, Roland:
Mytologier, övers. Karin Frisendahl, Elin Clason, David Lindberg, Lund 2007 (originalet utkom 1957).

Benedict, Ruth:
Patterns of Culture, London 1971 (första utgåvan 1934).

Bergson, Henri:
Creative Evolution, övers. Arthur Mitchell, London 1911 (originalet utkom 1907).

Biedermann, Hans:
Symbollexikonet, övers. Paul Frisch och Joachim Retzlaff, Stockholm 1993.

Blackwell, Thomas:
Letters Concerning Mythology, London 1748.

Boas, Franz:
"The Mind of Primitive Man", *Science*, vol. XIII No. 321, 1901.

Bourget, Paul:
Lärjungen, övers. Arvid Wachtmeister, Stockholm 1925.

Boyer, Pascal:
Religion Explained: The evolutionary origins of religious thought, New York 2001.

Bra Böckers lexikon:
Tredje upplagan, vol. 1–25, Höganäs 1983–1990.

Bring, Ragnar et al.:
"Gud", *Svensk Uppslagsbok*, vol. XII, Malmö 1949, spalt 221–227.

Bryant, Jacob:
A new system, or, An analysis of ancient mythology. vol. II, 1774.

Brådhe, Rex:
Att arbeta med teater, Stockholm 1987.

Buckland, Anne Walbank:
Anthropological Studies, London 1891.

Burkert, Walter:
Homo Necans: The Anthropology of Ancient Greek Sacrificial Ritual and Myth, övers. Peter Bing, Berkeley 1983 (originalet utkom 1972).

Campbell, Joseph:
Historical Atlas of World Mythology, London 1984.
Transformations of Myth through Time, New York 1990.

Chagnon, Napoleon A.:
Yanomamö. The Fierce People, New York 1977.

Chambers, Ephraim:
Cyclopædia, or an Universal Dictionary of Arts and Sciences, vol. 1-2, London 1728.

Chambers, Robert:
A Biographical Dictionary of Eminent Scotsmen, vol. 1, Glasgow 1853.

Coleman, Gabriella:
Hacker, Hoaxer, Whistleblower, Spy: The Many Faces of Anonymous, London 2014.

Cotterell, Arthur:
Illustrated Encyclopedia of Myth & Legend, London 1992.

Curtis, Adam:
"A Mile or Two off Yarmouth", bbc.co.uk, 2012.

Davies, Paul:
I huvudet på gud. Den vetenskapliga grunden för en lagbunden värld, övers. Hans-Uno Bengtsson, Stockholm 1993 (originalet utkom 1992).

da Vinci, Leonardo:
Notebooks, övers. Jean Paul Richter, New York 2008 (första utgåvan 1952).

Dawkins, Richard:
The Selfish Gene, New York 1978 (första upplagan 1976).

Dennett, Daniel C.:
Breaking the Spell: Religion as a Natural Phenomenon, New York 2006.

Diodorus Siculus:
Diodorus of Sicily in Twelve Volumes, vol. 1, övers. C. H. Oldfather, Loeb 279, Cambridge 1933.

Dostojevskij, Fjodor:
Idioten, övers. Michail Handamirov, tre volymer, Malmö 1969 (första utgåvan 1928).

Douglas, Mary:
Natural Symbols: Explorations in Cosmology, London 1973 (första upplagan 1970).

Dumézil, Georges:
Gods of the Ancient Northmen, övers. Einar Haugen, Berkeley 1973 (originalet utkom 1959).

Dupré, Wilhelm:
Religion in Primitive Cultures: A Study in Ethnophilosophy, Paris 1975.

Durkheim, Emile:
The Elementary Forms of the Religious Life, övers. Joseph Ward Swain, London 1915 (originalet utkom 1912).

Edmonds, J. M.:
Elegy and Iambus, vol. I, Loeb, London, 1931.

Edsman, Carl-Martin:
"Religion", *Nationalencyklopedin* (ne.se), odaterad, hämtad 20 september 2021.

Edsman, Carl-Martin & Johannesson, Hans-Erik:
"Myt", *Nationalencyklopedin* (ne.se), odaterad, hämtad 20 september 2021.

Ehnmark, Erland:
Världsreligionernas urkunder, Stockholm 1958.

Eliade, Mircea:
A *History of Religious Ideas*, vol. I-III, övers. Willard R. Trask (vol. I och II) och Alf Hiltebeitel & Diane Apostolos-Cappadona (vol. III), Chicago 1978–1985 (originalutgåva 1976–1983).
From Primitives to Zen, New York 1967, återutgiven som *Essential Sacred Writings from Around the World*, San Francisco 1992.
The Quest: History and Meaning in Religion, Chicago 1969.
The Sacred and the Profane. The Nature of Religion, övers. Willard R. Trask, New York 1959 (originalutgåva 1956).

Eliot, Alexander (red.):
Myternas värld, övers. Bengt G. Söderberg, Stockholm 1980 (originalet utgivet 1976).

Encyclopædia Britannica:
Första upplagan, vol. 1–3, Edinburgh 1771.
Åttonde upplagan, vol. 15, Edinburgh 1858.
Elfte upplagan, vol. 10 & 19, New York 1910 & 1911.
Fjortonde upplagan, vol. 9 & 16, New York 1932.
Nätupplagan, britannica.com.

Encyclopédie, ou dictionnaire raisonné des sciences, des arts et des métiers:
Första upplagan, vol. 1–17, Paris 1751–1772.

Eusebios av Cæsarea:
Præparatio evangelica, övers. E. H. Gifford 1903, transkriberad till PDF av Roger Pearse, Ipswich 2003.

Evans-Pritchard, E. E.:
Theories of Primitive Religion, Oxford 1965.

Feuerbach, Ludwig:
The Essence of Christianity, övers. George Eliot, London 1854 (tyska originalet utkom 1841).

Fludd, Robert:
Utriusque Cosmi, Maioris scilicet et Minoris, metaphysica, physica, atque technica Historia, vol. 1, 1617.

Foss, Bob:
Narrative technique and Dramaturgy in film and television, Stockholm 1992.

Franz, Marie-Louise von:
Creation Myths, Boston 1995 (första upplagan 1972: *Patterns of Creativity Mirrored in Creation Myths*).

Frazer, James G.:
Den gyllene grenen, övers. Ernst Klein, Stockholm 1992 (första svenska utgåvan 1925, från 1922 års av Frazer förkortade engelska utgåva).
The Fear of the Dead in Primitive Religion, London 1933.

Freeman, Derek:
Margaret Mead and Samoa. The Making and Unmaking of an Anthropological Myth, Canberra 1983.

Freeman, Kathleen:
The Pre-Socratic Philosophers, Oxford 1946.
Ancilla to The Pre-Socratic Philosophers, Oxford 1948.

Freud, Sigmund:
Moses och monoteismen, övers. Henrik Törngren, Stockholm 1939 (originalet utkom samma år).
Totem och tabu, övers. Eva Backelin, Göteborg 1995 (originalet utkom 1913).

Freund, Philip:
Myths of Creation, London 2003 (första upplagan 1964).

Frängsmyr, Tore:
Geologi och skapelsetro, Stockholm 1969.

Geertz, Clifford:
The Interpretation of Cultures, New York 1973.

Geijer, Erik Gustaf:
"Fattigvårds-frågan", *Litteratur-bladet*, N:o 11, november 1839, 195–226.

Griaule, Marcel:
Conversations with Ogotemmêli: an introduction to dogon religious ideas (*Dieu d'eau: entretiens avec Ogotemmêli*, 1948), övers. Ralph Butler, London 1965.

Grosses vollständiges Universal Lexicon Aller Wissenschafften und Künste:
Vol. 1–68, Leipzig 1731–1754.

Guthrie, Stewart E.:
Faces in the Clouds: A New Theory of Religion, New York 1993.

Harrison, Jane Ellen:
Mythology and Monuments of Ancient Athens, London 1890.
Themis: A Study of the Social Origins of Greek Religion, Cambridge 1912.

Hawking, Stephen W.:
Kosmos. En kort historik, övers. Tönis Tönisson, Stockholm 1992, första upplagan 1989 (originalet utkom 1988).

Hellquist, Elof:
Svensk etymologisk ordbok, vol. I o. II, Lund 1970.

Horton, Robin:
Patterns of Thought in Africa and the West: Essays on Magic, Religion and Science, Cambridge 1993.

Hoyle, Fred:
Världsalltets byggnad, övers. Conrad Lönnqvist, Stockholm 1951.

Huizinga, Johan:
Homo Ludens: A Study of the Play-Element in Culture, Boston 1955 (det holländska originalet utgavs 1938).

Hultqvist, Lennart:
"Hur uppkom universum?", Forskning och framsteg, 6-7 1991.

Hume, David:
Om religion, övers. Joachim Retzlaff & Jan Landgren, Nora 1992.
The Natural History of Religion, London 1957 (första utgåvan 1757).

Jackson, Robert Louis:
Dostoevsky's Quest for Form: A Study of His Philosophy of Art, New Haven 1966.

Jacobsen, Thorkild:
"Ancient Mesopotamian Religion: The Central Concerns", Proceedings of the American Philosophical Society, vol. 107, no. 6, Philadelphia 1963.

Jeffner, Anders:
"Gud", Nationalencyklopedin (ne.se), odaterad, hämtad 20 september 2021.

Jung, Carl Gustav:
Det omedvetna, övers. Heidi Parland, Stockholm 1985 (originalets första upplaga utkom 1917).
Människan och hennes symboler, övers. Karin Stolpe, Stockholm 1992 (originalet utkom 1964).

Keesing, Roger M.:
Cultural Anthropology, New York 1981.

Korotayev, Andrey & Malkov, Artemy & Khaltourina, Daria:
Introduction to Social Macrodynamics: Compact Macromodels of the World System Growth, Moskva 2006, 90.

Larson, Richard B. & Bromm, Volker:
"The First Stars in the Universe", Scientific American, 2009, scientificamerican.com.

Larsson, Hans:
Intuition. Några ord om diktning och vetenskap, Stockholm 1892.

Leach, Edmund:
Genesis as Myth and Other Essays, London 1969.

Leach, Maria:
The Beginning: Creation Myths around the World, New York 1956.

Leeming, David Adams:
Creation Myths of the World: An Encyclopedia, Santa Barbara 2010.

Leeming, David Adams & Margaret:
A Dictionary of Creation Myths, New York 1995.

Leeuw, Gerardus van der:
Religion in Essence & Manifestation, övers. J. E. Turner, London 1938 (originalet utgavs 1933).

Lemaître, Georges:
"The Beginning of the World from the Point of View of Quantum Theory", *Nature,* vol. 127, 9 maj 1931.
"Un Univers homogène de masse constante et de rayon croissant rendant compte de la vitesse radiale des nébuleuses extra-galactiques", *Annales de la Société Scientifique de Bruxelles,* A47, april 1927.

Lévi-Strauss, Claude:
Det vilda tänkandet, övers. Jan Stolpe, Lund 1987 (första svenska upplagan 1971, fransk originalutgåva 1962).
Structural Anthropology, övers. Claire Jacobson och Brooke Grundfest Schoepf, New York 1963 (fransk originalutgåva 1958).

Lévy-Bruhl, Lucien:
How Natives Think, övers. Lilian A. Clare, Princeton 1985 (originalet utkom 1910).

Lincoln, Bruce:
Myth, Cosmos, and Society: Indo-European Themes of Creation and Destruction, Cambridge Massachusetts 1986.
Theorizing Myth: Narrative, Ideology, and Scholarship, Chicago 1999.

Livio, Mario:
The Accelerating Universe, New York 2000.

Long, Charles H.:
Alpha: The Myths of Creation, New York 1963
"Cosmogony", *The Encyclopedia of Religion,* vol. 4, New York 1987, 94–100.

Luca, Nathalie & Lenoir, Frédéric:
Sectes: Mensonges et idéaux, Montrouge 1998.

Luther, Martin:
The Creation. A Commentary on the First Five Chapters of the Book of

Genesis, övers. Henry Cole, Edinburgh 1858 (originalet utkom 1544).

Maclagan, David:
Creation Myths, London 1992 (första upplagan 1977).

Malinowski, Bronislaw:
Magic, Science and Religion and Other Essays, New York 1954 (första upplagan 1948).

Maringer, Johannes:
The Gods of Prehistoric Man, övers. May Ilford, London 1960 (tysk originalutgåva 1956).

Marx, Karl:
Early Writings, övers. Rodney Livingstone & Gregor Benton, London 1992.
Texter i urval, Stockholm 2003. Översättare av "Till kritiken av den hegelska rättsfilosofin" Christina Carlsson Wetterberg och Tommy Nilsson.
"Zur Kritik der Hegel'schen Rechts-Phisotophie", *Deutsch-Französische Jahrbücher*, Paris 1844, 71–85.

McLellan, David:
The Young Hegelians and Karl Marx, New York 1969.

Mead, Margaret:
Coming of Age in Samoa. A Psychological Study of Primitive Youth for Western Civilisation, New York 1928.

Molde, Bertil (red.):
Illustrerad svensk ordbok, Stockholm 1977.

Müller, Max:
Comparative Mythology. An Essay, London 1909 (första utgåvan 1856).

Museum Ulm:
Der Löwenmensch. Die Figur, loewen-mensch.de/figur_3.html.

Nationalencyklopedin
Nätupplagan, ne.se.

Nilsson, Martin Persson:
"Mytologi", *Nordisk Familjebok*, vol. 19, Stockholm 1913, spalt 146–153.
Religion as man's protest against the meaninglessness of events, Kgl. Humanistiska vetenskapssamfundet i Lund, Årsberättelse 1953–54, II, Lund 1954.

Norbeck, Edward:
Religion in Primitive Society, New York 1961.

Nordisk Familjebok
Första upplagan, vol. 1–20, Stockholm 1876–1899.
Andra upplagan, vol. 1–38, Stockholm 1903–1926.

Nouvel, Pascal:
The Four Ways to Construct Narratives on Origins, Newcastle upon Tyne 2021.

Nygren, Anders & Gierow, Krister:
"Religion", *Svensk Uppslagsbok*, vol. 23, Malmö 1952, spalt 1108–1110.

Olsson, Bernt:
Spegels Guds werk och hwila, Stockholm 1963.

Oresme, Nicole:
Le livre du ciel et du monde, övers. Albert Douglas Menut, University of Wisconsin 1968.

Otto, Rudolf:
The Idea of the Holy: An Inquiry into the non-rational factor in the idea of the divine and its relation to the rational, övers. John W. Harvey, London 1943 (originalet utkom 1917).

Platon:
Skrifter i svensk tolkning, övers. Claes Lindskog, vol. I–IV, Lund 1984–85.

Plutarchos:
Moralia, vol. V, övers. Frank Cole Babbitt, Loeb 306, London 1936.

Poe, Edgar Allan:
Den gyllene skalbaggen, övers. Nils Holmberg, Stockholm 1954.

Popper, Karl:
Conjectures and Refutations. The Growth of Scientific Knowledge, New York 1962.

Prichard, James Cowles:
The Natural History of Man, andra utökade upplagan, London 1845.

Radin, Paul:
Primitive Man as Philosopher, New York 1927.

Ramsay, G. G.:
Juvenal and Persius, London (Loeb) 1918.

Read, John:
From Alchemy to Chemistry, New York 1995 (första upplagan 1957).

Ringgren, Helmer:
Religionens form och funktion, Lund 1968.

Ringgren, Helmer & Ström, Åke V.:
Religionerna i historia och nutid, 1991 (första utgåva 1957).

Rosaldo, Michelle Zimbalist & Lamphere, Louise (red.):
Woman, Culture, and Society, Stanford 1974.

Rowley-Conwy, Peter:
"Fanns det en neanderthalreligion?", *Bra Böckers encyklopedi om människans historia*, vol. 1, Höganäs 1993, 70–73.

Saussaye, Chantepie de la:
Manual of the Science of Religion, London 1891 (originalet utkom 1887).

Sawyer, Kathy:
"'Big bang' remains that as astronomers' renaming contest implodes", *The Washington Post*, 14 januari 1994, washingtonpost.com.

Schloss, Jeffrey & Murray, Michael J. (red.):
The Believing Primate: Scientific, philosophical, and theological reflections on the origin of religion, New York 2009.

Schmidt, Klaus:
"Göbekli Tepe — the Stone Age Sanctuaries", *Documenta Praehistorica* XXXVII 2010, 239–256.

Schmidt, Wilhelm:
Religionen hos urkulturens folk, övers. Erik Gren, Stockholm 1936.

Segal, Robert:
"The Flood Myth", *History of Religions*, vol. 32:1, Chicago 1992.

Sextus Empiricus:
Against the Logicians, övers. R. G. Bury, Loeb 291, London 1935.

Shakespeare, William:
Complete Works, London 1973.

Shankman, Paul:
The Trashing of Margaret Mead. Anatomy of an Anthropological Controversy, Madison 2009.
"The Trashing of Margaret Mead. How Derek Freeman Fooled Us All on an Alleged Hoax", avsnitt ur boken, *Skeptic Magazine* 2009,

skeptic.com/eskeptic/09-12-16/.

Smith, Erminnie A.:
Myths of the Iroquois, Ontario 1983 (första utgåvan 1883).

Smith, Jonathan Z.:
Imagining Religion. From Babylon to Jonestown, Chicago 1982.

Smith, William Robertson:
Lectures on the Religion of the Semites, London 1894 (första upplagan 1889), 18f.

Spegel, Haquin:
Samlade skrifter av Haquin Spegel, red. Bernt Olsson & Barbro Nilsson, vol. 1, Stockholm 1998.

Spencer, Herbert:
The Principles of Sociology, vol. 1, andra upplagan, London 1877 (första upplagan 1874).

Sproul, Barbara C.:
Primal myths: Creation Myths around the World, San Francisco 1991 (första upplagan 1979).

Stark, Rodney & Bainbridge, William Sims:
A Theory of Religion, New York 1987.

Stenudd, Stefan:
Archetypes of Mythology. Jungian Theories on Myth and Religion Examined, Malmö 2022.
Beslöjad begynnelse. Resonemang om samisk kosmogoni utifrån en refererad och kommenterad kronologisk litteraturförteckning, Lunds universitet 1998.
Cosmos of the Ancients. The Greek Philosophers on Myth and Cosmology, North Charleston 2007.
Evigheten väntar, Stockholm 1982.
I begynnelsen något. Tankemönster i kosmologierna, Lunds universitet 1993.
Life Energy Encyclopedia, North Charleston 2008.
När ordet var kött. Skapelsemyter utan skrivna urkunder, Lunds universitet 1996.
Psychoanalysis of Mythology. Freudian Theories on Myth and Religion Examined, Malmö 2022.
Varde big bang. Astrofysikens tankemönster, Lunds universitet 1994.

Stiessel, Lena:
Skapelsemyter från hela världen, Köpenhamn 2018 (första upplagan

1995).

Svensk Uppslagsbok:
Andra upplagan, vol. 1–32, Malmö 1947–1955.

Svenskt konversationslexikon:
Vol. 1–4, Stockholm 1845–1851.

Swedenborg, Emanuel:
Concerning the Earths in Our Solar System, Boston 1828 (originalet utkom 1758).
De cultu et amore Dei, red. Thomas Murray Gorman, London 1883 (första utgåvan 1745).
Heavenly Arcana, vol. 1, Boston 1837 (originalet utkom 1749).
Om Guds dyrkan och kärleken till Gud, övers. Ritva Jonsson, Stockholm 1988 (originalet utkom 1745).
Principia rerum naturalium, 1734.

Söderberg, Hjalmar:
Martin Bircks ungdom, Stockholm 1967 (första utgåvan 1901).

Söderblom, Nathan:
Gudstrons uppkomst, Stockholm 1914.
"Religion", *Nordisk Familjebok*, vol. 22, Stockholm 1915, spalt 1323–1324.

Söderblom, Nathan (red.):
Främmande religionsurkunder i urval och översättning, del 1–3 i fyra volymer, Stockholm 1908.

Tylor, Edward B.:
Primitive Culture, vol. 1 och 2, London 1871.

Törngren, Anna:
Opium för folket: Till kritiken av religionshistorien, 1969.

Waechter, John:
Man before History, Oxford 1976.

Waitz, Theodor:
Anthropology of Primitive Peoples, vol. 1, övers. J. Frederick Collingwood, London 1863 (originalet utkom 1859).

Weber, Max:
Den protestantiska etiken och kapitalismens anda, övers. Agne Lundquist, Lund 1978 (originalet utkom 1905).
Ekonomi och samhälle. Förståendesociologins grunder, del 2, övers. Agne Lundquist, Lund 1985 (originalet utkom 1922).

Religionen, rationaliteten och världen, övers. Agne Lundquist, Lund 1996 (originalet utkom 1920).
The Religion of China. Confucianism and Taoism, övers. Hans H. Gerth, New York 1968 (originalet utkom 1915).
The Sociology of Religion, övers. Ephraim Fischoff, London 1965 (första utgåvan 1922).

Weinberg, Steven:
De första tre minuterna. En modern syn på universums ursprung, övers. Lennart Edberg, Stockholm 1990 (originalet utkom 1977).

Widengren, Geo:
Religionens ursprung. En kort framställning av de evolutionistiska religionsteorierna och kritiken mot dessa, Stockholm 1963 (första utgåvan 1946).
Religionens värld, andra utökade upplagan, Stockholm 1953 (första utgåvan 1945), samt tredje förkortade upplagan, Stockholm 1971.

Wikipedia:
Engelskspråkiga Wikipedia, en.wikipedia.org.
Svenska Wikipedia, sv.wikipedia.org.

Wilde, Oscar:
Complete Works, London 1983.

Wilkins, John:
Of the Principles and Duties of Natural Religion, London 1675.

Wright, Georg Henrik von:
Vetenskapen och förnuftet, Stockholm 1993 (första utgåvan 1986).

Yüan-Ming, T'ao:
"Hemkomsten", övers. Gunnar Malmqvist, ur *Litteraturens klassiker* 16, samlade av Stig Wikander, Stockholm 1970.

Åberg, Lawrence Heap:
"Gud", *Nordisk Familjebok*, vol. 10, Stockholm 1909, spalt 527–530.

Avesta

Boyce, Mary:
Textual Sources for the Study of Zoroastrianism, Chicago 1984.

Duchesne-Guillemin, Jacques:
The Hymns of Zarathustra, övers. M. Henning, Boston 1963 (originalet utkom 1948).

Ehnmark, Erland:
Världsreligionernas urkunder, Stockholm 1958.

Eliade, Mircea:
A *History of Religious Ideas*, vol. I, övers. Willard R. Trask, Chicago 1978 (originalutgåva 1976).

Humbach, Helmut & Ichaporia, Pallan:
The Heritage of Zarathushtra, Heidelberg 1994.

Insler, Stanley:
The Gāthās of Zarathustra, Tehran-Liège 1975.

Malandra, William W.:
"Gathas ii. Translations", *Encyclopædia Iranica*, 2012 (första versionen 2000), iranicaonline.org.

Mills, Lawrence H.:
The Gâthas of Zarathushtra (Zoroaster) in metre and rhythm, Leipzig 1900.

Söderblom, Nathan:
"Ur Avesta och andra Mazdatrons urkunder", *Främmande religionsurkunder i urval och översättning* (red. Nathan Söderblom), del 2, vol. II, Stockholm 1908.

Bibeln
Bibel 2000, Bibelkommissionen m.fl., Örebro 1999.
Nya testamentet, Svenska Bibelsällskapet, Örebro 1981.
The Revised English Bible, Oxford 1989.
Tre bibelböcker, Bibelkommissionen och Svenska Bibelsällskapet, Helsingborg 1991.
Nätupplagan av *Bibel 2000*, bibeln.se.

Alter, Robert:
The Five Books of Moses, New York 2004.

Augustinus:
Bekännelser, övers. Bengt Ellenberger, Skellefteå 2020 (första upplagan 1990).
Augustine. Earlier Writings, övers. J.H. Burleigh, New York 1953.

Frängsmyr, Tore:
Geologi och skapelsetro, Stockholm 1969.

Lindborg, Rolf:
Om Gud och världen. Thomas ab Aquinos lära om skapelsen, Bodafors 1983.

Tanakh:
A New Translation of the Holy Scriptures According to the Traditional Hebrew Text, The Jewish Publication Society, Philadelphia 1985.

Chepre

Allen, James P.:
Genesis in Egypt: The Philosophy of Ancient Egyptian Creation Accounts, New Haven 1988.
The Ancient Egyptian Pyramid Texts, second edition, Atlanta 2015.

Budge, E. A. Wallis:
Legends of the Gods, London 1912.
The Gods of the Egyptians: Studies in Egyptian Mythology, vol. 1, London 1904.

Daley, Jason:
"Egyptian Papyrus Reveals This Old Wives' Tale Is Very Old Indeed", *smithsonianmag.com,* 2018.

Eliade, Mircea:
A History of Religious Ideas, vol. I, övers. Willard R. Trask, Chicago 1978 (originalutgåva 1976).

Faulkner, R. O.:
"The Bremner-Rhind Papyrus III", *The Journal of Egyptian Archaeology,* vol. 23 no. 2, 1937, 166–185.
"The Bremner-Rhind Papyrus IV", *The Journal of Egyptian Archaeology,* vol. 24 issue 1, 1938, 41–53.

Eddan

Cnattingius, Anders Jacob D.:
Snorre Sturlesons Edda samt Skalda, Stockholm 1819.

Collinder, Björn:
Den poetiska Eddan, Stockholm 1993 (andra utgåvans text från 1964, första utgåvan 1957).

Gödecke, P. August:
Edda. En isländsk samling folkliga forntidsdikter, andra upplagan,

Stockholm 1881.

Hultkrantz, Åke:
Vem är vem i nordisk mytologi, Stockholm 1991.

Johansson, Karl G. & Malm, Mats:
Snorres Edda, Gråbo 2017.

Lönnroth, Lars:
Den poetiska Eddan, Stockholm 2016.

Ohlmarks, Åke:
Fornnordiskt lexikon, 1983.
Fornnordisk lyrik I: Eddadiktning, Stockholm 1960.

Steffen, Richard:
Isländsk och fornsvensk litteratur i urval, andra upplagan, Stockholm 1910.

Ström, Folke:
Nordisk hedendom, Göteborg 1967 (utökad från första upplagan 1961).

Sturlasson, Snorre:
Gylfaginning, heimskringla.no/wiki/Gylfaginning.

Turville-Petre, E. O. G.:
Myth and Religion of the North. The Religion of Ancient Scandinavia, Westport 1975 (första upplagan 1964).

Enuma elish

Briem, Efraim:
Babyloniska myter och sagor, Stockholm 1927.

Budge, E. A. Wallis:
The Babylonian Legends of the Creation and the Fight between Bel and the Dragon, British Museum 1921.

Cotterell, Arthur:
Illustrated Encyclopedia of Myth & Legend, London 1992.

Dalley, Stephanie:
Myths from Mesopotamia: Creation, the Flood, Gilgamesh, and Others, Oxford 2000.

Eliade, Mircea:
Essential Sacred Writings, San Francisco 1992.

Haldar, Alfred:
Det babyloniska skapelseeposet, Stockholm 1952.

Heidel, Alexander:
The Babylonian Genesis: The Story of Creation, Chicago 1963 (första upplagan 1942).

King, L. W.:
Enuma elish: the seven tablets of creation, I o. II, New York 1976 (faksimil från 1902 års utgåva).

Lambert, W. G.:
Babylonian Creation Myths, Winona Lake 2013.
"Mesopotamian Creation Stories", *Imagining Creation*, Markham J. Geller och Mineke Schipper (red.), Boston 2008.
"The Pair Laḫmu—Laḫamu in Cosmology", *Orientalia Nova Series*, vol. 54 no. 1/2, Rom 1985.

Luckenbill, D. D.:
"The Ashur version of the Seven Tablets of Creation", *American Journal of Semitic Language and Literature*, vol. 38, no. 1, 1921.

Muss-Arnolt, William:
"The Babylonian Account of Creation", *The Biblical World*, vol. 3 nr. 1, Chicago 1894.

Wikander, Ola:
Enuma elish. Det babyloniska skapelseeposet, 2005.

Kalevala

Castrén, Matthias Alexander (övers.):
Kalevala, övers. av 1835 års upplaga, del 1, Helsingfors 1841.

Collan, Karl (övers.):
Kalevala, övers. av 1849 års upplaga, del 1 och 2, Helsingfors 1864 och 1868.

Collinder, Björn (övers.):
Kalevala, övers. av 1849 års upplaga, fjärde förbättrade upplagan, Stockholm 1970 (första upplagan 1948).

Huldén, Lars & Mats (övers.):
Kalevala. Finlands nationalepos, övers. av 1849 års upplaga, 2018 (första upplagan 1999).

Kuusi, Matti & Bosley, Keith & Branch, Michael (red.):
Finnish Folk Poetry, Helsingfors 1977.

Lönnrot, Elias:
Kalevala, första upplagan, vol. 1 och 2, Helsingfors 1835.
Kalevala, andra utökade upplagan, Helsingfors 1849.

Magoun j:r, Francis Peabody (övers.):
Kalevala or Poems of the Kaleva District, övers. av 1849 års upplaga, Cambridge Massachusetts 1963.

Kojiki och Nihongi

Aston, W. G.:
Nihongi, Tokyo 1972 (faksimil, första upplagan 1896).

Chamberlain, Basil Hall:
The Kojiki, Tokyo 1982 (faksimil, första utgåvan 1882).

Heldt, Gustav:
An Account of Ancient Matters. The Kojiki, New York 2014.

Karlgren, Bernhard:
Analytic Dictionary of Chinese and Sino-Japanese, New York 1991 (faksimil av första utgåvan, Paris 1923).

Philippi, Donald L.:
Kojiki, Tokyo 1969.

Koranen

Bernström, Mohammed Knut:
Koranens budskap, (kommentarer samt bihang från Muhammad Asad, *The Message of the Qur'an,* 1980), Stockholm 2015 (första upplagan 1998).

Haleem, M. A. S. Abdel:
The Qur'an, Oxford 2005 (första upplagan 2004).

Lane-Pool, Stanley:
"Cosmogony and cosmology (Muhammadan)", *Encyclopædia of Religion and Ethics,* vol. IV, Edinburgh 1911, 174.

Nasr, Seyyed Hossein, et al. (ed.):
The Study Quran, New York 2015, ebok.

Zettersteen, K. V.:
Koranen, Stockholm 1992 (faksimil av första utgåvan 1917, samt anmärkningar av Christopher Toll från 1979).

Popol vuh

Christenson, Allen J.:
Popol Vuh. Sacred Book of the Quiché Maya People, PDF-version 2007, första utgåvan Norman Oklahoma 2003.
Popol Vuh: Literal Translation, PDF-version 2007, första utgåvan Norman Oklahoma 2004.

Edmonson, Munro S.:
The Book of Counsel. The Popol Vuh of the Quiche Maya of Guatemala, New Orleans 1971.

Goetz, Delia & Morley, Sylvanus G.:
Popol Vuh. The Sacred Book of the Ancient Quiché Maya, Norman Oklahoma 1950.

Hultgren, Gunilla:
Popol vuh, Stockholm 1983.

Tedlock, Dennis:
Popol Vuh: The Mayan Book of the Dawn of Life, New York 1996 (första upplagan 1985).

Rigveda

Basham, A. L.:
The Wonder That Was India, New York 1968 (första upplagan 1954).

Brereton, Joel B.:
"Edifying Puzzlement: Rgveda 10.129 and the Uses of Enigma", *Journal of the American Oriental Society*, vol. 119, no. 2, 1999.

Charpentier, Jarl:
Indiens myter och sagor, Stockholm 1925.

Doniger O'Flaherty, Wendy:
The Rig Veda. An Anthology, London 1981.

Griffith, Ralph T. H.:
The Hymns of the Rigveda: Translated with a Popular Commentary, vol. 2, Benares 1897.

Jacobi, Hermann:
"Cosmogony and cosmology (Indian)", *Encyclopædia of Religion and Ethics*, vol. IV, Edinburgh 1911, 155–161.

Johansson, K. F.:
"Ur Veda", *Främmande religionsurkunder i urval och översättning* (red. Nathan Söderblom), del 2, vol. I, Stockholm 1908.

Macdonell, A. A.:
Hymns from the Rigveda, Calcutta/London 1922.

Müller, Max:
A History of Ancient Sanskrit Literature, London 1860 (första upplagan 1859).

Wilson, H. H.:
Rig-Veda Sanhitá: A Collection of Ancient Hindu Hymns, vol. 6: Part of the Seventh and the Eighth Ashtaka, London 1888.

Tao te ching

Folke, Erik:
Laotse och Tao te ching, Stockholm 1927.

Henricks, Robert G.:
Lao-Tzu Te-Tao Ching, New York 1989.
Lao Tzu's Tao Te Ching, New York 2000.

Malmqvist, Göran:
Dao de jing, Lund 2008.

Stenudd, Stefan:
Tao te ching. Taoismens källa, Malmö 2012 (första utgåvan 1991).

Theogonin

Athanassakis, Apostolos N.:
Hesiod. Theogony; Works and days; Shield, Baltimore 2004 (första upplagan 1983).

Björkeson, Ingvar:
Theogonin och Verk och dagar, inledning och kommentarer av Sture Linnér, Stockholm 2003.

Brown, Norman O.:
Hesiod Theogony, Upper Saddle River, New Jersey, 1953.

Caldwell, Richard S.:
Hesiod's Theogony, Cambridge Massachusetts 1987.

Evelyn-White, Hugh G.:
Hesiod. The Homeric Hymns and Homerica, Loeb, London 1914.

Hellquist, Elof:
Hesiodos' Theogoni, Lund 1924.

Most, Glenn W.:
Hesiod. Theogony, Works and Days, Testimonia, Loeb, Harvard 2006.

Müller, Max:
Comparative Mythology. An Essay, London 1909 (första utgåvan 1856).

Wender, Dorothea:
Hesiod and Theognis, Middlesex 1973.

West, M. L.:
Hesiod. Theogony and Works and Days, Oxford 1988.

www.ingramcontent.com/pod-product-compliance
Lightning Source LLC
LaVergne TN
LVHW020423070526
838199LV00003B/250